乾隆涪州志

（清）多泽厚　修　（清）陈于宣　纂

李胜　校注

重庆市涪陵区地方志办公室　整理

國家圖書館出版社

图书在版编目（CIP）数据

乾隆涪州志 /（清）多泽厚修；（清）陈于宣纂；李胜校注；重庆市涪陵区
地方志办公室整理 . — 北京 : 国家图书馆出版社 , 2019.6

ISBN 978-7-5013-6627-9

Ⅰ . ①乾…　Ⅱ . ①多…　②陈…　③李…　④重…　Ⅲ . ①涪州区－地方志－
清代　Ⅳ . ① K297.193

中国版本图书馆 CIP 数据核字（2018）第 272143 号

书　　名　乾隆涪州志
著　　者　（清）多泽厚 修　（清）陈于宣 纂
　　　　　李胜 校注
　　　　　重庆市涪陵区地方志办公室 整理
责任编辑　于春媚

出版发行　国家图书馆出版社（北京市西城区文津街 7 号　100034）
　　　　　（原书目文献出版社　北京图书馆出版社）
　　　　　010-66114536　63802249　nlcpress@nlc.cn（邮购）
网　　址　http://www.nlcpress.com
排　　版　九章文化
印　　装　重庆金润印务有限公司
版　　次　2019 年 6 月第 1 版　2019 年 6 月第 1 次印刷

开　　本　787×1092（毫米）1/16
印　　张　22.75
字　　数　340 千字

书　　号　ISBN 978-7-5013-6627-9
定　　价　80.00 元

《涪州志》整理委员会

主　任：周　烽

副主任：余成红

成　员：张仲明　曾小琴　冉　瑞　童泓萍

　　　　彭　婷　赵　君

删繁就简，经世致用

——点校历代《涪州志》序

    方志是详细记载一地的地理、沿革、风俗、教育、物产、人物、名胜、古迹以及诗文、著作等的史志。它是国史的基础材料，犹如高楼大厦的一砖一瓦；它是时代的毛细血管，可窥见大众百姓的脉膊跳动。方志文本分门别类，取材真实，内容丰富，剪裁得当，保存了相当复杂多样的社会信息，是研究历史，特别是地方史的重要的参考资料。《全国地方志联合目录》收录我国历代地方志八千二百多种，每种都注明卷数、版本、纂修者及藏书单位等信息，便于使用者参考阅览。

    历代《涪州志》即是中国方志的组成部分。

    涪陵地处长江、乌江交汇处。地连五郡，舟会三川，百物辐辏，人文畅茂，自古为水陆要冲，商贸名城。《禹贡》记载属梁州之域，战国为巴子国都，秦置枳县以来，历代王朝都在此设郡、州、县等治所。具有两千多年的建城史的涪陵，积淀了丰富的历史文化，历代的涪陵地方志都有较为详细的辑录。涪陵的地方志书，可考的始于北周。散见于史册的有北周的《涪陵地图记》，唐代的《涪州图经》，宋代的《涪州新图经》《涪陵记》《龟陵志》《龟陵新志》等八种。明代有《涪州志》两种。清代有官修《涪州志》五种。可惜由于朝代更迭和其他天灾人祸造成的社会动荡，清康熙之前所修的地方志书皆已散佚，对了解、研究涪陵地方史造成了难以弥补的巨大损失，令人扼腕。

    中国有盛世修志的传统，历朝历代帝王对修国史相当重视。一方面，新王朝建立，即修前朝史，一朝一朝延续下来，成为惯例。另一方面，各地方官员对修方志也异常热情。康熙以来，先后担任涪州知州的董维祺、郭宪仪、多泽厚、徐树楠、德恩、吕绍衣等就亲自主持过《涪州志》的修纂工作。据文献记载，涪陵自明嘉靖以来，已有明嘉靖三十年《涪州志》，清康熙二十二年《涪州志》，清康熙五十三年《涪州志》，清乾隆五十年《涪州志》，清道光二十五年《涪州志》，清同治九年《涪州志》，清光绪三十一年《涪州小学乡土地理》(又名《涪乘启新》),民国十七年《涪陵县续修涪州志》等八种方志。但长期以来这些宝贵的地方史志资料因印数有限,藏本奇缺,已经作为古籍文物加以保护,极少与广大读者见面。上世纪八十年代以来,国家启动地方志编纂工作,历代方志也只是极少数修志人员有条件参阅,因岁月流逝和保护手段有限,加之古籍图书纸张发黄易碎,有些古籍孤本几近毁损。这一方面有可能造成珍贵的地方文献资料的巨大损失,另一方面又对广大干部群众了解本土历史知识,增加历史学养,培养爱国爱乡的情感造成了无形的隔膜和障碍,方志的赓续文脉、资政育人的特殊功能未能得到充分有效的发挥。

回顾历史,是为了更好地前行。

习近平同志指出:"历史是最好的老师。""历史上发生的许多事情也可以作为今天的镜鉴。中国的今天是从中国的昨天和前天发展而来的,要治理好今天的中国,需要对我国的历史和传统文化有深入的了解,也需要对我国古代治国理政的探索和智慧进行积极总结。""我们不是历史虚无主义者,也不是文化虚无主义者,不能数典忘祖,妄自菲薄。中华传统文化博大精深,中华民族在长期奋斗中开展的精神活动、进行的理性思维、创造的文化成果,反映了中华民族的精神追求,其中最核心的内容已经成为中华民族最基本的文化基因。"

近年来,各级党委政府认真贯彻习近平总书记关于学习历史知识,提高历史学养,借鉴历史经验,提升治国理政本领的系列讲话精神,掀起新的一波整理、出版地方志书的热潮,以满足广大干部群众了解历史的需要。

根据国务院《地方志工作条例》的规定,国务院办公厅《全国地方志事业发展规划纲要(2015—2020年)》关于"开展旧志点校、提要、考录、辑佚等工作"的要求和涪陵区人民政府的部署,我办积极有序开展历代《涪州志》的点校、整理出版工作。目前,清康熙五十三年《重庆府涪州志》,清乾隆五十年《涪州志》,清道光二十五年《涪州志》,清同治九年《重修涪州志》,清光绪三十一年《涪乘启新》和民国十七年《涪陵县续修涪州志》等六种方志经过整理后,出版了影印本。同时,组织了几位地方史专家对上述各年代《涪州志》进行了点校注释,由国家图书馆出版社出版发行。

本次点校主要做了以下几项工作:

1. 将书中古文的句读基本搞清,加上现代汉语使用的标点符号。

2. 对异体字进行简单疏理，归纳成常用字。

3. 将繁体字，改成简体字。（部分人名用字除外）

4. 将文中部分词语、典故进行简单注释或说明。

5. 将行文格式由竖排改成横排，以符合今天大众阅读习惯。

6. 对方志的内容一律保持原貌，未敢增删。

限于历史学养，我们这次点校注工作虽倾注了大量精力，但仍有许多疏漏和错误，热切希望得到广大读者和方家的批评指正，以便我们今后修订补正。

重庆市涪陵区地方志办公室

2018 年 9 月

整理说明

一、本书以涪陵区地方志办公室所藏清代乾隆五十一年（1786）多泽厚、王正策、陈于宣等人修纂，由涪州府衙镌版印刷的《续修涪州志》十二卷之复印本为底本，以故宫珍本丛刊《四川府州县志》第十二册之 [乾隆]《涪州志》为复核本进行标点断句，并将繁体字转换为现在通行的规范简体字。对本书所做的校勘整理工作，力争在规范化的同时，又有一定的灵活性，以达成保全文化信息，充分尊重历史，便利当代读者直接阅读、引用，更好地传承发扬优秀历史文化之目的。

二、本书的简化整理，统一使用《简化字总表》中的字形；《简化字总表》以外的生僻字，按照 1992 年国家语言文字工作委员会、新闻出版署发布的《出版物汉字使用管理规定》，一般不做偏旁简化和类推简化处理。异体字、俗体字以及由于抄刻习惯和时代、地域差异造成的异形字，径直改为规范简体字。通假字、避讳字不做改动（以缺末笔形式出现的避讳字直接用整字表示除外），仅在首次出现时予以校注说明。人名、地名中的繁体字，属通用字者改为规范简体字；属专用字者，一律不改，必要时出校注说明。底本所附图表，属重新绘制者，文字照例改为简体；仍旧者，则一应保留原样。

三、本书标点断句所用符号，皆以国家标准最新版《标点符号用法》为依据，但不使用破折号、省略号、着重号、连接号、专名号等标点符号。底本引述各类文献典籍，凡不致歧义或误读之处，一般不再使用引号；反之，则使用引号以利界定。

四、本书校注，以可靠和必要为遵循原则。凡所校注，均以数码①②③等标示在底本相应的字、词、句后，校记注释置于页脚，序次排列。校注一般只针对底本中明显的衍脱讹倒、史实错误和其他疑难疑误、疑似疑非之处，对于底本中有待商榷乃至并不认同之观点、见解，概不评说纠驳。若多处校注所据资料及其出处有相同和可以相互补充说明足资参考者，先详后略，且以"参见"方式出校，尽量归并简省文字。底本原缺而以涂墨示缺占位替代之字，和因底本残损污没、墨迹不清所致之缺字，悉据上下文及他本予以补全订正，并出校勘说明；不能补全者，则以"□□"符号留存原貌。底本引用文献典籍资料，书目用简称和内容上有省改而无歧义者，整理中通常仍依其旧，保留原貌，不据他书改动本志；若致歧义，则予校注说明。

五、本书格式，除竖排改横排外，基本依照原书，只对底本个别地方的编排疏漏根据内容略作调整，以最大限度呈现底本在版式编排设计上的"义法"与"神味"。标题和正文，正文大字和正文之外的议论、解释、说明文字，以不同字体及不同字号表述，以显示层次区别，并方便阅读利用。凡是原书小字，不管位置在何处，亦无论是否独立成段，均另加方括号［　］表示。底本中的特殊标注如印章、画符等等，因其通常难度极高而价值较低，故一概不予处理。

李　胜

2018 年 9 月于涪陵

目　　录

凡例 [十四则]

一 《涪志》毁于明末兵燹，创于康熙初年。时原本既失，文献无征，故二三册中不无简略。今悉心搜罗，增所未备。虽宋元以前可据者究属寥寥，而有明以来，颇少罣漏①。

一 考核悉本《廿一史》《元和志》《寰宇记》《水经注》《华阳国志》《一统志》《省志》②，不敢师心自用，遗讥有识。

一 旧《志》分二十三门，有目无纲。今编为十二纲八十五目，凡旧所未备者，类别门分，一一详订于册。

一 "沿革"一目，诸说互有异同，最滋混淆。今历参诸书，为表以系于后，庶历代之沿革确有年分③可稽，不致传疑。

一 城池公署，旧《志》附于"沿革"；仓廪附于"贡赋"，津梁入于"山川"。今并统入《营建志》中，各列门目。至村镇入于"封域"，塘铺入于"武备"，总期眉目井然，瞭如指掌。

一 旧《志》"贡赋"一门，今编入《赋役志》，易其目曰"田赋"。至于户口、盐政、解支，旧统入"贡赋"者，今为各立门目，庶可缕晰条分。

一 文庙两庑之分列，乐佾之杂陈，皆不可以不辨。兹于古制，则仿御纂诸经；今制，则遵《大清会典》。庶几行礼观物，永瞻孔门俎豆之光；酌古准今，共识鲁庙宫悬④之盛。

---

① 罣漏：即"挂漏"。"罣"同"挂"。"挂一漏万"的缩语，谓提及者少而遗漏者多。

② 《省志》：指雍正《四川通志》，清代黄廷桂、张晋生等修纂，四十七卷，雍正十一年（1733）刻印。后文或直接简称《通志》。

③ 年分：即"年份"。

④ 宫悬：指古代礼乐制度对于不同身份地位等级的人，在不同场所其至不同的活动步骤中的用乐规模、悬挂钟磬等乐器的形制、数量和方法的具体规定。

　　一　《选举志》中进士、举人、贡生有一人而兼膺其选者，俱于各目内录其姓字，一以见文艺之优，一以见遭逢之盛。

　　一　涪陵忠孝节义之士代不乏人，卷内有一人而数见者，如既列"贤达"，又载"孝友"；有一人而只一见者，或以义著，或以文显。盖兼取、节取，原不病其繁简也。

　　一　程、黄二夫子为理学名儒，足迹所经，诚堪向往。故既列职官，复详流寓，亦高山仰止之意云尔。

　　一　《艺文志》所以载其文也，亦以载其事。或咏山川古迹，则其地传；或咏节烈忠贞，则其人传。至于无关风化境内之事者，虽名家大集，概未及收。固陋之讥，夫复何辞？

　　一　"孝友"暨"节妇"目内，所载刲股者颇多。夫刲股为毁伤之事，君子弗取。然愚夫愚妇，何知守身事亲哉！亦行其心之所安而已。有斯人，而犹见天性之真。采而录之，亦善善欲长之意耳。

　　一　志书之体不一，或好为铺陈，连篇累牍；或摹仿史家，期于简劲。不知辞以达意，虽多奚为？辞以叙事，少乌足贵？兹于十二纲内作大序以贯诸首，八十余目作小序以引其端。旧《志》中有门类相同者，仍存其序，不敢没前人所长。

　　一　修志之与修史略同，去取必慎，然后不同魏收之滥史。昔昌黎辞不作志，恐有人非鬼谴，盖衡人进退之难，可为震悚。今于忠孝节义等事，悉采舆论之公断，不敢妄加褒扬，亦不敢稍为遗漏。其或前人实有懿行，子孙迁移改业，无可查访，惟俟后人之悉心采录焉。

修志姓氏

康熙癸亥年

篆修　郡人刘之益［字四仙。］

　　　　文　珂［字奚仲。］

　　　　夏道硕［字华仙。］

编辑　举人何诜虞［字羽圣。］

　　　　陈命世［字杰如。］

　　　贡生向牅螭［字子亮。］

康熙甲午年

重修　涪州知州董维祺［字尔介，号守斋，奉天人。］

编辑　郡人冯懋柱［字乔仙，江南六合县人，涪州籍。］

参阅　儒学学正罗云师［字庆庵，号默仙，遵义人。］

　　　训导孙于朝［字龙光，彰明县人。］

校订　举人夏景宣［字南辉。］

　　　　刘衍均［字树玉。］

　　　　向　玺［字对扬。］

　　　　何洪先［字大荒。］

　　　　张元隽［字子千。］

　　　　廖　翱［字凤苞。］

　　　贡生陈辅世［字德如。］

　　　　何宪先［字觐光。］

分辑　吏目李文焕［字尧章，江南常熟人。］

　　　　巡检沈国璋［字公度，顺天人。］

　　　　生员彭宗舜［字信之，武林司人①。］

---

① 武林司人："武林司"疑为"武隆司"之误。民国《涪州志》卷十三《人物志三·义举》"彭宗舜"条云："庠生。常（尝）舍地作羊角碛义冢，复开凿两堰，灌田数百亩不分畛域。州牧张表其宅曰'好义之门'。"又，卷二《疆域志二·山川一》云："羊角碛滩"在"武隆司北二十里"。

修志姓氏

鉴定

四川分巡川东兵备道、兼管驿务加四级　富盛［景五，满州镶蓝旗人①，壬申举人。］

四川重庆府知府加五级、随带军功加二级　赵由坤［天成，江西南丰县人，贡生。］

署四川重庆府知府、候补直隶州知州加三级随带军功加二级　王用仪［可垣，江西庐陵县人，己丑进士。］

主修

四川重庆府涪州知州　多泽厚［载轩，直隶阜城县人，辛酉举人。］

纂修

四川重庆府涪州学正　王正策［晴峰，大竹县人，己卯举人。］

原任湖南绥宁县知县加通判衔　陈于宣［宁敷，州人，乙卯举人。］

原任山东德平县知县　彭宗古［信亭，忠州籍，壬子举人。］

总理局务

四川重庆府涪州吏目　邓昂［宜亭，安徽怀宁县人，监生。］

督刊

四川重庆府涪州武隆巡检　王永绪［□□山东聊城县人②，监生。］

参阅

四川重庆府涪州训导　邓履仁［寿山，岳池县人，贡生。］

贡生　夏堂［行仁，州人。］

---

① 满州镶蓝旗人："满州"当作"满洲"。
② 山东聊城县人：按王永绪原志无字号，"山东聊城县人"前有"□□"条形示缺。下同。

编辑

举人　陈廷璠 [六斋，州人，庚子。]

举人　邹澍宁 [润苍，州人，癸卯。]

举人　熊德芸 [鹤崖，州人，丁酉。]

举人　何浩如 [海门，州人，己亥。]

庠生　陈祖烈 [辉常，州人。]

庠生　黄廷鉴 [玉圃，州人。]

校对

廪生　陈祖范 [则先，州人。]

廪生　周宗泗 [鲁源，州人。]

缮写

廪生　车篆 [印山，长寿县人。]

庠生　陈祖训 [纶如，州人。]

庠生　熊德葵 [景阳，州人。]

庠生　向士璧 [金崖，州人。]

采访

举人　舒国珍 [鹤浦，州人，甲午。]

贡生　石锺灵 [菁莪，州人。]

廪生　何道灿 [向南，州人。]

贡生　潘颐 [式苏，州人。]

廪生　陈蛟腾 [步云，州人。]

廪生　彭学鸿 [天翔，州人。]

庠生　夏浩 [竹圃，州人。]

监生　杜昱 [立中，州人。]

协修

太子太傅、兵部尚书　周煌 [州人。]

翰林院编修　周兴岱 [州人。]

湖南绥宁县知县加通判衔　陈于宣 [州人。]

河南上蔡县知县　张永载［州人。］

福建龙溪县知县加通判衔　潘鸣谦［州人。］

山西壶关县知县　向岜［州人。］

湖南华容县知县　陈治［州人。］

云南云南府同知　陈朝书［州人。］

贵州南笼府知府　刘宗元［州人。］

山东单县知县　陈鹏飞［州人。］

山西猗氏县知县　周兴沅［州人。］

山西高平县知县　毛振翮［州人。］

江西靖安县知县　何启昌［州人。］

贵州南平县知县　熊德芝［州人。］

直隶肃宁县知县　潘喻谦［州人。］

忠州垫江县教谕　夏岳［州人。］

叙州府马边厅教谕　熊德藩［州人。］

安徽休宁县县丞　毛佩荪［州人。］

梓人

张圣哲［巴县人。］

缮写

杨廷用［巴县人。］

涪州志总目

---

① 城湟：城池，同"城隍"。湟：护城河。《大戴礼记·夏小正》"湟潦生苹"孔广森补注："湟，隍也。有水曰池，无水曰隍。"

② 神祇：原志俱作"神祇"，以下同义"祇"字径改不注。

③ 公车：汉代曾用公家车马递送应举的人，后因以为举人应试的代称。

卷之九　选举志

进士　举人　副榜　贡生　仕宦　封典　命妇

卷之十　人物志

贤达　孝友　忠烈　义举　寿考　文苑　隐逸　流寓　列女

卷之十一　艺文志

文选　诗选

卷之十二　见闻志

祥异　兵燹　仙释　寺观

续修《涪州志》序

　　且夫志乘之书，所以纪其可法可传之事①，以垂之后世也。然可法可传之事，有加无已；而志之一书，必数年而一增。使世远年湮，不为搜罗补葺，则可法可传者，必至遗忘无存已②。

　　涪，名区也。其山川之葱郁，人物之清奇，甲于西蜀。而志乘一书，湮没于明季之灰烬。迨我朝应运而起，则残篇断简，杳矣无存。幸前牧萧公网罗放失③，草创数册，然其间多涂抹讹舛，不无亥豕之虞。后数年而董君至，乃捃摭散帙，校正核对，始成一书；且补其旧迹，续以新编，本本源源亦觉秩然可观。然自康熙五十三年后，无人续理。其数十年之人物事迹，则湮灭而弗传。今天子命儒臣修《一统志》，诏天下省、郡、州、县各修其志，以备采择，东西南朔并有成书。而涪陵为三巴巨邑，安可任其散失，贻憾将来乎？于是延州之缙绅学士，嘱其旁搜博采，再为增修。诸绅士皆欣欣向义，取父老之传闻与稗官之纪载，分门别类，编订成帙，亦不过补数年之迹，步前人之尘，记其可法可传者，以征信于后世耳。若夫文加藻采，辞尚简要，出经入史，折衷尽善，是有望于后之抚斯土者。是为序。

　　时乾隆五十年岁次乙巳冬十一月穀旦④诰授奉直大夫、四川重庆府涪州知州加三级多泽厚谨撰。

---

　　① 纪其可法可传之事："纪"通"记"，记录、记载。下文"纪载"同，不注。
　　② 必至遗忘无存已："已"通"矣"，下同不注。
　　③ 放失：散失，义同"放佚""散佚"。失通"佚"。
　　④ 穀旦：良辰，旧时常用为吉日的代称。语出《诗经·陈风·东门之枌》"穀旦于差，南方之原"，《毛传》云："穀，善也。"

续修《涪州志》序

　　蜀之东偏，山峦耸起，众水会合，镇摄全川者，为渝州。涪城，处渝之东北下游三百里，形势盘郁苍秀，代产名人，实征文献。

　　《涪志》之作，有自来矣。类汇编辑，成书具在①，固已信而可征。惟是国家承平百四十余年，重熙累洽②，山川效灵，毓秀钟英，声华益茂。凡所以饬伦纪维风俗，敦诗书盛文史，显科名昭宦迹，与夫荒村僻壤、奇节异行，日增月盛，指不胜屈。而《涪志》之未修，垂七十余年；其前志之偶略未备者，亦往往有之。今牧伯多公下车首务及此，亦仰体圣天子图治励精、省方问俗至意，分乡捃摭，设局纂校，远参旧闻，近著新美。历春徂夏，迄秋之杪，而是书告竣，晰为十二卷③，纲举目张。宁为"郭公"之阙疑，不蹈"刘五"之假借④，洵足储国史之取裁，词馆之资讨哉！

　　昔唐宣宗命学士韦澳⑤集天下风土利弊为一书，西门豹治邺，旁搜宇内山川风气绘图以进，此物此志也。[古]籍临江，引疾后卜处于涪，未及廿载，见闻不广，学殖久荒，兼以昏眊⑥，无能为役，有辜雠校之责，抑亦幸是书之成，为都人士⑦庆而益

---

　　① 具在：全部存在。

　　② 重熙累洽：语出班固《东都赋》"至乎永平之际，重熙而累洽。"形容累世圣明有德，天下太平安乐。熙：光明；洽：谐和。

　　③ 晰为十二卷："晰"当为"析"字之误；"卷"原志作"弓"，同"卷"。章学诚《文史通义·内篇·篇卷》："道书称弓，即卷之别名也，元人《说郛》用之。"

　　④ "郭公""刘五"句：当取自成语"郭公夏五"，"刘五"疑为"夏五"。"郭公"与"夏五"均为《春秋》经文脱漏之处。《春秋·桓公十四年》："十有四年春正月，公会郑伯于曹。无冰。夏五。"杜预注："不书月，阙文。"又《庄公二十四年》："冬，戎侵曹。曹羁出奔陈。赤归于曹。郭公。"杜预注："无传，盖经阙误也。"因"郭公"下并未记事，"夏五"后缺"月"字，后便以此用来比喻文字有脱漏残缺。

　　⑤ 韦澳：字子斐，唐宣宗时翰林学士。其受命集天下各州风土人情及民生利弊以供御览之书，题名《处分语》。

　　⑥ 昏眊（mào）："眊"，谓眼睛昏花、头脑糊涂，形容人年老体衰。下篇陈于宣《续修〈涪志〉序》写作"惛眊"，"惛"同"昏"。

　　⑦ 都人士：指居于京师且有士行的人。

以念。公之表微阐幽、嘉惠涪人者，与北山俱高，与枳水俱长，足垂盛美于不朽也已，爰缀数言于简。

时乾隆五十年，岁在乙巳菊月中浣，临江彭宗古信亭氏谨撰。

续修《涪志》序

　　《涪志》未经续修者，七十余年矣。查阅旧纂，始于康熙甲午，前州牧董公及明经冯君编辑成书，未免略而不详。非略也！明季时，两遭兵燹，十室九空，仅得凋残遗老口授见闻；而溯前考核，文献无征。

　　夫山川形胜，自有不易之程。而时会迁移，岂无叠出之秀？矧沐圣朝之雅化百四十余年，其间之忠孝节义、硕肤颖达自不乏人。湮没不彰，奚以示来兹而维风化？余年八十矣，归林十八载。每念《涪志》未修，未尝不欷歔叹息！忆我簿书楚、湘，三历其地而三续其书，何惯为人作嫁衣而转于吾乡轻华衮也？惜年衰力绌，经始无自。幸逢贤侯多牧伯莅任兹土，孜孜以续志为首务；又得邓少府协赞情殷，正我涪善类著行幽光焕发之会。爰集阆州人士相与会议，靡不欢欣而乐从焉。众推余为首领，余虑龙钟，不克当此任，环顾同人，无可诿者。况以夙愿未了之事，既有始基，亦何必多让为也。是以不揣惛眊而勉承之。所仗者，我祖入川籍涪一十三世，通籍 ① 八世，代有闻人，家无长物，仅余藏书。爰携子 [廷璠]、侄 [祖烈]，并选同学中之诚实老成者八人，入馆编辑，分门别类，务期考核周详。凡旧《志》中之未备者，增补之；非臆说非假借、无伪无讹、事关采访者，拣聘端士十人分乡搜罗，亦期不遗不滥。阅六月而稿成。

　　余学识疏浅，文辞简朴，愧无良史才。不过以老夫六十年之见见闻闻，据事直书，非敢论列前人。知我罪我者，其亦可以共谅矣。是为序。

　　时乾隆五十年，岁在乙巳菊月上浣，州人陈于宣崧亭氏谨撰。

---

　　① 通籍：新官通报名籍于朝廷，指做官。源于汉制，将写有官员姓名、年龄、身份的二尺竹片（竹籍）或簿册悬挂在宫殿门前，经查对相合者，得以出入宫门。

原　序

[明户部员外郎] 夏国孝 [州人]

涪于两汉，尚曰涪陵县。至唐贞观间，始升为州。盖周末巴蔓子之裔，兄弟流入西、辰、沅、雄、橘五溪，而道由此。而西也，山脉从滇之木容、丘雄蟠际^①而来，至南川金佛，绵亘数十里，巅峦云雾瀜濛；又东北行二百余里，振拓奥衍，始毕于蜀、黔两江之汇，而涪出焉。蜀水色红如朱，黔水色绿如碧，两水滂沛潆洄，红绿相错如锦。江心有洲，适当其汇，昔人名曰"锦绣"，以此也。其毓英钟秀，多磊落不羁；亦复朴直刚正，复然独立，不屑屑傍寄堑篱；文势勃发，代有骏声，淮南所谓"山气多阳"也。元季，明氏父子据之为用武门户之区，刘诚意^②《平蜀表》云"舞旌旆于涪水"是已。

恭承我明祖洪武辛亥，始命汤公和、廖公永忠帅师收蜀^③，而涪由是披霾瞻日，迄今百八十年所，山川效灵，人文蔚起。我叔祖松泉公，曩与余在京邸，每慨叹于《涪志》之未举，以为阙事。今天子赫然中兴，制作炳煌，如易文庙塑像代以木主，奉孔子为先师，而敬一之箴、平台之咏，与舆地诗之和章"倬彼云汉"展矣。乾坤虎变，一中天文明之会哉！兹郡大夫领集庠中多士，谬以斯志见命，叩荆扉者再，余不能辞。念余昔分部南畿，时有邗江之役，见维杨^④一蜀山泉，郡中群相矜异。因忆家园山水，形为梦寐。今桑梓可敬，以是暂烦管城子^⑤假之以谱吾涪之胜，岂必以"身隐不文"之说而拘拘逊谢耶？勉竣厥事，爰书于左，以告后之知我者。

---

① 蟠际：语本《庄子·刻意》："上际于天，下蟠于地。"即"蟠天际地"，形容气势博大，遍及天地之间。

② 刘诚意：元末明初政治家、军事家、文学家，明朝开国元勋刘基（字伯温），洪武三年（1370）封诚意伯，故称。

③ 帅师收蜀：帅通"率"，率领。下同不注。

④ 维杨：扬州的别称。出自《尚书·禹贡》："淮海惟扬州"，后因截取"惟（维）扬（杨）"二字以为名。

⑤ 管城子：毛笔的代称，典出韩愈寓言《毛颖传》。

旧　序

[明经] 刘之益 [州人]

昔有明曹能始合晋董狐、郭景淳为《一统志》，神宗嘉悦，谓可与国史麟经[1]并隆重也。故蜀地甫康，而当事诸君子即以志为首务。会城[2]刻有《全蜀总志》，殆亦酂侯[3]入关，先图籍之意哉！但《总志》秘之锦官，而各属例有剞劂，不则[4]无以便分阅，达户晓也。

涪为两江要会，左亘岷峨、锦水，右及夜郎、牂牁，不必辎轩[5]问俗，职方稽风。如昔之守是邦者，汉有庞、寿诸良牧，唐有姚、南列循守，宋之黄鲁直、程叔子及有明之邵、赵、廖、方四君子，迄今千有余载，颂德弗衰。而产是邦者，若谯达微之以理学著，晏亚夫之以惠淑名，先大父秋佩公之节义文章，史不绝书，光争日月。其所以维风正俗，岂浅鲜哉！他如幅帻之绣错，阡陌之腴连，义烈之足为乡范，宦业之足为民表，以至"十四篇"获售之俦，魁元鹊起，乡辅蝉联，殆炳炳然文物之陬，并络坤维中一大名封也。惜明烈宗甲申后，旧版渝于劫焰[6]。至我国朝庚子，署州事赵公廷正来抚吾涪，即访求旧《志》，犹得一册。益等仅抄录之，以遗于后，而旧册又为赵公

---

① 国史麟经：指春秋时期由孔子修订的鲁国国史《春秋》。孔子所作《春秋》，至哀公十四年因鲁人捕获麟而停笔，又是中国古代儒家典籍"六经"之一，故被称为"春秋经"或"麟经""麟史"。

② 会城：省城。

③ 酂（zàn）侯：汉代名相萧何的爵号。

④ 不则：同"否则"。民国《涪陵县续修涪州志》卷二十七《序录·康熙癸亥年续修州人刘之益序》即作"否则"。

⑤ 辎（yóu）轩：古代出使的大臣所乘坐的一种轻车，代指使臣。

⑥ 旧版渝于劫焰：民国《涪州志》"渝"字作"沦"，疑此处刻误。

携去。幸康熙壬子，郡父母朱公麟正欲为续修，草稿初就。会滇兵起，又未果。兹于述旧《志》外，参以天、崇时见闻确有据者，勉襄一日雅怀，亦吾涪承前待后之事也。

　　夫事之无裨于地者，君子不以之亵笔；书之无补于时者，哲人直以之覆瓿。志之为书，匪徒①纪山川，列方物已也。欲人见品谊，则浣彼夙夜，纸上可饮椒兰；睹姓氏，则砥兹冰蘖②，儿童可识司马。按形胜，则知靖此疆圉，何以颖川凤集、河阳花满？阅丁粮，则如侠图在眼，何以丰日益玉、荒日益谷？琅琅致镂，庶不灾及梨枣耳。尝怪它邑事志者不识此如信史，若吴兢之拒张说，孙盛之书桓温，与高允之弗推崔浩，乃为有补。倘挟一己之私，妄着雌黄，究失前人面目；褒一家显，赝增科置③，莫虞他刻可稽。视可经可史之重典，为欲唾欲呕之轫编，则一魏收"秽史"矣。迩者，寇霾已靖，万里河山仍归一统。我圣天子皎日高悬，薄海欣忭。旋得洪都郡萧父母乘运而至，释奠崇儒，礼贤课士，人文蔚起，百废俱兴，又荷蒙府祖台孙公表率绥理，雅意盛典。异日者，纪名宦，岂无如程如黄其人？语乡贤，岂无如晏如刘其人者？余三五老儿，犹欲策杖而观，以志之志。

　　夫昔者志，今日更欲即志之。志今日者，志他日也。是为序。

---

①　匪徒：非徒。不仅、不但。"匪"通"非"，下同不注。
②　冰蘖（niè）：比喻寒苦而有操守。蘖，指树木砍去后从残存茎根上长出的新芽。
③　褒一家显，赝增科置：民国《涪州志》作"褒一家显荣，赝增科置"，疑此处脱漏"荣"字，"赝"字刻误。

旧　序

［明经］文珂［州人］

　　《涪志》，编自明之世宗朝荐绅①冠山。夏公材擅三长②，不减君实、永叔之闳通详核也。家藏户习，传之奕禩，开卷昭然。迨甲申一炬，与焦土俱烬，谁从壁中留漆书乎？

　　珂自避乱时，曾负笈于凤山招提③，幸存蠹简，藏以待文献之征，取而证之。庚子冬，草昧初启。署守赵公雅意维新，建学事竣。旋欲编修郡志，进诸父老而问之，即持此旧编以应。乃五日京兆，封篋以行，而《涪志》一帙，遂随琴鹤俱去。今我圣上遍征裨野④，且喜墨庄⑤尚存。皓首确记，谨述旧以备稽考。至于天、崇间事，皆耳而目之，俱为增辑，俾成一郡全帙也。

---

　　①　荐绅：古代高级官吏的装束，指有官位的人、高贵的人。

　　②　三长：三种长处。《旧唐书·刘子玄传》："史才须有三长，世无其人，故史才少也。三长，谓才也，学也，识也。"

　　③　招提：寺院的别称。

　　④　裨野：当为"稗野"（"稗官野史"略语）之误，指旧时的小说和私人编撰的史书。

　　⑤　墨庄：指藏书。典出宋代叶廷珪《海录碎事·文学·收书》："刘式死，其妻聚书千余卷，指示诸子曰：'此汝父尝谓此为墨庄，今贻汝辈，为学植之具。'"

旧 序

[明经] 夏道硕

志非眇业^①也。涪虽支郡，亦可比于古诸侯百里之封。古诸侯皆各有史官，以纪其事而书其山川人物，盖务以示鉴而策后也。自秦汉以来，始郡县其天下，而郡县始有分志；国朝始合有《一统志》，是一统之合，亦繇分而集^②耳。然则郡县微志，太史何由而采风？后裔何由而稽古？又况各处山川风俗、人情事迹世世相续，人人相师，如木之本而水之源乎！

《涪志》自明嘉靖间，我先大父冠山公以一时史才之望，为郡大父暨乡里人士推之而事乃举，颇称明备。迨甲申贼变后，不啻秦灰，荡然无存矣。维余小子，属忝嫡裔^③，愧不能绍扬先烈，继我箕裘。仅记述其序文，更遍觅诸石刻，不胜手泽之感。兹幸同戚友数老人，皆躬当明盛，又亲尝乱离，底此^④又四十年，岂天之特遗数老以续前徽^⑤而启后劲耶？所尤赖，当事贤公抚形胜而慨流风曰："古志既亡矣。昔汉世求《尚书》于伏博士，虽云口诵，而所关尤大。今朝廷方纂修《明史》，购求天下遗书，以备兰台之选，诸先生得无意乎？"于是乘斯余龄，考厥成迹^⑥，草成一帙，聊以尘公览^⑦、塞吾责而已。

---

① 眇业：小事。眇同"渺"，细小、微小。
② 繇分而集：由分而集。原志"繇"作"繇"，同"由"，从、自。
③ 维余小子，属忝嫡裔：疑有刻写错误，理当作："维予小子，忝属嫡裔"。
④ 底此：抵此。底同"抵"，达到。
⑤ 前徽：指前人的美好德行、业绩等。
⑥ 考厥成迹："成"当为"陈"字误刻。
⑦ 尘公览："尘"当为"呈"字误刻。

嗟夫！旧《志》成于先大父者，正席隆平，百事灿列[1]，犹可资阐；今志之续于我数老人者，起乱而治，承废而兴，较昔为难。孟夫子谓：无此"见知"，安有"闻知"[2]？且吾涪之先辈，尚忠厚，树清节，累累叠叠，盖不止以科名爵秩为地重[3]者，至今犹令人仰止慨慕不衰也。后之作者，尚其勉诸？

---

① 灿列："灿若列星"略语。

② "见知""闻知"：语本《孟子·尽心下》"由尧舜至于汤，五百有余岁；若禹、皋陶，则见而知之；若汤，则闻而知之。由汤至于文王，五百有余岁，若伊尹、莱朱，则见而知之；若文王，则闻而知之。由文王至于孔子，五百有余岁，若太公望、散宜生，则见而知之；若孔子，则闻而知之。""见知"指对于同时代的事，见而知之；"闻知"指对于前代的事情，由传闻传授而有所了解认识。

③ 地重（zhòng）：地利富厚。

旧　序

[州牧] 董维祺

自姬周分茅列土，史渐成于侯国；而辀轩问俗，事各载于风诗。此即志之所由昉^① 也。秦置县郡以后，幅帽益扩。虽蕞尔弹丸，亦各有专纪。国史风诗，文变而为志。然则郡县之有志也，皆踵诗史之遗意而成之者也，岂徒载籍之具文已哉？盖将以往事之薰莸^② ，为后人之法戒。所以正人心、维风俗而广王化于无疆者，未必不基乎此也。志，顾不重欤？

我国朝声教四讫，梯山航海尽入版图，遐陬方物悉登汗简，此车书大一统之盛也。然一统之志，必由郡县之志以集之。若蜀涪郡志，久没于明季之灰烬。余于甲申岁承乏^③ 兹土，下车问俗，访其人物山川，渺无所据。既而购一郡志稿本阅之，乃昔郡中乡先生共成于前守萧公时也，历今又二十余载。其间不无亥豕之虞，且稿多涂抹，讹舛饾饤，兼以蠹食之余，仅属残编断简。不辑而梓之，终归于尽。矧今圣天子厘修国史，博采风谣，各上宪加意《蜀志》，遍征郡邑之书以备采择。而《涪志》尚为缮本，不独吏职之疏，抑亦贻羞于封域也。余乃捃摭散帙，参诸学士大夫典型硕彦，相与正其讹，理其绪，补其旧迹，续以新编，寿之枣梨，庶几可垂于不朽。以此而归于《全蜀志》，是一国之书也；以此而归于《一统志》，是又天下之书也。宁仅为一郡之诗史也耶？尤冀^④ 涪之人士家藏一册而读之，观忠臣孝子之行，则知所以事君亲；睹贞人修士之操，则知所以砺名

---

① 由昉（fǎng）：由此昉始，即发端、起始。昉，曙光初现，引申为开始。

② 薰莸：语出《左传·僖公四年》："一薰一莸，十年尚犹有臭。"薰是香草，莸是臭草，比喻善恶、贤愚、好坏等。

③ 承乏：承继空缺的职位，多用作任官谦词。

④ 冀：原志作"兾"，《玉篇·北部》："兾"，同"冀"。

节；阅人文仕迹之显，则知所以奋功名。下至牧童樵叟，皆得播为歌谣，以正闾阎之陋习。由此革薄①从忠，化民成俗，宁不为吏治光哉？异日者，岁阅岁而人益众，人阅人而事愈增。补续之功，殆又有望于后之守是邦者。因不揣荒陋，述其梗概而为之序。

---

① 革薄：革除薄俗。

旧　序

[明经] 冯懋柱 [州人]

《涪志》一书毁于明季，正余先君子守涪时事也。回思一炬之余，满目尽为焦土，何有于《志》？

及国朝定蜀，几同草昧初开，郡守下车，事皆草创。欲访其风土人物，似难"问诸水滨"①矣。犹幸郡有刘、夏、文诸先生，俱属明季遗献，博闻强记，堪备顾问于当时，共采所见所闻汇成地乘一集，虽其详不可考，而大略已有可观。但集仅抄白，历吴、朱、萧、孟、杨、徐六郡侯，皆未授梓。久之，韦绝编残，狼籍②失序，鱼鲁豕亥，莫辨异同。至甲申岁，千山董使君来守是邦，见其典物废弛，遂慨然有振兴之志。他务未及，首建学宫，制度辉煌，直起涪六十余年之坠绪，诚一郡之大观也。学宫告成，爰及于志。及征文考献，而郡老皆无在者。于是收残编，命予共襄厥事。

余本泉石野人耳，兀坐茅庐，足久不履城市。醯鸡瓮老，何知化日光天？矧其蠹简无凭，既不能效伏生之口，又奚能载董狐之笔？自揣袜线无长③，未敢堪此大役也。既而坚辞不获，乃不得已而就命焉。区区之衷，只期上以成董侯兴废之盛心，下以成诸先生未竟之手迹。虽狂瞽贻讥，又奚所恤哉！其集中纪载，凡系诸先生所

---

① 问诸水滨：语出《左传·僖公四年》："贡之不入，寡君之罪也，敢不共给？昭王之不复，君其问诸水滨！"比喻不承担责任或两者不相干。

② 狼籍：同"狼藉"，纵横散乱貌。

③ 袜线无长：袜子上拆下来的线都是短的，本指多才多艺而无一精通，后用为才疏学浅的自谦之辞。典出孙光宪《北梦琐言》卷五："韩昭仕蜀，礼部尚书文思殿大学士，粗有文章，至于琴棋书算射法，悉皆涉猎，以此承恩于后主。时有朝士李台煆曰：'韩八座事艺如拆袜线，无一条长。'"

考定者，不敢妄易只字，止取①传写之讹、涂注之，误校而正之，残缺者补之，新增者续之，宁详勿略，宁野勿史。黔驴之技，技止此耳！是耶非耶，惟敬听诸知我罪我者。

---

① 止取：只取。"止"通"只"，下同不注。

旧　序

[国朝训导] 孙于朝 [彰明人]

郡志一书，非仅纪山川列风土也。考之《周礼》，小史氏掌邦国之志。而郡邑之载，不乏学士大夫多兢兢于世焉。顾称循良而兼良史者，非具体国经野之才，擅淹贯宏通之识，安能俾一郡之人、一郡之事，使贞淫正变灿若云汉，上贡辂轩采择，珥笔彤庭①，与国史并传不朽哉！

[朝] 于董使君不胜忻藉焉。公自甲申岁奉简命②而来牧兹土也，迄今十有二稔。公本慈祥为怀，冰蘖自矢，民歌乐只③，士登弦诵，诪张者④敛迹，顽梗者畏服，蒸然称上理焉。公下车之明年，以学校为起化之原⑤，他务未遑，首建黉宫⑥，万仞巍峨，冠冕全治。旋置礼器，释奠鼓箧⑦，俾"诸生以时习礼"⑧于其中。厥后科名雀起，人文蔚盛，皆公鼎建培风力也。他如清户口也，而侵越患息；锄楚民也，而兼并风衰。以至严保甲而杜夺取也，而人民安堵，婚姻以正。自是利兴弊革，次第毕举，今于地乘尤惓惓焉。《涪志》

---

①　珥笔彤庭："珥笔"指笔记、记录，因古代史官等上朝时常插笔于冠侧以备记事，故称；"彤庭"泛指皇宫，因汉代宫廷以朱漆涂饰，故称。

②　简命：选派任命。简，选择、选用。

③　乐只：和美、快乐。只，语助词。

④　诪（zhōu）张者：欺诈、诳骗之徒。

⑤　起化之原：改变社会风尚的源头。原，"源"的古字。

⑥　黉（hóng）宫：黉门与泮宫，指古代的学校。

⑦　释奠鼓箧："释奠"是古代学校设置酒食以奠祭先圣先师的典礼。《礼记·文王世子》"凡学，春官释奠于其先师，秋冬亦如之。凡始立学者，必释奠于先圣先师。"郑玄注："释奠者，设荐馔酌奠而已。""鼓箧"即击鼓开箧，是古时入学的一种仪式。《礼记·学记》"入学鼓箧，孙其业也。"郑玄注："鼓箧，击鼓警众，乃发箧出所治经业也。"

⑧　诸生以时习礼：出《史记·孔子世家》。

创始于明季，自迭遭秦灰，访之故老而渐灭殆尽，公始博采风谣，搜罗掌故，从乡郡人刘、夏、文诸先生缮本，于公退之暇，殚力雠校，核据精详，付诸梨枣，直而不饰，质而不俚，简而该，确而当，序次谦冲，不掩前烈。仰公之意，冀涪人士览斯志也，曰：某也忠，某也孝，某也节，某也义。人心风俗，咸系于此，宁仅志山川、列风土，为纪载之虚文哉！所谓循良而兼良史才，洵不诬也。

志锓于甲午秋仲，阅六月而告竣。于朝滥竽苴蓿，薰炙公之德教久，复睹郡乘之遹观厥成[①]，益思不知烦公几经心力，而获睹兹盛举矣。因不揣固陋，敬附卮言于简末。

---

① 遹（yù）观厥成：看到成果。语出《诗经·大雅·文王有声》："文王有声，遹骏有声。遹求厥宁，遹观厥成。文王烝哉！"遹，助词，无实义。

旧　序

［国朝州牧］郭宪仪［江南人］

盖凡州邑之有志书也，不第取信于一时，而实征信于天下，后世以垂之永久而不废，俾后之阅是书者，于条分缕晰之下，恍如亲历其地，目击其盛而无不洞悉，则是书之宜珍惜而不使少有废坠焉，可也！

丁巳春，余宦涪陵。涪陵，为夙昔名胜之区，其山川之雄伟，与夫古今文物之盛，甲于全蜀。其尤不可以不传也，审矣。一日公余之暇，适见署中所藏书板尘封沙积，蚁穴虫穿。旋取而编定之，则已残缺失次。而所存者，又大半朽坏，或字迹模糊，难以识辨，涪陵一方之胜几至淹没无传焉矣。检阅之下，能无不全不备之感乎？随即构之绅士之家，始得其全本，爰命梓人缺者补之，朽坏模糊者新之，阅两月而工始竣。

虽是书之成，不过因前人已成之功而整理之，予何敢自以为功？但以昔日之残编断简几废弃于尘土中者，而今得复为完璧，是则私心之所少慰者也将见。自兹以后，极美备之观，无缺略之虞，学士大夫披览之下，可复窥全豹；而朝廷采风之使，亦得有所考据以备采择，垂之后世，传之无穷，实为是书之幸，亦即余之厚幸也。谨序。

涪州志卷之一

涪州知州多泽厚续纂

封域志[图考　星野　沿革　山川　形胜　街市　里甲　古迹　垄墓]

　　自先王画井分疆，而有井邑邱甸之名，此州郡之所由昉也。洎秦开阡陌，罢封建，改立郡县，而后世因之。地无大小，皆得分土而治，以比古侯国附庸之属。涪陵虽幅帻不广，而上应星文，下因地利。历代沿革之异，山川形势之奇，以及街肆、里甲、遗迹、邱垄，非可一览而尽也。爰加意搜辑，增所未备，汇成《封域》一帙。后之人按籍而稽，因地制宜，俾斯土为乐郊乐国，斯善矣。

图考

　　古者经有图，史有表，综其文而覈其事[①]也。而史亦有籍于图者，盖史不过列世代、第岁月而已。至于一都一邑，设建之异同，疆界之广狭，山川之流峙，保障之阔隘，以及市冲、官署、坛壝、刹宇之或更或因，非图无以辨。修乘者，所以宁详无略也。

---

　　① 覈其事：考求事实的真象。覈通"核"，核实。

（一）全境图

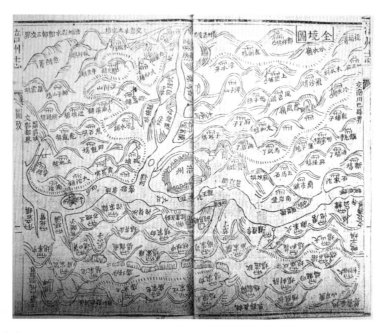

（二）城池图

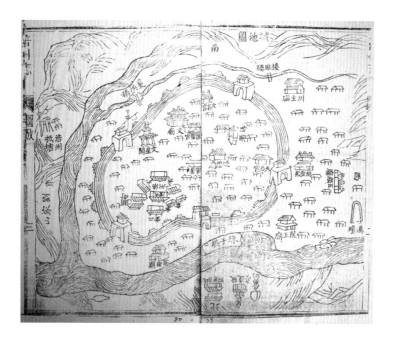

（三）衙署图

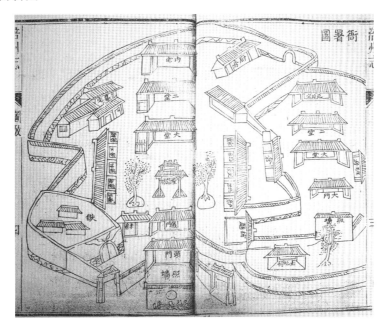

（四）学宫图

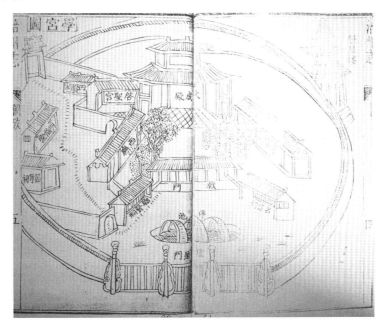

星野

[自轩辕受河图，见日月星辰之象，命鬼臾蓝占星，始有星官之书。历代史官靡不

悉载简册，不可得而枚举也。按象而求之，其为祥为妖，为吉凶、水旱、丰荒，历历不爽，则分野辨野，断非无稽之说耳。]

《汉书》：巴蜀分井鬼参，又云觜巂参主益州。

《宋书》：益梓利夔四路分井鬼，又东井与鬼鹑首也，尽巴蜀汉中地。

《龚笋湄志》《史记》《河图》《括地象》《华阳国志》《天文占候》《天文次舍》诸书：涪州隶重庆府，分野井鬼之次，入参三度。

《五代史》：蜀孟昶时，荧惑犯积尸，昶以积尸蜀分，欲禳之。司天少监胡韫曰："自井五至柳八，鹑首之次，秦分也。蜀虽属秦，乃极南之表耳。（晋）咸和九年，火犯积尸，雍州刺史郭权见杀。义熙十四年，火犯鬼，雍州刺史朱龄石见杀，应皆在秦而蜀无事。"乃止。按：韫言鹑首起井五至柳八，与蔡邕起井十至柳三差五度，与《明史》起井九差四度。蜀既与秦同分，自当遇灾而惧，反身修德，不得以前代俱秦当灾为幸。如明末崇正[1]三年，荧惑入井鬼，两犯积尸。七年八月，岁星犯积尸，蜀遭献贼之祸。岂可谓秦独当之？况应天以实，不以文，恐惧修省慎德者，所以惕惕[2]也。

觜宿歌

三星相近作参蕊，觜上坐旗直指天，前卑之位九相连[3]，司怪曲立坐旗边，四乌太近井钺前。

觜宿论

觜三星，白兽之体也，为行军之藏府。司怪四星，主候变怪。坐旗九星，主别尊卑，星明则国有礼。

觜宿图

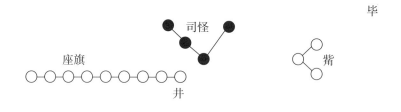

---

　① 崇正：即明思宗朱由检年号"崇祯"，时因避清世宗雍正皇帝胤禛名讳而改。下同不注。

　② 惕惕：忧劳、恐惧貌，指惊恐不安、心绪不宁的情状。

　③ 觜上坐旗直指天，前卑之位九相连：唐王希明《丹元子步天歌》作"觜上座旗直指天，尊卑之位九相连"，"坐旗"即下《觜宿图》中"座旗"，"坐"通"座"；"前"字疑为"尊"字误刻。

参宿歌

总有七星觜相侵，两肩双足三为心。伐有三星足里深[①]，玉井四星右足阴。屏星两扇井南襟，军井四星屏上吟。左足四星天厕名[②]，厕下一星天屎沉。

参宿论

参七星，一曰参伐，一曰大辰，一曰天市，一曰钺铖。参，白兽之体也。其中三星横列，三将也。《公羊传》曰：大火为大辰，北辰为大辰。参亦为大辰，盖心与参伐，天所以示民时早晚，天下所正，故皆谓之大辰。参左右肩股四星，为实沉之神。斗牛为河之首，参毕为河之尾。首在北方，若夏，则河首转在南，而毕参反在北矣。正月初八日，看参星卜一岁之水旱。若参过月西，多旱。

参宿图

井宿歌

八星横列河中静，一星名钺井边安，两河各三南北正。天镨三星井上头，镨上横列五诸侯。侯上北河西积水，头觅积薪东畔是[③]。钺下四星名水府，水位东边四星序。四渎横列南河里，南河下头是军市。军市团团十三星[④]，中有一个野鸡精。孙子丈人市下列，各立两星从东说。阙邱两个南河东，邱下一狼光蓬茸[⑤]。左边九个弯弧弓，一矢拟射顽狼胸。有个老人南极中，春秋出入寿无穷。

---

① 伐有三星足里深：《丹元子步天歌》作"伐有三星足黑深"，"里"字刻误。
② 左足四星天厕名：《丹元子步天歌》作"左足下四天厕临"，"名"字刻误。
③ 头觅积薪东畔是：《丹元子步天歌》作"欲觅积薪东畔是"，"头"字刻误。
④ 军市团团十三星：《丹元子步天歌》"团团"作"团圆"。
⑤ 邱下一狼光蓬茸：《丹元子步天歌》"蓬茸"作"蓬茸"，"茸"字误。

井宿考

钺一星附于井足前第一星边，南河各三星分夹东井，天之关门主关梁，南河曰南界，北河曰北界。天镇三星在北井五诸侯南，主盛馈粥以给贫贱。诸侯五星在东井东北近北河，主刺举，戒不虞，理阴阳，察得失。积水一星在北河西，主聚美水，以给酒官。积薪一星在北河东，主聚薪以给享祭、供庖厨。水府四星在东井西南、钺星下，主堤防以备水。水位四星在井东南，主水衡以泄淫溢。四渎四星在东井南，江、淮、河、济之精。军市十三星如钱状，在参东南，天军贸易之市；野鸡一星在军市中，主知怪变、伏奸虞。丈人二星在军市南，主国家老人。子二星在丈人东，孙二星在子星东，所以侍奉老人。阙邱二星在南河东，天子之象魏。天狼一星在南河东南，主盗贼。弧矢九星在狼东南，天子之弧矢也，以备盗贼。老人一星在弧矢西南，曰南极老人，主寿考，秋分之旦见于丙，春分之夜没于丁。

紫微垣内阶

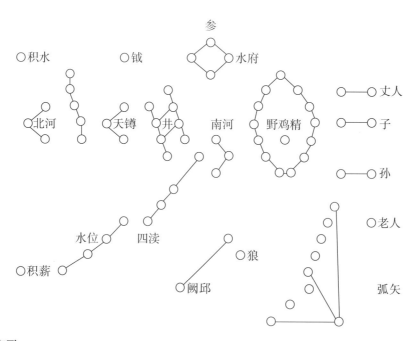

鬼宿歌

四星册方似木柜，中央白者积尸气，鬼上四星是爟位，天狗七星鬼下是，外厨六星柳星次，天社六星弧东倚，社东一星是天纪。

鬼宿论

舆鬼四星，天目也，主视，明察奸谋。中央白气为积尸，有气无形，主祀祭丧葬，不宜五星客慧守犯。北四星曰爟，主烽火，一作主变国火。南六星曰外厨，享燕①之厨也。天狗六星在鬼西南，狗之北②，横于河中，以备盗。天社六星主社稷，《隋志》云："共工氏之子勾龙能平水土，故祀以为社，其精为星焉。"东北一小星为天纪，在外厨南，主知禽兽。

轩辕星

沿革

[唐因山川形便③，分十五道。宋分州军，增至二十六路。明置南北畿、布政司十三，而蜀则天府之国也。涪陵形胜甲于他州，而历代之迁徙靡常，或因时而易其地，或因地而易其名。爰于旧《志》外，复从《一统志》《元和志》《通志》诸书详加考核，复为表以系之，庶历朝沿革可条分缕析云尔。]

《禹贡》梁州之域，春秋时巴国地。秦属巴郡，置枳县。《华阳国志》曰："涪陵，巴之南鄙，从枳县入，溯涪水④。"枳县，即今涪州所理是也，与荆、楚相接，秦司马错由之取黔中地。汉为巴郡涪陵县，蜀先主以为涪陵郡。晋永和中移涪陵郡治，汉李

---

① 　享燕：享宴。燕通宴。
② 　天狗六星在鬼西南，狗之北：据《紫微垣内阶》（图）、《鬼宿歌》《星轩辕》（图）及马端临《文献通考》卷二百七十九《象纬考二·二十八宿·南方朱鸟七宿》"天狗七星在鬼西南，狼之北，横河中，以守贼也。"疑"六星""狗之北"有误。
③ 　山川形便：唐代正式提出的、根据地理环境即山脉、河流等自然地理特征来划分地理区域，进而划分行政区域的划界原则。其与"犬牙相入"一起，共同构成中国古代行政区域划分的两条基本原则。
④ 　溯涪水：原志形近误刻，"溯（泝）"作"沂"。以下同，径改不注。

成复县，宋齐仍为涪陵郡，周又徙治汉平县。隋开皇初，郡废，属梁州总管府；十三年，改汉平为涪陵县，属巴郡。唐武德元年，立为涪州，在蜀江之南，涪江之西，故为名，属江南道；上元二年，因黄莒峡有獠贼结聚，江陵节度请隶于江陵，置兵镇守；天宝初，改涪陵郡；元和三年，中书侍郎平章事李吉甫奏："涪州去黔府仅三百里，输纳往返不逾一旬。去江陵一千七百余里，途经三峡，风浪没溺，颇极艰危。"请隶于黔府；乾元初，复为涪州。五代属蜀。宋亦曰涪州，属夔州路；咸淳三年，移治三台山。元复旧治，至元二十年以州治涪陵及乐温二县入焉；二十一年，改属重庆府[1]，宾化改并巴县。明隶重庆府。国朝因之，康熙七年并武隆县入焉［本《一统志》《元和志》《通志》]。按《元和志》云：州城本秦枳县城也，自晋永兴元年李雄据蜀，此地积为战场，人众奔波，或上或下。桓温定蜀，以涪郡理枳县。武德元年置涪州，辖四县，涪陵、乐温、武龙、宾化是也。涪陵，本汉属巴郡之旧县；乐温，本汉枳县地，武德二年改为乐温县，九年属涪州，宋因之；武龙，本汉涪陵县地，武德九年分立武龙县；宾化，本汉枳县地，贞观十一年置隆化县，先天元年以犯庙讳改为宾化县。

沿革表

世　代	总　隶	郡　州	县
唐［尧分天下为九州]	梁州		
虞［舜肇十有二州]	梁州		
夏［华阳黑水为梁州]	梁州		
商	梁州		
周［《周礼·职方》辨九州之国]	梁州		
春秋	巴国		
秦［始皇二十六年，分天下为三十六郡]		巴郡	枳县
汉		巴郡	涪陵县
蜀汉［昭烈帝]		涪陵郡	
东晋［永和间]	益州	涪陵郡	
汉［李成]			涪陵县

---

① 重庆府：元代至元二十一年（1285）时，只有隶属于四川行中书省的"重庆路"，至明代洪武初始复改为"重庆府"隶四川布政使司。故此处"府"当作"路"。

续表

世　代		总　隶	郡　州	县
宋			涪陵郡	
齐			涪陵郡	
后周				汉平县
隋	[开皇初，废涪陵郡]	属梁州总管府		汉平县
	[十二年，改汉平为涪陵县，属巴郡]		巴郡	涪陵县
唐	[武德元年立为涪州，在蜀江之南，涪江之西]	江南道	涪州[辖四县]	[涪陵、乐温、武龙、宾化]
	[上元二年隶于江陵，天宝初改涪陵郡，元和三年隶于黔府]		涪陵郡	
	[乾元初复为涪州]		涪州	
后梁		蜀		
后唐				
后晋				
后汉				
后周[五代俱属蜀]				
宋	[咸平三年，分益、梓、利、夔四路为四川]	夔州路	涪州	
	[咸淳三年，移治三台山]			
元	[复旧治]		涪州	
	[至元二十年，以州治涪陵及乐温二县省入]			
	[二十一年，改属重庆府，宾化改并巴县]		重庆府	涪州
明[隶重庆]			重庆府	涪州
国朝	[因之。康熙七年，并武隆县入焉]			

山川

[山川光乎岳渎。诗书所载，于以会阴阳，和风雨，奚止辨物知方已耶？涪陵为西南名郡，秀气所钟，人文辈出。盖山川效灵之说，信不诬也。]

种松山[州东二里。《舆地纪胜》：州产松屏石，出山间。相传尔朱先生种松子于此。

映山之石，皆有松纹。]

游兰山 [州东南七十里。《舆地纪胜》：在涪陵高松乡，地名罗云，兰真人修炼之处。人至洞门，望见丹灶有真人题字，岩石自摇欲坠，骇不可至。]

三华山 [州东九十里。]

笔架山 [州东武隆司南二里。山势排列如笔，故名。]

七窥山 [州东。《舆地纪胜》：在武隆司北十五里。旧《志》：山有七窍，故名。]

青云山 [州东，在武隆司东北五里。]

石尖山 [州东，在武隆司北十一里。]

钻天山 [州东，在武隆司北三十五里。]

登春山 [州东，在武隆司北七十里。]

铜矿山 [州东八十里。山绵亘四五十里，前代开铸，尚有遗迹。]

金子山 [州东一百里。其地多风，绝顶有寺名“避风”，远眺黔流，蜿蜒百里。]

尖山子 [州东一百二十里。高出众山，其峰如削。]

银瓶山 [州东一百五十里，遥望若搋之欲倾者，俗名“搭耳山”。]

雨坛山 [州东一百五十里。山极高，多雾，祷雨立应。]

崇山 [州东一百三十里。周围长亘四五十里，居民藉此畜牧为业。]

狮子山 [州东六十里。山麓有古天公堂，名“狮子庙”。庙前有古柏数十围，又名“九股树”。]

罗浮山 [州东一百二十里。]

武隆山 [州东南。《寰宇记》：唐武隆县，以邑界武隆山为名①。《明一统志》谓之“龙桥山”，在武隆东五十里，山形如龙，下有空洞，逶迤深邃。]

神风山 [州东南，在武隆司东一里许。]

幞头山 [州东，在武隆司南十里。其山方圆高大，立于江岸之上。]

金藏山 [州东一百三十里。]

挂榜山 [州东。在武隆司东五里，有层岩两壁，约高百余丈，长三里许。]

仙女山 [州东，在武隆司西三十五里。山半石洞中，相传昔有仙女出现，后不见。]

---

① “唐武隆县”句：按“武隆县”“武隆山”，在唐代“隆”均作“龙”。

文笔山［州东，在武隆司东四里。］

黄牛山［州东南四十里。］

龟山［州东。《舆地纪胜》：在黔江东岸，古州治据其上。其形如龟，故州亦名龟陵。
旧《志》：在州东北，亦名三台。宋咸淳中移州三台山，即此。］

白岩山［小江之南，昔王真人修炼于此。岩如壁立，上有二洞，人迹罕到。］

许雄山［州南七里。宋马提干《涪州十韵》诗有"许雄山共峻，马援坝相连①"之句，
即此。诗见《艺文》。］

鹰舞山［州南五十里。每年三月，有群鹰数百翔舞其上。其年鹰多，则岁丰。上
有古刹碑记。］

插旗山［州东五里。］

刘家山［州东七里。］

天共山［州北六十里。］

鱼藏子岩［州东八十里。岩壁有门②，入数百步，积水多鱼。春夏水涨，裹粮③而渔
者甚多，故名。］

云梯岩［州西四十里。］

滴水岩［州东。］

挂榜岩［州东一百里。山石明如水晶，横数百丈。下有大洞，广三四十里，可容
万人。］

八卦岩［州南一百里。岩壁有天然八卦图，又名"宗师岩"，明司谏刘菠习《易》
于此。在京被刑之日，此岩始崩见图。］

狮子岩［州东南，在武隆司北二里。］

和尚岩［州东南，在武隆司北二十里。］

圆光岩［州东南，在武隆司北二十里。］

洪福岩［州西南八十里。］

黄荆岩［州西南一百四十里。］

———————————

① 马援坝相连：本志卷十一《艺文志·诗选》"连"一作"联"。
② 岩壁有门：原志"壁"误"璧"，改。
③ 裹粮：裹携粮食。谓携带熟食干粮出征或远行。

金庄岩①［州西南一百二十里。］

见凤岩［州北十五里。岩间石壁镌有"见凤"二字，故名。］

望州关［州南十里，明曾英御献贼于此。］

白云关［州南七十里，上有乌豆禅师遗迹。司谏刘刘蓂建书院于此训课，并题序刻石。］

凤凰山［州南七十里。上有龙泉，形如凤冠，因此为名。］

黄家山［州南三十五里。］

范家山［州南四十里。］

台子山［州南五十里。］

萧家山［州南一百里。］

独石山［州南一百四十里。］

龟龙山［州西十里。上有东岳庙，土人名曰"赛酆都"。前州牧国更名"聚云山"，有五律诗二首见《艺文》。］

五花山［州西二十里。五山排列如花，故名。］

合掌山［州西北五十里，二山对合如掌。下有毛家泉，一日三潮，祷雨辄应。］

盉璧山②［州西五十里。］

孩皋山［州西。］

湘子山［州西一百五十里。］

星宿山［州西北五十里。］

曼子山［州西南五十里。］

北岩山［州大江之北，宋程伊川夫子注《易》于此。］

铁柜山［州北五里，形如铁柜，与涪陵旧县相对，一名"吴君山"。绵亘江北，雄压诸山，相传诸葛武侯屯兵于此。］

碑记关［州南八十里，又名"乐丰关"。］

冷水关［州南一百三十里，抵南川县界。］

---

① 金庄岩：民国《涪州志》卷四《疆域志四·垄墓》"刘岌""向云程"条作"金装岩"。
② 盉（jīn）璧山：民国《涪州志》卷三"盉壁（璧）山"条云："在州西五十里，州人何环斗（名以让）建琴堂书院于其上。今已圮。"又称琴台山。

鸡鸣峡［州西十五里。《水经注》：江水历鸡鸣峡。］

黄草峡［州西六十里。唐杜甫诗"黄草峡西船不归"注曰：峡在涪州西。大历四年，泸州刺史杨子琳叛，沿江东下。涪州守捉史王守仙[1]伏兵黄草峡，为子琳所擒，即此。杜诗见《艺文》。］

红砂岭［州东一百二十里。］

分水岭［州南八十里。］

燕子汧［州东一百五十里。石壁镌供观音神像，颇有灵感。］

狮子保[2]［州北十五里。山形类狮，故名。］

避风石［州东一百里，又名风碑岭。祭石则风少，不害禾稼。］

剑环石［州东南。在武隆司西一里，江岸石梁插入江心，如剑环形。］

白马石［州东南。在武隆西三十里，江边半岩有白石如马，江中又有石如鞍形。］

四眼石［州北六十里。］

仙女寨［州西五十里。］

大江［在州北。自长寿流入，州东北入酆都县。《水经注》：江水自明月峡东至梨乡溪，历鸡鸣峡。江之南岸有枳县治[3]。《华阳记》曰：枳县在江州巴郡东四百里，涪陵水北注之，又东经涪陵故郡北，又东经文阳滩，滩险难上。自涪陵东出百余里而届于横石，东为铜柱滩。又经东望峡至平都。《方舆览胜》谓之"蜀江"，自成都登舟十三程至此合黔江[4]。］

涪陵江［在州东，自彭水县，流入大江。《水经注》：延江北至涪陵为涪陵水，庾仲雍所谓有别江出武陵者也。水乃延江之枝津，分水北注，迳涪陵入江，故亦曰涪陵水也。其水南经武陵郡，昔司马错溯舟此水，取楚黔中地。延熙中，邓芝伐徐巨射元猿[5]于是

---

①　涪州守捉史王守仙：原志误作"涪州守提使王守先"，据《资治通鉴·唐纪·代宗大历四年》改，亦可参本志卷十一《艺文志·诗选》杜甫《黄草峡》诗注。守捉使：唐至元设置的地方军事长官，后改为团练守捉使，简称团练使。

②　狮子保：即狮子堡，"保"或"堡"之误。

③　江之南岸有枳县治：原志误"南岸"为"两岸"，据《水经注》卷三十三改。

④　"《方舆览胜》……"句：《方舆览胜》即南宋祝穆《方舆胜览》，也称《方舆览胜》。"自成都登舟十三程至此"，原志误"舟"为"州"。

⑤　元猿：《水经注》原作"玄猿"，避清圣祖康熙（玄烨）帝讳而改，元古同"玄"。下同不注。

县，猿自拔矢，卷木叶塞射疮。芝叹曰：伤物之生，吾其死矣。《元和志》：涪江在武陵县①，北流注于蜀江。《寰宇记》：自力宁县西北二百八十里至关头滩，滩长白步，悬岩倒水，舟楫莫通。又有江门滩在县前江中，旧《志》：自彭水江口镇入武隆界一百二十里至关头滩，五里至城西南，又五里至石床滩，又十里至白马滩入州界，又一百一十里至州东入大江。]

内河[从垫江县高滩来，至土主庙入州境，历孙家场牛门溪，至邻封场入长寿界，出龙溪河会大江。间有灌田之处。]

小河[州西北。自老君滩发源，历易家桥、飞龙场、关箭河、院市寺，出两河口合内河。亦有灌田之处。]

小溪[州东南。自碑记关起，由子耳坝出氽洞会黔水。]

小溪河[州西。一从龙里漕发源，一从芭蕉溪发源，至平滩河合流，经来家滩至小溪口流入大河。]

渔溪河[州西六十里。]

铁江河[州北一百里，发源长寿界。]

大溪河[州东南。自南川县流入，东北一百里至州东南合黔水，即《寰宇记》所谓"白水"也。]

青羊铺河[州南。源起大坝，出三岔河，合六壬水、平滩河、龙潭河、孟氏溪、两会口，至梨乡溪入大江。]

天生硚河[州南。源出南川县石牛河，由鸭子塘大河嘴出，会黔水。]

黑塘河[州南。源出南川县，至洞子口合两会口、梨乡溪入大江。]

渠溪河[州东。发源自忠州渰井，至沙沱合大江。]

碧溪河[州东。自垫江发源，过酆都至云里下高滩。其处亦间修有水堰，可溉田千余亩。]

清溪河[州东。在武隆司南，自清水溪发源，流入黔水。]

白石溪河[州东，在武隆司。自信水发源，至土沱合入黔水。]

龙溪河[州东，在武隆司。白龙坝发源，至龙溪合流入黔水。]

---

① 武陵县：当为"涪陵县"之误。

大木棕河 [州东，在武隆司。自麻王洞发源，至木棕滩合流入黔水。]

小木棕河 [州东，在武隆司。自印溪发源，至木棕铺会合大木棕河共入黔水。]

黄柏渡河 [州东，在武隆司。自龙洞发源，至巷口镇合入黔水。]

长滩河 [州东，在武隆司。自水淬沟发源，至白马镇合入黔水。]

弹子溪 [州东六十里。]

木公溪 [州东一百三十里。]

慈竹溪 [州东六十里。]

罗云溪 [又名卜岁溪，州东五十里。发源罗云坝水洞，流入大江。]

龙溪 [州东，在武隆司北七十五里。]

后溪 [州南关外，源由望州山下夏溪，入黔水。]

沙溪 [州南三十里，源由歇马台山下入大江。]

磨刀溪 [州南。源出落马洞小溪，入黔水。]

东流溪 [州南。源起马家沟，下小坝碑记桥、八节滩致远桥、落马洞、谜洞、小溪，会黔水。]

芭蕉溪 [州南，水源合龙潭河。]

姜家溪 [州南。合大溪河，下鸭子塘，即刘司谏莹宅处。]

洋慈溪 [州南。水出一洞卷，合平滩河。]

梨乡溪 [州西六十里。]

袁家溪 [州西三十五里。源由马武垭之黑荡子，下高水洞，经麻堆坝，历柏树洞入大江。有滩名麻堆滩，水涸滩亦险。]

石鼓溪 [州西五里。州人陈计长有《记》，载《艺文》。]

斗仰溪 [州北二十里。从北岩牵弓山发源至洪岩子，历丝栗塘，出瓦窑沱入大江。]

黄溪口 [州北五里。自三涨水发源，历孟家坝出大江①。]

神仙洞 [州西北四十里，解元何行先读书处。]

清溪洞 [州东。《舆地纪胜》：在高松乡崖岸穴中，有石洞二处。自洞门入约一里许，有湫水一潭。]

---

① 历孟家坝出大江："出大江"疑为"入大江"之误。

老龙洞［州东五十里。有上、下两洞，上洞水出即伏，下洞水出可灌田数顷，直至清溪入大江。］

枇杷洞［州东八十里。洞水流灌田亩，不虑岁旱。有石自洞出二尺许，如龙爪握珠然。］

矿场洞［州东一百里。］

修鳞洞［州东一百里，洞水可灌田百余亩。天愈旱，水愈涌。洞中多风，甚凉，人不能久当。］

阙家洞［州东一百里。洞中多蛇蝎，人莫敢近。山雾可占雨，岁旱祷雨则应。］

余孔洞［州东一百里。洞水泛流，可灌田数百亩，岁旱无虞。］

仙女洞［州南十里。洞中天然石笋森列如人形，故名。］

白龙洞［州南。俗传岁旱赴洞祈雨，必应。］

飞水洞［州西六里。］

宿云洞［州西三十五里。］

腾蛟洞［州西五十里，在鸭子坝。］

咸井沟［州东一百里，水可为盐。前代曾取水煎煮，至今犹有两锅覆井，无有议开者。］

莲池沟［州南一百一十五里。水出青烟洞，合两会口、梨乡溪入大江。］

马家沟［州南。源出小坝碑记桥，与东流溪会入黔水。］

万家沟［州南。源起黄荆岩，合龙潭，出两会口，入大江。］

七贤沟［州南，又名竹茨沟。源从石鹊河万寿碛下红砂子牛渡滩，合两会口入大江。］

余家沟［州南。水出大石碛，合清溪沟入大江。］

徐家沟［州西南一百四十里。水出茅里石，合两会口。］

土地坡塘［州东。塘水委蛇①绕山数里，可溉田千余亩。］

谷花塘［州东一百里。相传其处有神为人指休咎最验，但书皆反文难识。然二十里外，亦即不应。］

鸭子塘［州南。其地设有官渡，水达偏踏镇庙垭口、弹子山长滩坝、白马镇，有

---

① 委蛇：同"逶迤"，曲折回旋貌。

小舟可通陈家嘴。]

锦绣洲［铜柱滩下，水落则出，一名沙洲。土人能织锦属，因名。城中有锦洲阁。出《一统志》。］

龙宝潭［州东南。旧《志》：在武隆司东北七十里，古箐凄其①，人鸟两绝。扶藤而入，幽径可十里许。忽平沙映旷野，曲壑泻清泉，别有幽境。出《省志》。］

石瓷碛［《舆地纪胜》：在州东，相传在东渡高峰之上。出《省志》。］

开池［在州东三十里，出刚铁，土人以为文刀。本《元和志》。］

信水［州东南。旧《志》：在武隆司南二十里峡口，其泉如沸，日有三潮。每至，高尺余。出《省志》。］

咸泉［在州东南。《舆地纪胜》：在武隆司白马津东三十余里，江岸有咸泉。初，康定间，有程运使舟次鹊岸②，闻江中有硫黄气袭人，谓此必有咸③。召工开之，果得咸脉。迁忠州灶户，教以煮盐之法，至四百余灶。出《省志》。］

白鹤滩［州西一里，尔朱真人冲举之处。真人浮江而下，渔人有白石者举网得之，击磬方醒。遂于涪西滩前修炼，后乘白鹤仙去。出《省志》。］

铜柱滩［在州东涪陵江中。按，《寰宇记》云：马援始欲铸铜柱于此。又云：昔人维舟，见水底有铜柱，故名。］

横石滩［州西。后汉岑彭破公孙述将侯丹于黄石，即此。俗名二石滩。出《省志》。］

歇神滩［州北。相传汉张桓侯被刺，其首流注至此歇一宿去。至今蝇蚋不生，后人塑像，庙祀之。宋大观间，于庙前得三印及佩钩、刁斗，上镌桓侯名。张士环诗：天下英雄只豫州，阿瞒不共戴天仇。山河割据三分国，宇宙威名丈八矛。江上祠堂严剑佩，人间刁斗见银钩。空余诸葛秦川表，左袒何人复为刘。］

关滩［州东南。在武隆司东五里，两山排列，中多巨石，飞湍激怒，声震如雷。观察陈邦器题有"澎湃飞雷"四字于石上。］

白石滩［州东南。在武隆司西三十里，滩石形如白马，因此为名。］

石床滩［州东南。在武隆司西五里。］

---

① 凄其：寒凉冷落貌。
② 鹊岸：《舆地纪胜》卷一百七十四原作"鹊岸"。
③ 谓此必有咸：《舆地纪胜》原作"谓此必有咸泉"，疑脱"泉"字。

险滩

龙王沱[州西北一里，又名鉴湖。夏月江水泛涨，中有三漩溃发，患不可当。凡揽载来城船只，每年地方官出示晓谕，不许擅放中流，令其住泊无祀坛卸载。奉文设有救生船只。]

龟龙滩[州西十里，在龟龙山下。江水泛涨，挽舟难上。上水载若重，常多覆溺。]

麻堆滩[州西三十里。冬月水落石出，滩势汹涌，小舟载重，每至覆没。奉文设有救生船只。]

黄鱼岭滩[州西一百二十里，即黄草峡出口处。夏月水盛，波涛怒发，往往覆舟。奉文设有救生船只。]

群猪滩[州东北十里。有积石横江，洪涛震耳。夏月水长，喷漩之险最碍行舟，俗有"水过虾蟆口，群猪不敢走"之谣。奉文设有救生船只。]

陡崖子滩[州东北十五里。夏月大水，洪涛巨浪，不便舟行。俗语云："群猪陡岩，高挂灵牌。有事才往，无事莫来。"奉文设有救生船只。]

百泝滩[州东五十里。江水半涨，滩势益险。奉文设有救生船只。]

形胜

[《书》载：禹封山浚川，弼成五服而九州之土以分。益州雄据江汉上游，为西南之阨隘。而涪，枕两江，带五溪，其间绣壤相错，嵚崎险阻，类非弹丸之区也。]

东距酆陵，西抵乐温，南连金佛，北接垫江，会川蜀之众汇，控瞿塘之上流。东西广一百五十里，南北袤二百里。

附疆界

东九十里至三华山抵酆都县界；

南一百里至冷水关抵南川县界；

东南八十里至牛皮箐分水岭抵武隆司界；

西南一百五十里至铁瓦寺抵巴县界；

西六十里至黄草山抵长寿县界；

北一百里至沙河徐家渡抵垫江县界；

西达府治四百五十里，达省会一千六百里，达京师八千一百五十里。

武隆界［康熙七年归并，州治设武隆巡司。］

东一百三十里至木棕河抵彭水县界；

东北九十里至鱼鳞箐分水岭抵酆都县界；

西北八十里至牛皮箐分水岭抵州界；

南七十里至蒲溪镇抵正安州界；

西南一百五十里至高坎抵南川县界；

武隆距州南一百七十里。

附八景

荔圃春风［唐天宝中贵妃取荔枝于此园，今已荒废无存。］

桂楼秋月［学宫侧①、明伦堂后有楼，高百尺。今已圮毁。］

铁柜樵歌［高敞轩豁，樵歌之声，达入城市。］

鉴湖渔笛［州西龙王祠下，江清如鉴，渔舟群集，矶边弄篴之声，清越可听。］

群猪夜吼［州东北有积石横江，洪涛震耳。夏间，水势愈盛，声达城市，夜听益彻。］

白鹤时鸣［州西有石梁横江，集鹤无数。昔仙子尔朱者常乘鹤至此，声彻九皋。］

松屏列翠［州北岸上，有苍松屏列。又云：北郭外有巨石如屏，上有天然松纹如墨汁图绘，今却未见。］

黔水澄清［州左岷江，右黔江。岷水色赤，黔水色碧，两水合处，赤、碧不混，秋冬亦然。］

街市

［街为通逵②，市易有无，皆以便民也。其在国都，列廛之区纵横往来，通谓之街；而乡里日中之市，亦自古不废。所谓“大道狭斜”“五剧三市”③者，皆是也。第其间盛衰相循，兴废不一。今昔之名，安可不纪哉！］

---

① 学宫侧：原志脱漏“宫”字作“学侧”，补。
② 通逵：通途。逵：通往各方的道路，泛指大道。
③ “大道狭斜”“五剧三市”：出唐代卢照邻《长安古意》：“南陌北堂连北里，五剧三条控三市。”谓街道纵横交错、四通八达，街市热闹繁华。狭斜：又窄又斜的小街曲巷，指妓院。五剧：谓数道交错，“剧”指交通要道。三条：“三条路”省称，本指都城长安的三条大路，泛指通衢大道。三市：大市、朝市、夕市，泛指闹市。

城内

东大街　染匠街　魁星巷　西大街　十字街　乐家巷　学坝　腰街子　儒林坊街

东关外

东华坊街　厢子街^①　五桂堂街　盐店嘴　麻柳林　火炉巷　晏溪　桂里坝

小东关外

麻柳嘴　东昇坊街

西关外

樊家街　潘家巷　戴家沟　夏家沟　祠堂后街　皮家巷　水井湾街　纸坊桥街　龙王嘴　尚书巷　皮家井街　土门子街

南关外

南门山　较场　晋香桥　走马街

北关外

官梯子　半边街　鼓儿城街[一名枣子岩街。]　歇圣庙街

长里乡市

南岸堡[州西南三十里。]　大山场[州西北五十里。]　蔺市镇[州西南六十里。]　石家沱[州西南九十里。]　酒店垭场[州南三十五里。]　马武垭场[州南五十里，俗传汉马武屯兵于此，故名。]　五马石场[州南五十里。]　铜锣铺场[州南一百里，相传场北有四方古井，昔人淘井取得铜钵铜锣，故名。]　青羊铺场[州南九十里。宋元丰五年，铺南建文昌宫，石壁刻有羊一，故名。]　龙潭场[州南一百三十里，又名龙塘子。]　冷水关场[州南一百三十里。]　鸭子塘场[州东南一百里。]　峰崖头场[州东南一百里。]　太和场[州东南一百里。]　子耳坝场[州东南九十里。]　弹子山场[州南一百二十里。]　龙洞场[州南一百二十里。]　飞沙场[州南一百里。]　庙垭子场[州南。]　明家场[州西南一百五十里。]　两会口场[州西南一百二十里。]　新庙子场[州西南一百六十里。]　堡子场[州西南九十里。]　磨沱[州西一百二十里。]　韩市场[州西九十里。]　兴隆场[州西南一百里。]　义和场[州西五十里。]　大柏树场[州西北七十里。]　白桃溪场[州南一百里。]　陈家嘴[州东南一百里。]

---

　　①　厢子街：即箱子街。厢，用同"箱"。

白里乡市

李渡镇［州西三十里。］　致远场［州西八十里。］　苟家场　罗家庙场　白家场　沈家场　沙坪场　包家庙场　中坝场　严家场　韩龙场　接龙场　邻封场　回龙场　汪家场　土主庙场

云里乡市

黄谷嘴　韩家沱　三块石［州东。］　大沱铺［州东。］　南沱镇［州东。］　琛溪镇［州东。］　北背镇［州东。］　立市镇［州东。］　箐口场［州东。］　中峰场［州东。］　裴家庙场［州东。］　白家场［州东。］

东、西里乡市

土坎镇［州东，在武隆司东三里。］　白马镇［州东，在武隆司西三十里。］　朱家嘴［州东，在武隆司。］　武隆司［州东南一百五十里。］　凉水铺场［州东，在武隆司。］　阆天铺场［州东，在武隆司东十五里。］　白果铺场［州东，在武隆司东三十五里。］　焦石坝场［州东，在武隆司。］　乾龙场［州东，在武隆司。］　滥坝场［州东，在武隆司。］　木根铺场［州东，在武隆司。］　断头坝场［州东，在武隆司。］　鱼鳞箐场［州东，在武隆司。］　火炉铺场［州东，在武隆司东三十五里。］　桐子山场［州东，在武隆司东一百二十五里。］　麻溪塘场［州东，在武隆司。］　灯盏铺场［州东，在武隆司。］　沙台铺场［州东，在武隆司东一百一十五里。］　土沱镇［州东，在武隆司东三十里。］　郭祥坝场［州东，在武隆司一里许。］　龙洞场［州东，在武隆司。］　上堡塘场［州东，在武隆司东一百里。］　木棕铺场［州东，在武隆司东一百三十里。］　关滩镇［州东，在武隆司东五里。］　石床镇［州东，在武隆司西十里。］　巷口镇［州东，在武隆司东十五里。］　双河场［州东，在武隆司北三十里。］　新滩镇［州东，在武隆司西十五里。］　仓沟场［州东，在武隆司东一百三十里。］　兴龙场［州东，在武隆司东十五里。］　木花洞场［州东，在武隆司南八十里。］　接龙场［州东，在武隆司东北一百五十里。］　黄柏榗场［州东，在武隆司南八十里。］　永顺场［州东，在武隆司西八十里。］　义和场［州东，在武隆司南八十里。］　广兴场［州东，在武隆司南七十里。］　和顺场［州东，在武隆司西八十里。］　飞沙场［州东，在武隆司西一百里。］　凉水井场［州东，在武隆南六十里。］　阡口场［州东，在武隆司东七十里。］　百顺场［州东，在武隆司西一百五十五里。］

里甲

[国家编立里甲，所以弭盗贼、均猺役①、便赋税也。故周有比闾、汉有亭乡、唐有坊村，名虽不同，而其义则一。我朝定鼎，诏各府州县以一百一十户为一里，推丁多者为长，余百户为十甲。甲凡十人岁役，里长一人稽奸宄、讲信睦。四境雍熙，闾阎宁谧，立法之良，于斯为盛。明编涪陵一十三里，国朝编为三里十八甲，后入武隆二里十三甲。里有名，甲有序，制度井井，村落昭然。旧《志》简略不详，兹特胪陈②于左。]

明编户一十三里

白石　黑石　通济　螺回　李渡　石龙　韩市　长滩　在郭　罗云　芋池　谢石　蔺市

国朝定鼎，编户三里一十八甲：长滩里、白石里、罗云里。康熙七年，武隆并入，编户二里十三甲，共五里三十一甲：

长滩里

首甲　上二甲　下二甲　上三甲　下三甲　上四甲　下四甲

白石里

首甲　上二甲　下二甲　上三甲　下三甲　上四甲　下四甲

罗云里

首甲　二甲　三甲　四甲

东里

一甲　二甲　三甲　四甲

西里

一甲　二甲　三甲　四甲　五甲　六甲　七甲　又七甲　八甲

长滩里村落地名

马援坝　乌杨树　蒿枝坝　歇马台　上沙溪　麻堆坝　马武垭　落马洞　汪渠沟　长冲坝　凤凰寨　张孙坪　桅杆保③　碑记关　青羊铺　铜锣铺　林家坝　黑潭坝　徐汉堂　莲池沟　石垭子　教官坪　石砚台　冷水关　龙塘子　蔺市坪　新庙

---

① 猺役："徭役"之误。
② 胪陈：逐一陈述。
③ 桅杆保：即桅杆堡，"保"字误。

子　兴龙场　石家沱　蔺市镇　中堆坝　北拱坝　吴家坝　五马石　黄连坡　樊家坝　水银沟　金银垭　庞家坝　双河口　罗汉桥　杨家坝　舒家湾　石凤溪　沙溪沟　任家冲　盐井坝　曾家坝　张家坝　刘家坝　大东溪　木鱼坝　大山坪　安真坝　子耳坝　叶师坝　大坝　小坝　官坝　柏树坝　香炉滩　大渠灏　奚家沟　长岭冈　水碓岩　玉窑坝　鸭子坝　铁炉坝　胡家坪　竹园坝　景家坝　邓家坝　马羊坪　瞿家湾　皮丝沟　樊家林　葛树坝　磨沱　老鹳岩　徐家坝　谢石坝　方家坡　戴家石塔　古家坝　大柏树　空洞山　盇璧山　景家坝　三颗石　火风滩　李渡镇　南岸堡　沙溪桥　赛酆都　眠羊嘴　黄舣沱

白石里村落地名

鸿舞溪　均田坝　铜鼓石　艾家坝　陶家坝　羊肠坡　马鞍山　八股树　胡村坝　龙里槽　双庙　梨双矴　土地垭　柏树矴　金装岩　猫儿坵　凉风垭　观音岩　高庙子　邻封场　石二坵　孙家坪　板堰溪　蒋家岩　黑岩子　谭家岭　上桥　下桥　平滩河　花桥　大石口　罗家店　长冲　赵侯溪　三窍塆　石龙寺坝　龙矴　北岩　天池坝　三涨水　螺回坝　鹤游坪　狮子滩　湘子山　黄草山　凤凰山　毛家泉　铜牙箐　张家箐　飞水洞　枫香坎　鸡心庙　龙君庙　王家岩　棋盘石　玛瑙崖　跳石河

罗云里村落地名

羊鼓坡　么姑坝　四眼石　黄土坪　九洞水　焦石坝　乾龙坝①　罗云坝　山下塆　散水坝　梅子坳　张家槽　红砂岭　滥泥田　大墙垣　曹家坝　陈家庄　阴阳坝　牛皮坝　马蹄滩　班竹滩②　珍家滩　七里滩　南阴滩　石堰场　油乍嘴　魏家场　何家场　盐井溪　高水井　舒家坳　毛古田　栗子坪　八角庙　月亮坝　水洞口　木瓜园　尖山子　段家沟　曹家塆　高山　高堵墙　三堆子　都塘坝　左右铺　一条街　四方井　柏树塆　坪西坝　鬼儿坝　鸡冠岭　马伏岭　金车堰　严家大塘　况家大塘　徐家坨　方家坪　薛家塘　毛冲子　瓦屋基　斗坡子　偏桥山　二磴岩　马黄田　鞠家嘴　何家嘴　燕儿岩　向家山　老女塆　将军塆　青冈嘴　钱家

① 乾龙坝：原志作"乾龙坝"，乾同"乾"。今涪陵罗云乡有干龙坝村，或由误读"乾"字为"干"形成。

② 班竹滩：应在今涪陵仁义乡班竹村一带。班竹即"斑竹"，下"班竹岩"同。

塆　胡家沟　石垣边　新塘塆　毛谷冲　中峰嘴　何家坪　蔡家边　班竹岩　梨家
园　新屋塆　金盘塆　老鹳坝　彭家坝　木工溪　陈家庄　陈家塆　吴坝冲　木桶
井　斗磴子　三块石　大屋嘴　陈家山　黑石岭　梅家岩　大溪口　石马子　猴子
岩　鹤背塆　沙坨　六庙坡　邓家坪

东里村落地名

　清水溪　柏杨坪　龙塘溪　乱凤坪　荞子溪　冉家坪　白石溪　杜家坪　鱼鳞
溪　方家坪　砾砂溪　高庄坪　赤溪　铺坪　印溪　小坪　蕨场坝　杨柳山　落东
坝　野寒山　核桃坝　桐子山　滥泥坝　夏家沟　向家坪　长溪沟　互池坝　寨子
沟　土沱坝　长坡　棉花坝　黑寨　大河坝　马游　谭家坝　龙宝塘　青毯坝　石
鼓沱　蔺村坝　曹家堰　青狮坝　竹园坨　龙坝　徐家塘　柏柳箐　千石垎　都塘
箐　简家营　东山箐　木水槽　土城台　九夥岭　黄泥坡

西里村落地名

　长滩坝　柏木沟　刘家坝　木淹沟　柏树坝　萧家沟　郭家坝　板椿沟　何家
坝　圈流河　赵家坝　沙河　古耳坝　槽子溪　乌鸭井　马溪　弹子山　铺溪　洗马
池　上堡　佘家㽏①　高桥　天池坪　青龙洞　石屚　焦王寨　大塘　九凤山　南山
坪　竹坝　龙洞　笼子头　广坪　万家营　黄柏渡　沙台

古迹

[昔司马迁适鲁，观仲尼庙堂、车服、礼器，低徊不能去；适长沙，观屈原所自沉渊，未尝不垂涕，想见其为人。故迹之感人，良有以也。涪陵，蜀之名区。其英贤硕彦，游宴赏眺山光水涛、杰阁雄台、青塚白杨，当不相远，叠遭兵燹毁残。虽荒烟蔓草中，而残碑断碣尚辨其姓氏。则夫胜场犹在延寿之赋《灵光》，今昔将无同②耶！]

马援坝[州南五里，一坝平衍。昔马伏波入五溪住此，故名。《后汉书》：马援讨武

---

①　佘家㽏（piǎn）："㽏"，重庆方言，指沿河的长条形低平地块。
②　将无同：亦作"将毋同"。或语含揣测，相当于"大概没有什么不同"；或有反问肯定之意，相当于"难道（莫非）有什么不同？"将无：语气助词。南朝宋刘义庆《世说新语·文学》"阮宣子有令闻，太尉王夷甫见而问曰：'老庄与圣教同异？'对曰：'将无同。'"宋程大昌《续演繁露·将毋同》："王衍问老庄、孔子异，阮修曰：'将毋同。'不直云'同'而云'将毋同'者，晋人语度自尔也。"

溪蛮，有两道可入：从壶头则路近而水险，从充则途夷而运远。不如进壶头，扼其咽喉，充贼自破，遂由涪进壶头。贼乘高守隘，水逆，船不得上；会暑甚，士卒多疫死，援亦中病，困。乃穿两岸岩为室，以避炎气。]

马武垭 [州西南五十里，相传汉马武屯兵于此。]

诸葛山 [州北四里。相传汉诸葛武侯屯兵于此，故名。]

黄舣沱 [州西五里，宋黄山谷往来洗墨池间舣舟于此。]

李渡镇 [州西三十里。唐李青莲① 过此入夜郎，故名。]

点易洞 [北岩石壁有洞，宋程伊川先生曾注《易》于内。]

致远亭 [州北。宋嘉定间，州守范仲武建此亭于点易洞侧。]

碧云亭 [州东三里，宋州守范仲武建。每岁春，州守率僚佐耆老劝农于此。]

洗墨池 [州西五里，有溪积水若池。宋黄山谷涤砚于此，因名。]

赤甲戍 [汉末为赤甲兵所聚，事见《寰宇记》。]

钩深堂 [程伊川夫子谪涪时，注《易》于此。即旧普净院辟堂，黄山谷题其堂曰"钩深"②。宋嘉定间，州守范仲武塑像祀之。前牧萧公重修后，多历年所③，殿宇三楹倾圮无存。州牧董君于康熙癸巳年菊月捐修，仍颜原额，敬置伊川夫子木主于其中，俾后人崇奉。后又圮，并地基为强邻侵占。州牧罗公于乾隆十四五年间，捐赀赎地，董建祠宇作书院。]

废乐温县 [州西北一百一十里。唐初置，属南陵州，后属涪州。]

四贤祠 [在文庙侧。前守道丁公建，碑记尚存。四贤谓程颐、黄庭坚、谯定、尹焞，后又增晁亚夫为五贤。]

江心石鱼 [州西鉴湖上流有石梁，上刻双鱼，皆三十六鱼鳞，一衔芝草，一衔莲花，

---

① 李青莲：唐代大诗人李白，号青莲居士，故称。据《李渡镇志》：李渡古称"洪渡"、"洪州"，有五条大石梁蜿蜒起伏，状若游龙，又称五龙镇。后改名李渡，一说是明万历二十二年（1594）因举人李应宣"致仕回籍，施船济渡"而得名，一说即是因为诗仙李白流放夜郎途中曾经在此过渡憩留而得名。此种说法，之前有明代万历年间何宇度《益部谈资》："黄庭坚尝谪涪州守，因自号曰涪翁；李白尝避难过涪州，故今镇名曰李渡。"暨著名学者曹学佺《万县西太白祠堂记》："涪陵有渡曰李渡，以太白曾渡此，即妇女稚子知之矣。"等记载，之后道光、同治《涪州志》亦有类似记载。

② 钩深：取自《周易·系辞上》："探赜索隐，钩深致远。"比喻探讨深奥的道理。

③ 多历年所：经过了很多年，指时间久远。历：经历；年所：年数。

旁一秤一斗，见则年丰。]

　　吴公堂［宋太守吴光辅疏城南溪，后其孙信仲仍守是邦，遂临溪建堂。迨晏亚夫居此，又名晏溪。]

　　风月台［在涪废乐温县北曰虎山，山有石龛，名曰风月台。出《一统志》。]

　　荔枝园［《方舆纪胜》①：妃子园在涪州之西，去城十五里。当日以马递驰载，七日七夜至京，人马毙于路者甚众。《方舆胜览》：蜀中荔枝，泸、叙之品为上，涪州次之，合州又次。蔡君谟《荔枝谱》曰：贵妃嗜涪州荔枝，岁命驿致。苏东坡亦云：天宝岁贡取之涪。盖当时南海②与涪州并进也。]

　　天剑石［武隆司西古渡头有断石③，中白痕如剑，光芒烛天，故名天剑石。]

　　夫子坪［州西八十里，州人晏亚夫肄业④处。]

　　磨盘石［州西七十里。州人陈可则因石峙江心，屡为舟患，捐赀平之，刻有"盘石镇江心，漾洄二水清。龙宫经咫尺，海屋最分明。"之句。]

　　纱帽石［州东。大江群猪滩下五里许，水落石见。若石顶有沙，则来岁丰稔，遇乡会之年，科甲亦多；若沙只在半磴，其美略减；若无沙，则乏科岁歉。历历不爽，州民恒以是占验焉。]

　　北塔［在州东北大江岸刘家山顶，为州境文峰，今圮未修。]

垄墓

　　［盖闻周封比干之墓，秦禁柳下之樵，古贤豪义士郁郁佳城所当望，而兴哀过焉起敬者也。然不笔之于书，世远年湮，谁从荒烟蔓草中抚残碑断碣而别某某之墓乎？爰列其姓氏，纪其地理，俾后世之人培松柏，除荆榛，识一抔之足重，而前人之坏墟⑤，班班可考矣。]

---

　　①　《方舆纪胜》：疑为《舆地纪胜》（南宋王象之编撰）之误。所引内容与下文所引《方舆胜览》（南宋祝穆编撰）内容，二书并存互见，然王略早于祝。

　　②　南海：古郡名，治今广东省广州市市区，泛指南方滨海地区。

　　③　断石：陡峭的岩石。

　　④　肄业：修习课业。

　　⑤　坏墟：即"丘墟"，坟墓。

齐

东昏侯墓［在州西枳县故城。《齐志》①有"涪陵郡"，属巴州，中兴元年，宝融即位于江陵，遥废齐主宝卷为涪陵王，盖郡王也。未至邸，遇弑，旋追废为东昏侯。］

唐

长孙无忌墓［按，《一统志》：无忌，洛阳人，累官太子太傅、同中书门下三品②。唐高宗时谏立武后，许敬宗诬奏无忌反，削官爵谪黔州卒，葬彭水县信陵乡薄刀岭，今隶涪州。］

明

万户侯何德明墓［在鹤游坪金子山。］

知府舒忠墓［在白里沙坪庙。］

都司刘信忠墓［在长里凤凰高楼。］

侍郎白勉墓［在长里石鼓溪。］

尚书刘岌墓［在白里金庄岩。］

千户伯何舜卿墓［在鹤游坪箐林山。］

巡抚张善吉墓［在白里鹤游坪大坟坝。］

知县冉惠墓［在北拱坝大东溪。］

知县何友亮墓［在白里鹤游坪周元山。］

知县钱玉墓［在长里石鼓溪。］

给事中刘蒔墓［在长里凤凰山。］

诰赠资政大夫夏彦策墓［在长里中金井。］

参政张柱墓［在鹤游坪水口。］

敕赠林郎邹应芳墓［在云阳县盘沱。］

尚书夏邦谟墓［在云里郝家坝。］

孝子夏正墓［在长里火风滩。］

知县刘文墓［在长里凤凰山。］

----

① 《齐志》：隋代著名历史学家王劭所撰编年体史书，共二十卷。
② 同中书门下三品：唐太宗贞观十七年（643）所置官名，意谓与侍中、中书令相同。唐肃宗乾元以后，通用"中书门下平章事"为衔，遂废止。

员外郎夏国孝墓［在长里火风滩①。］

主事周必胜墓②

知县周清墓

诰赠光禄大夫刘佾墓［在白里金庄岩。］

参政谭棨墓［在云里金井坝。］

佥事道谭臬墓［在云里金井坝。］

千户伯何清墓［在白里鹤游坪。］

乡贤张挺墓

布政司文作墓［在长里错开河。］

诰赠中宪大夫陈一廉墓［在长里鸭子坝风荡河。］

诰赠中宪大夫刘志懋墓［在长里凤凰山。］

知县周昌墓

知县何仲山墓［在城西中峰寺侧。］

御史刘养充墓［在白里螺回坝。］

教谕何岑墓［在鹤游坪文家坝。］

御史文德墓［在长里大坝。］

同知刘承武墓［在长里桐梓沟。］

诰赠大中大夫向云程墓［在白里金庄岩。］

同知夏子云墓［在长里火风滩。］

知县刘步武墓［在长里凤凰山。］

知州张建道墓

知州文羽麟墓［在长里朱沙坪③。］

乡贤张箧墓

太仆寺少卿冯良谟墓［在长里麻堆坝。］

---

① 火风滩：民国《涪州志》卷四《疆域志四·垄墓》作"和风滩"，他处又写作"河凤滩""鹤凤滩"或"火峰滩"。

② 主事周必胜墓：墓址原缺。下"知县周清墓""乡贤张挺墓""知县周昌墓""知州张建道墓""乡贤张箧墓""举人周钦墓"同。

③ 朱沙坪：民国《涪州志》卷四《疆域志四·垄墓》写作"朱砂坪"。

知州曾所能墓［在长里曾家坝。］

郎中王用墓［在白里小溪。］

举人周钦墓

巡抚曹愈参墓［在长里葛树溪。］

知县程鹏墓［在长里石凤溪。］

御史况上进墓［在白里陶家坝。］

知县沈海泉墓［在长里盐井坝。］

参政何伟墓［在白里石二坵。］

主事任传吾墓［在长里盐井坝。］

同知陈直墓［在长里蒯家沟。］

知县文可黼墓［在长里致远硚。］

隐逸蔺希夔墓［在长里蔺市坪。］

训导夏可裳墓［在贵州贵阳县。］

副使道张与可墓［在白里双石桥。］

知县何楚墓［在鹤游坪文家坝。］

通判何以让墓［在鹤游坪文家坝。］

诰赠中宪大夫陈致孝墓［在长里莲池沟。］

盐运司陈荩墓［在长里五马石绿阴塘。］

册封虬正侯周大江墓［在州东云里彭家坝。］

参政向鼎墓［在云里东青驿。］

知州何振虞墓［在蔺市镇对岸硃砂坪。］

知府陈计长墓［在长里致远桥。］

文苑夏道硕墓［在长里麻堆坝。］

乡贤向牖螭墓［在云里东青驿。］

文苑刘之益墓［在长里钱家塆。］

大理寺政刘起沛墓［在长里钱家塆。］

推官陈正墓［在长里舒家塆。］

知县张行仁墓［在云里田铺塆。］

举人潘腾珠墓［在长里董家庄。］

教授张佉墓［在鹤游坪大坟坝。］

举人潘利用墓［在长里董家庄。］

通判陈计定墓［在城南后溪。］

诰赠资政大夫夏友纶墓［在白里黑石坪。］

诰赠荣禄大夫周达墓［在州西金鸭池。］

诰赠荣禄大夫周茹茶墓［在长里磨沱。］

国朝

文林郎陈命世墓［在长里曾家坝。］

知县何诜虞墓［在白里铁炉坝。］

文苑冯懋柱墓［在长里麻堆坝。］

进士任国宁墓［在长里马羊坪。］

进士文景藩墓［在长里杨家塆。］

教授陈辅世墓［在长里曾家坝。］

孝子黄志焕墓［在城南石嘴］

教谕黄来谘墓［在彭水县。］

训导陈维世墓［在长里马援坝。］

义举舒蠹墓［在云里环连嘴。］

奉政大夫邹之英墓［在长里深沱。］

奉直大夫夏克明墓［在白里石龙寺。］

学正陈任世墓［在长里陈家湾。］

守备邹述麟墓［在长里北拱坝。］

知县刘衍均墓［在长里钱家塆。］

御史夏景宣墓［在云里阳谷坝。］

教授向玺墓［在长里向家岩。］

教授汤范文墓［在北山坪龙井湾。］

训导何继先墓［在城西黄溪口。］

教谕杨名时墓［在洗墨溪。］

知县何洪先墓［在白里小溪。］

文林郎侯兴通墓［在北山坪。］

荣禄大夫周俨墓［在长里磨沱。］

孝子周儒墓［在白碃碛太平山。］

训导熊尔敬墓［在白里湘子山。］

文林郎张元伟墓［在长里蔺市坪鱼溪河。］

知县张元俊墓［在鹤游坪马蹄穴。］

教谕夏玥墓［在城南天马山张家湾。］

知县何鈗墓［在白里小溪尖山。］

知县何义先墓［在白里鹤游坪徐家嘴。］

奉直大夫陈振世墓［在长里沙溪沟。］

知县陈援世墓［在长里三颗石。］

举人向远鹏墓［在长里马武丫①。］

知县何铠墓［在黄溪口。］

举人何铨墓［在黄溪口。］

举人陈珏墓［在长里朱家垣。］

中宪大夫陈坚墓［在长里蔺市坪。］

举人熊禹后墓［在白里黎双桥。］

守备夏琠墓［在长里杨家林。］

教谕何行先墓［在白里横山。］

举人夏瑠墓［在长里石凤溪。］

教谕夏景铨墓［在长寿县官斗山。］

荣禄大夫周珙墓［在长里汪渠沟。］

举人陈果墓［在长里欧家冲。］

教谕陈廷墓［在长里陈家塆。］

---

① 马武丫：即马武垭。"丫"用作"垭"，下同不注。

知县杜同春墓［在长里元坛坎。］

举人向远翔墓［在云里东青驿。］

举人高旦墓［在长里老人山。］

承德郎陈峙墓［在长里曾家坝。］

知县陈岱墓［在长里曾家坝。］

举人向远翱墓［在长里麻堆坝。］

知县吴昉墓［在云里平西坝。］

文林郎陈瓒墓［在长里鸭子坝。］

举人文洽墓［在长里石垣子。］

教谕刘普墓［在长里钱家塝。］

中宪大夫邹旌墓［在长里深沱。］

盐大使黄世远墓［在长里大龙桥。］

知州何有基墓［在黄溪口。］

文林郎陈于彭墓［在长里三颗石。］

举人夏［崍／嵧］合墓［在白里铁炉坝。］

教谕何达先墓［在白里小溪。］

文林郎侯朝佐墓［在长里东流溪。］

知县易肇文墓［在长里石凤溪。］

知县周锦墓［在州南磨溪。］

文林郎张焜墓［在鹤游坪杨柳冲。］

知县张煦墓［在鹤游坪马蹄穴。］

知州侯天章墓［在长里石凤溪。］

教谕吴仕修墓［在马中嘴。］

知县吴仕宏墓［在云里班竹园。］

粮驿道陈于中墓［在长里蔺市坪石楼门。］

文林郎陈于宸墓［在长里麻堆坝板栗塝。］

教谕文正墓［在长里曾家庄。］

知县夏道曙墓［在蔺市坪龚家坝。］

解元陈于端墓［在麻堆欧家冲①。］

举人蔺柏龄墓［在白里牛市街。］

举人文步武墓［在麻堆坝板栗塆。］

奉政大夫潘承志墓［在云里葛亮山。］

举人刘维翰墓［在白里黑铅冲。］

知州刘为鸿墓［在白里谭家岭。］

知县陈恺墓［在长里蔡长沱。］

训导黄为琰墓［在长里石凤溪。］

教谕程绪墓［在白里罗家庙。］

教谕何裕基墓［在长里黄草峡。］

举人陈烈墓［在云里竹鸡山大林塆。］

举人周镜墓［在长里麻堆坝堰塘。］

知县车汉杰墓［在长里麻堆坝欧家冲。长寿籍，雍正丙午科举人，任江南扬州兴化县知县。］

知县周铣墓［在长里黑潭马鹿湾。］

盐大使周鋂墓［在长里老鹳窝。］

知县陈于宁墓［在长里鸭子坝。］

孝友潘岐墓［在长里五马石清水塘。］

义举舒其仁墓［在云里环连嘴。］

教谕张㻫墓［在鹤游坪马蹄穴。］

知县夏㐲墓［在长里伏坡坪。］

训导邹锡钧墓［在长里画楼门。］

知县黄坦墓［在长里石凤溪。］

翰林院庶吉士陈于午墓［在长里蔺市坪控鹤坪。］

文林郎潘嵩墓［在长里龙里巢。］

知县邹锡畴墓［在白里东堡寺。］

---

① 在麻堆欧家冲：参下文"知县车汉杰墓"条，此处似脱"坝"字，应作"麻堆坝"。

知县陈于翰墓［在长里曾家坝。］

知县张景载墓［在白里两河口。］

知县陈朝诗墓［在长寿县古佛桥。］

知县徐玉堂墓［在长里北拱坝。］

迤东道邹锡彤墓［在云阳县盘沱。］

教谕熊如麟墓［在白里苍头丫。］

知县陈于藩墓［在长里曾家坝。］

修职郎夏琠墓［在长寿县官斗山。］

教授徐玉书墓［在长里何家山。］

教谕谭如玮墓［在白里鹤游坝。］

教谕罗昂墓［在长里石冠嘴。］

翰林院编修周宗岐墓［在长里金银丫。］

知县陈朝羲墓［在长里鸭子坝。］

太子太傅、兵部尚书周煌墓［在长里明家场七贤沟。］

文林郎熊希衮墓［在长里石鼓溪。］

文苑邹锡礼墓［在长里北拱坝。］

知县黄基墓［在长里石凤溪。］

涪州志卷之二

涪州知州多泽厚续纂

营建志 [城湟　公署　学校　仓廪　坊表　津梁　恤政]

古者度地以居民，则建邑启宇。其所以经营区画①，固不容不尽善矣。然昔之创始者，业已基固材良，尽率作之力。后之守成者，宜即修废举坠，殚善后之谋。如城湟以雄捍卫，公署以肃观瞻；学校、仓廪，教化储蓄之所关；坊表、津梁，崇奖利济之所赖。他若困穷②孤寡，厥有恤政。凡兹重务，无一不垂令甲而切民瘼焉。我国家创制显庸③，事事远轶前代，经画④殚心，无美不著。今备纪厥名，不仅勿忘经始之意而已。

城湟

[设险守国，自古重之。则凿池筑城，岂非捍外卫内之先务与⑤？然而众志成城，地利不如人和。所谓保障之道，又在守斯土者。]

城墙　涪城自前明宣德年间州守邵贤创制，成化初，乃砌石作城，高一丈八尺，周四里，计五百四十丈。国朝康熙二十四年修葺。乾隆二十九年，州牧陈于上奉旨监修。

城垛　每城墙一丈上接建垛头一个，涪城共七百二十丈，共垛头七百二十个。

城门　东迎恩门[即大东门。]　西镇武门　南怀德门　东北潮宗门[即小东门。]　北

---

① 区画：安排、筹划，亦写作"区划"。
② 困穷：民国《涪州志》卷五《建置志》引作"穷困"。
③ 显庸：庸通"融"，即"显融"，显著、盛明貌。
④ 经画：经营筹划。
⑤ 岂非捍外卫内之先务与：与通"欤"。下同不注。

永安门［东北角。其形如鼓，名曰鼓儿城。临江边，旧谓五溪第一洞，是其处也。］

　　城楼　五门门楼共计五座。

　　城濠　涪城北临大江，东临涪陵江，西南则逼近民居，故向来举未凿池，旧《志》亦言"城"不言"湟"。谨为补标于此。

公署

　　［建官设署，向南听政。凡所以承流宣化，悉在于此。故百官庶府，制各不同，而缮完修葺，事无庸废。岂其侈巨丽之观，为偃息之乐哉！然则居此者，其思治乎？抚字①宜善也。其思咎乎？砥砺宜严也。若但以传舍②视之，则旷此居多矣。公署旧以类附，且州署以下悉缺而不录。今特谨列于左。］

　　州署［宋咸淳三年移治三台山，元复旧治。康熙七年，知州朱麟正建。二十二年，知州萧星拱重修。］

　　大堂五楹［额曰"絜矩堂"③。］　二堂三楹［额曰"执虚如盈"。］　后堂三楹　左翼书吏房［五间：粮、工、礼、刑、承发。］　右翼书吏房［五间：仓、盐、吏、户、兵。］　仪门三楹　牌楼一座［额曰"学道爱人"。］　右迎宾馆三间　左土地祠三间　灵官祠一座［内外周围墙垣。］　头门鼓楼三楹［额曰"文明楼"。］　女监一间　内监二间　卡房二间　外照墙一座

　　吏目衙署［在州署仪门内左。］

　　头门一间　二门三间　大堂三间　二堂三间　书吏房二间　班役房二间

　　武隆巡检司署［在州东南百八十里。］

　　头门一间　二门三间　大堂三间　二堂三间　书吏房二间　班役房二间

　　学正、训导二署［在州署南，宋绍兴间建。二学④俱明洪武八年重建，宣德、景泰

---

　　①　抚字：抚育爱养子女，亦指官吏对百姓的安抚体恤。
　　②　传舍：古驿站所设供行人休息住宿的房舍。借指旅馆、饭店一类的临时安置之处。
　　③　絜（xié）矩堂："絜矩"语出《礼记·大学》："所恶于上，毋以使下；所恶于下，毋以事上；所恶于前，毋以先后；所恶于后，毋以从前；所恶于右，毋以交于左；所恶于左，毋以交于右。此之谓絜矩之道。"谓君子内心公平中正，做事中庸合德，一言一行要有示范作用，是儒家以审己度人为标尺的人际关系处理法则。絜，度量；矩，画直角或方形用的尺子，引申为法度、规则。
　　④　二学：疑为"二署"之误。

间修葺，万历中守宪陈大道增修，广置学田。明末倾圮。国朝康熙四十六年，知州董维祺重建。雍正三年，知州王愿捐修，匾额碑祠与府制同。]

学正署

头门一间　大堂三间　二堂三间　三堂三间　书办房三间　照墙一座

训导署

头门一间　大堂三间　二堂三间　左右厢房各一间　照墙一座

驻防把总署［入《武备志》。]

学校

[学校者，人才之地，风化之原也。自汉武帝诏天下郡县皆立学，历代相沿不替。我朝崇儒重道，更超前代。典制所加，教育所及，固已无美不备矣。涪陵士风彬郁，尊师儒重文教，亦固其宜。第恐古制日湮，"诸生以时习礼"[①]为故事，塾序之法阙焉弗讲。此建学明伦，诚为治化之首务也。]

学宫　自明万历中守道陈大道鼎建，兵燹之后倾圮无存。国朝定鼎，署州牧赵廷正重建。自康熙甲寅岁，吴逆变乱，皆倾毁。康熙四十六年，州牧董维祺捐俸并绅士输资重建。乾隆三十九年，大成殿中梁毁圮，州牧赛尚阿并各绅衿捐资重建：

先圣庙正殿［五间。]　两庑［各五间。]　崇圣祠［三间，在大成殿左，原名启圣公祠，雍正元年奉文更今名。两庑尚缺。]　戟门［三间。]　忠孝义祠［一间。]　名宦祠［一间，在戟门左。]　乡贤祠［一间，在戟门右。]　泮池［池上石桥三座。]　棂星门［系石坊。]　下马牌［在棂星门外。]　节孝祠［一间。]　明伦堂［三间，在节孝祠左。]　东壁阁［在棂星门左，今废。]　卧碑三座。

学额　额设廪膳生三十名，每科岁各贡一名；增广生员三十名，附学生员及武生无定额。每岁试进文武新生各十二名，又拨府文生五六名不等；科试进新生十二名，拨府亦五六名。

学规　宋大观元年，诏布《周官》"八行""八刑"之法于学宫，令所在镌刻；淳祐六年，

---

① 诸生以时习礼：见本志卷首孙于朝旧序注。

御书《白鹿洞教条》，颁天下学[①]立石。明洪武二年，令学者专治一经，以礼、乐、射、御、书、数设科分教；三年，定学校射仪；五年，颁禁约于天下，诸学勒石于明伦堂，谓之卧碑。成化三年，令提学官躬历各学，督率教官，化导诸生，仍置簿考验：其德行优、文艺赡、治事长者，列上等簿；或有德行而劣于经义，或有经义而短于治事者，列二等簿；经义优、治事长而德行缺者，列三等簿。若平日嘱托公事，或捏造歌谣、兴灭词讼及败伦伤化、过恶彰著者，不必品其文艺，即行革退。嘉靖五年，世宗亲撰一箴，并注宋儒程子"视听言动"四箴，于天下学校立碑以肃生徒。国朝顺治九年，颁示卧碑。康熙四十一年，颁示天下学宫《御制训饬士子[②]文》。乾隆五年，又蒙谕旨训饬，勒碑以垂久远。造就之方，实足比隆云汉，再赓菁莪矣。除经书已著各文不录外，所有前后创示规条，一一胪列于左。

国朝[凡三碑]：

[顺治九年]礼部题奉钦依刊立卧碑[置于明伦堂之左]

朝廷建立学校，选取生员，免其丁粮，厚以廪膳，设学院、学道、学官[③]以教之，各衙门官以礼相待，全要养成贤才，以供朝廷之用。诸生皆当上报国恩，下立人品，所有教条开列于后。

一　生员之家，父母贤智者，子当受教；父母愚鲁或有非为者，子既读书明理，当再三恳告，使父母不陷于危亡。

一　生员立志，当学为忠臣清官。书、记[④]所载"忠""清"事迹，务须互相讲究；凡利国爱民之事，更宜留心。

一　生员居心忠厚正直，读书方有实用，出仕必作良吏。若心术邪刻，读书必无成就，为官必取祸患；行害人之事，往往自杀其身，常当思省。

一　生员不可干求官长，交结势要，希图进身。若果心善德全，上天知之，必加以福。

一　生员当爱身忍性，凡有司衙门不可轻入。即有切己之事，止许家人代告，不

---

① 颁天下学：即"颁天下学宫"，或脱"宫"字。
② 士子：原志误"士"为"土"。
③ 学道、学官：原志作"学道官"，脱一"学"字，据《清代学规》补。
④ 书、记：《清代学规》作"书史"。

许干与①他人词讼，他人亦不许牵连生员作证。

一　为学当尊敬先生，若讲说皆须诚心听受。如有未明，从容再问，毋妄行辩难，为师者亦当尽心教训，勿致怠惰。

一　军民一切利病，不许生员上书陈言。如有一言建白，以违制论，黜革治罪。

一　生员不许纠党多人立盟结社，把持官府，武断乡曲。所作文字不许妄行刊刻，违者听提调官治罪。

御制训饬士子文［康熙四十一年］

国家建立学校，原以兴行教化，作育人材，典至渥也。朕临御以来，隆重师儒，加意庠序。近复慎简学使，厘剔弊端，务期风教修明，贤材蔚起，庶几《棫朴》"作人"之意②。乃比来士习未端，儒效罕著，虽因内外臣工奉行未能尽善，亦由尔诸生积锢已久，猝难改易之故也。兹特亲制训言，再加训饬，尔诸生其敬听之。

从来学者先立品行，次及文学，学术事功原委有序。尔诸生幼闻庭训，长列宫墙，朝夕诵读，宁无讲究？必也躬修实践，砥砺廉隅，敦孝顺以事亲，秉忠贞以立志。穷经考义，勿杂荒诞之谈；取友亲师，悉化骄盈之气。文章归于醇雅，毋事浮华；轨度式于规绳，最防荡轶。子衿佻侂，自昔所讥。苟行止有亏，虽读书何益？若夫宅心弗淑，行已多愆：或蜚语流言胁制官长，或隐粮包讼出入公门，或唆拨奸猾欺凌孤弱，或招呼朋类结社要盟。乃如之人，名教不容，乡党弗齿。纵幸逃褫扑，滥窃章缝，返之于衷，能无愧乎？况乎乡会科名，乃抡才大典，关系尤巨。士子苟有真才实学，何患困不逢年！顾乃标榜虚名，暗通声气，夤缘诡遇，罔顾身家；又或改窜乡贯，希图进取，嚣凌腾沸，网利营私，种种弊情，深可痛恨。且夫士子出身之始，尤贵以正。若兹厥初拜献，便已作奸犯科，则异时败检逾闲，何所不至？又安望其秉公持正，为国家宣猷树绩，膺后先疏附之选哉？朕用嘉惠尔等，故不禁反复惓惓。

兹训言颁到，尔等务共体朕心，恪遵明训，一切痛加改省，争自濯磨③，积行勤学，

----

① 　干与：即"干预"。

② 　《棫朴》"作人"之意：出《诗经·大雅·棫朴》："周王寿考，遐不作人？"孔颖达疏云："作人者，变旧造新之辞。"后因称培育、造就人才为"作人"。

③ 　濯磨：洗涤磨炼。比喻加强修养，以期有为。

以图上进。国家三年登造①，束帛弓旌，不特尔身有荣，即尔祖父亦增光宠矣。逢时得志，宁俟他求哉？若乃视为具文，玩愒弗儆，毁方跃冶，暴弃自甘，则是尔等冥顽无知，终不能率教也。既负栽培，复干咎戾，王章具在，朕亦不能为尔等宽矣。自兹以往，内而国学，外而直省乡校，凡学臣、师长皆有司铎之责者，并宜传集诸生，多方董劝，以副朕怀。否则职业弗修，咎亦难逭，勿谓朕言之不预也。尔多士，尚敬听之哉！

　　谕旨训饬士子碑［乾隆五年］

　　上谕：士为四民之首，而太学者教化所先，四方于是观型焉。比者，聚生徒而教育之，董以师儒，举古人之成法规条，亦既详备矣。独是科名声利之习深入人心，积重难返。士子所为汲汲皇皇者，惟是之求，而未尝有志于圣贤之道。不知国家以经义取士，使多士由圣贤之言，体圣贤之心，正欲使之为圣贤之徒，而岂沾沾焉文艺之末哉！朱子《同安县谕学者》云："学以为己"。今之世，父所以诏其子，兄所以勉其弟，师所以教其弟子，弟子之所以学，舍科举之业则无为也。使古人之学，止于如此，则凡可以得志于科举，斯已耳。所以孜孜焉爱而不倦，以至于死而后已者，果何为而然哉？今之士，惟不知此，以为苟足以应有司之求矣，则无事于汲汲为也。是以至于惰游而不知反，终身不能有志于学。而君子以为非士之罪也，使教素明于上，而学素讲于下，则士者固将有以用其力，而岂有不勉之患哉？诸君苟能致思于科举之外，而知古人之所以为学，则将有欲罢不能者矣。观朱子此言，洵古今通患。夫"为己"二字乃入圣之门，知为己，则所读之书一一有益于身心，而日用事务之间，存养省察，闇然自修，世俗之纷华靡丽，无足动念，何患词章声誉之能夺志哉！况即为科举，亦无碍于圣贤之学。朱子云："非是科举累人，人累科举。若高见远识之士，读圣贤之书，据吾所见，为文以应之，得失置之度外，虽日日应举亦不累也。居今之世，虽孔子复生也不免应举，然岂能累孔子也。"朱子此言，即是科举中为己之学。诚能为己，则《四书》《五经》皆圣贤之精蕴，体而行之，为圣贤而有余；不能为己，则虽举经义以治事而督课之，亦糟粕陈言，无裨实用，浮伪与时文等耳。故学者莫先于辨志。志于为己者，圣贤之徒也；志于科名者，世俗之陋也。国家养育人材，将用以致君、泽民、治国、平天下，而

────────────

　　① 登造：进用。民国《涪州志》卷五《建置志·学宫》录作"登进"。

囿于积习，不能奋然求至于圣贤 ①，岂不谬哉！朕腄君、师之任，有厚望于诸生。适读朱子书，见其言切中士习流弊，故亲切为诸生言之，俾司教者知所以教而学者知所以学。钦此。

附书院

钩深书院［在州对岸北岩，即普净寺。宋程伊川先生谪涪时辟堂注《易》，黄庭坚匾曰"钩深"。嘉定丁丑，范仲武请为北岩书院，久圮。国朝乾隆九年，州牧罗克昌率绅士公募重建。］

房舍八间［每年延明师掌教，春首，地方官考取生童送学。］

馆金［历任州牧于各废庵观或互争不明之田土，断拨书院，并捐公项买置及里人舍出者，计一十五处，谨详列如左。］

顺水寺［租谷九石。］　八仙寺［租谷六石。］　道姑庵［租谷三石五斗。］　石堡寺［租谷十石。］　刘家堡［租谷十六石。］　滥田塝［租谷二石五斗。］　铁炉沟［租谷三石。］　中峰寺［租谷十二石。］　观音寺［租谷三石。］　正兴店［佃钱三千零四十文。］　达耳山［佃钱七百四十文。］　书房塝［在南岸曾家坝，租谷十二石。］　小塝［系拨地藏寺常住，租谷十二石。］

外留存修葺院宇田租

九重坪［前署州马文炳断令曹正学缴还，当价银六十两，存库内。］　桂林寺［租谷二十四石。］

考课［除馆师自课外，每月官课一次，榜发书院，赏赉有差。］

仓廪

［积储关天下之大命。古者制国用，必合三十年之通以为计，故有备无患。晁错谓："广储蓄，以实仓廪，备水旱，民可得而有。"诚知本哉！国朝仿寿昌考亭之遗意，兴复常平社仓，继立监仓，重国计，便民生也。涪邑各仓，旧《志》皆略而不详。今特书之，以志本务焉。］

常平仓　存贮仓斗谷一千七百九十四石二斗三升九合一勺，采买加贮仓斗谷

---

① 不能奋然求至于圣贤：民国《涪州志》"至"误作"志"。

九千二百石，武隆存贮仓斗谷二千石。

三里社仓　存贮仓斗谷六千七百三十五石七斗八升八合七勺。

监仓　存贮仓斗谷二万四千三百七十五石七斗八升八合七勺。

以上共贮仓斗谷四万四千一百零五石七斗八升八合七勺。

仓厫［常平仓、监仓二共二十五座，计三十六间。］

武隆仓厫［东、西二里仓，共九向。］

坊表

［登荐而叨恩荣，节孝以著芳徽①。苟非坊以表之，奚以风世而励俗②也？涪陵坊表建于明代者，指不胜屈。兵燹而后，不无柱础之伤。我朝表微阐幽，褒嘉节孝，群坊相继而起，殊觉璀璨巍峨，照耀乡邑。独有甲科各坊，多退让不立。既述恩荣，实为盛事，亦存其目，以俟建竖③者。］

明

天章宠赠坊［为奉直大夫、兴国州知州张慎建，在李渡镇。］

位极两藩坊［为广西布政使司文作建，在学坝。］

懿孝名儒坊［为孝子何以让建，在学宫右。］

冰心映日坊［为陈一廉妻赵氏建，在州北关外。］

冰雪承芳坊［为杨奇妻何氏建。］

节孝坊［为沈摸妻张氏建，在长里盐井坝。］

节孝坊［为明知县谢金言母建，在武隆司署右。］

贞节坊［为生员张诩妻夏氏建，在西关处。］

节孝昭垂坊［为张亲仁妻朱氏建，在州北关外。］

国朝

松筠垂范坊［为杨芳林妻吴氏建，在学坝。］

贞节坊［为张文仲妻沈氏建，在长里南岸堡。］

---

① 芳徽：美德、盛德，亦作"徽芳"。

② 风世而励俗：劝勉世人，激励风俗。

③ 建竖：犹建树。

贞节坊［为田伦未婚妻夏葵姑建，在长里青羊铺。］

节坚竹筠坊［为周鉴妻罗氏建，在州西关外厉坛侧。］

贞节坊［为李文惠妻姚氏建，在长里铜锣铺场南。］

节孝坊［为彭长春妻杨氏建，在武隆司治西南六十里。］

皎雪贞松坊［为周儒妻章氏建，在长里麻堆坝。］

节孝坊［为生员石若汉妻陈氏建，在长里石家沱镇。］

至行同敦坊［为孝子周伢、周儒建，在西关外。］

期颐偕老坊［为耆老唐可惠夫妇建。］

津梁

［古者造舟成梁，王政视为急务，故敝宜修、缺宜创，俾往来者不致退然有望洋之叹，斯亦利济之仁也。涪陵不特大江、黔水，即山溪瀑布，行人窘步所在多有。守斯土者，常期无病涉之民，自不敢忘杠梁舟楫之用。岂甘蹈单子所讥，而琐琐焉效郑大夫之为耶！］

津渡

黄谷渡　州前渡　李渡　火峰渡　蔺市渡　高家渡［庠生高田捐赀设。］石家沱渡　琛溪渡　南沱渡　北背渡　白汧渡　八角厅渡［贡生舒鬻捐赀设。］东关小河渡　黄家渡

桥梁

瑞麟桥［西关外。］晋香桥［南关外。］通仙桥［西关外。昔有乘鹤者过此，因名。］接脉桥［南关外。］晏溪桥［东关外。］洗墨桥［州西五里。］永安桥［州西二里。］会同桥［州西三里。］三洞桥［北关外。］

长里

后溪桥［南关外。］吴公桥［南关外。］大龙桥［州南三十里。明宏治①五年建，太子太保礼部尚书刘岌题。］阙龙桥［州南三十五里。］仁寿桥［州南三十一里。］罗汉桥［州南四十里。］二南桥［州南四十里。明崇正癸酉年州庠赵世英建。］节妇桥

① 宏治：本明孝宗朱祐樘年号"弘治"，避清高宗乾隆（弘历）帝讳而改。下同不注。

[明司谏刘蕌之女捐建。]　上沙溪桥[州南二十里,乾隆乙亥年州民任敏政募建。]　丰济桥[州东五十五里,为黔彭通衢。]　磨刀溪桥[州南四十里。]　响水桥[州南六十八里。]　魏家桥[州南。]　致远桥[州南六十里。万历中,广西布政使文作妻陈氏捐赀鼎建。]　广慈桥[州南六十里,明崇正十六年建。]　杨氏桥[州南。]　龙兴桥[州南一百二十里龙潭坝。]　太极桥[州南一百三十里,路通南川。]　柏树桥[州南一百五十里抵武隆。]　龙桥[州西南三十五里,即袁家溪上。]　大石桥[州南六十里蔺市坪中。]　鹦哥桥[州南六十里蔺市坪中。]　板桥[州西南五十里蔺市坪中。]　观音桥[州南四十里,上建瓦屋十余间。桥前有观音阁,神极灵应。]　下沙溪桥[州西南二十五里,往来驿递通衢。明张与可捐修。]　清溪桥[州西三十里,徐文煜募修。]

白里

太平桥[州西二十里,明洪武间州人张庆庵建。]　印心桥[州西三十里,明张公鼎建。]　长乐桥[一名"和尚桥",州西三十五里,明万历中建。国朝康熙年,州人何进忠重建。]　黎双桥[州西四十里。明天启年,州人黎葵建。]　龙公桥[州西三十六里,太守龙公建。]　龙桥[州西四十五里,明万历间建。]　花桥[州西四十五里。]　板桥[州北一百里,上有瓦屋罩盖。]　倒石桥[州北一百里。]　上桥[州西三十五里,在小溪河上。]　下桥[州西三十五里,在小溪河。]　乘龙桥[一名柏树桥。州西三十八里,明宏治间建。]　万寿桥[州西一百二十里,州人陈于藩有碑记。即古芭蕉溪桥也。]　跳石桥[州西一百二十里邻封场界。]　洪家桥[州西一百里飞龙场界内。]　观音桥[州西五十里。]

云里

太平桥[州东一百四十里,酆、涪以此为界。]　大胜桥[州东一百四十里,下即水漫滩。]　仙女桥[州东九十里。]　碧溪桥[州东。]　土龙桥[州东九十里。桥有上中下三处俱系生成,非人力创建。]　卷洞桥[州东六十里。乾隆三十七年,何墨林、唐守清募建。]

东、西二里

通济桥[武隆司西。]　板桥[东里二甲白石溪。]　卷洞桥[东里四甲鱼鳞溪。]　姚家桥[东里四甲姚家河。]　谭家板桥[东里四甲谭家坝。]　大河板桥[东里二甲大河坝。]　长坡板桥三座[东里一甲长坡。]　龙洞桥[西里六甲。]　拖枪桥[西里七甲拖枪岩。]　双溪桥[西里七甲双溪沟。]　木阳桥[西里八甲木阳沟。]　柏树桥[西里七

甲柏树坝。］　清水桥［西里二甲清水塘。］　清溪桥［在武隆司。］

恤政

［尝考《地官》有保息之典：一曰慈幼，二曰养老，三曰振穷。后代因之，有廪给婴儿、赐帛助财之政，今之育婴堂、养济院是也。然于江河艰险之所起沉溺而登衽席者，则缺焉弗详。涪陵保息之典与他邑同，而白汧①、群猪诸滩险倍他邑。每当盛夏江水泛涨，过客之舟覆沉于洪波巨浪者不可胜数。苟非救生红船振危援溺，则破巢之下安有余卵乎？故与育婴、养济而并列，以见盛朝仁政之备，诚千古所未有者也。］

养济院［在城西土门子之外，屋一向三间，每年收古耳坝、金子山二处土租钱四千七百文。自乾隆三十二年为始，每年收租按季添给孤贫。］

救生船［黄鱼岭横梁、马盼二处，分大、小水共设船一只。龙王沱、麻堆滩二处，分大、小水共设船一只。白汧设船一只。群猪、陡岩各设船一只。其水手工食载入《赋税》。］

育婴堂［旧未详设。］

---

①　白汧：参本志卷一《封域志·山川》"百汧滩"、卷二《营建志·津梁》"白汧渡"。

涪州志卷之三

涪州知州多泽厚续纂

秩官志［官制　知州　州判　学正　训导　巡检　吏目　武职］

　　［闻之"建官惟贤，位事惟能"，故《周官》以"六计"①弊群吏，总不外贤能以为用。后世循良之绩，莫盛于汉。唐宋以下，必选台阁名臣为之。然而一邑之内，长吏所以亲民，佐杂所以分理，表率则有师儒，捍卫则有防汛，官制备；而凡居此土者，始得以受抚受治，沐国家教养之泽，而一无所扰，可知官无崇卑，宜共称守土泽民之责耳。兹列其官，纪其姓氏，更择其有功于民者，备录事迹以彰懿好云。］

官制

　　［国家设官分职，地各不同，良以事有繁简，而地有广狭也。无冗员，无废事，有裁有并，大抵因地以制宜，非徒慎重名器而已。］

　　分巡下川东兵备道一员［驻劄②涪州，奉裁。］

　　知州一员　吏房司吏一名［奉裁。］　典吏一名［经制。］　户房司吏一名［奉裁。］　典吏一名［经制。］　礼房司吏一名［奉裁。］　典吏一名［旧裁。康熙五十三年复设。］　兵房司吏一名［奉裁。］　典吏一名［旧裁。康熙五十三年复设。］　刑房司吏一名［奉

---

　　①　六计：古代以廉为本，考察官吏的六项内容，出《周礼·天官·小宰》："以听官府之六计，弊群吏之治：一曰廉善（清廉而政绩优异），二曰廉能（清廉而能干），三曰廉敬（清廉而忠于职守），四曰廉正（清廉而公正），五曰廉法（清廉而守法），六曰廉辨（清廉而明辨）。"

　　②　驻劄：即"驻扎"，劄同"扎"。下同不注。

裁。〕　典吏一名〔经制。〕　工房司吏一名〔奉裁。〕　典吏一名〔旧裁。康熙五十三年复设。〕　广盈库典吏一名〔奉裁。〕　架阁库典吏一名〔奉裁。〕　承发房典吏一名　邮驿房典吏一名〔奉裁。〕　预备仓典吏一名〔奉裁。〕　门子二名　皂隶八名　步快十六名　马快十二名　轿伞扇夫七名　库子二名〔奉裁。〕　斗级①二名〔奉裁。〕　灯笼夫四名〔奉裁。〕　城门夫五名〔奉裁。〕

州判一员〔奉裁。〕

儒学学正一员　攒典一名〔经制。〕　书识二名〔招设。〕　门斗②二名　斋夫二名

儒学训导一员　门斗二名　斋夫二名

武隆司巡检一员　攒典一名〔经制。〕　书识二名〔招设。〕　门子一名　皂隶四名　弓兵八名　马夫一名

吏目一员　攒典一名〔旧裁，复设。〕　书识四名　门子一名　皂隶四名　步快八名　马夫一名

把总一员　兵五十名

州牧

〔朝廷慎简贤僚，所以为民也。利何以兴？弊何以去？要必夙夜惟寅，而后靖共尔位③。历考官斯土者，久暂既殊，功绩亦异。详以纪之，庶循良之绩常在人心，非仅存其姓氏已也。〕

汉

庞肱〔庞士元子，守涪陵有善政，涪民甚德之。崇祀名宦。〕

---

①　斗级：仓库差役中负责掌管、使用量斗的衙役，与搬运官粮的脚夫即"仓夫"分工不同。"斗级"的称呼，来源于"斗子"（量取粮食时使用的量斗或看管粮仓的人）和"节级"（宋元以来对低级衙役的总称）。其职责主要是：平时看管粮仓通风，注意防火防潮，有情况及时上报；每当收纳或处运官粮时，都由斗级负责计量，用官斗逐斗称量并且大声喝报斗数。故，斗级是州县衙门中最为安稳、收入亦颇丰厚的差使，一般从有身家财产的平民中征发充役。

②　门斗：旧时称学官的仆役，与相当于门卫的"门子"有所不同。

③　"夙夜惟寅"句："夙夜惟寅"出《尚书·舜典》："夙夜惟寅，直哉惟清。"孔颖达疏："夙，早。早夜敬服其职，谓侵早已起，深夜乃卧，谨敬其职事也。"表示工作极其勤勉恭敬。寅：恭敬。"靖共尔位"出《诗经·小雅·小明》："靖共尔位，正直是与。"谓恭谨从事，能恪尽职守。靖共：即"靖恭"，恭谨奉守。

寿缉 [字文平，成都人，良之弟，举茂才。自历城令擢涪陵守，清廉有治声。崇祀名宦。]

任蕃 [字宪祖，举孝廉。由新都令任涪陵太守，民怀其德。崇祀名宦。]

晋

母雅[①] [巴郡江州人，学宗四科，贡于朝，除涪陵汉平令，忠义著于奉上，宏毅[②]彰于接下。后西南夷跋扈，以为夜郎太守，殊俗感其惠化，致仕而归。出《一统志》。]

唐

南承嗣 [按《一统志》：承嗣为涪陵守，奉命剿蜀穷寇，遂昼夜不释甲，有忠烈誉，柳子厚为序送之[③]。《山堂肆考》曰：唐南承嗣，霁云子也。历施、涪二州为别驾，柳宗元称其"服忠思孝，无替负荷"，见《张睢阳庙碑》。崇祀名宦。]

张濬 [光启中，为涪陵刺史。郡旧乏井泉，濬寻山谷之源以导其流，民赖其利，为勒《引水碑记》。崇祀名宦。]

宋

张迪 [按《江津县志》：宋神宗时，迪出知涪州，立身端洁，居官廉直，贫不能归，葬于鄙。先儒张载之父，增祀配享崇圣祠。]

姚涣 [知涪时，宾化夷多犯境。涣施恩倍抚纳，酋豪争相罗拜庭下，后遂无警。崇祀名宦祠。]

吴光辅 [涪南水泛，多淹民居。光辅疏之，民免其害，故号吴公溪。崇祀名宦。]

赵汝廪 [知涪州。歉则贷公庾[④]，丰则贮义仓，劝农兴学，民立生祠于学宫以配黄、程、尹、谯祀享焉。又，崇祀名宦。]

吴信仲 [光辅之孙也，继守涪州，建堂于吴公溪之上。]

范仲武 [嘉定间知涪州，塑程伊川像于钩深堂以祀之，并建致远、碧云二亭。]

王仙 [任涪州，元兵攻围无虚日，势孤援寡，宋亡一年城始破，仙自刎断其吭，不死，以两手自摘其头坠死。崇祀名宦。]

---

① 母雅：疑误，民国《涪州志》卷九《秩官志·良吏》作"母稚"。
② 宏毅：宽宏坚毅，同"弘毅"。谓志向远大，意志坚强。
③ 柳子厚为序送之：见柳宗元《柳河东集》卷二十三《送南涪州量移澧州序》，"南涪州"即南承嗣。
④ 公庾：公仓。庾：仓庾，露天的贮藏粮食的仓库。

元

僧嘉闾①

明

沈定［永乐中知涪州，廉能有为。兴学校，课农桑，孜孜不倦，胥吏畏威而民乐其业。出《一统志》。］

邵贤［宣德中以员外郎出守涪州，作新城，广民居，修学校，殄巨寇，涪人德之，崇祀名宦祠。］

张黻［成化中知涪州，清介公明，爱民知子。出《一统志》。］

裴连［监利人，宣德中以工部侍郎谪守于涪州，练达治体，仁惠及民，功绩茂著。］

方大乐［江西人，由进士守涪州六载，狱讼衰息，囹圄空虚，接绅衿如僚友，爱士类如门徒，村落无夜吠之犬，城市有凤储之粟。］

廖森［十载州牧，民歌“慈母”。时讲艺学宫，造就多士，一时涪陵科第十有余人皆出其门，伏阙保留，故复任且再复任焉。崇祀名宦。］

余光［万历间任。］

王育仁［进士，江西太和人，万历间任。］

张时迪［举人，万历间任。］

李陶成［举人，万历间任。］

刘曰彩［举人，万历间任。］

朱家民［进士，云南人，万历中守道陈大道修学宫，家民赞助速成，极为大观，更广置学田以养士类。后历任贵阳方伯，犹有遗爱及涪，士民虽越数十年而尸祝不倦焉。崇祀名宦。］

郭维藩［举人，万历间任。］

黄寿［进士，江西南城人，万历间任。］

胡平表［云南人，天启间任。时奢贼冠渝，公徒步赴石砫请秦兵救援，而下游得以安。涪人德之，立祠以祀。州人陈计长为之记，见《艺文》。］

朱毅臣［举人，江西进贤人，天启间任。］

---

① 僧嘉闾：原志无小传，民国《涪陵县续修涪州志》卷九《秩官志》谓“至正三年太守”。

韩邦哲［举人，湖北黄州人，天启间任。］

张应爵［举人，浙江山阴人，天启间任。］

王嗣奭［举人，浙江人，崇正间任。］

夏云鼎［举人，湖广石首人，崇正间任。］

黄应祥［举人，贵州龙里卫人，崇正间任。］

冯良谟［举人，江南六合人，崇正癸未年任。摄篆未几，值献贼入川，民多屠戮，四野废耕。公多方赈救抚恤，遗民稍存，迄今涪人德之。］

国朝

赵廷正［顺治庚子年任。公董建学宫①，尊崇文教，涪人德之。］

吴调元［举人，江南人，康熙元年任。］

朱麟正［荫生，辽东人。康熙三年任，建修州署。］

萧星拱［保举，江西人。康熙十九年任，重修学宫，补修州署。］

孟时芬［监生，浙江人，康熙三十一年任。］

杨应元［吏员，浙江人，康熙三十九年任。］

徐烺［监生，奉天人，康熙四十一年任。］

董维祺［官监，奉天人，康熙四十二年任，留心教养，续修《涪志》。］

何道昇［监生，福建人，康熙五十五年任。风雅宜人，鸣琴治理，重儒兴学，卓有循声，涪人思之。］

王愿［副车，太仓州人，雍正四年任。勤于政治，补修学宫。］

袁紫玺［监生，直隶天津人，雍正十一年任。］

胡克峻［举人，湖北安陆府钟祥县人，乾隆元年任。］

郭宪仪［拔贡，江南沛县人，乾隆二年任。］

王綍［举人，直隶人，乾隆六年任。刚正明决，案无留牍，里鲜冤民，时称良吏。］

罗克昌［进士，江南高邮州人。留心教养，董建书院，劝课农桑，实心为政之贤大夫也。］

白焜［举人，镶白旗汉军，乾隆十三年署。］

---

① 公董建学宫："公"字疑为衍误。

朱汝璇〔捐贡，湖南长沙府浏阳县人，乾隆十四年任。〕

王廷松〔监生，直隶顺天府大兴县人，乾隆十七年署。才猷练达，政平讼简，民赖以安。〕

谢国史〔进士，广东潮州府海阳县人，乾隆十七年任。慈祥恺悌，留心教养，民歌"召杜"①。〕

王政义〔翰林，贵州贵定县人，乾隆二十一年署。居心廉洁，听断平允，民爱戴之。〕

袁锡夔〔进士，江苏六合县人，乾隆二十二年署。刚断名决，剔弊烛奸，甫一年而涪大治，惜未久任。〕

冀宣明〔拔贡生，陕西直隶商州雒南县人，乾隆二十七年署。〕

陈于上〔进士，浙江嘉兴府秀水县人，乾隆二十九年署。〕

国栋〔进士，满洲镶黄旗人②，乾隆二十九年任，才学兼优，听断明敏。〕

宋思仁〔增生，苏州府长洲县③人，乾隆三十年署。精明炼达，留心抚字。〕

叶道治〔举人，湖北江夏县人，乾隆三十年任。〕

王用仪〔进士，江西吉安府庐陵县人，乾隆三十六年署，四十七年复署。才具炼达，听断明敏，两次任涪，俱多惠政。贤大夫也，涪人德之。〕

曾受一〔举人，广东东安县人，乾隆三十七年署。怀清履洁，久著贤声，每任一处，胥畏民怀。有《善俗遗规》十则，涪人敬录可以家喻户晓。〕

郑济焘〔贡生，直隶遵化州丰润县人，乾隆三十八年署。〕

马文炳〔拔贡生，陕西直隶邠州三水县人，乾隆三十九年署。〕

高瑛〔捐贡，镶黄旗汉军，乾隆三十九年署。〕

王兴谟〔监生，江苏松江府华亭县人，乾隆四十年署。〕

陈宝田〔监生，浙江绍兴府山阴县人，乾隆四十年署。〕

牛兆鼎〔贡生，直隶天津府天津县人，乾隆四十一年任。〕

---

① "召杜"："召父杜母"的简称。典出《汉书》卷八十九《循吏列传·召信臣》和《后汉书》卷三十一《郭杜孔张廉王苏羊贾陆列传·杜诗》：西汉召信臣和东汉杜诗二人均曾任南阳太守，且皆有善政，受到当地的百姓拥戴，故南阳人歌之曰："前有召父，后有杜母。"后因以"召父杜母"颂扬地方父母官政绩。

② 满洲镶黄旗人：原志地名"满洲"误作部族名称"满州"，下文赛尚阿"满州正黄旗人"同，改。

③ 长洲县：在太湖北，因境内有古长洲苑而得名，今属江苏省苏州市。古书中亦常作为"苏州"的古称或别称，但多误写为"长州"。

赛尚阿[主事，满洲正黄旗人，发川候补直隶州。乾隆四十三年署，恺悌慈祥，惠爱百姓。值岁荒，斗米千余钱，涪民饿毙甚多。公亟为筹策，劝捐抚①，自出廉俸一千有奇，四门施粥，全活者众。是岁，文庙工程未竣，又捐银一百两。涪人尸祝不谖②。]

董璿[贡生，山西介休人，乾隆四十四年任。]

刘炳[笔帖式，镶白旗汉军，乾隆四十六年署。明而断，清而勤，抚善良，除奸滑③，士民德之。]

王有榕[教习，湖北汉阳府孝感县人，乾隆四十八年署。怀清履洁，听断明敏，阖州有"神君"之颂。]

多泽厚[举人，直隶阜城人，乾隆四十九年任。]

司户

宋

程颐[河南人，哲宗时擢崇政殿说书，绍圣间削迹④谪涪州。崇祀名宦，事详《流寓》。]

别驾

宋

黄庭坚[洪州人，以修《实录》谪涪州。崇祀名宦，事详《流寓》。]

州判

宋

曹叔远[字器远⑤，瑞安人，绍圣元年进士，判涪州。有善政，后徙遂宁。时营卒相率称乱，势张甚。及至遂宁境，辄戒其徒毋肆暴，曰："此江南好官也。"历官侍郎，谥文肃。崇祀名宦。]

李惟清[蜀尚淫祀⑥，病不医疗，听命巫觋，惟清擒大巫棰之，民以为及祸。他日，又加棰焉。民知不神，然后教以医药，习俗稍变。崇祀名宦。]

---

① 劝捐抚：疑为"劝捐抚恤"脱字。
② 尸祝不谖：祭拜不忘。谖，忘却、遗忘。
③ 奸滑：同下文"奸猾"。
④ 削迹：谓不被任用而隐居，消声匿迹。此处当为"削籍"之误。削籍：革职。
⑤ 器远：民国《涪州志》卷九《秩官志·名宦》作"器达"。
⑥ 淫祀：不合礼制的祭祀。《宋史·地理志》："涪陵之民尤尚鬼俗，有父母疾病，多不省视医药；及亲在，多别籍异财。汉中、巴东俗尚颇同，沦于偏方，殆将百年。"

学正

[宋儒谓：天下学官，当选道隆德盛者为之。师儒之任，何若是重与？盖以师道立，则善人多。苟皋比谈经之维殷，斯《菁莪》《棫朴》之化，不难再见于今日。有司铎之责者，可不仿苏胡之法，以无负多士之表率乎？]

国朝

卢世选［举人，遵义人。］

万恪［举人，富顺人。］

曾光祖［举人，遵义人。］

段朝伟［贡生。简州人。］

邹正元［举人。洪雅人。］

辛可泰［举人，保宁府阆中县人。］

陈缜［举人，顺庆府营山县人，学问优长，课士谨严。］

罗云师［举人，遵义人，字庆庵，号默仙，康熙五十三年同修《涪志》。］

周遇清［举人，夹江县人，乾隆十三年任。］

刘之炳［举人，汶川县人，成都县籍，乾隆二十四年任。］

詹尔庚［举人，资阳县人，乾隆二十七年任。］

张中元［举人，营山县人，乾隆三十七年任。］

王正策［举人，大竹县人，乾隆四十四年任，同修《涪志》。］

训导

[杨子①云：师者，人之模范。凡训迪经义，导引德教，皆师长之责也。苟诱掖有方，劝课不倦，与学正相助而有成，则人文自此蔚起矣。]

国朝

苟若旬［贡生，南充人。］　王绳武［贡生，遂宁人。］　孙于朝［贡生，彰明县人，字龙光。康熙五十三年任，同修《涪志》。］　陈公绰［贡生，叙永厅人，乾隆十年

---

① 杨子：西汉文学家、哲学家扬雄。雄字子云，姓氏"扬"或作"杨"，故又称"扬子云"或"杨子云"（如本志卷五《风土志·方言》序："爰录之以比杨子云之《方言》云"）。其《法言·学行》有句曰："师者，人之模范也。"

任。] 韩腠[字霁辉，贡生，奉节县人，乾隆十三年任。] 程师言[贡生，名山县人，乾隆十八年任。] 刘光汉[贡生，资阳县人，乾隆十九年任。] 李树培[廪生，三台县人，乾隆二十五年任。] 严宽容[贡生，庆符县人，乾隆三十一年任。] 任际昌[贡生，洪雅县人，乾隆三十四年任。] 吴懋仁[举人，荣县人，乾隆三十八年任，告病回籍，乾隆四十四年病愈，坐补原缺。] 涂会川[贡生，眉州人，乾隆三十九年任。] 康济鸿[贡生，金堂人，乾隆四十六年署。] 邓履仁[贡生，岳池县人，乾隆四十八年任。]

附武隆县

知县

明

黄直[曲阜人，洪武中知武隆。为政廉平，兴利除害，良善获安，豪右①屏迹。崇祀名宦。]

李良金[云南昆明人，嘉靖间知武隆，刚方廉静，善处边情。适报迁官，酋长赂以金，不受。单骑而去，行李萧然，士民泣送之。崇祀名宦。]

国朝

张羽兴[荫生，辽东人。]

乔楠[进士，江南江阴人。]

巡检司[康熙七年改设。]

[我朝命官分吏，多因明旧。武隆一县改为巡检，归并涪州，盖以地居偏隘，距府殷遥。而涪为接壤之区，民瘼吏弊，耳目易周，亦因地制宜之意也。莅斯任者，宜时稽往来，防奸宄，克勤厥职，勿以微员自视，徒为朝廷之备官也。]

刘嗣盛[吏员，顺天人。]

叶廷机[吏员，浙江人。]

王嘉秩[吏员，山西大同人。]

沈国章[吏员，顺天人。]

邵梦彪[吏员，顺天人。]

---

① 豪右：称霸一方的豪门大族。

章秉志［监生，浙江会稽人，乾隆十一年任。］

刘廷相［吏员，广东长乐县人，乾隆十九年任。］

沈世基［监生，浙江山阴县人，乾隆二十五年署。］

王大本［吏员，浙江会稽县人，乾隆二十五年任。］

吴营［监生，江西高安县人，乾隆三十一年署。］

曾之沐［监生，江西南昌县人，乾隆三十一年署。］

魏志林［吏员，湖南华容县人，乾隆三十四年任。］

马承烈［监生，浙江会稽县人，乾隆三十五年署。］

王嘉猷［监生，山西阳曲县人，乾隆三十五年署。］

胡健行［吏部供事议叙，浙江会稽县人，乾隆四十一年署。］

曹廷凯［监生，安徽贵池县人，乾隆四十三年署。］

杨如灿［吏员，顺天大兴县人，乾隆四十七年署。］

段应陞［监生，江西庐陵县人，乾隆四十七年署。］

王永绪［监生，山东聊城县人，乾隆三十九年署，乾隆四十八年复任。］

吏目

［尉之一官，虽佐长官庭议，事及签书文檄者。然李程有"单言判狱"之称，李勉有"擒奸摘伏"之号，乌得以末秩闲曹，日开射鸭堂，效南昌仙尉耶？涪陵政烦事剧，正赖分助之力。膺斯职者，苟能佐理勤谨，安见伊间滩上不见鸂鶒①双来乎？］

国朝

王运亨［吏员，浙江人。］

张以平［吏员，浙江人。］

郭汶［吏员，山东人。］

陈启谟［监生，顺天大兴籍浙江人，康熙四十八年任。莅涪一十三载，办事勤敏，捕缉严密，士爱民服，涪人至今思之。］

李文焕［监生，江南人。］

---

① 鸂鶒（xī chì）：鶒古同"鵡"，亦作"鸂鵡"，水鸟名。其形似鸳鸯而稍大，羽毛有五色而多紫色，尾如船舵，多栖息于溪涧湖沼间，以小鱼小虫为食，好雌雄并游，故又称紫鸳鸯。

章麟［吏部书吏，浙江钱塘县人，乾隆十四年任。］

沈元龙［监生，江苏长洲县人，乾隆十八年署。］

陆凤［监生，浙江山阴县人，乾隆十九年任。］

张廷鹤［监生，江苏长洲县人，乾隆二十四年任。］

谢锡偕［工部书吏，浙江会稽县人，宛平籍，乾隆三十一年任。］

范彬［监生，河南虞城县人，乾隆三十四年署。］

张圣兆［监生，广东平远县人，乾隆三十五年署。］

蔡尚琥［贡生，江西新昌县人，乾隆三十六年任，小心勤慎，捕缉有方。］

顾鹏飞［吏员，顺天府宛平县人，乾隆四十年署。］

陆怀玉［监生，江苏元和县人，乾隆四十年署。］

周明德［监生，江苏长洲县人，乾隆四十一年署。］

魏守曾［监生，江西广昌县人，乾隆四十二年署。］

李廷秀［监生，浙江杭州府钱塘县人，乾隆四十五年署。］

凌学贤［监生，江苏上海县人，乾隆四十八年署。］

邓昂［监生，安徽怀宁县人，乾隆四十六年任。昂才具干练，办事勤敏，甫莅任，即查访积弊，如涪城上下差役建有赌亭一垣，名曰"厅子"，每日诱赌，最为民害。昂力禀弊端，严拿折毁，永行禁革，盗息民安，涪之士民歌颂德政。乙巳岁，川东大饥，涪尤甚，昂佐理荒政，诸多筹画①。其实心为民，盖如此。］

把总

［从来"有文事必有武备"②，故宣猷布化以勤抚绥，则寄乎文员；而有勇知方以资捍卫，则需夫武职。有城斯有守，分防之设，奚容缓乎？］

国朝

蔡贵［外委，乾隆十六年任。］

吴增［千总，乾隆二十二年任。］

---

① 筹画：谋划。

② 有文事必有武备：出《孔子家语·相鲁》"定公与齐侯会于夹谷，孔子摄相事，曰：'臣闻有文事者，必有武备；有武事者，必有文备。古者诸侯并出疆，必具官以从，请具左右司马。'"

梁材［把总，乾隆二十八年任。］

张文玉［千总，乾隆三十三年任。］

杨统［额外，乾隆三十八年署。］

李芳华［外委，乾隆三十九年任。］

李先荣［额外，乾隆四十一年署。］

刘天顺［外委，乾隆四十一年署。］

王正禄［千总，乾隆四十二年任。］

马士龙［把总，乾隆四十四年任。］

糟福寿①［千总，乾隆四十四年任。］

马云［外委，乾隆四十五年任。］

刘德嘉［额外，乾隆四十六年任。］

张洪仁［外委，乾隆四十六年署。］

丁耀荣［外委，乾隆四十六年署。］

黄塘［把总，乾隆四十七年任。］

罗灿［行伍，乾隆五十年任。］

①　糟福寿：民国《涪州志》卷九《秩官志·武职》作"曾福寿"，讹糟姓为曾姓。

涪州志卷之四

涪州知州多泽厚续纂

武备志 [驻防　兵制　塘房　铺司]

国家有百年不用之兵，不可一日而忘其备。是故拨天下之乱而使之治，守天下之治而使之足以弭乱，莫大于武备。《书》曰："司马统六师平邦国"，言天下军政之总领也。后世分之以藩镇，列之以戍卫，凡要害之区，聚则有驻劄，散则有分防。至于制兵之法，或因时之治忽①而为损益，或相地之险易而较多寡，制官之体不一，则制兵之数亦不齐。他若塘汛之巡哨，铺递之邮传，皆以安辑②我民人，而政治之不可忽者也。爰为连类而并志之。

驻防

[驻防之设，所以资捍卫、司军令者也。涪陵山深箐密，易于藏奸，则夫思患预防，整营伍而修军政，亦要务也。讵可以四境晏如，耻言军旅哉！]

汛署 [在州城内腰街子]

头门三楹　大堂三楹　私宅三楹

俸薪

把总俸银四十五两四钱六分四厘；把总养廉银九十两。

战粮十分，饷银二百零四两；守粮三十二分，饷银四百九十一两六钱。

原设哨船守粮六分，饷银八十八两八钱；新添哨船守粮九分，饷银一百三十三两

---

① 治忽：治理与忽怠，犹"治乱"。

② 安辑：安定和睦。

三钱。

兵制

[《易》曰："师出以律。"《诗》曰："共武之服，以定王国。"要期其制之尽善也，故一切营伍布置、兵额器械、训习期会，咸有定制。盖必制定而法乃一，当不徒投石超距①，以示整暇已也。]

营制：元以前莫考。明设操兵五百名，卫千户一员，百户二员，隶之守道，并属州牧管辖，不时操练，以御地方。护守城池、仓库，即以卫田钱粮饷之。国朝设守备一员、千总一员、把总二员、兵三百名驻防守御。于康熙四十年奉文，守备移驻忠州，改设把总一员。

州城驻劄：把总一员，弓箭兵丁四名，鸟枪兵丁三十八名；原设哨船兵丁十名，新添哨船兵丁十五名。

军器：鸟枪三十八杆，弓箭、撒袋②四副，盔甲四十二副，号衣帽四十二副，大旗一杆，小旗五杆，红旗一杆；原设哨船二只，新添哨船三只。

塘房

[诘奸稽异，息盗安民，莫要于塘房。盖星罗棋布，互相犄角，则僻要之守望，行旅之防卫，均有赖焉。比年，屡经修葺，凡屋宇墩楼墙栅，无一不坚固鲜明，诚足以壮军威、资民卫也夫！]

旱塘

土主庙　冷水关　谢石坝　底塘③　凉水铺　灯盏铺　木根铺　阆天铺　白果铺　火炉铺　河台铺　木棕铺　武隆　郭祥坝　上堡塘

水塘

韩公寺　李渡镇　黄谷嘴　平西坝　守经溪

---

①　投石超距：古代军中的习武练功活动。石：矢石，泛指武器，"投石"犹言练武；超距：跳跃。
②　撒袋：装弓箭的袋子，多以皮革制成，即古之韇韔（gāo jiàn）。韇为长方包形，盛箭矢；韔装弓，为上宽下窄袋形，二物合为一副。后称为"撒袋"，大概来源于蒙语的弓箭袋"撒答"，且"答"音近"袋"。
③　底塘：民国《涪州志》卷五《建置志·塘铺》等均作"抵塘"。

以上共二十处，其烟墩①、哨楼、栅栏俱全。

铺司

［翼飞星驰，晓夜不分，奔走亦几孔瘁②。顾置邮传命，以速为期，任轻则能速，事简则不劳。专司文命③，亦政令之至善者矣。因其役以兵名，故编入《武备》。］

铺名

底塘铺　双庙铺　白岩铺　灯盏铺　阒天铺　火炉铺　木棕铺　沙溪铺　青龙铺　白果铺　绿竹铺　沙台铺　木根铺　凉水铺

以上共一十四铺。

兵额

每铺兵二名，总计二十八名。

器具［按邮驿内原例载。］

每铺置备十二时轮日晷牌子一个，红绰屑一座并牌额，铺历二本：上司行下一本，各府申上一本。遇夜常明灯烛。

每铺每名合备夹板一付，铃攀一付，缨枪一付，油绢三尺，软绢包袱一条，箬帽、蓑衣各一件，红闷棒一条，回历一本④。［附载于《志》，以见器具之必备焉。］

工食

额设工食银，连闰加增，共一百八十二两，每名月支工食银五钱。

---

① 烟墩：烽火台。原志误"墩"作"燉（炖）"。
② 孔瘁：深感忧伤。
③ 文命：文德教命。
④ 回历一本：原志误"本"作"木"。

涪州志卷之五

涪州知州多泽厚续纂

风土志 [习俗　节序　四礼　方言　物产　善俗诸条]

古者天子采十五国之风以征美恶，察贞淫；太史陈诗以著人民之臧否，考歌谣之邪正，用以稽政治之得失；《禹贡》辨九州之土，别高下燥湿之性，以登土物而定贡税焉。盖风浮于上，土实于下，人游其中而风土移之。故为治者不可以不知民情，欲知民情不可以不辨风土。仁义礼智之性，秉之于天；秉之天者，地不得而限之，故率之而为道。阴阳刚柔之气，受之于地；受之地者，非圣人不得而辨之，故流之而为习俗。习不可以枚举，俗不可以尽言，其见于日用者，莫显乎节序。春夏秋冬，谓之四序；四序分令，谓之八节。冠婚丧祭，谓之四礼；节有俗节，礼有俗礼。为俗节者，可以为节；为俗礼者，不可以为礼，正天下之理，所以易天下之俗。礼，根于理者也；声，本于气者也。理同而俗不同，故礼异气异而声不同，故言亦异。凡此，皆风土之中于人者也。若夫山川之所产，风气之融结，荒僻之区，鄙陋之物，虽不足贡，然亦土之所出，可以资人之用，而为观风辨物者之所必详也。

习俗

[先进非野，纯俭可从，故土风谣俗为辀轩所必采者，务期一道同风之盛。涪之先，如刘氏之忠烈，文氏之孝友，皆出其地，是亦礼义之区也。自兵燹之余，俗不近古，或亦教化所未及耶？转移倡导，良有司之责，不慕重歟！]

士　凤号知学，前辈世家多有藏书。说礼敦诗，讲求有法，良师益友，择取有方，殆骎骎乎有德有造之风矣。

农　山多田少，力耕火种者居其半。田种禾稻，山种杂粮，相资为用，但土薄而瘠，故居民皆贫，三冬止服单衣，不衣绵者甚众。昔人有诗云："地暖冬无雪，人贫岁不绵。"[①]是其验也。

妇女　涪地产木棉，故妇女多勤纺织，中馈井臼而外，机声轧轧，不绝于耳。至乡村贫妇，行饁抱瓮[②]，劳苦更甚。且节孝成风，城市乡衢旌表石坊，所在皆有。现在已请旌表而尚未竖立者，亦不乏人。其习俗之美，非他邑所能及。

工商　百工商贾，外来者多。虽业集[③]于乡场市镇，颇知安分守法。

服舍　屋宇衣服，皆随时制。士宦之家，多崇俭素。乡城居民，亦敦古朴。惟郊外舍宇，依山傍水不成村落，盖地势使然也。

饮食　多尚俭约，犹近古风，惟宴会颇竞丰腴。乡居之家，每用筒酒，名曰"咂酒"。稻粱[④]黍粟皆可酿，成熟时以滚汤灌坛中，用细竹管通节入坛内，咂饮之，咂去一杯，仍以杯水添满。坛口是水，酒不上浮，至味淡乃止。考《蜀志》：郫县有一井，井边有竹，截竹为筒以吸，井水即变为酒。杜子美有诗曰："酒忆郫筒不用沽"[⑤]，今之咂酒，其仿佛郫筒遗意与？又传平都山之南宾地出藤，大如指，可以吸酒，白乐天诗云："闲拈焦叶题诗句，闷折藤枝引酒尝。"[⑥]后改为竹管，义或本此。

节序

[诗咏《豳风》，礼详《月令》，不独志稼穑之艰难、时序之递嬗，正以儆太康，职思居也。夫天下同此节序，而风土各有所宜，今备考以志，俾民间东作西成，不敢坐失其时。即享祀燕衎间，亦知食时用礼之节，未始非默化之一助云。]

正月元日，绅士庶民厥明兴，列香烛，拜天地君亲师、社令司户、田祖井灶之神；

---

① "地暖冬无雪"二句：参本志卷十一《艺文志·诗选》马提干《涪陵十韵》注。

② 行饁（yè）抱瓮："饁"，《说文》："饁，饷田也。""行饁"指给在田间耕作的人送饭。"抱瓮"谓抱瓮汲水、灌园。

③ 业集：疑为"丛集"误刻。

④ 稻粱：原志误作"稻梁"。

⑤ 酒忆郫筒不用沽：出杜甫《将赴成都草堂途中有作，先寄严郑公五首》之一："鱼知丙穴由来美，酒忆郫筒不用沽。"

⑥ "闲拈焦叶"二句：出白居易《春至》，诗句原作"闲拈蕉叶题诗咏，闷取藤枝引酒尝。"

酒扫祠宇，设牲醴，陈果品，以祀其祖考；男女以次拜于尊长，次出拜其宗族。亲朋拜贺，主人款宾，先盘设果食饮酒，继用鸡豚杂品会于碗内，每宾一器，着酒于中而食之，谓之"醵醪"；后置酒食，迭相邀饮，曰"春酒"。

立春前一日，具彩亭，和水土为春牛，迎之东郊，曰"迎春"。

立春日，州守祀于勾芒之神。礼毕，以一人善口辩者奔走说吉庆语，曰"说春"；以彩鞭鞭牛，碎乃已，曰"打春"，将牛首留之库内，以贮丰余。

上元日，食粉团，户张彩灯，鸣金鼓，扎龙狮、人物各故事，童子扮演歌舞，曰"闹元宵"。士庶嬉游，会饮行乐，前后数日乃止。

二月初二日，祀文昌，各村塾俱宴会。

是月，村民治农器，逢上丁^①祀文武庙。

惊蛰后，农人以水浸稻三日，沥水覆草。又三日孚，折成芽撒之，谓之"下秧"。

三月清明日，州守祭厉坛，以香烛牲醴拜扫坟茔。男妇亲邻偕往，饮食于墓侧，至暮乃还，曰"拜坟"。

四月，秧长六七寸，乡人通工^②栽插，集众数十人。择二人为众信服者，分司钲鼓，鸣金击钲以督众，曰"打闹"。

是月，插秧毕，犁山土，种菽、粟、麻、蜀^③。

五月五日，户插菖蒲，以硃书符贴于中堂，饮雄黄酒，食角黍，观竞渡。

是月刈麦。

六月，农人耨秧，去稗锄草以养嘉禾。又以初六日曝衣服、书帙于庭。

七月七日，孩稚以凤仙花染指；少女结伴以酒食祀织女，对月穿针，名曰"乞巧"。

中元日，祀先荐亡，寺观建盂兰会，州守祀厉坛，与清明同。

是月，谷始熟。家选吉辰以荐新于田祖及祖考，曰"吃新"。

八月上丁，如二月祀。

中秋夜，士民设香烛，供月饼，鸣金鼓以达旦，曰"赏中秋"。

九月九日，士民佩茱萸，食米糕，饮菊酒，登高。

---

① 上丁：农历每月上旬的丁日。
② 通工：即"通功易事"，指分工合作，互通有无。
③ 蜀：蜀葵，一种根和花皆可入药的观赏草本植物。

十月朔日，州守祭厉坛，士民以香醴祀其祖考。

十一月，剪茅覆屋。

十二月八日，杂果蔬辛物入米同煮糜，曰"腊八粥"。二十四日，用糖饼果食香烛以祀灶神，曰"送灶"。又扫除舍宇。

除夕，插松柏枝以辟邪，夜围炉坐，谓之"守岁"。

除夕，家治果饼相送遗①，曰"馈岁"。

除夕夜，仍用糖饼果食香烛以祀灶，名曰"接灶"。

除夕日，换桃符，易门神，作春帖，放爆竹，以祓除不祥；列户挂五色彩钱、插楮钱于先人之墓，设牲醴以祀祖考；治椒酒家宴，少者以次拜其尊长，曰"辞岁"。仍治椒酒贮瓶中，挂于井内。俟元旦拜毕，即出门往井内提回家中，从卑幼先饮起，以至尊长，亦古者屠苏酒之意云。

四礼

[冠、昏②、丧、祭之礼，自天子以至于庶人，日用由之而不可离者也。士子日以穷经构文为故事，而口之所诵与身之所执，自相违背，况流俗耶？此非独涪之失也。兹略摘数条，以志时尚，俾考礼者或从宜或返古，亦有所鉴云。]

冠礼　古人筮日筮宾家礼，男子年十六至二十皆可冠。及期，主人告于祠堂，冠者至祖考前，跪，宾祝之曰："弃尔之幼志，顺尔成德，咸加尔服，所以责成人也。"未冠，谓之"童子"，栉纵，拂髦总角，衿缨皆佩容臭。近世不甚讲求，六七岁后即加冠。至受室之期，亲友于前一二日，或取字，或取号，书于纸以相赠贺；父于其时，亦设席相款。至是，人遂称其字号而不名。至于女子，非嫁不笄，受笄亦必于婚嫁时俟婿家，先期具冠饰衣服。至，请亲戚高年、娴妇道、多子孙者，与之冠笄，俗谓之"上梳""上头"，亦犹存冠礼之意云。

婚礼　纳采、问名、纳吉、纳征、请期、亲迎，此婚礼之六也。古云："六礼不备，贞女不行。"涪俗议婚，男家请媒通于女家，既允，则备盒酒香烛投刺③，谓之"递书"。

---

① 送遗：赠送。
② 昏：同"婚"。
③ 投刺：投递名帖以求见。

随备钗饰绫罗为礼，谓之“下聘”。及男女成人，将娶，则先择亲迎吉期报于女家，谓之“报期”。将婚，前数日，如彼此从简，只备衣服钗簪酒盒，请媒送于女家。至亲迎之日，婿到女家门外行礼，捧鹅拜献，名“奠雁”。毕，遂亲迎归家，行合卺礼。次日庙见，拜翁姑伯叔。三日下厨，新妇捧茶，示妇道也。若妆奁厚薄，存乎其人，此涪俗之大凡也。至于女数岁而过门者谓之“闲房”，以及嫁娶论财，悔折前盟，构讼不休者，市井编民亦间有之。

丧礼　惟称家有无。或二三日内即葬，谓之“乘吉”。枢在家时，必延请邻亲相守，款以酒食，谓之“坐夜”。葬后设灵，必延僧作斋事，近则谓之“荐七”，远则谓之“除灵超荐”。人在生时，亦喜作醮事，谓之“填还寄库”。绅士家初葬，则行家礼，其不饮酒，不食肉，不听乐，不庆贺。虽未能如古人之严，然犹不致荡检逾闲，肆然忘哀者。至百日、期年，亦延僧诵经，盖犹未能免俗也。

祭礼　涪俗遇亲丧，家祭行三献礼，歌《蓼莪》之诗三章。葬毕，迎木主回，则行虞祭，清明惟祭于墓前。至于四时祭四代、冬至祭始祖、春祭先祖、季秋祭祢，前辈士大夫家间有举行，而其后亦渐旷废。他如上元、端阳、中元、重阳等节，各献以时食，朔望、忌辰亦祭于家中。

又涪人疾病不专于延医，必延道侣，设供神像，鸣金鼓吹角，诵经禳解，于焚符火焰中以卜其吉凶。病愈，则延巫师演阳戏以酬之。

又涪人凡生涯求财，必用牲醴香帛祷祝西溪，招财四路之神设位于中堂之左，盖因兵燹后，土著无几，大半皆黔西之民。所谓西溪，乃“五溪”之一，即今西阳州也。

方言

[五方之风气不同，而语言亦异，虽书籍犹难辨之。《陈汤传》既曰“毋鼓”，《西域传》又曰“毋寡”，是一义而二字也；班固《史》既曰龟兹为“邱慈”，范蔚宗《史》[1]又曰龟兹为“屈沮”，是二字而二言也，其类不可殚述。涪人言音多清爽，顾音韵虽清而出口多不能一辙，爰录之以比杨子云之《方言》云。]

天时　天初明曰“天亮”，正午曰“晌午”，将夜曰“晚了”，虹霓曰“扛水”，冻

---

① 范蔚宗《史》：指南朝宋史学家范晔的《后汉书》。范晔字蔚宗。

成冰曰"凌冰"［凌去声］。

地理　两山夹田曰"冲田"；山岭曰"坡"，故上山曰"上坡"，不可种者曰"荒坡"。

人事　清晨曰"清早"，留宿曰"歇"，拾曰"捡"，无曰"没得"，何如曰"怎么"，隐入曰"藏"，不循前言曰"撒懒"。凡于初二十六日买酒肉祀神曰"烧牙祭"。

物情　虎曰"老虎"，鳖曰"团鱼"，青蝇曰"苍蝇"，圆物曰"团"，竹箱曰"篦笼"，里衣曰"汗衣"，饮马牛曰"应水"。

饮食　米之粗者曰"糙米"，酒之美者曰"好酒"，蔬菜曰"小菜"，饮物曰"吃"。

交接　呼让路曰"躲开"，相换易曰"挑"［上声］，相骂曰"相嚷"，相打曰"打架"。

宫室　椽角曰"角子"，归家曰"回来"，祖父定居之地曰"老屋"。

称谓　祖父曰"公"，又曰"爷爷"，又曰"老爹"；祖母曰"奶"，又曰"婆"；父曰"爹"；母曰"娘"，又曰"妈"；父之兄曰"伯爷"，父之弟曰"叔子"；男曰"崽"；妇称翁曰"公公"、姑曰"婆婆"；兄之妻曰"嫂嫂"，弟之妻曰"弟妇"；姑夫母舅之子曰"表弟兄"；姐妹之夫曰"姐丈""妹丈"；同年生曰"庚兄"。

物产

　［利用厚生，莫重于食货。然而稻麦因高下殊美，麻黍以异地各良，此又民风土宜之不可以强同者也。涪地无异产作贡，其土之所宜，稼穑而外，只此禽鱼、竹木、蔬果足以供日用饮食之需。然必因天之时，相地之利，用人之力，三者备而后土物可得而用焉。凡一切董率劝劳之方，又乌可缓哉！］

谷之属

七十早、百日早、麻早、红边早、乌脚粘、贵阳粘、雷粘、大糯、矮子糯、扬尘糯、鹅爪糯、寸糯、早糯、高粱、大麦、包谷、小麦、荞、黄豆、黑豆、绿豆、羊眼豆、蓝豆、蛾眉豆、白扁豆、豇豆、刀豆、宛豆[①]、胡豆、麻宛豆、小宛豆、芝麻、小谷、天仙米、鹅掌米。

果之属

桃、李、梅、杏、枇杷、樱桃、核桃、栗子、䔖[②]、白果、广柑、绉皮柑、枣子、柿子、

---

① 宛豆："宛"当作"豌"。下"麻宛豆""小宛豆"同。
② 䔖：应作"梨"。䔖同"藜"，误。

橘、黄皮果、柚子、香圆、佛手、石榴、菱角、莲子、藕、木瓜、甘蔗。

花之属

梦花、红茶花、白茶花、海棠、芍药、紫牡丹、粉口牡丹、白牡丹、吊兰、丹桂、金桂、银桂、月桂、山茶、玉簪、金凤、荼蘼①、木槿、木芙蓉、瑞香、茉莉、紫荆、胭脂、绣球、红梅、白梅、绿萼梅、台阁梅、黄菊、白菊、紫菊、素心菊、鸳鸯、铁线菊、红菊、鹅毛菊、映山红、月月红、凤仙、鸡冠、葵花、紫薇、石榴、金银花、木笔②、滴滴金、细剪罗③、夹叶梅、珠兰、荷花、玉兰、篆枝莲、风车莲、莺粟花④、棠棣、碧桃、支子花⑤、鱼子兰、虞美人。

草之属

葛、麻、苎、靛、烟、兰、蕙、芷。

药之属

枸杞子、何首乌、麦门冬、薏苡仁、厚朴、车前子、五棓子、金樱子、苍耳子、菖蒲、益母草、夏枯草、草麻子、白扁豆、杜仲、五加皮、香附子、地骨皮、黄精、仙茅、薄荷、紫苏、香茹、艾、茱萸、栀子、沙参、花粉、黄连、当归。

蔬之属

葱、韭、薤、蒜、苋、茄、芹、笋、萝葡、姜、王瓜、苦瓜、丝瓜、冬瓜、南瓜、瓠子、茼蒿、波菜、白菜、青菜、木耳。

木之属

松、柏、樟、楠、柳、槐、桑、椿、杉树、黄杨、黄葛、梧桐、白杨、冬青、皂荚、青枫、桐。

---

①　荼蘼：原志误"荼"作"茶"。荼蘼：花名，亦作"荼蘼""酴醿""酴醾"，即蔷薇科观赏植物木香。宋张邦基《墨庄漫录》卷九："酴醾花或作蘼，一名木香。"清汪灏《广群芳谱·花谱二十一》："考此花本作荼蘼，以酒号酴醾，花色似之，遂复从酉。"

②　木笔："笔"是一种开黄色小花的丛生野菜，即所谓"灰菜"，此当为"笔（笔）"字误刻。木笔：即辛夷花，也叫玉兰花、木兰花，因其花苞尖长如笔，故称为"木笔"或"书客"。又按，本志"笔（笔）"字，均习误刻为"笔"，如卷十一之"万丈之笔"（陈于铭《腾蛟洞记》）、"笔阵风云"（俞长策《周墨潭公墓志铭》）、"笔墨之间"（李先复《陈公杰如先生墓志铭》）、"笔之于书"（周煌《中山赋》）等，俱改。

③　细剪罗：亦作"细剪萝"。

④　莺粟花：罂粟花。罂粟亦作"莺粟"。

⑤　支子花：栀子花。"支子"即栀子。

竹之属

紫竹、水竹、慈竹、斑竹、金竹、观音竹、凤尾竹、刺竹、棕竹。

土之属

沙金、铁、灰①、煤炭。

禽之属

莺、燕、鹊、雉、鸦、鸠、鹰、鹞、竹鸡、反舌、麻鹊②、布谷、杜鹃、啄木、鸽、鹑、鹳鹆③、白头翁、白鹭、画眉、锦鸡、野鸡、鹳、水鸭、鸳鸯、翡翠、鹌鹑、鹅、鸡、鸭。

兽之属

虎、麂④、鹿、猴、兔、果狸、九节狸、草狐、野猫、牛、马、羊、豕、猫、犬。

鳞之属

鲤鱼、黄鱼、青鱼、岩鲤、剑鱼、白甲、水筏子、鲫鱼、圆口、鲢鱼、鹅鱼、鳊鱼、鳝鱼、白鳝、鳅鱼、金鱼。

介之属

蟹、龟、鳖、螺、虾、蚌、穿山甲。

附:《善俗诸条》 ［署州牧］曾受一［广东人］

一　乡约化导得人。周制:乡置比长、闾胥、族师、党正,遂置邻长、里宰、鄼长、鄙师。汉设亭长、三老,唐设里正、坊正,宋设保长、耆长,皆其遗制。柳宗元谓:"有里胥而后有县大夫"。而与民最亲者,里胥也。今之乡保⑤,即里胥之属,与里甲之民居处相近,习见习闻。诚得其人,使之善相劝,恶相纠,如里民有敬敏任恤、孝友、睦姻之行,登记善簿,举于官以旌之;其顽梗不率、违犯科条,登记恶簿,呈于官以惩之。善之大者,仍列旌善亭以垂久远;恶之大者,亦列申明亭以昭炯戒⑥。实能改悔,然后乡保禀请芟除,盖耳闻不若目睹之真,意度不如心乎之切,文告不若口谕之易。古

---

①　灰:特指经过烧制后形成的产品"石灰"。

②　麻鹊:应即麻雀。

③　鹳鹆:鸲鹆。鹳同"鸲"。

④　麂:原志误作"麑"(sì),以下径改。《广韵·止韵》:"麑,鹿一岁曰麛,二岁曰麑。"今考:字当为上"鹿"下"己",而非"巳""已",音 jǐ,即鹿科动物"麂",俗称"麂子"。

⑤　乡保:乡中小吏乡约、地保的合称。

⑥　炯戒:十分明显的鉴戒。也可写作"炯诫"。

之礼教兴行，比屋可封①，其基本未有不在于此也。如不得其人，则颠倒是非，兴灭词讼，乡里徒受扰害，而风俗不可问矣。

一　家长防闲②有法。凡风化，自家而出。《易》卦："家人，利女贞。"周子谓："家人离，必起于妇人。"故《睽》次《家人》，而防必于其初爻之初九，曰"闲有家，悔亡。"志未变而闲之，为力自易，是以教子能言，教妇初来，皆正始之要。谚言："桑条从小郁，大来郁不屈③。"爱亲敬长，明礼识让，自幼行之，故"少成若天性，习惯成自然。"又谚言："成家由妇，败家由妇。"人家兄弟，本无不义，盖因娶妇，异姓相聚，争长竞短，渐渍日开，偏爱私藏，以致背戾，非明理刚肠④男子，鲜不惑于妇人，故新妇入门，即须说破，女子则教之读书，如《女戒》《女史》《列女传》《女儿经》等书，一切淫佚之行，牝晨⑤之习，时时提撕⑥，刻刻警觉。若其志已变，而后闲之，则无及矣。然尤须为家长者谨守礼法，常以《颜氏家训》《文公家训》、汉石奋、唐柳公绰等家法为楷模。男正位乎外，女正位乎内。父父子子，兄兄弟弟，夫夫妇妇，而家道正，正家而天下定矣。

一　士子务端行检⑦。士为四民之首，士行正，则凡民有所观法。孟子云："礼义由贤者出。"士不敦礼义，尚可责之凡人乎？昔王彦方自修于家，人之有过者，甘刑罚，而畏其知；阳城居晋鄙，里人薰其德而善良者几千人。士之式化闾里若此！今士子徒为词章之学，罔敦实行。风俗之坏，士实开之。夫读书，贵于立品，务以朱子所编《小学》一书身体力行，乃为做人根本。根本既立，然后旁通经史，皆归实用。士习端，而民风庶几可正矣。

一　庶民各务本业。农工商贾，皆有本业。各当专务，不舍业而嬉，不见异思迁，自然各有成就。倘不务本业，东游西荡，以赶场为事，或饮酒赌博，或寻花问柳，或习学拳棒，交结匪类，弄成浪子名头，陷入啯噜盗贼。只为不知专务本业，以至于此。若心心念念只在本业，如何肯奔逐场市，做那酗酒打架、嫖赌奸邪、伤风败俗的事？

---

① 比屋可封：家家户户都有可受封赏的德行。形容教育感化成效明显，社会风气良好。
② 防闲：防范。
③ 桑条从小郁，大来郁不屈："屈"字误，应作"直"。谚语云"桑条从小郁，长大郁不直"。
④ 刚肠：指性情刚直。
⑤ 牝晨：即"牝鸡司晨"，谓母鸡代公鸡司晨报晓，比喻女人专权。牝：雌。
⑥ 提撕：警惕、提醒。
⑦ 行检：操行，品行。

故《书》言："爱土物，厥心臧。"上世风清俗美，只是各有生计，职思其居，无不务本业之人而已。

一　施报毋相责望。凡处宗族乡党，须要自尽己道。《小雅》云："民之失德，干糇以愆。"吉凶庆吊，往来酬酢，此其常也。然《斯干》之诗云："兄及弟矣，式相好矣，毋相犹矣。"张子释之曰："犹，似也。人情大抵施之不报，则辍故恩不能终，惟各尽己之所宜施者，无因其不相报而废恩也。"今人于己之施人者，辄自矜有德色①，此固不可。即施人而人不报，尤当自反其礼忠。岂可责其不报，遂靳而不施，以致情义终乖乎？且施而不报，或因偶然失误，或因家道贫乏。《记》云②："贫者不以货物为礼。"不报以财而报以力，奔走帮忙，亦未始非报也。总之，亲者毋失其为亲，故者毋失其为故，情意洽浃，音问殷勤，勿因些小不周，遂致恩疏义薄，斯为淳庞③之风矣。

一　瞽矇讽诵雅音。古之乐师，皆以瞽者为之。《记》云："移风易俗，莫善于乐"，为其感人以正也。孔、颜论治曰"放郑声"，恶其导人以邪也。今世曲本，类多淫词邪说。导欲增悲，有坏风俗者，概当屏绝。就中如《芦花记》[闵子事]、《百忍图》[张公艺事]、《卧冰记》[王祥、王览事]、《跃鲤记》[姜诗事]、《杀狗记》[孙荣事]、《紫荆树》[田真事]、《祝发记》[徐孝克事]、《寻亲记》[黄孝子事]、《桑林寄子》[邓伯道事]、《五伦全备》[兄弟争死事]等，可以劝人孝弟；《牧羝记》[苏武事]、《精忠》[岳武穆事]、《鸣凤》[杨忠愍事]、《五桂芳》[窦仪事"见色不迷"]、《双冠诰》[梅香守节兼义仆]、《八义》[存赵孤事]、《三元》[商辂母守节孝子]、《介山》[介子推事]、《忠信》[韩朋认子事]、《四凤》[刘元普事]、《双麟》[花文玉拾金不昧]、《紫琼瑶》[晏太守事]等，可以劝人忠义廉节，积德行善。拣取曲文，使瞽矇沿乡弹唱，更将大舜耕田、汉文尝药、曾子负薪、子路负米、老莱斑衣、伯俞泣杖、剡子取鹿、蔡顺拾葚、董永卖身、陆绩怀橘、江革负母、唐氏乳姑、黄香扇枕、杨香扼虎、吴猛饱蚊、王裒泣墓、丁兰刻木、孟宗泣竹、黔娄尝粪、郭巨埋儿、寿昌寻母、庭坚涤器、管鲍分金、程婴立孤、叔敖埋蛇、宋郊救蚁，一切孝子忠臣、义夫节妇等事，或编词曲按拍歌唱，或供说书半说半唱，悉用瞽者，既不如演戏之费财，亦省养济院之收养，而村村可到，人人乐闻，使愚顽者听之，无不回

---

①　德色：自以为对别人有恩德而流露出来的神色。

②　《记》云：所引"贫者不以货物为礼"出自《礼记·曲礼》，故"《记》"指《礼记》，下同。

③　淳庞：淳厚。

心向道。其转移风俗，岂浅鲜哉！

　　一　幼童学习诗歌。凡塾师教训蒙童，务取《小学》中嘉言善行。凡处"五伦"之尽善道者，与之讲明切究，复取《陟岵》《蓼莪》《凯风》[言父母]、《棠棣》《小明》《杕杜》①[言兄弟]、《江汉》《出东门》[言男女]、《鸡鸣》《雄雉》[言夫妇]、《燕燕》[言嫡妾]、《伐木》[言朋友]、《芄兰》[刺童子]、《相鼠》[刺无礼]、《伐檀》[讥素食]、《采苓》《青蝇》[讥谗口]、《采蘋》《采蘩》[重祀事]、《白驹》《杕杜》[好贤者]诸诗，每日令歌一二章，将纲常伦理之道，逐一剖析，逐节鼓舞，使之感发兴起，自然于忠孝廉节欢欣踊跃为之。盖先入者为主，而吟咏之下情文相生，可兴可观，可群可怨，转相传播，咸知伦道之重，各得性情之正，何患风俗之不淳美乎？

　　一　禁酗酒。古人惟祭祀孝享、洗腆致养、乡饮酒礼、宴客合欢、腊腊赐酺及老与疾，得用酒，匪是不用，一则耗蠹谷米，一则乱人血气。只看世间邪淫争斗、丧德丧身之事，何一非因酒生出。川俗赶场会饮曰"打平伙"，醉后种种滋事，最坏风俗。《康诰》曰："群饮，汝勿逸，尽执拘以归于宗周，予其杀。"先王惩治之严若此。

　　一　禁赌博。凡子弟伶俐，父兄不教之读书勤业，必为奸人诱入赌场。千金之家不数载而倾荡者，非赌博不能销散若是其易也。赌儿好饮食好穿着，财既输尽，必起盗心，故曰"赌博为盗贼渊薮"。又曰："奸近杀，赌近盗。"在彼父兄，或起家不正，难以久享。然良民被此风扰害，可稍纵乎？

　　一　禁宿娼。百恶以淫为首。古者，宫刑谓之淫刑。犯奸淫者，男子割势，妇人幽闭②，刑当其罪，故人咸畏法。男有室，女有家，毋相渎乱。《朱子家训》：见色而起淫心，报在妻女。谚云："娼妇所入之家，必有夫妇之祸。"历历不爽，可不戒哉？

　　一　禁游惰。《周礼》："大宰以九职任万民。"民各有职，惟"九曰闲民，无常职，转移执事。"是佣雇工作，亦即其职。《载师》："凡宅不毛者有里布，凡田不耕者出屋粟，凡民无职事者出夫家之征。"所以警游惰也。其因游惰而入于邪恶者，谓之"罢民"③，加以明刑，耻诸嘉石，役诸司空，纳诸圜土。盖民生在勤，勤则不匮。敬姜谓："民劳

---

　　① 《杕杜》：当指《诗经·唐风·杕杜》（"有杕之杜，其叶湑湑。……人无兄弟，胡不佽焉？"），下文"《白驹》《杕杜》"之《杕杜》，当指《诗经·小雅·杕杜》："有杕之杜，生于道左。彼君子兮，噬肯适我……"。

　　② 幽闭：古代施于女性的宫刑，割去卵巢以断绝其生殖机能的刑罚。

　　③ 罢民：不事劳作、不从教化之民。

则思，思则善心生；逸则淫，淫则忘善，忘善则恶心生。"后世不加惩警，因而流为匪类。喝噜、盗贼，皆游惰之民为之，可忽视乎？

一　禁奢侈。《国语》云："勤俭不与富贵期而富贵至，骄奢不与贫贱期而贫贱至。"人家兴替成败，总不出勤俭、骄奢二者。而常人之情，从俭入奢易，从奢入俭难。近日风气，颇尚侈靡，炫耀饰观①，物力已不能支。外强中干，其何能久？到得穷迫之时，方始追悔，已无及矣。唐魏之俗，忧深思远，愿州人其共效之。

一　禁薄恶。"惟民生厚，因物有迁。"②凡奉养不竭其力，丧祭不尽其心，则薄于祖宗父母；嫡妾失序，角弓翩反③，则薄于夫妻兄弟；宗族里邻不加温恤，急难穷苦不少赈贷，受恩施而不报，弃故旧而如遗，则薄于亲戚朋友；又或贪占便宜，重利准折④。此等不义之徒，损人利己，即使目前温饱，亦《文公家训》所谓"刻薄成家，理无久享"者也。孝、友、睦、姻、任、恤，六行皆无，何以为人？至若污人名节，谈人闺阃，攻发人阴私，则又薄恶之甚者，尤为天理所不容，大法所不宥。可不戒哉？

一　禁寄拜。父子兄弟之伦，合之自天。盖身体发肤，受之父母；兄弟孔怀，连枝同气。此岂容丝毫紊乱于其间！川俗男妇寄拜他人为父母兄弟者甚多，亲其所疏，疏其所亲。"天之生物，使之一本。"⑤而寄拜者乃有二本，渎伦已甚，奸淫之风多从此起。又有己无子而抱他人子或女婿为子，以之承祧主祀，祖宗岂复歆享？《春秋》书"莒人灭鄫"，谓其以异姓继嗣也。此关系纲常伦理之大者，宜速禁止。

一　禁争讼。古人云："终身让步，不枉百步；终身让畔，不失一段。"盖相争则不足，相让则有余。我能让人，人亦让我。自己不贪不谋，谦逊忍耐，里邻亲戚一有忿争，互相和解；小有不平，约族分剖。就吃些亏，亦得享无事之福。惟是不知礼让，贪谋好胜，讼棍又从中唆摆⑥，因而构成公讼，倾家荡产，两败俱伤，结为怨雠，甚至有同室操戈者。风俗之坏，莫甚于此。故贪谋不可不切戒，讼师不可不严惩。

---

① 饰观：装饰外表。

② 惟民生厚，因物有迁：语出《尚书·君陈》，孔颖达疏："言人自然之性敦厚，因所见所习之物有迁变之道，故必慎所以示之。"

③ 角弓翩反：语本《诗经·小雅·角弓》："骍骍角弓，翩其反矣。"翩反：相反。

④ 准折：折算、抵偿。

⑤ 天之生物，使之一本：出《孟子·滕文公上》。

⑥ 唆摆：调唆摆布。

涪州志卷之六

涪州知州多泽厚续纂

赋役志[户口　田赋　解支　盐政]

王者经理天下，宰制群动，莫重乎赋役。役出于丁，故有户口；赋出于田，故有田赋。古者计口以授田，因丁以派税，故户口之后即次以田赋。凡此，均名正项，以起运、存留分解支。其耗羡①、田房、杂课，向未入志，然亦皆赋役之属，他郡县志悉载之。故汇附于后，而一州之榷税尽是矣。涪州人颇急公尚义，历无积逋，此亦官斯土者之一幸与!

户口

[《周礼》：小司徒稽国中四鄙之夫家，乡大夫登夫家之数，遂大夫稽其众，司民夫登之于版，以诏司寇。孟冬，献民数于王，登之天府，重邦本也。唐刘宴谓："户口滋多，赋税自广。"此则以"力役之征"言也。我国家休养生聚，远轶前代，五年一届编审，日增月盛。自康熙五十年后，凡有滋生人丁，钦奉恩诏永不加赋。皇恩普博②，万载同沾。用敢按籍记载，以敷扬嘉盛云尔。]

明

原额人丁一万四百七十七丁。武隆县人丁八百三十一丁。

---

① 耗羡：耗羡是指赋税的加耗部分（即"火耗"）在抵补实际损耗后的盈余。除一部分解缴布政使司外，其余作为地方经费以支应亏空和分给各官作"养廉"费。

② 普博：普遍、广阔。

国朝

花民一万六千一百六十九户。康熙六年，裁武隆县归并涪州，计花民四千五百一十五户，总计二万零六百八十四户。乾隆五十年，总计五万八千四百三十六户，人丁总计十二万九千七百八十六丁。

田赋［附火耗］

［自《禹贡》则"壤成赋"，此"贡赋"之所由昉也。三代以降，井田废而赋役滋繁，惟唐之租庸调最为近古。我朝监古定制①，因田作供，按丁给役，又总括为条编，厥制简易，陆贽所谓"规条简而备患周"者也。涪陵土瘠石多，岁纳无几，然常正之供②，亦未尝缺，故不可不缕悉而条分③也。］

明

原额税粮：一万五千七百四十七石八斗六合八勺三抄。

夏税

起运　布政司广济库荒丝米、本库地亩棉花麦豆价银各项，共征银八十两八分六厘四毫一丝五忽一微三尘。遇闰加荒丝米银二两九分一厘一毫四丝六忽。

起运　工部料木，加增脚价，加增金价；松潘仓米，外加脚价；成都府广丰仓折色米簏篝银；黔江广盈仓折色米。

拨运　本府广济仓米；永昌库地亩棉花；贵州丰济库米折银，外加脚价；石阡府沅州四囤目兵米折银；成都府广丰仓本色米；黔江广盈仓本色米。

存留　本州仓米、儒学仓米各项，共征银九千七百五十三两八钱六分九厘六毫一忽八尘。遇闰加本州仓米、儒学仓米折银四十八两五钱三分九厘。

户口

起运　布政司。

存留　本州二项共征银二十九两九钱八分八厘，遇闰加银四两五钱三分。

---

① 监古定制："监古"即"鉴古"。监：古同"鉴"，借鉴，参考。
② 常正之供：指法定的固定税额。
③ 缕悉而条分：非"缕析条分"，原志无误。缕悉：指逐条进行详详细细的表述和解说，让别人很清楚地知晓明白具体情况。相对于"缕析"，弱化了"分析"之意，而强调"悉"（告白于天下，让人知晓明白）的意思。

驿传

起运　布政司。

拨运　本府二项共征银二千三十四两二钱八分八厘四毫六丝九忽。遇闰加银一十二两九钱四分一厘三毫。

丁粮额办

均徭

起运　布政司甲丁二库料银；南京麂皮银；殷实银；黄蜡价银；白蜡价银；黔江千户所军需银；举人牌坊银；进士牌坊银；芽茶价银。

拨运　本府库子二名、禁子一名、弓兵二名工食银；修理哨船银。加增本府教官马草银；代编酉阳司斋夫银。

存留　本州表笺银；春秋祭祀银；乡饮酒礼银；岁贡盘费银；本州柴薪一十名、马夫四名、门子五名、弓兵皂隶二十二名、禁子八名工食银；应朝、水手银；预备仓斗级、仓房、纸劄工食银；儒学斋夫、膳夫、门子、庙夫工食银。加增教官马匹银；分守道看司一名、川东督木二道看司二名、府馆看司一名，州门、葛树、河溪、李渡、火峰、石柱、凉水等三十一铺铺司兵四十六名，李渡、黄溪、小河口、北倍①渡夫七名等项工食银；举人盘缠、会试水手二项银；科举生员盘缠银。各项共征银一千八百三十一两八钱三分三厘八毫九丝七忽七微六尘，遇闰各项照例加征。

民壮

拨运　本府民兵二名。

存留　本州操兵二百二十名、民兵一百六十三名、刷印裱褙匠二名、攒造②军民黄册书手四名等各项工食银，共征银二千八百八两，遇闰照加征③。

公费

拨运　本府灯、棹衣④、学舍等银。

存留　本府公费各项，共征银四百七十五两五钱。

---

① 北倍：按，此二字疑有刻误。
② 攒造：汇总编制。
③ 遇闰照加征：原志或脱"例"字。
④ 棹衣：棹同"桌"。二字或为"桌椅"误刻。

杂办课程

盐课原额征银一百七十一两六钱四分九厘四毫。

鱼课银一两二分二厘五毫，遇闰加银八分四厘。

鱼油鳎鳔加增，共银一十四两三钱四分，遇闰加银二两一钱九分五厘。水脚银一两七钱二分八厘，遇闰加银二钱七分一厘二毫四丝。

商税银七两六钱五分八厘，遇闰加银六钱三分九厘。

李渡商税银一百零八两 [后详豁免]。

带征重庆卫屯粮，内除清查老弱、首退冒军扶种军田等项外，应存官员职田、舍人正余军田，共屯租粮四百二十七石四斗九升。

武隆县归并州治

明原额税粮：八百一十六石六斗三升三合八勺六抄八撮四圭。

秋粮

起运　工部料米、荒丝价银、物料米脚价。

拨运　本府永昌库地亩棉花。

存留　本县仓米、儒学仓米各项，共征银四百九十六两二分三厘二毫四丝六忽三微八尘，遇闰加儒学仓米银一十八两二分五厘。

户口

起运　布政司。

存留　本县二项共征银八两三钱，遇闰加起运银六钱六分九厘一毫六丝七忽。

驿传

拨运　本府协济东溪、安稳二驿夫马银四两二分七厘二毫。

丁粮额办

均徭

起运　布政司殷实银、黄蜡价银、白蜡价银、芽茶价银。

存留　本县春秋祭祀、乡饮酒礼、岁贡盘缠；本县柴薪、应朝水手，本县门子三名、皂隶一十四名、库子一名、禁子四名等项工食银；预备仓斗级、仓吏、纸劄工食银；儒学门子、庙夫、斋夫工食银；教官马匹银；分司看司一名，县门旋风 [龙桥]，虎落、沙台、界头、停惠、牛蹄等铺司兵一十七名工食银。各项共征银四百五十六两五钱四厘八毫。

民壮

存留　本县民壮五十名，刷印裱褙匠二名，共征银三百六十七两二钱。

夫马

存留　本县应役夫三十名、灯笼夫三名、红船水手四名等项工食银；修船银；应递马八匹，每匹鞍辔、雨具、草料银。各项共征银三百一两七钱八分。

公费

拨运　分守道油烛等银、本府表笺等银、巴县帮贴募夫银。

存留　本县公费各项，共征银一百二十两五钱七分。

杂办课程

盐课银四十三两八钱，于均徭银内征解。

商税银八钱一分五厘，遇闰加银六分三厘九毫二丝。

芽茶银四十三两四钱七分。

国朝

起课则例

每粮一石征大粮银七钱四分九厘三毫二丝五忽四微五尘二纤九沙一渺，征条银二钱四分四厘一毫四丝七忽九微九尘八沙四渺。

每粮一石五斗三合八抄三撮五圭九粒五粟四末，载丁一丁。

每丁征银二钱四分四厘一毫四丝七忽九微九尘八沙四渺。

每上田一亩载粮六合二勺，征粮银四分六厘四毫五丝八忽一微七尘八纤，征条银一分五厘一毫三丝七忽一微七尘五纤。

人丁四厘一毫二丝五忽，征丁银一分七丝一忽一微五纤。

共征丁粮条银七分一厘六毫六丝六忽四微五尘八纤。

每中田一亩载粮五合三勺，征粮银三分九厘七毫一丝四忽二微四尘九纤，征条银一分二厘九毫三丝九忽八微四尘九纤。

人丁三厘五毫二丝六忽，征丁银八厘六忽六尘八纤。

共征丁粮条银六分一厘二毫六丝二忽七微五尘。

每下田一亩载粮四合四勺一抄，征粮银三分三厘四丝五忽四微五尘二纤，征条银一分七厘六丝六忽九微二尘六纤。

人丁二厘九毫三丝四忽，征丁银七厘一毫六丝三忽。

共征丁条粮银五分九厘七丝五忽六微八尘。

每中地一亩载粮二合一抄二撮三圭，征粮银一分五厘九毫八忽一微七尘九纤。征条银五厘一毫八丝三忽二微六尘二纤。

人丁一厘四毫一丝二忽。征丁银三厘四毫四丝七忽三微六尘九纤。

共征丁粮条银二分四厘五毫三丝八忽八微一尘。

每下地一亩载粮一合七勺二抄四撮七圭，征粮银一厘二毫九丝二忽三微六尘一纤，征条银四毫二丝一忽八微二纤。

人丁一毫一丝五忽。征丁银二毫八丝七微七尘。

共征丁粮条银一厘九毫九丝四忽二微一尘三纤。

自康熙六年起，至康熙二十五年止，知州朱麟正任内共清出起科：

上中下田地共一百五十二顷六十九亩六分五厘，共载粮七十一石七升九合三抄四撮七圭九粒一粟；

人丁四十七丁二分八厘八毫七丝八忽；

共征丁粮条银八十二两一钱六分五毫九丝四忽八尘七纤。

康熙二十五起，至康熙三十年止，知州萧星拱任内共劝垦：

上田一百二顷八十三亩五分，载粮六十三石七斗五升七合二勺；

中田六十顷一十二亩五分，载粮三十一石八斗六升六合二勺五抄；

下田三十二顷五十六亩，载粮一十四石三斗五升八合九勺六抄；

中地三十一顷二十七亩三分，载粮六石二斗九升三合六抄五撮七圭九粒；

下地三十一顷六十五亩，载粮五石四斗五升八合六勺七抄五撮五圭；

上中下田地共二百五十八顷四十四亩三分，载粮一百二十一石七斗三升四合六勺五抄一撮二圭九粒。征粮银九十一两二钱一分八厘八毫七丝二忽七微一尘三纤，征条银二十九两七钱二分一厘二毫七丝五微二尘八纤。

人丁八十丁九分八厘九毫九丝四忽，征丁银一十九两七钱七分三厘五毫三丝一忽一微二尘九纤。

共征丁粮条银一百四十两七钱一分三厘六毫七丝四忽三微七尘。

康熙三十年起，至康熙三十九年止，知州孟时芬任内共劝垦：

上田二百九十九顷七十五亩二分一毫，载粮一百八十五石八斗四升六合四勺三抄二撮二圭。

中田五百一十六顷二十四亩九厘八毫，载粮二百七十三石六斗七合七勺一抄四撮四圭。

下田九百六十六顷八十五亩一分三厘一毫，载粮四百二十七石三斗六升三合四勺二抄七撮七圭一粒。

中地二百二十顷四分九厘五毫，载粮四十四石二斗七升一合五勺九抄六撮八圭八粒。

下地四十六顷五亩三分五厘八毫，载粮七十六石九斗三升八勺六抄九圭四粒二粟。

上中下田地共二千三百五十顷九十亩三分一厘三毫，载粮一千七石九斗二升三抄六撮三圭四粒。征粮银七百五十五两二钱六分一厘三丝七忽七微二尘七纤，征条银二百四十六两八分一厘六毫五丝一忽九微九尘九纤。

人丁六百七十丁四分九厘七毫八丝七忽，征丁银一百六十三两七钱一分七厘八毫七丝一忽四微二尘。

共征丁粮条银一千一百六十五两五分九厘六毫六丝九微五尘二纤。

康熙四十一年起，至康熙四十三年止，知州徐烺任内共劝垦：

上中下田地共五十一顷一十四亩六分七厘，载粮二十二石三斗六合七勺四抄八撮七圭五粒三粟。征粮银一十六两七钱一分五厘一毫九丝八微四尘四纤，征条银五两四钱四分六厘一毫四丝七忽八微九尘。

人丁一十四丁八分四厘五毫六丝五忽。征丁银三两六钱二分四厘五毫三丝四忽六微二尘。

共征丁粮条银二十五两七钱八分六厘六毫一忽五微五尘八纤。

康熙四十三年起，至康熙五十三年止，知州董维祺任内共劝垦：

上田一百四十顷七亩六分，载粮九十一石三斗五升七合一勺二抄；

中田二百二十一顷二十一亩，载粮一百二十六石七斗八升一合三勺；

下田一百三十二顷五十八亩五分，载粮一百四十七石三斗四升三合九勺五抄五撮。

上地一顷九十四亩，载粮四斗四升六合二勺。

中地八十九顷四十一亩，载粮一十七石九斗九升一合九勺七抄四撮三圭。

下地九十一顷一十亩，载粮一十五石七斗一升二合五抄七撮。

上中下田地共八百五十六顷三十二亩一分，载粮四百四石一斗三升九合二勺九抄六撮三圭。征粮银三百二两八钱三分七厘三毫五丝九忽七丝八纤，征条银九十八两六钱六分八厘三毫三丝二忽五微六纤。

人丁二百六十六丁三分二厘七毫九丝五忽五微，征丁银六十五两六钱四分四厘八毫七丝九忽二微四尘二纤。

共征丁粮条银四百六十六两九钱五分五毫七丝一忽四微五尘六纤。

新旧劝垦上中下田地二千四百四十九顷九十亩九分八厘八毫，共载粮一千六百二十七石一斗七升三合七勺六抄八撮，人丁一千八十三丁二分三厘一毫二丝六忽四微。以上共实征丁粮条银一千八百八十两六钱七分一厘三毫二忽四微一尘三纤。外学租中下田地共六亩五分四厘八毫，征纳租谷三石六斗七升六合二勺，征租银一钱一分二厘一毫。

附武隆

起科达例①

每粮一石征粮银六钱二分二厘一毫六丝四忽二微九尘三纤五抄，征条银七钱六分六厘五毫八丝七忽五尘八纤一沙。

每粮九斗八升二合七勺一抄二撮二圭三粒六粟三末，载丁一丁。

每丁征银七钱六分六厘五毫八丝七忽五尘八纤一沙。

每上田一亩载粮七合四勺六抄，征粮银四厘六毫四丝一忽三微四尘五纤，征条银五厘七毫一丝八忽七微三尘九纤。

人丁七毫五丝九忽，征丁银五厘八毫一丝九忽一微六尘二纤。

共征丁粮条银一分六厘一毫七丝九忽二微四尘六纤。

每中田一亩载粮六合五勺二抄八撮二圭，征粮银四厘六丝一忽六微一尘三纤，征条银五厘四忽四微三尘三纤。

人丁六毫六丝四忽，征丁银五厘九丝一微四尘八纤。

共征丁粮条银一分四厘一毫五丝六忽一微九尘四纤。

---

① 达例：通例、常例。

每下田一亩载粮五合五勺九抄六撮一圭，征粮银三厘四毫八丝一忽六微九尘三纤，征条银四厘二毫八丝九忽九微六尘四纤。

人丁五毫六丝九忽，征丁银四厘三毫六丝一忽八微八尘。

共征丁粮条银一分二厘一毫三丝三忽五微三尘七纤。

每上地一亩载粮二合三勺，征粮银一厘四毫三丝九微七尘八纤，征条银一厘七毫六丝三忽一微五尘。

人丁二毫三丝四忽，征丁银一厘七毫九丝三忽八微一尘四纤。

共征丁粮条银四厘九毫八丝七忽九微四尘二纤。

每中地一亩载粮二合一抄二撮三圭，征粮银一厘二毫五丝一忽九微八尘一纤，征条银一厘五毫四丝二忽六尘三纤。

人丁二毫五忽，征丁银一厘五毫七丝一忽五微三纤。

共征丁粮条银四厘三毫六丝六忽八尘七纤。

每下地一亩载粮一合七勺二抄四撮七圭，征粮银一厘七丝三忽四尘七纤，征条银一厘三毫二丝二忽一微三尘二纤。

人丁一毫七丝五忽，征丁银一厘三毫四丝一忽五微二尘七纤。

共征丁粮条银三厘七毫三丝六忽七微六纤。

康熙六年起，至二十五年止，知州朱麟正清出起科：

上中下田地共四顷九亩四分九厘，载粮二石三合八勺一抄九撮三圭四粒九粟；

人丁二丁三厘九毫九忽；

共征丁粮条银四两三钱四分五厘九毫七丝四忽六微八纤。

康熙二十五年起，至三十年止，知州萧星拱共劝垦：

上中下田地共四顷八十七亩五分，载粮二石五斗七合四勺六抄八撮九圭八粒；

人丁二丁五分五厘一毫五丝八忽；

共征丁粮条银五两四钱三分八厘二毫五丝九忽一微三尘九纤。

康熙三十年起，至三十九年止，知州孟时芬共劝垦：

上中下田地共八十四顷八十四亩九分八厘，载粮四十三石八斗九升一抄九撮一圭三粒九粟；

人丁四十四丁四分九厘三毫四丝六忽；

共征丁粮条银九十五两二钱三分七厘八忽一尘二纤。

康熙四十一年起，至四十三年止，知州徐烺共劝垦：

中下田地共八顷七十七亩，载粮三石五斗七升二合三勺七抄一撮三圭七粒，征粮银二两二钱二分二厘六毫一忽九微九纤，征条银二两七钱三分八厘五毫三丝三忽六微五尘九纤；

人丁三丁六分三厘五毫二丝四忽，征丁银二两七钱八分六厘七毫二丝四忽七微三尘一纤；

共征丁粮条银七两七钱四分七厘八毫四丝五微一尘一纤。

康熙四十三年起，至五十三年止，知州董维祺共劝垦：

上田二顷四十九亩，载粮一石八斗五升七合五勺四抄；中田五顷三亩，载粮四石一斗八升四合六勺八抄三撮六圭；下田七顷六十四亩，载粮四石二斗八升四合四勺二抄四圭；上地二十九亩，载粮六升六合七勺；中地八十一亩，载粮七升四勺三抄六圭；下地一顷二亩，载粮一斗七升五合九勺一抄九撮四圭。上中下田地共一十八顷十八亩，载粮九石八斗二升二合二勺六抄七圭，征粮银六两一钱一分一厘五丝九忽八微八尘九纤，征条银七两五钱二分九厘六毫一丝五忽九微三尘二纤。

人丁七丁九分九厘五毫四忽，征丁银七两六钱六分二厘六丝八忽二微三纤。

共征丁粮条银二十一两三钱二厘七毫四丝四忽二尘四纤。

新旧劝垦共上中下田地一百二十顷七十七亩四分二厘，载粮六十一石七斗九升六合三抄五撮二圭，人丁六十丁七分一厘四毫三丝七忽。以上共实征丁粮条银一百三十四两七分一厘八毫二丝六忽三微九纤。

自康熙五十四年起，至乾隆五十年止，中间劝垦加赋无从考核。

现在每年额征地丁正银五千三百七十三两六钱九分七厘，遇闰之年加闰银一百六十七两一钱九分五厘；火耗银八百零六两零五分四厘，遇闰之年加闰耗银二十五两八钱零一厘。总共征收正耗、连闰银六千三百七十二两七钱四分七厘。

杂办课程

盐课正税羡截银三千九百四十一两一钱；

洑江井榷课羡余银三十两零三钱二分九厘二毫；

茶课正税羡截矻力等银二十六两六钱八分五厘；

藩司颁发契尾，每年征收田房税银，无额，尽征尽解；

当课银十两；

鱼课银九钱一分六厘二毫；

夔关、涪口杂税系十日折报，串票按季缴司，税银提贮州库，年底申解夔州府。

解支

[一邑之赋税虽繁，总而计之，不过一解一支而已。解者汇总于上，支者分解于下。批回、领状，其据也。新旧裁复各款，条绪虽多，亦止起运、存留两项，全书载之至悉。然于志不详，则胥吏乘隙为奸，官民将受其累，故按籍一一布列于左。]

正解

地丁正银每年应解四千三百一十六两六钱五分七厘；遇闰之年应解地丁正银四千四百六十一两八钱五分二厘；遇闰之年解火耗银五钱七分六厘。总共解运正项并闰耗银四千四百六十二两四钱二分六厘。

杂解

一解盐课正税羡截银三千九百四十一两一钱；一解浛江井榷课羡余银三十两零三钱二分九厘二毫；一解茶课正税羡截砵力等银二十六两六钱八分五厘；一解藩司颁发契尾征收田房税银，无额；一解当课银十两；一解鱼课银九钱一分六厘二毫；一解提贮州库夔关、涪口杂税银两，无额。

正支

知州全年养廉六百两、吏目全年养廉九十两、巡检全年养廉九十两；

知州全年俸银八十两、学正俸薪银四十两、训导俸薪银四十两、吏目俸银三十一两五钱二分、巡检俸银三十一两五钱二分；

文武两庙祭祀银三十二两；

廪生饩粮银连闰一百零四两；

民壮八名［每名八两］，共工食银六十四两；捕头十二名、皂隶八名、快手十三名，共三十三名，总支工食银一百九十八两；捕役二名，工食银一十二两；禁卒十名、更夫八名，共工食银一百零八两；额设铺司兵二十八名，每名月支工食银五钱，遇闰加增，共银一百八十二两；斗级、仓夫六名，共工食银三十六两；吏目衙役六名，共工食银三十六两；巡检衙役弓兵十名，共工食银六十两；儒学门斗、膳夫四名，共工食银二十四两；

拨支秀山县正佐各官养廉银二十五两四钱七分八厘，遇闰共支银五十两零五钱三分九厘。

杂支

大水黄鱼岭滩、小水横梁马盼滩合设救生船一只，大水龙王沱滩、小水麻堆滩合设救生船一只，大小水白汧安设救生船一只。三共水手十八名，每名工食银六钱，四季共工食银一百二十九两二钱。

大水群猪、陡岩二处安设救生船二只。二共水手十二名，小水不支外，夏秋二季共工食银四十三两二钱。

盐政

[昔管子煮海为盐，而齐之富强甲天下；唐刘晏为盐铁使，天下之赋，盐居其半。然则上裕国课，下资民食，盐政亦急务也。涪陵盐政，屡经区画，又改旧为边商估卖之白马镇归属于涪，由是商无滞不行之弊。第恐民食不敷，商人因之以居奇，是又便于商而不便于民。调剂得宜，司牧者其熟筹①之。]

额引

盐引四百四十三张，分犍为、射洪二处买配。

犍引一百四十张，赴犍为县五通厂配买运回本州发卖。每引配盐五十包，每包重一百三十五斤，每斤定价纹银□分□厘②。

射引三百零三张，赴射洪县买配运回本州发卖。每引配盐五十包，每包重一百三十五斤，每斤定价纹银一分六厘。

额税

正税每引征银三两四钱零五厘，共征正银一千五百零八两四钱一分五厘；羡余每引征银四两八钱九分五厘，共征羡余银二千一百五十八两六钱九分五厘；截角每引六钱，

---

① 熟筹：仔细筹划。
② □分□厘：按，"□"符号处表示原本为空白，下同。

共征银二百六十五两八钱。

代销中江县水引二张。照中江例，每引征羡余银四两零九分五厘，共征银八两一钱九分。

总共征课银三千九百四十一两一钱。

洑江井

井二眼设灶，共榷课二十四两八钱六分；每两征羡余银二钱二分，共征羡余银五两四钱六分九厘二毫。正课、羡余共征银三十两三钱二分九厘二毫。

二井配陆引六百六十三张，系彭水县招商，运赴酉阳、秀山二处行销。嗣因洑江井逼近江边，被水冲漏，其引改配犍为，详请开除榷课羡余未准，仍归旧商认纳。

乾隆二十五年，奉盐宪清查涸水，复据灶户呈请宽缓开淘，遂于老井上岩壁处新凿一井，设三十六灶，配陆引三百三十六张。后以新井水淡，煎熬不旺，难于配销，于三百三十六张内存八十张配销本井，其余二百五十六张仍改赴犍为配买。

查验转江

射洪、中江、三台、盐亭、犍为、蓬溪、乐至、富顺八县引盐，并由长寿文移押送来州投引挂号，分裁引纸，截角查验，换船转江：长路运贵州思南府，盐包在州起店加用篾包，以每引五十包并作三十一二包不等，运龚滩交卸；短路仍照每引五十包在州整包，拨换船只，运进彭水县属江口发卖。

酉阳、秀山、彭水、黔江、咸丰、来凤六州县，计口引张，配运犍为、富顺二厂花巴盐觔到州挂号查验，换船转江。

附茶引

额引四十五张，在州属武隆采买，赴巴县、合州、遂宁、蓬溪等处行销。

额课每引征银一钱二分五厘，共征银五两六钱二分五厘；额税每引征银二钱五分，共征银一十一两二钱五分；羡余每引九分一厘，共征银四两九分五厘；截角每引银一钱二分，共征银五两四钱；纸硃、脚力每引征银七厘，共征银三钱一分五厘。课、税、羡、截、纸硃、脚力等银，共二十六两六钱八分五厘。

涪州志卷之七

涪州知州多泽厚续纂

祀典志［文庙　崇圣　名宦　乡贤　忠孝义　四贤　节孝　武庙　社稷　神祇　先农　厉坛］

附私祀［文昌宫　城隍庙　龙王庙　火神庙　川主庙　天后宫　四王庙　禹王宫　真君庙　歇圣庙　三元宫］

　　《虞书》："肆类于上帝，禋于六宗，望于山川，遍于群神。"而后世之祀典，仿诸此矣。《祭法》有曰："法施于民则祀之，以劳定国则祀之，能御大灾、捍大患则祀之。"非然，则为矫诬而伤于淫也。州之祀典，如文庙、社稷、南坛以及先农、关圣、忠义、节孝、厉坛诸祭，岁以时举，典制明备，礼教彪炳两间①矣。州中习俗相沿，各有庙祀，无非崇尚忠贞、奖励名教之美意，岂但以神道设教已哉？今并以次胪列，俾人思"黍稷非馨，明德惟馨"②之义，则圣代之典礼彝章，虽百世勿替可也。

文庙

　　［士登阙里之堂，睹车服礼器，辄流连生慨慕。教化之兴，良有以也。我朝崇儒重道，释奠学宫之仪③损益历代，可谓毫发无憾，为百代准则矣。旧《志》汇载《学校》，

----

　　①　两间：谓天、地两者之间，指人间。
　　②　黍稷非馨，明德惟馨：谓五谷美味并不是最香的，惟有美德才是真正的芬芳。语出《尚书·君陈》："我闻曰：'至治馨香，感于神明；黍稷非馨，明德惟馨。'"孔颖达疏曰："所闻上古圣贤之言，政治之至者，芬芳馨气动于神明。所谓芬芳，非黍稷之气，乃明德之馨，励之以德也。"明德：崇高光明的德性。
　　③　释奠学宫之仪：古代在学校设置酒食以奠祭先圣先师的典礼。《礼记·文王世子》："凡学，春官释奠于其先师，秋冬亦如之。凡始立学者，必释奠于先圣先师。"郑玄注："释奠者，设荐馔酌奠而已。"

事类颇杂。今特列入《祀典》，于祭礼外不泛及。其崇圣、名宦、乡贤、忠义、节孝等祠，虽统入《文庙》，究当各为一篇，庶可披览而周知也。］

避讳［前代无此礼。］

国朝雍正三年，奉特旨于圣讳右旁加"阝"字为"邱"，读同"期"音，一体遵行。

诞辰

八月二十七日为至圣诞辰，向无斋礼。

国朝雍正五年，奉特旨此日致斋一日，不理刑名，禁止屠宰，永著为令。

匾额［前代莫考］

国朝康熙二十三年，奉颁"万世师表"匾额悬挂；雍正五年，奉颁"生民未有"匾额悬挂；乾隆三年，奉颁"与天地参"匾额悬挂。

御制至圣先师孔子赞［并序］

盖自三才①建而天地不居其功，一中传而圣人代宣其蕴。有行道之圣，得位以绥猷②；有明道之圣，立言以垂宪③。此正学所以常明，人心所以不泯也。粤稽往绪，仰溯前徽，尧舜禹汤文武，达而在上，兼君师之寄，行道之圣人也；孔子不得位，穷而在下，秉删述之权，明道之圣人也。行道者，勋业炳于一朝；明道者，教思周于百世。尧舜文武之后，不有孔子，则学术纷淆，仁义湮塞。斯道之失传也久矣！后之人而欲探二帝三王之心法，以为治国平天下之要，其奚所取衷焉？然则孔子之为万古一人也，审矣！朕巡省东国，谒祀阙里，景企滋深，遂摛笔而为之赞曰：

清浊有气，刚柔有质。圣人参之，人极以立。行著习察④，舍道莫由。惟皇建极，惟后绥猷。作君作师，垂统万古。曰惟尧舜，禹汤文武。五百余岁，至圣挺生。声金振玉，集厥大成。序《书》删《诗》，定《礼》正《乐》。既穷象系，亦严笔削。上绍

---

①　三才：指天、地、人。
②　绥猷：谓得位君临天下者，一定要安抚海内百姓，使其奉公守法、安居乐业，创万世功业。绥：平定、安抚；猷：功业、功绩。
③　垂宪：垂示法则。
④　行著习察：语本《孟子·尽心上》："行之而不著焉，习矣而不察焉，终身由之而不知其道者，众也。"朱熹集注："著者，知之明；察者，识之精。言方行之而不能明其所当然；既习矣，而犹不识其所以然，所以终身由之而不知其道者多也。"

往绪，下示来型。道不终晦，秩然大经。百家纷纭，殊途异趣。日月无逾，羹墙^①可晤。孔子之道，惟中与庸。此心此理，千圣所同。孔子之德，仁义中正。秉彝之好，根本天性^②。庶几夙夜，劢哉令图。溯源洙泗^③，景躅唐虞。载历庭除，式观礼器。摛毫仰赞，心焉遐企。百世而上，以圣为归。百世而下，以圣为师。非师夫子，惟师于道。统天御世，惟道为宝。泰山岩岩^④，东海泱泱。墙高数仞，夫子之堂。孰窥其藩，孰窥其径。道不远人，克念作圣。

康熙二十五年七月初四日，户部尚书、文华殿大学士 [臣] 张玉书奉敕敬书。

复圣颜子赞

圣道蚤闻，天资独粹。约礼博文，不迁不贰。一善服膺，万德来萃。能化而齐，其乐一致。礼乐四代，治法兼备。用行舍藏，王佐之器。

宗圣曾子赞

洙泗之传，鲁以得之。一贯曰唯，圣学在兹。明德新民，止善为期。格至诚正，均平以推。至德要道，百行所基。纂承统绪，修明训辞。

述圣子思子赞

于穆天命，道之大原。静养动察，庸德庸言。以育万物，以赞乾坤。九经三重，大法是存。笃恭慎独，成德之门。卷之藏密，扩之无垠。

亚圣孟子赞

哲人既萎，杨墨^⑤昌炽。子舆辟之，曰仁曰义。性善独阐，知言养气。道称尧舜，学屏功利。煌煌七篇，并垂六艺。孔学攸传，禹功作配。

康熙二十八年闰二月十六日，户部尚书、文华殿大学士 [臣] 张玉书奉敕敬书。

神主: 木主金书

---

①　羹墙: 出《后汉书·李固传》:"昔尧殂之后，舜仰慕三年，坐则见尧于墙，食则睹尧于羹。"后以为追念前辈或仰慕圣贤之意。

②　秉彝之好，根本天性: 谓人心追求美好的德行，是其与生俱来的天性。"秉彝之好"出《诗经·大雅·烝民》:"民之秉彝，好是懿德。"

③　洙泗: 洙水和泗水，春秋时属鲁国地。因孔子曾聚徒讲学于洙泗之间，后遂用以代称孔子及儒家。

④　岩岩: 高峻貌。

⑤　杨墨: 战国时期杨朱与墨翟的合称。杨朱主张"为我"，墨翟主张"兼爱"，皆被儒家视为异端，因而《孟子·滕文公下》云:"杨墨之道不息，孔子之道不著。"

[按：唐宋金元，或绘像，或塑像，或石像。至明洪武十五年，命宋纳撰敕，撤南京太学及天下郡县学像。成祖永乐八年，驾幸北京国学，因元时塑像犹存，不忍遽毁，而齐宁、长山诸邑，章服不古，有诏改正。及正统中，山西绛县博士张幹犹然以厘正章服请，则像服之存者尚多。正顺中，苏州知府林鹗始因泥像剥落，易以木主。至嘉靖朝，用张璁议，复行厘正，概用木主，而北雍①之旧像亦撤，积习为之肃清。今荒僻之区，间有一、二像存者，盖当时未能尽撤者也。明张璁等议曰："章服之加，起于塑像。今宜钦遵圣祖国子监规制，掣木为主。仍拟大小尺寸，著为定式。其塑像即令屏撤，勿得留存，使先师先贤之神不得②依土木之妖，以别释氏之教。"其先师木主高二尺三寸七分，阔四寸，厚七分，座高四寸，长七寸，厚三寸四分，朱地金书；四配主，俱高一尺五寸，阔三寸二分，赤地墨书；启圣宫主同十哲及两庑主，俱高一尺四寸，阔二寸六分，厚五分，座高二寸六分，长四寸，厚二寸，俱赤地墨书。凡从祀贤儒，又各书姓名位次于主背，以防混淆。]

坐向：居中南面［按：唐高祖武德时，以周公为"先圣"，南面坐；孔子为"先师"，西牖坐。真观③二年，升孔子为"先圣"，停祀周公，而孔子坐仍其旧。开元二十八年，始正南面。明宋濂犹拘汉章"西面再拜"及开元"献官西向"之说，谓"北面非神道尚右之义"，则迂矣。故南面，于礼为宜。而至开元以后，历代皆因之。］

配享［正庙四配十二哲、两庑贤儒共一百二十三位。按：颜子配享在魏正始七年。至宋元丰七年，增孟子。咸淳三年，益以曾子、子思，始成"四配"，至今因之。"十哲"之名，始于唐开元。颜子既列"四配"，故以颛孙子升补其数；国朝康熙五十一年，又升祔④朱子；乾隆三年，升祔有子，共增成十二哲位。两庑从祀，亦始于唐开元。先儒则断至范宁以上，历宋元以来，升除增益共从祀一百五位。明洪武二十九年，罢荐大夫扬雄，进汉儒董仲舒；正统二年，进宋儒胡安国、蔡沈、真德秀，八年进元儒吴澄；宏治八年，罢吴澄，进宋儒杨时，凡一百九位。嘉靖九年，复厘正祀典，先贤中又以颜子、曾子、

---

① 北雍：明代称设在南京的国子监为"南雍"，设在北京的国子监即上文所谓"北京国学"为"北雍"。雍：辟雍，古代天子设立在京城的太学（国子监），是全国的最高学府和教育行政机关。

② 不得：据《明世宗肃皇帝实录》卷一百一十九，当作"不复"。

③ 真观：即唐太宗李世民年号"贞观"，概因避清雍正皇帝胤禛名讳而改。

④ 升祔（fù）：升入祖庙附祭于先祖。祔，配享、附祭。

伯鱼子升配启圣祠，颜何、秦冉以字画相似罢，公伯寮以愬子路黜，蘧瑗①、林放改祀于其乡，申党即申枨以重出削。先儒中，荀况以言性恶黜，戴圣以酷吏黜，刘向以喜神仙黜，贾逵以附会谶纬黜，马融以贪鄙附势黜，何休以注《风角》等书黜，王肃以党司马氏黜，王弼以旨宗庄老黜，杜预以短丧黜，郑康成、郑众、服虔、卢植、范宁各改祀于其乡，外增祀汉儒后苍、隋儒王通、宋儒胡瑗、欧阳修、陆九渊。嗣隆庆五年，进薛瑄；万历十二年进王守仁、陈献章、胡居仁，三十九年增宋儒罗从彦、李侗，共计九十七位，先贤凡六十有二，先儒凡三十有五。国朝既升朱子，又改周、程、张、邵并左邱明六位为先贤，典至隆已。康熙五十五年，增祀宋儒范仲淹。雍正二年，复先贤林放、蘧瑗、秦冉、颜何四人，先儒郑康成、范宁二人；又增祀先贤县亶、牧皮，乐正子、公都子、万章、公孙丑六人，汉儒诸葛亮，宋儒尹焞、魏了翁、黄幹、陈淳、何基、王柏、赵复，元儒金履祥、许谦、陈澔，明儒罗顺、蔡清，国朝陆陇其十四人。乾隆二年，复元儒吴澄；三年，升有子于哲位。计两庑现祀先贤凡七十七，先儒凡四十六，共一百二十三位。]

位次

正庙［即大成殿。］

至圣先师孔子神位［正中南向。］

四配

复圣颜子

述圣子思子

［在殿内东旁西向②。］

宗圣曾子

亚圣孟子

［在殿内西旁东向。］

十二哲

先贤闵子［讳损，字子骞，鲁人，少孔子十五岁。］

---

① 蘧（qú）瑗：春秋时卫国大夫，孔子朋友，道家"无为而治"的开创者。善于反省过失，年五十而知四十九年非，后因以"蘧瑗知非"为不断迁善改过之典。蘧：姓，原志误作"籧"，下径改不注。

② 在殿内东旁西向：同下"在殿内西旁东向""在殿内次东旁西向""在殿内次西旁东向"等，原志均作单行大字，与之前正庙"正中南向"作双行小字不侔，标写格式错误，改。

先贤冉子［讳雍，字仲弓，鲁人，少孔子二十五岁。］

先贤端木子［讳赐，字子贡，卫人，少孔子三十一岁。］

先贤仲子［讳由，字子路，卞人，少孔子九岁。《家语》：一字季路。］

先贤卜子［讳商，字子夏，卫人，少孔子四十四岁。］

先贤有子［讳若，字子有，鲁人。国朝乾隆二十年升哲位。］

［在殿内次东旁西向。］

先贤冉子［讳耕，字伯牛，鲁人，少孔子九岁。］

先贤宰子［讳予，字子我，鲁人。］

先贤冉子［讳求，字子有，鲁人，少孔子二十九岁。］

先贤言子［讳偃，字子游，吴人，少孔子四十五岁。《家语》作"鲁人"。］

先贤颛孙子［讳师，字子张，陈人，少孔子四十八岁。］

先贤朱子［讳熹，字晦庵，宋婺源人。国朝康熙五十一年升哲位。］

［在殿内次西旁东向。］

两庑［俱遵《会典》次序，与学校《人物志》[①]不尽相同。］

东庑

先贤蘧子［讳瑗，字伯玉，卫人。］

澹台子［讳灭明，字子羽，武城人。］

原子［讳宪，字子思。《檀弓》作"仲宪"，宋人。］

南宫子［讳适。《家语》作"南宫韬，字子容，鲁人。"］

商子［讳瞿，字子木，鲁人。］

漆雕子［讳开，字子若，蔡人。《史记》：字子开，鲁人。］

司马子［讳耕，字伯牛。《家语》作"司马黎耕"，与《史记》俱字"子牛"，宋人。］

梁子［讳鳣，《史记》作"鲤"，字叔鱼，齐人。］

冉子［讳孺，《史记》："字子鲁，鲁一作曾。"《家语》作"字子鲁，鲁人。"］

---

① 学校《人物志》：当指明代郭子章编著，曾被作为"指定教材"刊发学宫的《圣门人物志》一书。全书共十二卷，对迄明为止历代对孔子和门人以及文庙配享、从祀诸儒的生平志业进行了简明扼要的梳理，包括孔子及其世系、"四配""十哲""先贤""先儒"以及启圣祠和会典祀仪情况等，对系统了解孔门人物及其祀享制度有重要参考价值。

伯子 [讳虔,《家语》字"子楷",《史记》字"子析", 鲁人。]

冉子 [讳季, 字子产, 鲁人。]

漆雕子 [讳徒父,《家语》作"从父", 字子文, 一作子期, 鲁人。]

漆雕子 [讳哆, 字子敛, 鲁人。]

公西子 [讳赤, 字子华, 鲁人。]

任子 [讳不齐,《家语》字"子选",《史记》字"选", 楚人。]

公良子 [讳孺,《史记》: 字子正, 一作子幼, 陈人。]

公肩子 [讳定,《家语》: 字子仲。《史记》作"公坚定, 字子中, 鲁人, 或曰晋人。"]

鄡子 [讳单,《史记》: 字子家。]

罕父子 [讳黑,《史记》: 字子索。《家语》作"宰父索, 字子黑, 鲁人。"《人物志》从《家语》作"宰父"。]

荣子 [讳旂,《史记》: 字之旗。《家语》作"祈, 字子祺, 鲁人。"]

左人子 [讳郢,《史记》: 字行,《家语》作"左郢, 字子行, 鲁人。"]

郑子 [讳国。《家语》作"薛邦",《史记》以"薛"为"郑", 又避汉高祖讳以"邦"为"国"。字子徒, 鲁人。]

原子 [讳亢, 字子抗。《家语》作"元抗, 字子籍。"《正义》"亢"作"冗"。鲁人。]

廉子 [讳洁,《史记》: 字庸,《家语》"字子庸", 卫人。]

叔仲子 [讳会, 字子期, 鲁人。郑一元曰[①]"晋人"。]

公西子 [讳舆如, 字子上, 鲁人。]

邦子 [讳巽, 字子敛。《家语》作"邦选",《史记》以"邦"为"邽",《文翁图》避汉讳以"邦"为"国"。鲁人。]

陈子 [讳亢, 字子禽, 陈人。]

琴子 [讳张,《家语》字"子开",《文翁图》字"子张", 卫人。按: 他《志》名"牢", 从《会典》更名"张"。]

步叔子 [讳乘, 字子车, 齐人。]

---

① 郑一元曰: 疑为"郑元一曰"之倒误或"郑元曰"之衍误。郑元: 即东汉经学家郑玄, 因避清圣祖康熙 (玄烨) 帝讳, 故改"玄"为"元"。

秦子［讳非，字子之，鲁人。］

颜子［讳哙，字子声，鲁人。］

颜子［讳何，字冉，鲁人。］

县子［讳亶，字子相。］

乐正子［讳克。］

万子［讳章。］

周子［讳敦颐，字茂叔，宋营道人。国朝康熙五十一年升贤位。］

程子［讳颢，字伯淳，宋洛阳人。国朝康熙五十一年升贤位。］

邵子［讳雍，字尧夫，宋范阳人，徙洛阳。国朝康熙五十一年升贤位。］

先儒公羊氏［讳高，齐人，生周末。子夏门人。］

伏氏［讳胜，子贱曾孙，邹平人，生秦汉间。］

后氏［讳苍，字近君，东海剡人，生汉宣帝时。］

董氏［讳仲舒，广川人，生汉景帝时。］

杜氏［讳子春，河南人，生汉哀帝时。］

韩氏［讳愈，字退之，唐修武人。］

范氏［讳宵，字武子，晋河南鄢陵人，武帝时为豫章太守。］

范氏［讳仲淹，字希文，宋新增人①。］

胡氏［讳瑗，字翼之，宋海陵人。］

杨氏［讳时，字中立，宋将乐人。］

罗氏［讳从彦，字仲素，宋南剑州人。］

李氏［讳侗，字愿申，宋剑蒲人。］

张氏［讳栻，字敬夫。宋绵竹人。］

黄氏［讳幹，字直卿，宋闽县人。］

真氏［讳德秀，字景元，一字希元，宋蒲城人。］

何氏［讳基，字子恭，宋金华人。］

赵氏［讳复，字仁甫，宋九江人。一作元人。］

---

① 宋新增人："新增"疑误。按：范仲淹，宋苏州吴县人。

吴氏［讳澄，字幼清，元江西崇仁人。］

许氏［讳谦，字益之，元东阳人。］

王氏［讳守仁，字伯安，明余姚人。］

薛氏［讳瑄，字德温，明河津人。］

罗氏［讳钦顺，字升明，泰和人。］

陆氏［讳陇其，字稼书，国朝平湖人，康熙庚戌进士。］

西庑

先贤林子［讳放，鲁人。］

宓子［讳不齐，字子贱，鲁人。］

公冶子［讳长，字子长。《家语》作“芝”，一作“子芝”。鲁人。］

公皙子［讳哀，字季次，一作字季沈，齐人。］

高子［讳柴，字子羔，齐人。郑元曰“卫人”。］

樊子［讳须，字子迟，鲁人。郑元作“齐人”。］

商子［讳泽，字子秀，一字子季，鲁人。］

巫马子［讳施，字子期，陈人。一字子旗，郑元曰“鲁人”。］

颜子［讳辛，《史记》作“幸”，字子柳，鲁人。］

曹子［讳邮，字子循，蔡人。］

公孙子［讳龙，《家语》作“宠”。字子石，一字子若，卫人。郑元曰“楚人”，《孟子》云“赵人”。］

秦子［讳商，字子丕，一字丕兹，鲁人，郑元曰“楚人”。］

颜子［讳高，字子骄。《家语》作“颜刻，鲁人。”］

穰驷子［讳赤。《家语》：字子从。《史记》“穰”作“壤”。秦人。］

石作子［讳蜀，字子明。《家语》作“石子蜀，秦人。”］

公夏子［讳首，字子乘，鲁人。《人物志》作“公子夏首”。］

后子［讳处，《史记》：后处，字子里。《家语》作“石处子，字里之，齐人。”］

奚容子［讳葴，字析。《家语》：字子析，鲁人，一作卫人。］

颜子［讳祖，字子襄。《家语》作“相，鲁人。”］

句井子[讳疆，字子疆。《正义》作"钧井"，《阙里志》[1]：字子野，《山东志》：字子孟，卫人。]

秦子[讳祖，字子男，鲁人。郑元云：齐人，一字子南，秦人。]

县子[讳成，字子期。《家语》作"悬成，字子横，鲁人。"《人物志》：字子棋。]

公祖子[讳句兹，字子之。《家语》作"公祖兹，鲁人。"]

燕子[讳伋，字子思，秦人。]

乐子[讳欬，字子声。《正义》：鲁人。《家语》作"乐欣，秦人。"]

狄子[讳黑，字皙之，一字子皙，卫人。]

子蔑子[讳忠，字子蔑，孔子兄孟皮子之子。《家语》作"孔弗"。]

公西子[讳蒧，字子尚，一字尚鲁，鲁人。]

颜子[讳之仆，字叔，鲁人。《家语》：字子叔。]

施子[讳之常，字子恒，鲁人。一字子常。]

申子[讳枨。《史记》作"申党，字周。"《家语》作"续，字子周。"《文翁图》作"堂"，《后汉碑记》作"棠"，郑元作"绩"[2]。]

左邱子[讳明，鲁人，生周春秋时。《人物志》作"左子邱"。国朝康熙五十一年升贤位。]

秦子[讳冉，字开，蔡人。]

牧子[讳皮。]

公都子[3]

公孙子[讳丑，齐人。]

张子[讳载，字子厚，宋郿人。国朝康熙五十一年升贤位。]

程子[讳颐，字正叔，颢弟。国朝康熙五十一年升贤位。]

先儒穀梁氏[讳赤，《尸子》作"椒"，颜师古作"喜"。字元始，生周末，子夏门人。]

高堂氏[讳生，秦季人，至汉时传士礼。]

---

　　① 《阙里志》：明陈镐撰、孔胤植订补，共24卷，按图像、礼乐、世家、事迹、祀典、人物、林庙、山川、古迹、恩典、弟子、撰述、艺文等分类排纂，是一部较为完整的孔子家族史。

　　② 郑元作"绩"：按原志"绩"上有"艹"字头，应为传写之误。

　　③ 公都子：按原志无传略。

孔氏 [讳安国，字子国，孔子十一世孙。汉武帝时临淮太守、谏议大夫。]

毛氏 [讳苌，赵人，"大毛公"亨之子。生汉武帝时，为河间献王博士，谓之"小毛公"。]

郑氏 [讳康成，汉桓帝时人。]

诸葛氏 [讳亮，后汉南阳人，为承相①。]

王氏 [讳通，字仲淹，隋龙门人。]

司马氏 [讳光，字君实，宋夏县人。]

欧阳氏 [讳修，字永叔，宋庐陵人。]

胡氏 [讳安国，字康侯，宋崇安人。官中书舍人，谥"文定"。]

尹氏 [讳焞，字彦明，宋洛阳人。程子门人。]

吕氏 [讳祖谦，字伯恭，宋婺州人。]

蔡氏 [讳沉，字仲默，宋建阳人。]

陆氏 [讳九渊，字子静，宋金溪人。]

陈氏 [讳淳，字安卿②，宋龙溪人。朱子门人。]

魏氏 [讳了翁，字华甫，宋蒲江人。]

王氏 [讳柏，字会之，宋金华人。何基门人。]

许氏 [讳衡，字仲平，元河内人，元世祖时为国子监祭酒。]

金氏 [讳履祥，字吉甫，元兰溪人。]

陈氏 [讳澔，字可大，南康都昌人。]

陈氏 [讳献章，字公甫，明新会人。]

胡氏 [讳居仁，字叔心，明余干人。]

蔡氏 [讳清，字介夫，明福建晋江人。]

释奠各仪

陈设③

---

① 承相：即丞相。承，通"丞"。
② 安卿：原志误"卿"作"鄉"。
③ 陈设：原志"陈设""乐器""舞器""乐章"前均有表示叙次的"一"，今删。

正位：帛一［白色。］　白磁爵［醴。］　牛一　羊一　豕一　登①一［太羹。］　铏二［和羹。］　簠二［黍、稷。］　簋二［稻、粱②。］　笾十［形盐、蒿鱼、枣、栗、榛、菱、芡、鹿脯、白饼、黑饼。］　豆十［韭菹、醓醢③、菁菹、鹿醢、芹菹、兔醢、笋菹、鱼醢、脾析、豚拍。］　酒樽一

四配［每位］：帛一［白色。］　白磁爵三　羊一　豕一　铏二　簠簋［各一。］　笾豆［各八。庶品④俱同正位，惟少白饼、黑饼、脾析、豚拍。］　酒樽一

十二哲：［东西各］帛一［白色。］　白磁爵［每位各一。］　豕［东西各一。］　［每案］铏一　簠一［黍。］　簋一［稷。］　笾四［形盐、枣、栗、鹿脯。］　豆四［菁菹、芹菹、鹿醢、兔醢。］　豕首［东西各一。］　酒樽［东西共一。］

两庑：［每庑］帛一［白色。］　铜爵［每位各一。］　豕首［每庑各一。］　豕肉［每庑各二。］　［每案］簠簋各一　笾豆各四［庶品俱同哲位。］　酒樽［每庑三。］

乐器［按《会典·祭祀通例》卷：凡乐四等，项下惟琴箫笙笛各十、麾六为异，余俱同下数。］

麾幡一首　柷一座　敔一座　琴六张　瑟四张［亦作二。］　钟十六口　磬十六面　埙二个　篪二管　箫二枝［亦作六。］　排箫二架　笙六攒　笛四枝［亦作六。］　搏拊鼓二座［郎鼗鼓。］　大鼓一面［即应鼓。］　歌工六人［别本另有管四，或作六，姑附考。］

舞器

旌节二首　籥翟三十六副

乐章

国朝乾隆十年颁定：乐用《咸平》《宁平》《安平》《景平》四章，舞用"六佾"。

迎神乐［咸平之章。无舞。］

---

① 登：孔庙祭祀时专门盛"太羹"（牛犊的七种器官刷洗洁净，用大汤锅煮熟，撇去脂膏后剩下的不加盐的清汁）的礼器。祭祀时所用的登多用金属制成，也写为"镫"。

② 粱：原志误为"梁"。

③ 韭菹、醓醢（tǎn hǎi）："韭菹"原志作"韭菹"，"菹"即"菹"，《玉篇·艸部》："菹，同菹。"下"菁菹""芹菹""笋菹"等同改。醓醢：带汁的肉酱。原志"醓"字中"尢"俱作"乞"，查无此字，据《周礼·天官·醢人》"朝事之豆，其实韭菹、醓醢"改。下同径改不注。

④ 庶品：众多的祭品。

大哉至圣，道德尊崇。维持王化，斯民是宗。典祀有常，精纯并隆。神其来格，於昭圣容。

初献乐［宁平之章。有舞。］

自生民来，谁底其盛。惟师神明，度越前圣。粢帛具成，礼容斯称。黍稷非馨，维圣之听。

亚献乐［安平之章。有舞。］

大哉圣师，实天生德。作乐以崇，时祀无斁。清酤惟馨，嘉牲孔硕。荐羞神明，庶几昭格。

三献乐［景平之章。有舞。］

百王宗师，生民物轨。瞻瞻洋洋，神其宁止。酌彼金罍，惟酒且旨。登献惟三，於嘻成礼。

彻馔①乐［咸平之章。无舞。］

牺象在前，豆笾在列。以享以荐，既芬既洁。礼成乐备，人和神悦。祭则受福，率遵无越。

送神乐［咸平之章。无舞。］

有严学宫，四方来崇。恪恭祀事，威仪雍雍。歆兹惟馨，神驭还复。明禋斯毕，咸膺百福。

舞节［凡跄左右足者，足跟著地②，足指向上，故谓之跄也；凡蹈左右足者，足指著地，跟蹈其胫，故谓之蹈也。其举左右手者，高其手，故谓之举也；其垂左右手者，下其手，故谓之垂也。三十六人对而列之，以十八人列于东阶，以十八人列于西阶。如东阶舞生面西，则西阶舞生面东；东阶舞生以左手左足舞蹈，则西阶舞生以右手右足舞蹈，皆取对待之义。凡其向背低昂，周旋俯仰，无定形而有定制者，因所奏之音而为之节也。］

舞象［阙里之舞，歌一阕则舞一成，奠帛三献。共四成，始终共六变，起于中而散于中。初变，在缀之中东西立，象尼山毓圣，五老降庭；再变，而为佾数稍前进，象

---

① 彻馔：指饮食已毕，撤去食物。
② 著地：着地。著："着"本字，同"着"。

筮仕于鲁而鲁治；三变，而东西分，象历聘列国而四方化；四变，稍后退，象删述六经，告备于天；五变，而左右向，象讲论授学，传道于贤；六变，而复归于缀中，东西列，象庙堂尊享，弟子列祀。]

舞义[凡舞生，皆左执籥，右执翟；未开舞时，籥内而翟外，籥横而翟纵。盖左属阳，右属阴，阳主声，阴主容，故左籥而右翟也；和顺积中，光辉发外，故籥内而翟外也；籥象衡平准齐，翟象表正绳直，故籥横而翟纵也。]

祝文[雍正二年颁]：

维先师德隆千圣，道冠百王。揭日月以常行，自生民所未有。属文教昌明之会，正礼节乐和之时。辟雍钟鼓，咸格荐以馨香；泮水胶庠，益致严于笾豆。兹当[春/秋]仲，祗率彝章，肃展微忱，聿彰祀典，以复圣颜子、宗圣曾子、述圣子思子、亚圣孟子配，尚飨。

祭期[每年春秋二仲月上丁日致祭。如遇有大事，乃改次丁；又不得，乃改下丁。]

仪注

前期二日，斋戒，具补服至牺牲所省牲。

前期一日，捧祝员举祝案送至斋所，承祭官视毕、签毕，捧祝员捧至正殿安设，一跪三叩头退；承祭官率陪祭官齐赴庙阶下，行一跪三叩头礼，承祭官升殿上香，降出[由左门入，至香炉前，行一跪一叩头礼，兴；捧香员跪进香，立；上讫，由右门出]；涤器监视宰牲，并瘗毛血。

至期黎明，各官衣朝衣，齐集行礼[分献、陪祭各官入两门旁序立，赞引导承祭官至盥洗处，盥手毕，引至台阶下立。（典仪唱）]。乐舞生就位，执事者各司其事，分献官、陪祭官各就位。[（赞引赞）]就位[承祭官就拜位立，分献官随后立。按：承祭官位在阶下。（典仪唱）]迎神[唱]举迎神乐[奏咸平之章，乐作。（赞引赞）]跪叩兴[承祭官、分献官及陪祭各官俱行三跪九叩头礼，兴，乐止。（典仪唱）]奠帛，行初献礼[唱]举初献乐[奏宁平之章，乐作。（赞引赞）]升坛[捧帛员捧帛，执爵员执爵，分左右两行由中门捧入，至圣案前立，赞引导承祭官由东阶上，进殿左门。（赞引赞）]诣：

至圣先师孔子位前[承祭官至案前立。（赞引赞）]跪叩兴[承祭官行一跪一叩头礼，兴。（赞引赞）]奠帛[捧帛生以帛跪进于案左，承祭官受帛拱举立献毕。（赞引赞）]献爵[执爵员以爵跪进于案左，承祭官受爵拱举立献毕，行一跪一叩头礼兴。（赞引赞）]

诣读祝位［承祭官诣读祝位立，读祝员至祝案前行一跪三叩头礼，捧祝版①立于案左，乐止。（赞引赞）］跪［承祭官、读祝生、分献官、陪祭各官俱跪。（赞引赞）］读祝［读毕，兴。捧祝版至正位案上，跪安帛匣内，三叩头退，乐作。（赞引赞）］叩兴［承祭官及各官行三叩头礼，兴。（赞引赞）］诣：

　　复圣颜子位前［承祭官就案前立。（赞引赞）］跪叩兴［承祭官一跪一叩头兴。（赞引赞）］奠帛［捧帛员跪进于案左，承祭官受帛拱举立献案上。（赞引赞）］献爵［执爵生跪进于案左，承祭官受爵拱举立献案上，行一跪一叩头礼，兴。（赞）］诣：

　　宗圣曾子位前［如前仪。（赞）］

　　述圣子思子位前［如前仪。（赞）］

　　亚圣孟子位前［如前仪。其十二哲、两庑，分献官俱照前仪行礼毕。（赞引赞）］复位［承祭官、分献官各复位立，乐止。］行亚献礼［唱］举亚献乐［奏安平之章，乐作。（赞引赞）］升坛［献爵于左，如初献仪。（赞引赞）］复位［承祭官、分献官各复位立，乐止。（典仪唱）］行终献礼［唱］举终献乐［奏景平之章，乐作。（赞引赞）］升坛［献爵于右，如亚献仪。（赞引赞）］复位［承祭官、分献官各复位立，乐止。（典仪唱）］饮福受胙［（赞引赞）］诣受福胙位［承祭官至殿内立，捧酒胙二员捧至正位案前，拱举至饮福受胙位右旁，跪接福胙，二员在左旁跪。（赞引赞）］跪［承祭官跪。（赞）］受福酒［承祭官受爵拱举授接爵员。（赞）］受胙［承祭官受胙拱举授接胙员。（赞）］叩兴［承祭官三叩头，兴。（赞）］复位［承祭官复位立，次行谢福胙礼。（赞引赞）］跪叩兴［承祭官、分献官及陪祭各官行三跪九叩头礼，兴。（典仪唱）］彻馔［唱］举彻馔乐［奏咸平之章，乐作。彻馔讫，乐止。（典仪唱）］送神［唱］举送神乐［奏咸平之章，乐作。（赞引赞）］跪叩兴［承祭官、分献官及陪祭各官行三跪九叩头礼，兴，乐止。（典仪唱）］捧祝帛馔各恭诣燎位［捧祝员、捧帛员至各位前一跪三叩头，捧起，祝文在前，帛次之。捧馔员跪，不叩，捧起讫，在后，俱送至燎位。承祭官退至西旁立，候②祝帛馔过，仍复位。（典仪唱）］望燎［唱］举望燎乐［与送神同，乐作。（典仪唱）］诣望燎位［导承祭官至燎位立，祝帛焚半，乐止。（赞引赞）］礼毕［退］。

---

① 祝版：祭祀时书写祝文的木版或纸版。
② 候：原志误作"侯"。

祭银：每岁额编祭银十两，春、秋分支。

崇圣祠

[三王之祭川，皆先河而后海，溯其源也。况至圣流泽方州①，师表万世，何啻朝宗之盛。历代以来，追尊启圣，崇祀于文庙后殿。我朝复上溯五代，俱晋王爵。盖其流愈长，其源愈远，此又如探河源于星宿矣。春秋丁祭外，朔望增释菜之礼。典章具在，敢弗钦承。]

庙制：例在大成殿后，建祠三楹，左右各建庑。[涪殿后无基，祠即建大成殿之右，左右无庑。]

封号：唐明皇封圣父叔梁纥为齐国公，元加封为启圣王。至明嘉靖朝，改称为启圣公，别立一祠专祀之，并饬天下学宫崇祀如式。国朝雍正二年，奉旨追封五代皆为王爵，更启圣祠为崇圣祠，真盛典也。

配享：明嘉靖朝，立启圣祠，以先贤颜路、曾皙、伯鱼为配，寻又增激公宜为四配；又进先儒周辅成、程珦、朱松、蔡元定于两庑，国朝雍正二年增祠张迪，凡五位。

神牌：用木主，各高一尺五寸，阔三寸二分，赤地金书。四配两庑神主，同文庙"十二哲"式。

位次

正殿：肇圣王[木金父公。]　裕圣王[祈父公。]　诒圣王[防叔公。]　昌圣王[伯夏公。]　启圣王[叔梁公。]

配位：先贤颜氏[讳无繇。]　先贤孔氏[讳鲤。]　先贤曾氏[讳点。]　先贤孟孙氏[讳激公宜。]

东庑：先儒周氏[讳辅成。]　先儒程氏[讳珦。]　先儒蔡氏[讳元定。]

西庑：先儒张氏[讳迪。]　先儒朱氏[讳松。]

祭期：同用春秋二仲月上丁日，于文庙礼毕后举行。

祭品

正位陈设五案：[每案]帛一[白色。]　白磁爵三　羊豕各一　铏二　簠簋各二　笾豆各八　酒镈一

────────────

① 方州：古谓天圆地方，故称大地为"方州"。

配位陈设四案：帛共二［白色，东西各一。］　豕首二［东西各一。］　豕肉二［东西各一。］　［每案］铜爵三　簠簋各一　笾豆各四　豕肉一　酒镫一

两庑陈设两案：帛共二［白色，东西各一。］　铜爵五［每位各一。］　［每案］簠簋各一　笾豆各四　豕肉一　酒镫一

仪注：同文庙礼，前期省牲、签祝、上香、监宰瘗，正祭日用三跪九叩三献，其以次拱献正、配各位，礼亦俱同。惟无乐舞，中间亦无饮福胙、谢福胙二节。

祝文：惟王奕叶锺祥，光开圣绪。盛德之后，积久弥昌。凡声教所覃敷，率循源而溯本，宜肃明禋之典，用申守土之忱。兹届仲［春／秋］聿修祀事，以先贤颜氏、曾氏、孔氏、孟孙氏配。尚飨。［部颁］

祭银：二祭向例额编银□两，乾隆十三年加增□两，共□两。

名宦祠

［《祭法》：以死勤事，以劳定国，有功于民，则祀焉。凡以为报，亦以为勤也。明太祖二年，令天下学校皆建祠祀贤牧。世宗又令有司备查古今名宦，果有遗爱在人者，即入祠以祀，杜滥举也。涪祠自汉唐以来，代不乏人。国朝定鼎百四十余年，承乏斯土者，岂少贤良？而入祠享祀，尚无其人。毋亦都人士之略于申举欤？］

庙制：祠一楹，南向，在戟门左。

神主：式同两庑，赤地墨书。

祭期：随文庙丁祭日行礼。

祭品：同文庙两庑。

仪注：初入祠，上香仿关庙上香之仪，前后行一跪三叩头礼，中间献帛爵，只一叩。礼毕，焚帛祝而退。

祝文：德音孔嘉，民受其赐，泽流伊长，不替百世。惟棠有阴，是茇是庇①。诏我后

① 惟棠有阴，是茇（bá）是庇：棠指甘棠，即棠梨，枝干高大，因其果实味道酸甜得名；"阴"通"荫"；"惟棠有阴"意即"甘棠有荫"。《儒林外史》第三十九回："甘棠有荫，空留后人之思；飞将难封，徒博数奇之叹。"用于颂扬离去的地方官，表示对仁官廉吏的爱戴或感怀。"茇"，原志作"茇"，《龙龛手鉴·草部》："茇"，"茇"俗字。《说文》："茇，草根也。"本指草木根，即禾本科作物残留在地里的"茬"。引申指草舍或在草舍中止宿，《诗经·召南·甘棠》："蔽芾甘棠，勿剪勿伐，召伯所茇。"郑玄笺："茇，草舍也。"

人，以瞻以祀。尚飨。

祭银：每年额编银□两□银①，乾隆十三年增为□两。

正祀

汉

庞肱［事详《秩官》。］　寿缉［事详《秩官》。］　任蕃［事详《秩官》。］

唐

韦皋［字武城，万年人，节度西川。治蜀二十年，历破土番②四十八万，斩首五万余级。善拊士卒，周恤民隐③，蜀人德之，图形模拜④，涪民亦祀之。］

南承嗣［事详《秩官》。］

张濬［事详《秩官》。］

宋

姚涣［事详《秩官》。］

吴光辅［事详《秩官》。］

黄庭坚⑤［字鲁直。事详《秩官》。］

程颐［号伊川。事详《秩官》。］

赵汝凛［事详《秩官》。］

李维清⑥［事详《秩官》。］

曹叔远［事详《秩官》。］

王仙［事详《秩官》。］

明

邵贤［事详《秩官》。］

方大乐［事详《秩官》。］

廖森［事详《秩官》。］

---

① 每年额编银□两□银：按，原志"□银"当为刻写衍误。
② 土番：据《旧唐书·韦皋传》，"土番"应即"土蕃"。
③ 民隐：民间不能上达的痛苦，泛指民间疾苦。
④ 模拜：民国《涪州志》卷九引作"膜拜"。
⑤ 黄庭坚：原志误作"黄廷坚"。
⑥ 李维清：民国《涪州志》"维"作"惟"。

朱家民［事详《秩官》。］

黄真①［事详《秩官》。］

李良金［事详《秩官》。］

国朝

李国英［字培之，山西大同人。顺治二年，以总兵官督师下川，荡平全蜀。以功奏改巡抚，旋晋太子太保，再平川东诸寇，复晋升川、湖总督。后援楚旋师，卒于渝城官署。钦赐祭葬，赠谥"勤襄"。］

南朱马喇［长白山崛出江人也。时献逆猖獗，以都统前锋统领，同前锋护卫南公随肃王定川。公惟运筹帷幄，绩茂旂常，因诰封光禄大夫前锋统②、一等阿思汉泥哈番兼管佐领加三级，御赐名"瓦尔喀巴图鲁"。］

南伊马喇［长白山崛出江人，以前锋护卫随肃王定川。其战次、功绩载在《国史》，遂诰封光禄大夫，世袭一等阿思哈泥哈番加三级监管佐领。］

赵良栋［勇略将军。］

姚缔虞［四川巡抚。］

抗爱③［长白山人，巡抚四川。］

葛尔图［长白山人，巡抚四川。］

郎廷相［四川布使司④。］

高起龙［辽东人，任四川布政司，升任贵州巡抚。公清廉律己，慈惠居心，疏泉筑堰，建学崇儒，士庶感戴，今犹不忘。］

郝裕⑤

刘德芳［辽东人，四川按察使司，洁己无私，详刑敷教⑥，讼洽舆情，苍生被德。］

---

①　黄真：查核本志卷三《秩官志》，明代仅有黄寿（进士，江西南城人）、黄应祥（举人，贵州龙里卫人）二人在万历、崇正（崇祯）间曾任"州牧"，故疑"黄真"应为"黄寿"之误刻。

②　光禄大夫前锋统：疑有脱字，"统"应为"都统"或"统领"。参民国《涪州志》卷九《秩官志·名宦·南朱马喇》。

③　抗爱：民国《涪州志》作"杭爱"。

④　四川布使司：脱"政"字，应为"四川布政使司"。

⑤　郝裕：按，原志缺，无小传。

⑥　详刑敷教：谓断狱审慎，布施教化。

周灿 [陕西人，提督四川学政、按察司佥事。前，出使安南国，加一品服色。振拔孤寒，士弊屏绝。]

王骘 [四川松茂道。]

乡贤祠

[乡先生之贤者，没而祀于社，可不谓荣焉？而进之庙廷，则更不愧为圣人之徒矣。明太祖二年，始令天下学校皆建祠祀乡贤。世宗又令有司确查州县乡里，果有行成名立、乡评有据者，即入庙祀，典至隆也。涪祠自宋迄明已三十二人，国朝待举者不乏，是皆兴行教化，仰先型① 以劝后进之意云尔。]

庙制：祠一楹，南向，在戟门右。

神主、祭期、祭品、仪注、祭费：俱同"名宦"。

祝文：涪山毓秀，涪水钟灵，惟多君子，乃其若人。前贤践履，后学仪型。文物既昌，风化亦淳。尚飨。

宋

谯定 [以下事详《贤达》。]

杨载

晏渊

明

白勉　夏铭　刘岌　刘蒗　夏邦谟　谭棨　张㭿　文羽麟　夏国孝　曾所能　夏子云　何楚　张善吉　文作　何仲山　刘养充　文德　陈致孝　陈直　曹愈参　何以让　向云程　张筐　文可黼　陈苾　向鼎　向牖螭　蔺希夔　沈云章

忠孝义祠

[人秉天地之秀而生②。凡为两间完人者，皆殁为明神。立祠以祀，亦其宜也。故宋太祖于历代忠臣义士，品为三等之祭，又祭于其乡，而赵普、韩琦诸人与焉。明洪武

---

① 先型：民国《涪州志》卷十一引作"先贤"。

② 人秉天地之秀而生：出《黄帝内经·素问·宝命全形论》："天覆地载，万物悉备，莫贵于人。人以天地之气生，四时之法成。"

元年，命中书省下郡县访求忠臣烈士，凡有功于国家及惠爱在民者，著于祀典。涪陵，汉唐以来忠孝义士自不乏人。而入祠者，在明惟孝子文可黼等五人，国朝则孝子周俨等三人、义士张九经而已。是果前《志》之挂漏欤？抑烈节完行，原不数数觏耶？第按旧《志》胪列姓名，用之型俗式化，风示来兹，俾正气常伸于天地，太和翔洽于宇宙焉耳。]

庙制：祠三楹，北向，在学宫右。

神主、祭期、祭品、仪注：俱与乡贤祠同。

祝文：惟灵秉赋贞纯，躬行笃实。忠诚奋发，贯金石而不渝；义闻宣昭，表乡闾而共式。祇事懋彝伦之大，性挚莪蒿；克恭念天显之亲，情殷棣萼。模楷咸推夫懿德，恩纶特阐其幽光。祠宇维隆，岁时式祀，用陈樽簋，来格几筵。尚飨。①[部颁]

祭费：奉文于额编名宦、乡贤祠银两内匀办。

明

文可黼[以下事详《孝友》《义举》。]　夏正　文经　王应元　毛宗成

国朝

周俨　周儒　黄志焕　张九经

四贤祠②[付祀，仪同"乡贤"。]

宋

程颐　尹焞　黄庭坚　晏亚夫

节孝祠

[从一而终为"节"，百行之原在"孝"，而巾帼有此，更彰懿徽。国朝于每岁旌表之外，又特建崇祠，立总坊，务期阐幽光而垂远久。风世励俗，举视诸此矣。]

---

①　按《祝文》内容，民国《涪州志》"秉赋"作"禀赋"，"义闻宣昭"作"义问宣昭"，"模楷"作"楷模"，"恩纶"作"纶恩"，"用陈樽簋"作"用陈牲醴"。

②　四贤祠：按民国《涪州志》卷八《典礼志》所记"四贤"不同，其云："四贤祠祀程子颐、尹子焞、黄子庭坚、谯子定。涪人自昔尊崇，特置祠于学宫，祭日供品、仪节如各祠，祝文不载旧《志》。后又增晏子渊为五贤，别祀于钩深书院程子祠之左。"

庙制：祠三楹。在学宫内，明伦堂右，北向。

神主、祭期、祭品、仪注、祭费：与忠义祠同。

祝文：惟灵纯心皎洁，令德柔嘉。矢志完贞，全闺中之亮节；竭诚致敬，彰阃内之芳型。茹冰蘗而弥坚，清操自励；奉盘匜而匪懈，笃孝传徽。丝纶特沛乎殊恩，祠宇昭垂于令典。祇循岁祀，式荐尊醪。尚飨！［部颁］

明

王氏［以下事详《列女》。］　冯氏　萧氏　范氏　夏氏　许氏　庞氏　朱氏　刘氏　张氏　赵氏　王氏　夏女　文女

国朝

王氏　杨氏　黄氏　吴氏　陈氏　罗氏　高氏　姚氏　沈氏　何氏　章氏　文氏　夏葵姑　夏氏

武庙

［按：关圣壮缪生秉正气，殁为明神，渊源洙泗，能通《左氏春秋》，汉氏[1]孤忠超群轶类，古今禋祀几尽天壤。至若崇列祀典，敬避神讳，荣封三代，祭隆太牢，礼数之隆，未有盛于国朝者也。谨据《会典》，详志于左。］

庙制：前殿三楹，殿前戏楼一座，后殿三楹，在州西门外左，北向。雍正三年遵行典礼，前殿供奉关帝，后殿供奉"三公"，一切照部文举行。

神号：曰"忠义神武灵佑关圣大帝"。

后殿三代神号：曾祖光昭公、祖裕昌公、父成忠公［各设木主，不塑像］。

祭期：每岁春秋二仲月奉部文颁定日期，及五月十三神诞日致祭。

祭品

夏祭礼：制帛一［白色］、白瓷爵三、牛一、羊一、豕一、果品五盘［核桃、荔枝、圆眼[2]、枣子、栗］、酒罇一。

春秋祭：照文庙笾十豆十，不用果品，余同夏。

---

① 汉氏：指汉代。
② 圆眼：即龙眼，俗称桂圆。

后殿祭品

夏祭：同前殿，惟不用牛［此系一案］。

春秋祭：照崇圣祠，笾八豆八，不用果品，余同夏［此系三案］。

仪注：春秋祭前期一日斋戒，夏祭无［以下仪注并同］。前期一日省牲、安设祝版如常仪。至期，陈设毕，各朝服入庙［（赞引赞）］承祭官进左旁门，至盥洗所。盥洗毕，［引］至殿内行礼处立［（典仪唱）］。执事者各司其事，［（赞引赞）］就位。［承祭官就位立。（赞引赞）］迎神，［司香员捧香盒跪于炉左。（赞引赞）］承祭官至炉前立，［赞］上香［承祭官上香毕。（赞引赞）］复位［承祭官复位立。（赞引赞）］跪叩兴［承祭官行三跪九叩头礼，兴。（赞引赞）］奠帛行初献礼［捧帛员跪献帛毕，行三叩头礼，退；执爵员立献爵于案上正中，退；读祝员至祝案前跪，三叩头，捧祝文立。（赞引赞）］跪［承祭官、读祝员俱跪。（赞引赞）］读祝［读祝员读毕，兴，捧至案前，跪安帛匣上，三叩头，退。（赞引赞）］叩兴［承祭官行三叩头礼，兴。（典仪唱）］行亚献礼［执爵员立献爵于案左边，（赞）叩、兴如前。（典仪唱）］行终献礼［执爵员立献爵于案右边，（赞）叩、兴如前。（典仪唱）］送神［（赞引赞）］跪叩兴［承祭官行三跪九叩头礼，兴。（典仪唱）］捧祝帛恭诣燎炉［捧祝帛员至神位前，一跪三叩头，捧起祝帛；司香员跪捧不叩；承祭官避立西旁，俟祝帛过，仍复位立。（赞引赞）］诣望燎位［承祭官至燎所，祝帛焚半。（赞引赞）］礼毕各退。

后殿仪注：前殿行礼毕，诣后殿行礼。惟前、后行二跪六叩头礼为异，其余一切同前殿。

祝文：

惟帝浩气凌霄，丹心贯日。扶正统而彰信义，威震九州；完大节以笃忠真[1]，名高三国。神明如在，遍祠宇于寰区；灵应丕昭，荐馨香于历代。屡征异迹，显佑群生。恭值嘉辰，遵行祀典，筵陈笾豆，几奠牲醪。尚飨。［部颁］

后殿祝文：

惟公世泽贻庥，灵源积庆。德能昌后，笃生神武之英；善则归亲，宜享尊崇之报。

---

① 忠真：或作"忠贞"，"真"通"贞"。

列上宫之封爵，锡名优隆；合三世以肇禋，典章明备。恭逢诹吉①，祇事荐馨。尚飨。

祭银：每年动支银十两。

社稷坛

[周制：建邦设都，左宗庙右社稷。社稷之祀，与宗庙同重。土谷也，人非土不立，非谷不生。故土谷之神，凡国邑皆立祀，树以野所宜木。其社主用石而稷无主，举社则稷从之。明洪武初，已有定制，至今因之。而坛制主式，则又自雍正十年始定与先农诸坛等。]

坛制：广、阔各二丈五尺，高二尺一寸，四出陛，各三级；坛下前十二丈，余三面各五丈，缭以周垣，四门红油；由北门入，不建房屋，只树其土之所宜木。今坛在州城外东。

神主：用石主，埋于坛上近南，距坛边二尺五寸，只露圆尖，余埋土中。

神号：左曰"州社之神"，右曰"州稷之神"。

祭期：每岁奉部文于仲春上戊日致祭。

祭品：[每案]帛一[黑色]　笾二[黍、稷]　簋二[稻、粱]　羊一　豕一　铏一[和羹]　笾四[形盐、藁鱼、枣、栗]　豆四[韭菹、鹿醢、菁菹、醓醢]　白瓷爵三　酒樽一

仪注：前期三日，斋戒。前期二日，签祝版。前期一日，朝服上香，鉴宰牲并瘗毛血，设献官幕次②。至日黎明，各官朝服行礼[前后各三跪九叩，中间三献与文庙前殿同，惟无乐舞及受福胙、谢福胙二节赞唱，改望燎为望瘗，执事者以祝帛焚于坎中。将毕，以土实坎。]

祝文：惟神奠安九土，粒食万邦。分五色以表封坼，育三农而蕃稼穑。[某]恭承守土，肃展明禋。时届仲[春/秋]，敬修祀典。庶丸丸松柏，巩盘石于无疆；翼翼黍苗，佐神仓于不匮。尚飨。[部颁]

祭银：额编春秋二祭银□两。

---

① 诹（zōu）吉：选择吉日。诹，咨询、访问。
② 幕次：临时搭起的帐篷。

神祇

[《周礼·大宗伯》"以榵燎祀司中、司命、风师、雨师"注云："司中、司命，文昌第四星、第五星，或曰中能上能。月离于箕，风必扬沙，风师，箕也；月离于毕，雨必滂沱，雨师，毕也。四祀皆积柴实牲醴于上，或有玉帛。焚燎而升烟，所以报阳也。"又，孟春命祀山林川泽，《王制》："诸侯祭名山大川之在其地者。"唐天宝五年，增雷师与雨师同。明初，始增云师于风师之次。历代皆载在祀典，未可忽也。今仿《会典》天神地祇，以风云雷雨为天神类，以山川城隍为地祇类，爰拟之曰"神祇坛"。]

坛制：与社稷同，惟门由南入。

神位：凡三木主，制同社稷，临祭设于坛上，中曰"风云雷雨之神"，左曰"本州境内山川之神"，右曰"本州城隍之神"。

祭期：旧以巳日致祭，后又相沿与社稷坛同日。此坛在后行礼，不入部剳。今于乾隆二十三年始入部剳，同用上戊之日。

祭品：与社稷同，惟帛用白色，共设三案。

仪注：与社稷坛同，惟献礼分中左右三位引诣望瘗改为望燎，执事者不以土实坎。[按：此坛例不致斋。其前期省牲及上香之仪，自应照社稷坛一体。]

祝文：

惟神赞襄天泽，福佑苍黎。佐灵化以流行，生成永赖；乘气机而鼓荡，温肃攸宜。磅礴高深，长保安贞之吉；凭依巩固，实资捍御之功。幸民俗之殷盈，仰神明之庇护。恭修岁祀，正值良辰，敬洁豆笾，祗陈牲帛。尚飨。[部颁]

祭银：额编春秋二祭银□两。

先农

[耕耤之典，天子三推，诸侯九推，凡以供粢盛①也。又东郊于神，则祀先稼，所以报本而劝农，由来已久。自秦及元，典遂荒废。迄于明初，乃建坛定祀，而末年又废。我国家重农厚生，百废俱举。雍正四年，敕令天下府州县卫，俱各率属员、耆老、农夫，

---

① 粢盛（zī chéng）：古代盛在祭器内以供祭祀的谷物。

恭祀先农之神,照九卿耕耤例,行九推之礼,甚盛典也。其坛制、仪文①,例得备书于册。]

坛制:高二尺一寸,深广二丈五尺,后为神庙,正房三间,中间供奉神牌,东间存贮祭器、农具,西间收贮耤田米谷;左右厢房各一间,东间置办祭品,西间令看守农夫居住。坛之外,周围筑土为墙,开门南向。

神号:曰"先农之神"。

祭期:每年奉部文以季春亥日致祭。祭毕,即于是日行耕耤礼。

祭品:帛一[青色],余与社稷同。

仪注:前二日斋戒,前一日省牲,扫坛设幕,检视耕器[农具赤色,牛黑色,籽种箱青色。]至期,各官朝服行礼[前后三跪九叩,不饮福受胙,俱与社稷坛同,惟献帛爵不升坛,与关庙仪同。]祭毕,遵依部行时辰,更换蟒袍补服,行耕耤礼。耕毕,各官率农夫望阙,行三跪九叩礼。

祝文:

惟神肇兴稼穑,粒我蒸民。颂思文之德,克配彼天;念率育之功,陈常时夏。兹当东作,咸服先畴。洪惟九五之尊,岁举三推之典。[某]忝居守土,敢忘劳民。谨奉彝章,聿修祀事。惟愿五风十雨,嘉祥咸沐夫神庥;庶几九穗双岐,上瑞频书于大有。尚飨。[部颁]

祭银:每祭额银□两。

厉坛

[《春秋传》曰:"鬼有所归,则不为厉。"故,恤无祀,使不为厉也。无祀则无依,祀以坛,俾有所归也。岁以三举,恤之至也。推此意以治,明有异道乎?]

坛制:无定式。在城西二里。

神号:曰"郡厉"。

祭期:每年以清明日、七月十五日、十月朔一日,凡三祭。祭时,迎城隍神像于坛上,以主其祭;另,用纸多书"无祀鬼神等众"牌位,立于坛下左右。

祭品:坛上城隍位及左右位各羊一豕一,其左右位并设饭羹、香、烛、纸随用。

---

① 仪文:礼仪形式。

仪注：前期一日，祭官备香烛诣城隍庙，焚告牒，行一跪三叩头礼。至期，各官齐集补服于坛上城隍神位前行礼，前后行一跪三叩头礼、中间三献爵、读告文，同关庙仪注。礼毕，执事以告文同纸焚之。

告文［年月官衔，如祝文式］：

遵依礼部劄，为祭祀本州阖境无祀鬼神等众事，钦奉皇帝圣旨：普天之下，后土之上，无不有人，无不有鬼。人鬼之道，幽明虽殊，其理则一。故天下之广，兆民之众，必立君以主之。君总其大，又设官分职为府州县以各长之，又于每百户设一里长以统领之。上下之职，纲纪不紊，此治人之法如此。天子祭天地神祇及天下山川，王国各府州县祭境内山川及祀典神祇，庶民祭其祖先及里社土谷之神。上下之礼有等第，此治神之道如此①。尚念冥冥之中，无祀鬼神，昔为生民，未知何故而殁。其间有遭兵刃而损伤者，有死于水火盗贼者，有被人取财而逼死者，有被人强夺妻妾而死者，有遭刑祸而负屈死者，有天灾流行而疫死者，有为猛兽毒虫所害者，有为饥饿冻死者，有因战斗而殒身者，有因危急而自缢者，有因墙屋倾颓而压死者，有远商征旅死未归籍者，有死后无子孙者。此等鬼魂，或终于前代，或殁于近世，或兵戈扰攘流移他乡，或人烟断绝久缺其祭，姓氏泯没于一时，祀典无闻而不载。此等孤魂，死所无依，精魄未散，结为阴灵，或依草附木作为妖怪，悲号于星月之下，呻吟于风雨之时，凡遇人间令节，心思阳世，魂杳杳以无归，身堕沉沦，意悬悬而望祭。兴言及此，怜其惨悽。故敕天下有司，依时享祭，在京都有泰厉之祭，在王国有国厉之祭，在府州有郡厉之祭，在各县有邑厉之祭，在一里又各有乡厉之祭。期于神依人而血食②，人敬神而知礼，仍命本州城隍，以主此祭，钦奉如此。今［某］等不敢有违，设坛于城西，以［某］月［某］日设备牲醴、羹饭，专祭本州阖境内无祀鬼神等众，灵其不昧，来享此祭。凡我通州境内民人，倘有忤逆不孝、不敬六亲者，有奸盗诈伪、不畏公法者，有拘曲作直、欺压良善者，有躲避差徭、耗损贫户者，似此顽恶奸邪不良之徒，神必报于城隍，发露其事，使遭官府，轻则笞决杖断，不得号为良民；重则徒流绞斩，不得生还乡里。若事未发露，必遭阴谴，使举家并染瘟疫，六畜田产不利。如有孝顺父母，和睦亲族，畏

---

① "上下之礼有等第"句：按，此处疑字有脱漏。参前"上下之职，纲纪不紊，此治人之法如此"及《大明会典》、清《五朝会典》等有关典志，当作"上下之礼，各有等第，此治神之道如此"。等第：等级次第。

② 血食：谓受享祭品。古代杀牲取血以祭，故称。

惧官府，遵守礼法，不作非为，良善正直之人，神必达之城隍，阴加护佑，使其家道安和，农事顺遂，父母妻子保守乡里。我等阖州官吏，如有上欺朝廷，下枉良善，贪财作弊，蠹政害民者，灵必无私，一体昭报。如此，则神鬼有鉴察之明，官府非谄谀之祭。尚飨。

附前期告牒式：

重庆府涪州遵承礼部劄付①，为祭祀本州阖境无祀鬼神等众事，该钦奉皇帝圣旨：[此下照告文填入]，依时享祭；命本处城隍以主此祭，镇控坛场，鉴察诸鬼等类。其中果有生为良善，殁遭刑祸，死于无辜者，神当达于所司，使之还生中国，来享太平之福；如有素为凶顽，身犯刑宪，虽获善终，出于侥幸者，神当达于所司，屏之四夷。善恶之报，神必无私。钦奉如此，今[某]等不敢有违，谨于[某]年[某]月[某]日于城西设坛，置备牲酒羹饭，享祭本州无祀鬼神等众。然幽明异境，人力难为，必资神力，庶得感通。今特移文于神，先期分遣诸将，召集本州阖境鬼灵等众，至日悉赴坛所，普享一祭。神当钦奉敕命，镇控坛场，鉴察善恶，无私昭报。为此，合行移州牒，请照验施行。

祭银：每年额编银□两。

附私祀

文昌宫[城南门内，春秋继文庙祀之。州人又存有生息银两□□百余金，每岁二月初三日神诞，首事人收息，演戏恭祝。]

城隍庙[城西门内。岁无专祭，惟春、秋上戊日合祭于南坛。又主厉祭。若新官到任，特行祭告。遇水旱则祷之，每月朔望至此行香。又五月廿八日，州人演戏恭祝神诞。]

龙王庙[城西门外，每岁春秋二祭。]

火神庙[城东门内，每年六月二十三日祝。]

川主庙[城南门外。每年六月廿四日，州人演戏恭祝神诞。]

天后宫[城西门内，闽省客商公建。每岁□□月□□日，演戏庆祝神诞。]

---

① 劄付：官府的下行文书。

四王庙［城东门外。每年六月初六日，州人演戏恭祝神诞。］

禹王宫［城小东门内，三楚客商公建。每岁正月十三日，阖会演戏恭祝神诞。］

真君庙［城小东门内，豫章客商公建。每年四月初一日，阖会演戏恭祝神诞。］

歇圣庙［城小东门外。每岁□□月□□日，州人演戏恭祝神诞。］

三元宫［城北门外，关中客商公建。每年□□月□□日，阖会演戏恭祝神诞。］

涪州志卷之八

涪州知州多泽厚续纂

礼仪志[庆贺　开读　新任　迎春　行香　封印　救护　祈祷　讲约　乡饮　送学　宾兴　公车]

礼以辨上下，定民志。而其节文度数之间，则各有仪存焉。释回增美①，胥由于此。涪，旧《志》略而弗详。谨按《大清会典》所载，汇为一卷：首"庆贺"以肃臣子之分，次"开读"以钦纶綍之音明有尊也。"新任"慎始，初春布命。"行香"虽故事，犹古人告朔②之遗。"封印"非休，间予斯民终岁之乐。"救护""祈祷"，随事尽心。"读法"③"乡饮"，分端立教。至若泮芹初采、月桂分香，或本古升秀之典，或遵今偕计之文。自朝会燕享，以逮事神莅民、兴贤育才各大典，莫不有礼以经之，有仪以纬之。则上下辨而民志定，窃愿与州人士共讲求而遵守之也。

庆贺

[庆贺之礼不一。而上下内外通行，有常数者三：正元为一岁之首，冬至为一阳之始，万寿为万邦之庆，是也。我朝斟酌礼制，最为整肃堂皇，虽边陲荒僻之地，莫不各有庆贺之所，少伸微臣俨恪之思。仪制俱在，所当缕析而陈也。]

---

①　释回增美：谓消除邪僻而增添美善。语本《礼记·礼器》："礼，释回，增美质。"释：消除；回：指邪僻。

②　告朔：先秦时期的一种很重要的祭祀礼仪制度，指天子在每年岁末秋冬之际，把第二年的历书颁发给诸侯，告知每个月的朔日（初一）；诸侯拜受后藏于祖庙，至每月的初一日，则以活羊祭告于祖宗神灵，然后才颁布该月政令，听治该月之政。告朔之礼的顺利施行，曾使全国政令、时令修备，保证了农业生产的顺利进行。但从鲁文公开始遭到破坏，形同虚设，其后渐废不行。

③　读法：即"讲约"。本志下文《讲约》序云："每岁朔望，宣讲圣谕，兼读律例，以导化斯民。"

仪注：凡庆贺，预设香案、龙亭于万寿亭。至日黎明，各官朝服齐集。纠仪官[①]一员先行礼，立于檐下以纠仪；赞礼生赞"排班"，大小各官以次就拜位，文东武西立。文官，知州为一班，学正、训导、巡检、吏目、阴、医、僧、道等官另为一班；武官，把总为一班。班齐，赞跪、叩、兴，各官行三跪九叩头礼。赞退，各官退出。凡万寿、元旦、冬至三大节前后，穿朝服七日庆贺。

开读

[《书》曰："诞告万方。"《诗》曰："对扬休命。"《礼》曰："王言如丝，其出如纶；王言如纶，其出如綍。"[②]审是，则制诰所颁，吏民皆稽首拜迎，虽万里之外，如闻诸阙廷焉。涪虽僻处偏隅，而诰敕之颁，亦所必至，故谨著之。]

仪注：地方官员具龙亭、彩舆、仪仗、鼓乐出郭迎接。使者下马，捧诏置龙亭中，南向，使者立于亭东。地方官员具朝服，北向，行三跪九叩头礼。鼓乐前导，使者上马随，亭后行至公廨门外。众官先入，文、武分东西序立候龙亭。至公庭中，使者立龙亭之东，西向。赞排班，乐作，行三跪九叩头礼。使者捧诏授展读官，展读官跪受诣开读案前宣读，众官皆跪。宣读毕，展读官捧诏授使者，使者捧置龙亭中，众官行三跪九叩头礼。礼毕，皆退，即行誊黄分颁。[又，按定例：凡诏书经过地方，官员军民人等俱跪路旁，候诏过方起。五里以内，府州县卫文武等官，俱出城迎送；五里外者不许。]

---

① 纠仪官：按，原志"纠"误刻作"斜"（tǒu）。斜，《集韵·厚韵》："斜，丝黄色。"下同改。

② 《书》曰"等引文："诞告万方"出《尚书·汤诰》："王归自克夏，至于亳，诞告万方。"孔训传曰："诞，大也。以天命大义告万方之众人。"诞告：广泛告知；万方：四方各地。"对扬休命"实仍出《尚书·商书·说命下》："敢对扬天子之休命"，孔训传曰："对，答也。答受美命而称扬之。"对扬：答谢，报答；休命：美好的命令，多指天子或神明的旨意。此处若引称《诗》曰，即"对扬王休"。《诗经·大雅·江汉》："虎拜稽首，对扬王休，作召公考，天子万寿。"朱熹集传："言穆公既受赐，遂答称天子之美命，作康公之庙器，而勒策王命之辞以考其成，且祝天子以万寿也。""王言如丝"诸句：谓帝王说的话，关系十分重大：如果帝王说的话像丝一样细微，传到外面就会变得像绶带一样粗大；帝王说的话如果有绶带那样粗大，传到外面就会变得像大绳索那样粗大。语出《礼记·缁衣》，郑玄注："言言出弥大也。"孔颖达疏："'王言如纶，其出如綍'者，亦言渐大，出如綍也。綍又大於纶。"

新任

[《左传》：“子产曰：侨闻学而后入政，未闻以政学者也。”故始入官曰“筮仕”曰“解兰①”，名达于朝曰“策名”，受职曰“奉命”，至其治曰“莅官”，又曰“下车”，总之曰“新任”。又，已任者迁除其官，亦曰“新任”。异日，“循良”之目，“父母”之称，皆基于此，故不可以不慎也。]

仪注：是日，新官具公服，吏目率各房吏典并合属官生人等，导引新官先诣城隍庙，陈牲醴致告，行一跪三叩头礼，献爵读祝或誓辞。读毕，仍行一跪三叩头礼毕，导引至本衙门仪门前，陈牲醴致祭，行一跪三叩头礼如前。仪毕，导引至月台上，设香案，朝服望阙，行三跪九叩头礼，易公服，拜印，行一跪三叩头礼毕，坐公座，开印，皂隶排衙，吏房呈押公座毕，吏役、生员、属官参见。礼毕，进内署，设香火祀灶神，三日内行香讲书。

附讲书仪 [先于明伦堂设公座，并儒学公座。文、武诸生拱候②于明伦堂外，新官至，一揖，引诣明伦堂。儒学官出堂迎入，一揖，各升公座。诸生行庭参礼，新官拱答。儒学官送名签，掣令讲书。值讲之生向上三揖，端立，抗声讲说书义毕，三揖而退。又次掣讲，如前仪。毕，新官申训辞，分给纸笔奖值讲者。新官起，儒学官送至堂下，揖别；诸生趋堂外，拱候揖送。]

迎春

[《礼·月令》：“先立春三日，太史谒之天子，曰：‘某日立春，盛德在木。’天子乃斋。立春之日，天子亲帅三公九卿、诸侯、大夫以迎春于东郊。”历汉、晋、唐，代有变更。洎宋，则于立春前五日，并造土牛及耕夫犁具于大门之外。是日，有司祭先农，官吏各击牛者三，以示劝农之意。至今相传，永著为令，不敢视为具文，遂录于此。]

仪注：先期，塑造春牛、芒神。前一日，各官常服迎至州门外，土牛南向；芒神在东，西向。立春日早，陈设香烛酒果，各官具朝服，赞排班。赞跪叩兴，各官行一跪三叩头礼。赞跪奠酒，领班官奠酒三爵。赞叩兴，各官行一跪三叩头礼，兴。舁土牛

---

① 解兰：解去佩兰。谓放弃隐居生活，出仕做官。
② 拱候：拱手等候，表示恭敬。

芒神行香亭，鼓乐前导，各官朝服后随。至东郊，各官执彩杖环立土牛两旁。赞击鼓，乐工擂鼓，赞鞭春牛，各官环击土牛三。礼毕各退。

　　附土牛式［水土取岁德方位。牛像头至尾椿八尺，按八卦；尾一尺二寸，按十二时；高四尺，按四时。胎骨，用桑柘木。颜色，视立春日干为头、角、耳；日支为身；纳音为蹄，尾、肚，各取所属五行，分青、赤、白、黑、黄。笼头拘索视立春日支色：四孟日，麻；仲日，苎；季日，丝。拘子用桑柘木。］

　　附芒神式［身像高三尺六寸，又按一年三百六十日。寅申巳亥年，像老；子午卯酉年，少壮；辰戌丑未年，孩童。正旦前后五日内立春为芒，与牛并立；前五日外立春为早芒，立牛前；后五日外立春为闲，立牛后。六支阳年立右，阴年立左。服色视立春日支，受克为衣，克衣之色为系腰。头髻视立春日纳音位，阳前阴后。罨耳视立春时气，日戴夜提。鞋袴、行缠有无系悬左右，视立春日纳音之气与位，阳有阴无，阳左阴右。鞭结用柳枝，长二尺四寸，按二十四气；结子麻、苎、丝，视月孟、仲、季，俱以五彩染色。］

行香

　　［古者“告朔”之礼，自诸侯及于下吏，必恭必信，一以示气候之小变，一以告神明之鉴昭，一以儆政事之修举。后世朔、望并隆，而行香之典，则明太祖定之，其名始见于《明史》。国朝因之，凡在郡邑之长，莫不率其同事，敬尔在公①，凡以尊时令而出政治也。］

　　仪注：每朔望日黎明，各官朝服诣文庙、崇圣祠、关帝庙，俱行三跪九叩头礼；换补服，诣城隍庙、土地祠，各行一跪三叩头礼。

封印

　　［尝考《虞书》：“辑五瑞，既月乃日，觐四岳群牧，颁瑞于群后。”又《周礼·春官·大宗伯》：“以玉作六瑞，以等邦国。”古之“瑞”，今之印也。秦以后，天子之宝曰

---

　　① 敬尔在公：谓勤谨公务。语出《诗经·周颂·臣工》“嗟嗟臣工，敬尔在公。”敬：勤慎；在公：为公家工作。

"玺"；命于百官者，皆曰"印"，或曰"章"。汉印，分银与铜，绶分五色，历有变更，姑不具述。今之州印，皆铜印也。朝廷节其劳逸，而酌其繁简。以为用之不已，是使有司无宁晷①，吏日喧于庭，而民日奔于路矣，故于岁暮有"封印"，岁首有"开印"之典。岂非欲与民少息而昭新政也哉！]

仪注：封印、开印仪，俱与上任拜印同。惟封印只标记，不呈押公座。[又按：每年十二月封印，至次年正月开印，皆遵照部行，钦天监择定日时行礼。]

救护

[《书》曰："瞽奏鼓，啬夫驰，庶人走。"是天子恐惧于上，啬夫、庶人奔走于下以助救护，诚以日月之食、阴阳之变也。礼有救护不得晏安之意，盖慎重之至矣。今则仿古立仪，谨节录于志乘，以昭遵守焉。]

仪注：凡日食，结彩于本衙门仪门及正堂，设香案于月台，设金鼓于仪门内；两旁设乐工于月台下，设备官拜位于月台上，俱向日。阴阳生报日初食，赞礼生赞排班，各官俱朝服立。赞跪叩，乐作，各官行三跪九叩头礼毕，乐止。班首官上香，赞礼生赞、跪，各官俱跪。班首官击鼓三声，众鼓齐鸣。再上香，乐作，各官俱暂起立上香。毕，各官仍跪，以后上香、行礼、作乐同。阴阳生报复圆，鼓声止，赞礼生赞跪叩，乐作，各官又行三跪九叩头礼，礼毕乐止，各官俱散。月食仪同。

祈祷

[《尔雅》云："祈雨为雩，祈晴为禜。"夫旱魃为虐，雨水不时，此祈祷之所以有事也。顾禁屠行香，持斋致戒，特其仪节耳。尽人事而迓天和，更宜与都人士竭诚修省焉。]

仪注：凡祈雨，只行香步祷②，先山川坛，七日；毕，次社稷坛，七日 [俱照例行三跪九叩头礼]，周而复始 [仍各以七日为期]。每届期，禁止屠宰三日，各官俱斋戒，戴雨缨，素服办事，不理刑名。别饬僧道官，督率僧道于城隍庙讽经，派员监看，不得行用大雩之礼。已雨，则报祀 [斋而未祈者同]。祈晴，则举行禜祭，伐鼓，用少牢，

---

① 宁晷：安定的时刻。
② 步祷：禹步（跛行）祷告。

祭城南门［如祭城隍礼，行一跪三叩］，不用祭社之礼［惟京师涝甚者，祭于社］。

附部颁禜祭祭文：

年月日，某官致祭于城门之神曰：诏命临民，职司守土。惟兆人之攸赖，并藉神功；冀四序之常调，群蒙福荫。必使雨旸应候，爰占物阜而民安；庶其寒燠咸宜，共庆时和①而岁稔。仰灵枢之默运，聿集嘉祥；襄元化以流行，俾无流害②。尚飨。

讲约

［《书》曰："每岁孟春，遒人以木铎徇于路。"《记》曰："司徒修六礼以节民性，明七教以兴民德。"讲约之礼，由此而昉。我国家治隆化洽，教泽无方③。每岁朔望，宣讲圣谕，兼读律例，以导化斯民，夫亦行古之道也。守土者体行不怠，则环立观听者，益当遵奉而鼓舞矣。］

仪注：恭设圣谕牌于城隍庙前，乡约所设约正、值月④以司讲约，设木铎老人，以宣警于道路。朔、望，地方文武教职各官齐集，赞礼生赞排班，各官依次就拜位立。赞跪叩兴，各官行三跪九叩头礼。毕，分班坐地，率领军民人等敬听讲。毕，各官散。

乡饮

［乡饮之礼有四：其一《周礼·司徒》："以乡三物⑤教民，而宾兴之。"其一《党正》："国索鬼神而祭，饮其老者。"其一，州长春秋习射于序；先其一，则乡大夫饮其国中之贤者。今世所行，即郑康成所谓"饮宾于庠"之礼，尊贤养老之义也。旧《志》礼仪，俱未纪载，亦有一二耆老偶注"乡宾"名目者，盖礼之不行久矣。因特详核于此。］

---

① 时和：天气和顺。
② 襄元化以流行，俾无流害：疑有刻误，或作"襄元化以流形，俾无灾害"。
③ 无方：无限、无极。谓没有方向、处所、范围的限制，无所不至。
④ 约正、值月："约正"是地方基层组织头目，"值月"即当值的那一个月承应具体差事或担任某项工作的人，二者均在考取功名的举人、贡生、生员中拣选学行兼优或朴实谨守者充任。
⑤ 三物：指六德（知、仁、圣、义、忠、和）、六行（孝、友、睦、姻、任、恤）、六艺（礼、乐、射、御、书、数）三事。郑玄注："物，犹事也。"

仪注：京省及直省府州县，每岁正月十五日、十月初一日，于儒学行乡饮酒礼。前一日，执事者于儒学之讲堂，依图陈设坐次；司正率执事习礼。至日黎明，执事者宰牲具馔，主席及僚属、司正先诣学，遣人速宾、僎以下。比至，执事者先报曰："宾至。"主席及僚属出迎于庠门之外，揖入，主居东，宾居西，三揖三让而后升堂，东西相向立。赞两拜，宾坐。执事者又报曰："僎至。"主席又率僚属出迎，揖让、升堂、拜坐如前仪。宾、僎、介至，既就位，执事者唱："司正扬觯。"执事者引司正由西阶升诣堂中，北向立。执事者唱："宾僎以下皆立。"唱："揖。"司正揖，宾僎以下皆揖。执事者以觯酌酒授司正，司正举酒曰："恭惟朝廷率由旧章，敦崇礼教，举行乡饮，非为饮食。凡我长幼，各相劝勉：为臣尽忠，为子尽孝；长幼有序，兄友弟恭；内睦宗族，外和乡里。无或废坠，以忝所生①。"读毕，执事者唱："司正饮酒。"饮毕，以觯授执事。执事者唱："揖。"司正揖，宾僎以下皆揖。司正复位，宾僎以下皆坐。唱："读律令。"执事者举律令案于堂之中，赞礼生引读律令者诣案前，北面立唱："宾、僎以下皆立，行揖礼如前。"读毕，复位。执事者唱："供馔案。"执事者举馔案至宾前，次僎，次介，次主，三宾以下各以次举。讫，执事者唱："献宾。"主起席，北面立，执事者斟酒以授主。主受爵诣宾前置于席，稍退。赞两拜，宾答拜。讫，执事者又斟酒以授主，主受爵诣僎前置于席，交拜如前。仪毕，主退复位。执事者唱："宾酬酒。"宾起，僎从。执事者斟酒授宾，宾受爵诣主前置于席，稍退。赞两拜，宾、僎、主交拜。讫，各就位坐。执事者分左右立。介及三宾、众宾以下，以次斟酒于席。讫，执事者唱："饮酒。"或三行，或五行。供汤，又唱："斟酒。"饮酒、供馔，三品毕，执事者唱："彻馔。"候彻馔案。讫，唱："宾僎以下皆行礼。"僎、主、僚属居东，宾、介、三宾、众宾居西，赞两拜。讫，唱："送宾。"以次下堂，分东西行，仍三揖出庠门而退。

[定例：主席，在州知州，如无正官，佐贰官代，位于东南；大宾，以致仕官为之，位于西北；僎宾，择乡里年高有德之人，位于东北；介，以次长，位于西南；三宾，以宾之次者为之，位于宾、主、介、僎之后。除宾、僎外，众宾序齿列坐；其僚属则序爵。司正以教职为之，主扬觯以罚；赞礼者，以老成生员为之。]

---

① 以忝所生：谓辜负、愧对自己的父母双亲或故乡等。原志"忝"字误刻作"䬻"，"䬻"同"添"，改。

乡饮酒礼图

```
三二一                    一二三
宾宾宾                    僎僎僎
    大宾              僎

宾众              僚属
                司正
    介          主位

        律案
西阶              东阶
```

送学

[《诗》曰："思乐泮水，言采其芹。"又曰："言采其藻。"此古诸侯"释菜"之诗，而采芹藻以荐之也。今之入学者，曰"游泮"，又曰"采芹"，故知送学即古"释菜"之礼也。士子既入黉序，将来树德业而祀乡贤，志功名而饮宾兴、就公车者，胥于是乎在。故，士不可不端其始，礼不可不慎其微也。]

仪注：前期，择日传集新生。至日，州官于大堂公座簪挂花红。诸生行庭参礼，州官拱立答礼，禀拜免。由中门鼓乐导出，州官率领新生谒文庙，行三跪九叩礼。毕，诣明伦堂与儒学交拜，行两拜礼。新生次见儒学官，行四拜礼；儒学官立，受两拜，陪受两拜。

宾兴

[宾者，敬也；兴者，举也。《周礼·大司徒》"以乡三物教万民而宾兴之"，所以尊能也。国朝设科取士，首重乡试之典。故诸生之赴乡试者，有司咸集，宴于公堂，谓之"科举酒"。其礼节甚隆，是上之待士，与士之所以期待报答于上者，悉始于此，故特表之。]

仪注：先期，儒学官将奉准督学取录科举文武生员，起具红批送州。七月初旬，州官择日具书柬，延集科举诸生。至日，结彩于大堂，官、生各具公服，鼓乐设筵，揖拜如仪，与诸生簪挂花红。毕，州官与儒学东西金坐，诸生以次两旁分坐，酒或五行或十行。起，诸生禀辞，揖拜。州官送至檐下，由中门鼓乐导出。

公车

[《记》曰："翘翘车乘"，又曰："安车蒲轮"，所以招而致之也。汉高帝诏曰："其有意称明德者，必身为之劝驾。"其公车之谓乎？士之登进，其阶品较崇；而有司之属望①者，较远且大，故礼仪尤不可不隆也。]

仪注：结彩、酒席与乡试宾兴同，惟州官与举人行宾主礼，迎送各照常仪。

---

① 属（zhǔ）望：瞩目、期望。

涪州志卷之九

涪州知州多泽厚续纂

选举志[进士　举人　副车　贡生　仕宦　封典　命妇]

王者以天下之爵位，赏天下之贤能；因天下之贤能，理天下之政治，莫盛于选举。自乡举里选之法不行，两汉以来各设科目。至于唐宋，惟举人进士之科独重，至今不改。故进士为先，举人次之，副贡又次之。至于荣邀一命，或职司中外，或备员干城，与夫显扬之盛，象服①之加，尤异数②也。涪邑人才辈出，登仕版而叨褒封者比比也，爰为详注于篇。

进士

[自《王制》：由司徒而升之司马曰"进士"，此进士之名所由始也。历唐宋元明，而是科尤为特重。涪陵成进士者，代不乏人。惜宋以前无从考据，旧《志》所载，甚属寥寥。今就简编可核、雁塔有名者，详列如左。]

宋

任昌大[庆历间。旧《志》：武隆人。]　张芳成[嘉熙间。旧《志》：武隆人。]　蹇世芳[咸淳间。旧《志》：武隆人。]　韩铸[咸淳间。旧《志》：武隆人。]　韩俦[咸淳间。旧《志》：武隆人。]　韩涛[咸淳间。旧《志》：武隆人。]

---

① 象服：古代后妃、贵夫人、命妇所穿礼服，上面绘有各种物象作为装饰，故称。
② 异数：特殊的礼遇。

明

白勉［永乐中。］　夏铭［宣德庚戌。］　刘岌［景泰甲戌。］　郭澄［天顺丁丑。］　刘纪［天顺癸未。］　张善吉［《通志》作"言"字。成化丙戌。］　钱玉［成化壬辰。］　陈常［长寿籍涪州人，成化戊戌。］　刘蓝［宏治己未。］　张柱［宏治壬戌。］　夏邦谟［字舜俞，正德戊辰。］　黄景星［正德辛未。］　黄景夔［正德甲戌。］　夏国孝［号冠山，嘉靖癸未。］　谭棨［嘉靖戊戌。］　谭臬［嘉靖庚戌。］　黎元［嘉靖丙辰。］　王堂［嘉靖己未。］　徐尚［嘉靖壬戌。］　文作［隆庆戊辰。］　刘养充［隆庆辛未。］　文德［万历甲戌。］　何伟［万历癸未。］　曹愈参［万历丙戌。］　况上进［万历丁丑。］　杨景淳［万历己丑。］　张与可［万历己丑。］　向鼎［字六神，天启乙丑。］　刘起沛［崇正戊辰。］　陈正［字岷水，崇正庚辰。］

国朝

文景藩［康熙癸丑。］　何有基［字乐田，雍正癸卯。］　任国宁［雍正癸丑。］　邹锡彤［字德文，乾隆丙辰。］　周煌［字景垣，乾隆丁巳恩科。］　张煦［字春晖，乾隆丁巳恩科。］　刘为鸿［字天衢，乾隆己未。］　徐玉书［字素存，乾隆辛未。］　邹锡畴［字范禹，乾隆壬申恩科。］　陈于午［字凉松，乾隆丁丑。］　陈鹏飞［字之南，乾隆癸未。］　张永载［字二水，乾隆丙戌。］　周兴岱［字东屏，乾隆辛卯。］　文楠［字璞园，乾隆壬辰。］　熊德芝［字露田，乾隆壬辰。］　周宗岐［字对岩，乾隆乙未。］

举人

［汉设贤良、方正、孝廉等科，后世遂以"孝廉"之名专属之举人。我朝养士之典，既优且渥。兼以涪陵山川毓秀，多士争自濯磨①，而科名遂为极盛。备书于册，亦见地乘之光。］

宋庆历年

任昌大［见甲榜。］

嘉熙年

张芳成［见甲榜。］

---

① "多士"句："多士"谓众多的贤士。濯磨：洗涤磨炼。比喻加强修养，以期有为。

咸淳年

蹇世芳［见甲榜。］　韩铸［见甲榜。］　韩俦［见甲榜。］　韩涛［见甲榜。］

明洪武甲子科

吴良　李瑞［《省志》作"端"字。］

庚午科

何清　周茂

建文己卯科

舒忠

永乐年

白勉［见甲榜。］　朱灏［旧《志》：武隆人。］　陈玘［旧《志》：武隆人。］

甲午科

程素　万琳

丁酉科

樊广　景伦　冷润　蒲珍

庚子科

徐福　钱广　王旭　张奎

宣德丙午科

刘文宣

己酉科

周必胜　盛辉　夏铭［见甲榜。］

壬子科

查英　宋成［《省志》作"朱成"。］

正统戊午科

石显

辛酉科

张铉　陈裕　冉惠

景泰庚午科

张政　汪汉　王琏　刘岌［见甲榜。］　周清

癸酉科

张经

丙子科

郭澄 [见甲榜。]　张环　蒋彝　吴敬

天顺己卯科

石珠　杨春　刘纪 [见甲榜。]　刘智懋

壬午科

周典

乙酉科

张善吉 [见甲榜。]　周昌

成化戊子科

陈常 [见甲榜。]　陈贯　樊芳　钱玉 [见甲榜。]

辛卯科

陈本兴

丁酉科

何仲山 [字敬轩。]　熊琏　汤志崇

庚子科

杨孟瑛　熊永昌　胡裕　吴蒙

癸卯科

文献

丙午科

陈良能

宏治己酉科

程驯　周震

黄景星 [见甲榜。]

乙卯科

胡廷实　任寅　梁珠　张柱 [见甲榜。]

戊午科

刘菠［见甲榜。］

甲子科

夏邦谟［见甲榜。］

正德甲子科

方斗　周谦　刘用良

癸酉科

黄景夔［见甲榜。］　潘利用

丙子科

张佑　张模

嘉靖壬午科

夏国孝［见甲榜。］

乙酉科

徐凤

辛卯科

刘承武

丁酉科

陈宗尧　张挻　谭棨［见甲榜。］

庚子科

夏子云　毛自修　张信臣

癸卯科

罗文灿

丙午科

蒋三近　钱节

己酉科

夏可清　谭杲［见甲榜。］

乙卯科

黎元［见甲榜。］　张建道　朱之桓

戊午科

文羽麟　徐尚［见甲榜。］　王堂［见甲榜。］　夏子谅　张筐

辛酉科

夏可渔　文作［见甲榜。］　汪之东

甲子科

朱之蕃　张仕可　曾所能

隆庆丁卯科

包能让　张武臣　邓明选

庚午科

张建功　冉维藩　刘养充［见甲榜。］　赵之垣　林起凤　周钦　沈宪　陈光宇

万历癸酉科

袁国仁　文德［见甲榜。］

丙子科

王承钦　况上进［见甲榜。］

己卯科

张同仁　曹愈参［见甲榜。］　朱之聘

壬午科

何伟［见甲榜。］　陈直［字鹿皋。］　刘逊　张与可［见甲榜。］　皮宗诗　张镕

戊子科

杨景淳［见甲榜。］　何以让［字环斗。］　张大业

丁酉科

袁鼎　沈渐学

癸卯科

刘养栋

丙午科

文可淳　陈苂［字济宇。］

己酉科

夏可潘　朱震宇

戊午科

文英

天启辛酉科

向鼎 [见甲榜。]

甲子科

刘廷让　陈计安 [字君辅。]

丁卯科

刘通　陈计长 [字三石。]　刘起沛 [见甲榜。]　陈正 [见甲榜。]　何应鹜

崇正庚午科

罗若彦　文可茹　文而章　陈大元

癸酉科

潘腾珠

壬午科

张公裔　韩侣范　陈计明 [号崆峒。]　夏道曙 [字青旭，贵州籍涪州人。]

国朝顺治庚子科

陈命世 [字杰如。]

康熙癸卯科

徐仰廉 [旧《志》：武隆人。]

己酉科

何诜虞　文景藩 [见甲榜。]　文自超　黄来谘 [彭水籍涪州人。]

辛酉科

刘衍均 [字玉树。]　夏景宣 [字南辉。]

甲子科

向玺 [字对扬。]

丁卯科

何洪先 [字大荒。]　高于崧

庚午科

周偲 [字墨潭。]　何铨　张元俊 [字子千。]

己卯科

廖翮[字凤苞。]　何鈌①[字元鼎。]　周崇高　何义先

壬午科

石钧[字关尹。]　王璭[字捷春，奉节籍涪州人，本姓高。]

乙酉科

向远鹏[字南图。]　沈昌文[字若含。]　何铠[字元章。]

戊子科

陈珏[字二王。]　陈坚（字採闻。）

冉洪瑎[字正笏。]　熊禹后[字岐山。]

辛卯科

何行先[解元。字退之。]　何鉦[字公鼎。]　汤楷[字范文。]　夏瑁[字公琰。]　周珙[字南梁。]　陈果[字淑仙。]

癸巳恩科

向远翔[字仪仲。]　向远翱[字苞九。]　高旦[字南征。]

甲午科

陈峙[字价人。]　赵鸝②[字羽文。]　吴昉[字旦东。]　陈岱[字镇子。]

丁酉科

罗洪声[字静含③。]　文洽[字若猷。]　陈恺[字含万，茂州籍涪州人。]

庚子科

刘普[字同辉。]　邹旄[字旒斯，忠州籍涪州人。]　任国宁[铜梁籍涪州人。见甲榜。]　黄世远

雍正癸卯恩科

夏嵪[字鲁岑。]　何有基[见甲榜。]　夏昆[字尹戕。]　夏崒

补行癸卯科

何达先[字谙臣。]　陈于锦[字素存，新都籍涪州人。]　易肇文[字图成。]

①　何鈌：民国《涪州志·选举志·贡举表》作"何杙"。
②　赵鸝（guǎng）：鸝，凤类鸟名。即鸝鸒，也称"广昌"。
③　静含："含"原作"舍"，同"含"字。下径改。

丙午科

刘维翰［字墨斋。］ 周锦［字雪屏。］ 张煦［字春晖。］ 李世盛［字咸若。］ 陈于中［字太常。］ 夏鸓^①

己酉科

陈于鉴［字冰若，新都籍涪州人。解元。］ 侯天章［字南彬。］ 黄元文［字粹庵。］ 吴仕宏［字子大。］

壬子科

杨洪宣 李天鹏［字图南。］

乙卯科

高易［字坦斋。］ 陈于宣［字宁敷。］ 邹锡彤［见甲榜。］ 刘为鸿［见甲榜。］

乾隆丙辰恩科

陈于端［字东立。解元。］ 何裕基［字竹田。］ 周煌［见甲榜。］ 陈于宁［字春藩。］ 沈宾^②

戊午科

陈于翰［字苑林。］ 周铣［字绪庐。］ 蔺柏龄^③［字乔松。］

辛酉科

黄坦［字明宽。解元。］ 周鍨［字丽铸。］ 张景载［字鄐伯。］ 黄基［字崇垣。］ 张克类［字聚伦。］ 文正［字太岳。］ 邹锡畴［见甲榜。］ 徐玉堂［字汉宇。］ 陈烈［字光谟。］ 何镡

甲子科

杜昭［字敬居。］ 文步武 夏舢^④［字右山。］ 陈治［字会清。］ 任含 袁锳

丁卯科

张一载［字五良。］

庚午科

罗昂［字超伦。］ 陈朝羲［字象图。］ 向峀［字文轩。］ 周镜［字菱波。］ 徐玉书［见

---

① 夏鸓（chāng）：鸓，即鸛鸓。民国《涪州志·选举志·贡举表》作"夏鹍"。
② 沈宾：民国《涪州志·选举志·贡举表》作"沈滨"。
③ 蔺柏龄：民国《涪州志·选举志·贡举表》作"蔺伯龄"。以下类似，均遵原本不注。
④ 夏舢：舢音丹，《龙龛手鉴》：舢，多干反，山舢。

甲榜。]　李栋[字宸瞻。]

壬申恩科

陈于午[见甲榜。]　陈于藩[字奠安。]　张熩[字象亭。]　陈源[字裕江。]

癸酉科

潘鸣谦[字惺斋。]　郑昆[字太岳。]　黄士鸿　张元鼎　李文进

丙子科

何沛霖[字雨苍。]　陈朝书[字右文。]　熊如麟[字仁圃。]　周恭譆①　袁拱所[字向比。]

己卯科

何启昌[字晴岚。]　周兴沅[字文芷。]　陈鹏飞[见甲榜。]　张永载[见甲榜。]　刘镰　陈朝诗[字正雅。]

庚辰恩科

潘元会[字衷一。]

壬午科

潘喻谦[字穆堂。]　汤辂[字素存。]　刘国贤[字毓德。]

乙酉科

郭沂　覃模[字彦方。]　蒋荚　何榕[字南苍。]

戊子科

周兴涪[字宗城。]　文楠[见甲榜。]　毛振翮[字至健。]　周兴洛[字呈书。]　张克栻[字宋轩。]

庚寅恩科

周兴岱[见甲榜。]

辛卯科

周宗岐[见甲榜。]　夏嶷[字似山。]　熊德芝[见甲榜。]　李映阁[字上林。]　熊德藩[字树屏。]

---

① 周恭譆：譆音 wèi。

甲午科

舒国珍［字后平，贵州籍涪州人。］

丁酉科

熊德芸［字馨书。］　谭钫［字六平。］　蔡茹征［字连城。］

己亥恩科

陈夔让［字郁度。］　何浩如［字养充。］

庚子科

邹泲宁［字豫川。］　陈廷璠［字理存。］　高承恩［字锡三。］　周宗泰［字怀源。］

癸卯科

邹澍宁［字润苍。］　周兴崝［字鲁望。］　周宗汭［字呈图。］　邹治仑［字万嵩。］　李琮　陈鹏万［字南青。］　胡有光［字震川。］

成均

［汉儒董子云：“使列侯、二千石各择其吏之贤者，岁贡二人。”此“贡”之名所由昉也。我朝党庠造士，于甲乙科外，复设恩、副、拔三途，贡列成均，所以宏延揽之门，至周且备。士生其间，安得不争自濯磨，以仰副圣天子作育人材之至意也哉！］

副榜：

明嘉靖年

夏可洲［甲午、庚子两闱。］

万历戊午科

夏道在　何鷟　蔺希夔

国朝顺治丁酉科

陈命世［中庚子榜。］

康熙庚午科

何宪先　陈理

己卯科

刘作鼎

辛卯科

陈廷［已仕。］　陈峙［中甲午榜。］

癸巳恩科

周项

甲午科

邹旆［中庚子榜。］

雍正补行癸卯科

汤辉道［已仕。］

丙午科

黄自新［已仕。］

己酉科

邓鹏年［已仕。］

壬子科

周熙［已仕。举乡饮大宾。］　程绪［已仕。］

乙卯科

陈于端［中乾隆丙辰恩科解元。］

乾隆丙辰恩科

刘学泗

辛酉科

陈于藩［中壬申恩科。］　周含［已仕。］

甲子科

张铎世［已仕。］

丁卯科

谢玉树［已仕。］

壬申恩科

戴天申［已仕。］　石若洫［已仕。］

丙子科

李映桃［已仕。］

戊子科

吴坦

庚寅恩科

彭铈

辛卯科

陈鹏力　夏明

拔贡：

明

刘养谦［已仕。］　陈致孝［字敬所，事详《贤达》。］　沈映月［已仕。］　何岑［字龙泉。已仕。］　何振虞［字文铎。已仕。］

国朝

陈计晋［字念孩。］　陈命世［中庚子科。］　陈援世［字独醒。已仕。］　陈名世［字玉夫。］　陈觉世［字伊先。］　陈用世［字行可。］　陈珮［字玉也。］　侯天章［雍正己酉中己酉科。］　黄烈［雍正乙卯。］　周鍈［乾隆辛酉中辛酉科。］　谭如玮［字连璧，乾隆癸酉，已仕。］　何宗汉［乾隆乙酉，候选州判。］　夏岳［乾隆乙酉，已仕。］　陈廷璠［乾隆丁酉中庚子科。］　陈映辰［乾隆丁酉，由新都学。］

岁贡生：

明

谭本宣　谭木芳　彭万善［已仕。］　舒展　夏斐［已仕。］　舒龙　谭文明　谭文朗［已仕。］　文羽书　王用［已仕。］　刘步武［已仕。］　谭寿封［已仕。］　杨泰来［已仕。］　文行［已仕。］　谭嘉礼［已仕。］　谭子俊　夏允［已仕。］　夏子霄　夏潢［已仕。］　熊闻［已仕。］　刘怀德［已仕。］　刘养高　夏国淳［已仕。］　程九万［已仕。］　周伯鱼［字耀瑞。］　毛来竹［已仕。］　黎民望　谭嘉宾［已仕。］　袁炳　夏思旦［已仕。］　曹愈彬　文物［已仕。］　夏可涧［已仕。］　夏可裳［已仕。］　潘腾瑞　文可黼［已仕。］　王宸极［已仕。］　何友亮［已仕。］　张于廷　文可聘［已仕。］　谭应简［已仕。］　文可时［已仕。］　罗瑛［已仕。］　朱乾祚　何文韩［已仕。］　夏景铨［酉阳学，涪州人。］　夏景矿　朱德盛　夏世登　廖能预　夏景先［字肖祖。已仕。］　王艺极　文可后　刘道［已仕。］　文可修　何楚［字珩所。已仕。］　王家楫　文璧　何卫　郑于乔［已仕。］　夏

子彦　周大江［字梓溪。已仕。］　谭元善［已仕。］　汪文曙　何士修　夏道硕［字华仙。］　文可佩　侯于鲁　陈计定［字聚两。已仕。］　刘之益［已仕。］　陈善世［字德飞。已仕。］　张天麟［已仕。］　陈计大［字聚星。已仕。］　何揖虞　文晓　向日赤　文珂　刘养廉［已仕。］　何士任［字淑石。乙酉荐举。］　熊尔敬［字铬丹。已仕。］　向牖螭［字子亮。已仕。］　熊尔忠　潘盈科

国朝

　　［恩］陈辅世［字德如。已仕。］　邹之英［已仕。忠州学，涪州人。］　陈维世［已仕。］　陈任世［字雄伯。已仕。］　陈盛世［字子猷。］　王德　何继先［字肇开。已仕。］　潘硕［子巨卿。贵州籍。］　何绍虞［字天目。］　何之琪　刘寅［字亮工。已仕。］　汤应业　汤非仲［已仕。］　夏卉　何鍴　汤又仲　何述先　朱昂［字方来。已仕。］　汪学邃［已仕。］　熊禹裔　黄良玺［已仕。］　何钺　严震春［字九龄。］　陈珪　熊英［字杰士。］　舒燾［字野云。］　皮时夏　何锐　汤荣［已仕。］　何英　吴士修［字道焕。已仕。］　［恩］谭仁　夏玕　夏玥［已仕。］　陈淑世［字元美。已仕。］　冯懋柱［字乔仙。］　［恩］陈纲世［字百纪。］　杨名时［已仕。］　殷子千　徐上昇［字殿旭。］　潘岐［字扶风。］　陈万卷　倪天栋［字乔瞻。已仕。］　钱良栋［已仕。］①　黄为琰［字若符。已仕。］　陈瓒［字玉琉。］　张珮［已仕。］　何衡［字持中。］　曹元卿　徐士魁　黄先奎［字文宿。］　张璞　王洪谟［字开周。］　张祐［字笃生。］　潘开文［字六村。］　王洪毅　［恩］朱璋　倪天植　彭铣［字觐光。］　严升　张璠　蒋子陞　张纯修［字迪庵。］　倪文辉［字旭东。已仕。］　张焜　汪育楷［已仕。］　张琪［字瑞图。已仕。］　周世德［字宇润。已仕。］　汪育东［字春尉。］　杨蕊［字凝香。］　王复曾　邹锡钧［字衡中。已仕。］　彭儒宾［字廷秀。］　潘元良［字际飞。］　［恩］杨维楫［字济博。］　［恩］孔宪　邹锡礼［字寅斋。］　陈于彭［字辨皙。］　舒其仁［字静庵。］　张灼　［恩］潘履谦［字益存。］　李方桥［字作梁，酉阳学，涪州人。］　夏堂［字行仁。］　文能振［字力亭。］　刘

---

①　钱良栋：按，"钱良栋"以下，"张祐"以前，所列依据为涪陵区地方志办公室存乾隆五十一年镌《涪州志》（本衙藏版）复印本，与故宫珍本丛刊《四川府州县志》第十二册［乾隆］《涪州志》所列"何绍虞［字天目］、陈瓒［字玉琉］、刘寅［字亮工，已仕］、何衡［字持中］、汤非仲［已仕］、徐士魁、何鍴、张璞、何述先"（国家图书馆出版社出版该志书影印本前所提供的电子扫描件同）出入较大。鉴于后者的差异部分"何绍虞［字天目］""刘寅［字亮工，已仕］""汤非仲［已仕］""何鍴""何述先"与同一栏目之前内容重复，疑误，故此采用前本备考。

开国[字达三，酉阳学，涪州人。] 石锺灵[字菁莪。] 薛锐[字惺斋。] 郭珍[字步尧。] 陈善[字五敬。] 王煊 陈于依[字秋屏。] 罗晨 文方 倪文斗 冯绍[字继文。] 潘味谦[字乐庐。] 夏峄[字邹山。] 何源 向上文[字倬云。] 冯铸鼎 何其伟[字肖裁] 徐州凤[字鸣冈。] 张自飏[字赓言。] [恩]潘颐[字式苏。] 王景槐[字构亭。] 蒋仕宏

仕宦

[列科甲者，例得入官筮仕。顾有晚年获荐，未列职官，且爵位之崇卑不齐，仕途之登进亦异，未可略而不详也。因于科甲、成均外，复汇"仕宦"一门，前代之宦迹可考，暨我朝之入仕版而叨殊恩者，依次备纪。其政著循良、勋垂竹帛，亦并悉注于篇。]

晋
李骧[尚书郎。载《一统志》，事详《贤达》。]

宋
谯定[崇政殿说书。见《乡贤》，事详《贤达》。]

杨载[永陆县知县。见《乡贤》，事详《贤达》。]

明
舒忠[建文时山西平阳府知府。]

白勉[永乐中刑部侍郎。见《乡贤》，事详《贤达》。]

朱灏[永乐中御史。]

刘文宣[云南昆明县知县。]

夏铭[江西道监察御史。见《乡贤》，事详《贤达》。]

周必胜[宣德中刑部主事。]

张伭[山东济南府教授。]

刘岌[太子太保、礼部尚书。见《乡贤》，事详《贤达》。]

何友亮[湖广巴东县知县。]

周清[山东曹县知县。]

郭澄[户部郎中。]

刘承武[初任云南甸甸府别驾，升广西柳州府同知。甫之任，奉檄署府事。时粤

中岁欠，民流离失所。公借支仓谷库银赈饥救济，所活十余万人。上宪责以未经题请，令其速偿。越明年，岁稔。凡远近之受公惠者，皆踊跃输谷还官。惟库银犹不足，公捐廉俸并鬻家产偿之。柳人请崇祀名宦。]

周昇［辟举南京池州府铜陵县知县。］

刘纪［监察御史。］

刘智懋［长宁县教谕。］

张善吉［兵部给事中，出任湖广巡抚。见《乡贤》，事详《贤达》。］

周昌［河南武阳县知县。］

谭文朗［南京应天府同知。］

钱玉［陕西华亭县知县。］

谭寿封［南京应天府通判。］

何文韩［陕西商州学正。］

何仲山［河南武安县知县。见《乡贤》，事详《贤达》。］

陈常［山东东昌府同知。］

刘蒇［户科都给事中。见《乡贤》，事详《贤达》。］

夏允［河南永城县知县。］

张柱［贵州思州府知府，升岭南道参政。］

彭祐［湖广兴宁县教谕。］

夏邦谟［太子少保吏部尚书。见《乡贤》，事详《贤达》。］

张模［湖广京山县知县。］

夏国孝［南京户部员外郎。见《乡贤》，事详《贤达》。］

夏子云［湖广岳州府同知。见《乡贤》，事详《贤达》。］

谭棨［陕西参政。见《乡贤》，事详《贤达》。］

夏可清［广东惠来县知县。］

谭臬［佥事道。］

沈海泉［湖广崇阳县知县。出身无考。］

彭万善［贵州婺川县教谕。］

黎元［福建按察司佥事。］

张建道 [湖广靖州知州。]

谭嘉宾 [山东知州。]

任传吾 [北京刑部主事。出身无考。]

文羽麟 [陕西陕州知州。见《乡贤》,事详《贤达》。]

徐尚 [副使道。]

谭嘉礼 [湖广汉阳府同知。]

杨泰来 [湖广绥宁县知县。]

夏斐 [云南大理府知府。]

王堂 [郎中。]

谭应简 [广安县学正。]

夏子谅 [安徽安庆府知府。]

张筐 [知县。见《乡贤》,事详《贤达》。]

夏可渔 [湖广衡州府同知。]

文作 [广西布政使司。见《乡贤》,事详《贤达》。]

王用 [湖北荆门州知州,转刑部郎中加赠三品。]

张仕可 [湖广武昌府同知。]

刘嘉宾 [直隶保定府同知。]

曾所能 [云南石屏州知州。见《乡贤》,事详《贤达》。]

沈映月 [户部司务司主事。]

张武臣 [贵州思州府推官。]

张建功 [湖北元江县知县。]

刘养充 [广东道监察御史。见《乡贤》,事详《贤达》。]

周钦 [河南开封府同知。]

文德 [山西道监察御史。见《乡贤》,事详《贤达》。]

王承钦 [知府。]

何杰 [广西郁林府同知。]

何伟 [岭东参议,升贵州参政。事详《贤达》。]

曹愈参 [都察院都御史、云南巡抚。见《乡贤》,事详《贤达》。]

况上进［江南道监察御史。］

陈直［江南广信府同知。见《乡贤》，事详《贤达》。］

刘步武［湖广宜城县知县。］

文行［湖南辰州府通判。］

夏潢［江西赣州府通判。］

刘养谦［东乡县训导。］

杨景淳［户部郎中。］

刘怀德［无锡县县丞。］

王宸极［弥勒州知州。］

刘养栋［云南保山县知县。］

毛来竹［两淮监运使。］

夏国淳［云南大理府通判。］

张与可［河南归德府知府，升副使道。］

程鹏［陕西镇安县知县。出身无考。］

张镕［江南苏州府同知。］

夏思旦［顺州知州。］

陈苊［福建盐运使司。见《乡贤》，事详《贤达》。］

文物［训导。］

夏可润［训导。］

夏可裳［贵州桂阳府训导。］

何岑［陕西白河县知县。］

向鼎［潼关参政。见《乡贤》，事详《贤达》。］

何楚［湖广松滋县知县。见《乡贤》，事详《贤达》。］

陈正［浙江金华府推官。］

文可黼［按《长泰志》：崇正元年，公以荫贡任长泰，家素裕，携赀之官。下车，值岁祲，出己赀，饿者给粥，莩者裹葬。听讼，见诸生必起立。催科，揭榜通衢：某户丁苗，额银若干。民如期输纳，无逋者。逐梨园，禁师巫，抑制权贵。旧例：赋入有耗羡，到任新春有铺陈。执事，公悉却之。吏禀曰："此例也。"公曰："例之陋者宜革，何混我为？"或曰："革羡余，宜并革赎锾①。"公曰："羡余，民之膏血，安忍取之？赎锾，所以罚有罪。无赎锾，是无法也。且吾籍此以葺先贤祠宇，又何私焉？"会御史行部，有权贵恨公者密投揭毁。公堂查日，御史加公有厉色，公侃侃争辩，拂衣解印绶告归。泰民闻之，相率趋辕门呼噪。御史召问状，慰曰："吾还汝令矣。"公入谢，御史以揭示之，且诚曰："事贤友仁②，圣人之言。足为蓍蔡③！"公应曰："惟贤故可事，惟仁故可友，圣训原自不错。"御史改容谢之。期年，公卒于官，民罢市歌哭，如丧考妣。见《乡贤》《贤达》。]

陈计安［江西贵溪县知县。按《广信志》：公恺悌存心，清白励守，革火耗，定驿马之法，乡、市两安。后转刑部主事，甲申殉难，卒于京师。]

何以让［直隶大名府通判。见《乡贤》，事详《贤达》。]

刘起沛［大理寺卿。]

文可聘［湖北郧西县知县。]

文可时［训导。]

罗瑛［训导。]

文可后［训导。]

夏景先［贵州婺川县知县。]

刘道［教授。]

谭元善［教谕。]

陈计长［江南松江府同知，升湖南长沙府知府，未任。事详《贤达》。]

周大江［湖广武昌府通判。事详《贤达》。]

夏道曙［洪雅县教谕。]

陈计大［贵州广顺州知州。]

陈计定［贵州贵阳府通判。]

---

① 赎锾（huán）：赎罪的银钱。锾，指罚金。
② 事贤友仁：语本《论语·卫灵公》："事其大夫之贤者，友其士之仁者。"谓侍奉大夫中的贤人，与士人中的仁者交朋友。
③ 蓍蔡：犹蓍龟，筮卜。因用以占卜吉凶的大龟多出于蔡地，故称"蓍龟"为"蓍蔡"。比喻有先见之明和德高望重的人。

何振虞［贵州黄平州知州。］

陈善世［贵州贵阳府教授。］

张天麟［陕西盩厔县县丞。］

向牖螭［云南曲靖府推官。见《乡贤》，事详《贤达》。］

熊闻［浙江兰溪县知县。］

程九万［知州。］

刘养廉［东乡县训导。］

郑于乔［教授。］

国朝

何诜虞［湖南湘阴县知县。］

黄来谘［宜宾县教谕。］

刘衍均［浙江德清县知县。事详《贤达》。］

陈辅世［建昌卫教授。］

夏景宣［福建道监察御史。］

陈维世［洪雅县训导，生平谨饬谦让，温厚和平。当事以"古君子风"旌其间。］

陈援世［江南蒙城县知县，升寿州知州，未任。］

向玺［任保宁府、顺庆府教授。］

何洪先［广东东安县知县。］

陈任世［增广生。值贼摇黄掠涪，起义勇乡兵保守涪城。任①星夜奔周家沱，迎贝勒贝子兵剿贼，军功议叙，授任忠州学正。］

邹之英［由忠州学任马湖府②训导。］

刘寅［大竹县训导。］

何继先［汉州训导。］

汤非仲［营山县教谕。］

① 任：或脱"世"字，指陈任世。
② 马湖府：以位于今四川省雷波县的马湖而得名，元至元九年（1272）始设，属叙南宣抚司，治泥溪（今屏山县城）；清雍正五年（1727）裁撤，保留屏山县改属叙州府。其辖区范围大约为今四川省屏山县、沐川县、雷波县、马边县一部分及云南省水富县、绥江县、永善县一部分。

何义先 [广东镇平县知县。]

高于崧 [西充县教谕。]

熊尔敬 [合江县训导。]

张元俊 [湖北潜江县知县。]

汤荣 [洪雅县训导。]

黄良玺 [训导。]

杨名时 [绵竹县训导。]

吴士修 [中江县训导。]

陈淑世 [湖广荆州府推官。]

何鈇 [浙江鄞县知县。]

何铠 [山东夏津县知县。事详《贤达》。]

倪天栋 [冕宁县训导。]

何鈜 [福建罗源县知县。]

黄自新 [西昌县教谕。]

冉洪瑠 [山西宁武县知县。]

钱良栋 [冕宁县训导。]

陈坚 [拣发江苏，河工议叙同知。]

何行先 [内阁中书，任嘉定府教授。事详《贤达》。]

汤楷 [嘉定府教授。]

周珙 [湖北江陵县知县。]

陈廷 [荣县教谕。]

赵鸝 [湖北龙阳县知县。]

夏玥 [通江县教谕。]

吴昉 [江西安远县知县。]

陈岱 [江西万年县知县。]

罗洪声 [浙江义乌县知县。]

陈恺 [河南济源县知县。]

邹旃 [历任山东朝城县城武县峄县、陕西安塞县知县，禀性刚方，清廉自持。历官十余载，所在皆有政声，士民爱戴。解组归，囊无长物；好读书，勤作育，后进者多出其门。里人敬之。]

黄世远[广东盐大使。]

黄为琰[选渠县训导。]

何有基[湖北沔阳州知州。]

张珮[训导。]

陈于锦[河南济源县知县。]

汪育楷[三台县训导。]

周世德[邛州训导。]

何达先[教谕。]

易肇文[湖北光化县知县。]

周锦[广西来宾县知县。]

张煦[山西蒲县知县。]

李世盛[浙江盐大使。]

邓鹏年[黔江县教谕。]

陈于中[年甫二十余岁，拣发黔省。初任永从①，慎勤胜于老吏。值苗民警，时有丁厄。督宪张奏请保留任事，调度得宜，升独山州知州。士民爱戴，再升八寨同知。又值苗民叛，攻临城下者三。堵御严密，城得无破。城中士民惊逃，每日使小伺携独子登城晓谕，戒勿惶恐。三日后，援兵至而围解，特旨升授广西庆远府知府。任黔二十余年，束装就道，琴鹤相随而已。及升广东粮驿道，众称缺美。叹曰："吾不乐此美名，只思不负皇恩，力求无过，足矣！"到任年余，因病卒于官。至乾隆二十六七年间，有后任者违例被议，奉旨溯查：自某员参革议处后，又系何人任内复启弊端。十余年来，历任七员，拣出一尘不染者三员奏闻，而中寓焉。"清白吏"，终始如一，卒能保全身家。其可法如此。]

侯天章[敏达明决，历任陕西南郑、宁羌州、乾州，多惠政，听断平允，俱有"青天"之颂。时乾州有妇新寡，意不欲守，族人强留不可，乃自呈，请再醮。章究其词状，

---

① 永从：县名，旧治在今贵州省黎平县永从乡。

妇自称能识文墨，因署其词后云："破镜初分月未圆，琵琶欲抱上谁船。秋风近日虽凉薄，吹到坟头土未干。"妇读而感泣，竟以节终。其他化导，类如此。]

黄元文［广西昭平县知县。］

吴仕宏［云南江川县知县。］

杨洪宣［广东仁化县知县。］

李天鹏［江西奉新县知县。］

高易［新都县教谕。］

陈于宣［居心廉洁，爽直信义，历任湖南永定、会同、绥宁三县，卓有循声，加通判衔。始任会同时，其县洪江一镇商贾辐辏，货财毕集，向有陋规，每年约计数千金。宣甫下车，即为禁革，各给规条晓谕。莅任八年，一尘不染，士民商贾建生祠以祀。及调任绥宁，地贫瘠，苗汉各半。苗里中有铜矿山，绵亘三十里许，因有妨民，永行封禁。往往有呈请开采者以数千金求详，宣屡为斥逐。乾隆二十八年，又有乌台巨商张美校等敛万余金赴县求详，馈银三千两，却之不准。伊恃司书①由上宪呈请，忽牌下，许令开采。宣以不可开之情形，连即详禀三次，上游不从，另委厂员监开试采。半载，主其事者适以他事犯案，搜查劣迹，即以"不察县详押令，开采显有邪径"等情，附之弹章。审实，竟成大狱，官参吏处，而宣皭然不滓②。新任抚军鄂器重过于同官，欲题直隶靖州知州，辞曰："他人以不饬簠簋③而被议，我之循分，乃当然耳。由此得名，不忍为也。"遂告归。]

邹锡彤［心性纯笃，才情炼达④。初任山西襄垣县，勤课士，安良除盗，一时境内无游食者。今《襄垣志》犹载之。越三年，值万泉、安邑两县刁民争界，聚众猖獗，执杀有司。抚臣题奏，上命公相讷星驰办理。讷公至，欲动官军尽剿两县之民。彤与

---

①　司书：指官署或军队中从事文书工作的人。

②　皭然不滓：语出《史记·屈原贾生列传》："濯淖污泥之中，蝉蜕于浊秽，以浮游尘埃之外，不获世之滋垢，皭然泥而不滓者也。"比喻洁身自好，出淤泥而不染。皭然：洁白貌；滓：《说文解字》段玉裁注"泥之黑者曰滓"。

③　不饬簠簋（fǔ guǐ）：语出《汉书·贾谊传》："古者大臣有坐不廉而废者，不谓不廉，曰簠簋不饬。"谓簠和簋没有规矩、不成方圆，借指贪污，是古代弹劾贪官污吏时常用的婉词。簠簋：古代的两种可以用来放祭品的青铜食器，《周礼》郑玄注云"方曰簠，圆曰簋，盛黍稷稻粱器。"不饬：不整饬。

④　炼达：干练通达。

潞安太守李力请命往办，悉心研鞫，得贷其死者几数千人。后由知县历升司马、郡守、观察，所至创书院，省夫役，兴利除弊，案无余牍。历官三十载，士民戴之如父母焉。]

刘为鸿[广西郁林州知州。]

汤辉道[成都府教授。]

何裕基[温江县教谕。]

周煌[由翰林院编修历升内阁学士兼礼部侍郎、刑部右侍郎、兵部左侍郎、工部尚书、兵部尚书、督察院左都御史、太子太傅。事详《贤达》。]

陈于宁[山西芮城县知县。]

陈于翰[江南高淳县知县。]

周铣[制行谨严，存心恺悌。任伏羌三载，多惠政，士民德之。如乾隆三十四年，疏沦通济渠，捐俸千余金，灌地一十五里，羌人号其渠曰"周公新渠"。其实心行政，盖如此。后迁燉煌①，士民焚香泣送。曾有留别诗二律，云："三载承流事若何？两惭抚字与催科。才疏未惯申韩律，治拙偏惊召杜歌。信是民淳风自古，敢言德厚政惟和。甘棠阴雨徒虚拟，马首相思意倍多。""瓜期已及复遥迁，官路于今更数千。父老衣冠频眷恋，陇秦山水自流连。攀舆意挚怜双舄，献寿情多愧一钱。寄语斯人休怅怅，新猷好待被歌弦。"去后，羌人不忘，立生祠以祀。]

黄坦[湖北枣阳县知县。]

邹锡钧[宜宾县教谕。]

周鍨[云南黑盐井盐大使。]

张景载[直隶成安县知县。]

黄基[江南娄县知县。]

文正[选垫江县教谕。]

周熙[洪雅县教谕。]

程绪[洪雅县教谕。]

邹锡畴[历任浙江遂安、萧山等县知县。]

徐玉堂[湖南辰溪县知县。]

---

① 燉煌：即"敦煌"。下同不注不改。

夏舢［江南砀山县知县。］

周含［选富顺县教谕。］

张琪［梓潼县训导。］

陈治［湖南华容县知县。］

罗岀［顺庆府训导。］

陈朝羲［福建建阳县知县。］

向岀［山西壶关县知县。］

张铎世［隆昌县教谕。］

徐玉书［越雋厅教谕。］

李栋［拣发云南知县，现任永宁教谕。］

陈于午［翰林院庶吉士。］

陈于藩［山西定襄县知县。］

潘鸣谦［历任福建侯官、长泰、龙溪等县知县，加通判衔。性醇谨，恺悌安详，士民爱戴。任侯官时，邑有淋汶港水泛决坝，居民万家苦之。谦履亩省灾，念切民瘼，捐廉俸五百金，并劝众输银约千余金，筑复古坝以卫之。而濒江之民，得安居乐业，立生祠以志不谖。］

戴天申［新津县教谕。］

张元鼎［浙江黄岩场盐大使。］

郑昆［奉节县教谕。］

石若洳［东乡县教谕。］

熊如麟［犍为县教谕。］

陈朝书［历任山西襄陵县、云南通海县知县，升云南府同知。性醇厚，慎语言，历州县二十余年，所到之处皆兴利除弊。云南通海路，当孔道①，夫马络绎，皆出民力，民甚苦之。书甫到任，即通谕四乡：凡夫马往来，由县发价，丝毫不累民间。详请定案，士民德之。］

---

① 孔道：大道、大路。

何启昌［江西靖安县知县。］

何沛霖［汶川县教谕。］

张永载［历任河南罗山县、上蔡县知县。］

陈鹏飞［历任山东曹县、莱芜县知县。］

倪文辉［威远县训导。］

周兴沅［山西狷氏县知县。］

谭如玮［峨嵋①县教谕。］

刘宗元［监生。历任湖北随州、荆门州，贵州平远州知州。］

陈朝诗［历任湖南安福、耒阳，江西贵溪等县知县。］

潘元会［历署湖北蕲水县、广济县知县，升授黄州府岐亭同知，再升江西瑞州府，未任卒。为人清介自持，实心政务。署任蕲水，蕲地产藕，民多取藕作粉以易粟。旧有"粉贡"，当事皆取自民间，书役滋扰，阖邑累甚。会因不能详免，自捐俸数百金，并劝谕蕲地殷实之家，公置藕田百余亩以供岁贡，积弊立除，民胥乐业。蕲人戴德，至今不忘。］

潘喻谦［拣发直隶，署肃宁县知县。］

文楠［拣发甘肃，候补知县。］

周兴岱［翰林院编修，直隶丁酉科同考试官，癸卯科山东典试。］

毛振翮［山西高平县知县。］

周宗岐［翰林院编修。］

熊德芝［拣发贵州，署安南县知县。］

周兴涪［南江县教谕。］

夏岳［垫江县教谕。］

夏嶷［岳池县教谕。］

熊德藩［马边厅教谕。］

李映桃［平武县教谕。］

杨华峰［监生，陕西延安府延长县典史。］

---

① 峨嵋：今作峨眉。

李映阁［双流县教谕。］

毛佩荪［监生，江苏休宁县县丞。］

彭宗古［字信亭，忠州人。由州学中雍正壬子科举人，任山东蓬莱、日照、德平等县，居官廉洁，卓有循声。乾隆三十二年告假迁涪，入籍焉。］

王怡［字致和，郫都人。由县学中乾隆甲子科举人，任山西夏县知县，升浙江宁波府同知，才具优长，练达时务。乾隆三十四年迁涪入籍焉。］

武选［附］

进士

国朝

夏珌［康熙壬辰。］

举人

明洪武年

何德明

国朝康熙辛酉科

邹述麟［巴县籍涪州人。］

丁卯科

张文英

癸酉科

郭阳裔［字珠蕊①。］

己卯科

王令树　汪洪

壬午科

张永胜

辛卯科

夏珌

---

① 珠蕊："蕊"，同"蕊"。

雍正补行癸卯科

徐澧

乾隆辛酉科

刘凤鸣

武绅

明

何德明［洪武中，有战功，封万户侯，掌涪陵军伍。］

刘信忠［洪武间，随将军廖永忠收明昇父子，功授湖广都司。］

汪汉国［参将。］

何舜卿［德明之子，袭封千户伯。］

周达［南京神枢四营副总兵，诰封荣禄大夫。］

何清［舜卿之子，文举，袭封千户伯。］

何之玕［天启中守备。］

国朝

邹应芳［由行伍任夔州镇总兵。］

邹述麟［由武举任江南川沙营守备。］

夏玥［任安徽安庆府水师营守备。］

余金山［黎雅营把总，行伍。］

封典［前代莫考］

［诰敕封赠，朝廷所以奖臣劳而又推恩于所生，锡类施仁，典至渥也。自我世宗宪皇帝特沛恩纶，从九品上至四品，俱准以本身应得封典上移一代，且博及于本生父母，或受恩抚养之伯叔。至于丁忧终养诸臣，并许与现职同给。曲体人子乌私，实自古所无也。膺斯典者，可不思仰答殊恩于万一乎？］

国朝

夏克明［景宣之父，赠奉直大夫。］

向玺［岿之祖父，貤赠文林郎。］

邹应芳［旆之祖父，貤赠文林郎。］

邹之英［锡彤之祖父，貤赠中宪大夫。］

周茹茶［煌之曾祖父，赠光禄大夫。］

周侭［煌之祖父，赠光禄大夫。］

陈命世［岱之父，赠文林郎。］

陈振世［于中之祖父，赠中宪大夫。］

张元俊［永载之祖父，貤赠文林郎。］

侯兴通［天章之祖父，貤赠文林郎。］

周珙［煌之父，赠光禄大夫。］

陈峙［于宣之父，赠承德郎。］

邹旆［锡彤之父，赠中宪大夫。］

陈坚［于中之父，赠中宪大夫。］

何铨［有基之父，赠奉直大夫。］

周琬［锦之父，赠文林郎。］

张元伟［景载之祖父，貤赠文林郎。］

陈瓒［治之祖父，貤赠文林郎。］

陈崑［朝书之祖父，貤赠奉政大夫。］

潘立茂［元会之祖父，貤赠奉政大夫。］

张煦［永载之父，赠文林郎。］

向远翔［岜之父，赠文林郎。］

周□□①［兴沅之祖父，貤赠文林郎。］

潘愈睿②［鸣谦之祖父，貤赠承德郎。］

刘□□③［为鸿之父，赠奉直大夫。］

熊希袞［德芝之祖父，貤赠文林郎。］

---

① 周□□：据民国《涪州志》卷十五《人物志五·封赠》：周珣"以孙兴沅赠文林郎，妻陈氏孺人"。所缺当为"珣"字。

② 潘愈睿：民国《涪州志》卷十五《人物志五·封赠》作"潘愈濬"。

③ 刘□□：据民国《涪州志》卷十五《人物志五·封赠》：刘绪"以子为鸿赠奉直大夫"。所缺当为"绪"字。

侯朝佐［天章之父，赠文林郎。］

陈于铭［朝书之父，赠奉政大夫。］

陈于彭［治之父，赠文林郎。］

陈于宸［鹏飞之父，赠文林郎。］

潘嵩［鸣谦之父，赠承德郎。］

夏琬［岳之父，貤赠修职郎。］

周鍨［兴沅之父，赠文林郎。］

杨芳林［名时之父，貤赠修职郎。］

何铠［启昌之祖父，貤赠文林郎。］

刘为鸿［宗元之父，赠奉直大夫。］

潘承志［元会之父，赠奉政大夫。］

何裕基［启昌之父，赠文林郎。］

李□□①［栋之父，貤赠修职郎。］

文步武［楠之父，赠文林郎。］

谭学诗［如玮之父，貤赠修职郎。］

何锐［沛霖之父，貤赠修职郎。］

周铠［兴涪之父，貤赠修职郎。］

毛辅奇［振翮之祖父，貤赠文林郎。］

毛廷俊［振翮之父，赠文林郎。］

张玮［元鼎之父，貤封修职郎。］

熊龙［德芝之父，封文林郎。］

---

① 李□□：据民国《涪州志》卷十五《人物志五·封赠》：李志"以子栋赠修职郎，妻何氏孺人。"所缺当为"志"字。

命妇

[残灯伴读，熊丸著贤母之声①；戒旦相期，鸡鸣表令妇之德②。母以子贵，而褒封颁自鸾台；妻以夫荣，而纶音锡于凤阁。异数殊恩，可不记与？第旧《志》缺而未载。今虽广为采辑，奈前代之无从考核者较多，非详今而略古也。]

国朝

夏汪氏[景宣之母，赠宜人。]

向[冯/李]氏[峁之祖母，赃赠孺人。]

邹[方/刘]氏[笉之祖母，赃赠孺人。]

邹任氏[锡彤之祖母，赃赠恭人。]

周吴氏[煌之曾祖母，赠一品夫人。]

周徐氏[煌之祖母，赠一品夫人。]

陈[沈/姚]氏[岱之母，赠孺人。]

陈郝氏[于宣之祖母，赃赠孺人。]

陈[朱/张]氏[于中之祖母，赃赠恭人。]

侯田氏[天章之祖母，赃赠孺人。]

张陈氏[永载之祖母，赃赠孺人。]

周[杜/任]氏[煌之母，赠一品夫人。]

陈黄氏[于宣之母，赠安人。]

邹杜氏[锡彤之母，赠恭人。]

陈文氏[于中之母，赠恭人。]

何陈氏[有基之母，赠宜人。]

周文氏[锦之母，赠孺人。]

张罗氏[景载之祖母，赃赠孺人。]

---

① 熊丸著贤母之声：典出《新唐书·柳仲郢传》："仲郢字谕蒙。母韩，即皋女也，善训子，故仲郢幼嗜学，尝和熊胆丸，使夜咀咽以助勤。"后用为贤母教子的典故。熊丸：以熊胆制成的药丸。

② "戒旦相期"句：指"鸡鸣之助"（妻室之助）。源见"鸡鸣戒旦"，谓怕睡过头耽误正事，听见鸡鸣报晓就马上起身。戒旦：报晓警睡。典出《诗经·齐风·鸡鸣》序："《鸡鸣》，思贤妃也。哀公荒淫怠慢，故陈贤妃贞女夙夜警戒相成之道焉。"本志卷五《风土志》曾受一《善俗诸条》亦云"《鸡鸣》《雄雉》，言夫妇"。

陈瞿氏［治之祖母，赀赠孺人。］

陈左氏［朝书之祖母，赀赠宜人。］

潘王氏［元会之祖母，赀赠宜人。］

张何氏［永载之母，赠孺人。］

张［文／李］氏［景载之母，赠孺人。］

向［周／杜］氏［崇之母，赠孺人。］

周陈氏［兴沅之祖母，赀赠孺人。］

潘郭氏［鸣谦之祖母，赀赠安人。］

刘游氏［为鸿之母，赠宜人。］

熊许氏［德芝之祖母，赀赠孺人。］

侯庞氏［天章之母，赠孺人。］

陈何氏［朝书之母，赠宜人。］

陈古氏［治之母，赠孺人。］

潘熊氏［鸣谦之母，赠安人。］

夏王氏［岳之母，赀赠孺人。］

周向氏［兴沅之母，封孺人。］

何文氏［启昌祖母，赀赠孺人。］

陈文氏［鹏飞之母，封孺人。］

刘徐氏［宗元之母，封宜人。］

潘高氏［元会之母，赠宜人。］

何曹氏［启昌之母，赠孺人。］

李何氏［栋之母，赀赠孺人。］

文周氏［楠之母，封孺人。］

谭刘氏［如玮之母，赀赠孺人。］

何吕氏［沛霖之母，赀赠孺人。］

周□□氏①［兴涪之母，赀赠孺人。］

---

① 周□□氏：据民国《涪州志》卷十五《人物志五·封赠》：周铠"以子兴涪赠修职郎，妻庞氏孺人。"所缺当为"庞"字。

毛陈氏 [振翮之祖母，貤赠孺人。]

毛陈氏 [振翮之母，赠孺人。]

张李氏 [元鼎之母，貤赠孺人。]

熊王氏 [德芝之母，封孺人。]

夏景宣妻王氏 [封宜人。]

陈岱妻 [文 / 曹] 氏 [封孺人。]

何有基妻张氏 [封宜人。]

周锦妻李氏 [封孺人。]

周煌妻 [文 / 方] 氏 [赠夫人 / 封夫人]

陈治妻邹氏 [赠孺人。]

陈鹏飞妻黄氏 [封孺人。]

涪州志卷之十

涪州知州多泽厚续纂

人物志［贤达　孝友　忠烈　义举　寿考　文苑　隐逸　流寓　列女］

从来地灵人杰，有山川灵秀之钟，而后磅礴所积，英贤出焉，固已然；"石韫玉而山辉，水含珠而川媚"①，则山川又未尝不藉英贤增色也。涪陵，人才辈出。惜晋宋以前，文献无征。自有明以逮我朝，令闻彰于邦国，庸行②笃于庭帏。效精忠，则心湛冰壶秋水③；高任侠，则义孚白日青天。国老、庶老有其人，上庠、下庠隆其养④。文章华国，泉石归真。贤哲遗踪，洵足向慕千古；贞媛矢志，允堪矜式百年。罗而载之，简编生色矣。

贤达

［志列《乡贤》，所以崇德也。顾有行孚舆论，名待旌扬，既不可混次于《乡贤》，而懿德庸行又不可滥列于他目。故已崇祀者，于祠内第书其名；更举行谊同揆⑤，合《乡贤》而汇为《贤达》，详注其事，庶典型备载，乡评允协矣。］

晋

李骧［与成都杜轸俱为尚书郎，共轸齐名。每有议论，朝廷莫能逾之，时号"蜀

---

① "石韫玉"句：陆机《文赋》语。
② 庸行：指日常的行为。
③ 冰壶秋水：装冰的玉壶和秋天的水，比喻人的心地光明纯洁、清澈明亮，品德高尚。原志"秋水"二字以双行小字右左并列，无意义，疑为排误。
④ "国老、庶老"句：出《礼记·王制》："有虞氏养国老于上庠，养庶老于下庠。"国老：国家的元老，指退休的公卿大夫。庶老：兼指士人告老退休者与庶人之老者。
⑤ 同揆：同一法则，同一道理。

有二郎"。出《一统志》。]

宋

谯定[初喜学佛，析其理以归于儒。后至汴，学《易》于程子，造诣愈至。其后程子贬涪，定又从之。靖康初，召为崇政殿说书，以论不合，辞去。高宗即位，定犹在汴，召遣诣行在，将大用之。会北兵至，遂归青城山。蜀人称曰"谯夫子"，年百三十岁犹授《易》于涪，后不知所终云。崇祀乡贤。]

杨载[以功名自负。金立刘豫，载白张浚："愿得百两，横行敌中，当手刃刘豫以报丞相。"浚壮其言，遂遣之。载偕十士至金伪降，金任之，行反间，豫果废，十士已亡其八，乃决归。浚以闻，授知永陆县。崇祀乡贤。]

晏渊[事实无考。崇祀乡贤。]

明

白勉[永乐进士，历官刑部侍郎，炼达刑名，有匡济才。及卒，谕赐以祭，有"刚方清介"之褒。乡人荣之，崇祀乡贤。按有明《题名碑》系"蒋勉"，《一统志》载："蒋勉，涪州人。永乐中进士，擢刑部主事，炼达刑名，历升本部右侍郎，能声著闻。"]

夏铭[宣德进士。任御史深得宪体，著《四书启蒙》以训后学，崇祀乡贤。]

刘岌[景泰进士，清慎谦和。历官两朝，眷注独隆。以礼部尚书加太子太保致仕，家居恂恂，身衣韦布①，乡人称之。享年八十有五，崇祠②乡贤。]

张善吉[成化进士。由行取为工科都给事中，升湖广巡抚。崇祀乡贤。]

何仲山[成化举人。任武安令，抗贼不屈，却金不受。崇祀乡贤。]

刘菠[宏治进士。正德初，任户科都给事中，宦珰刘瑾擅权，公首倡疏，极言其奸。廷杖几毙，下狱罚戍。后瑾败，世宗复起江西廉宪、卿贰③等官，公因杖伤足未就。卒，赐葬谕祭，荫其家，谥"忠愍"。省会、郡城建有"坤维正气"等祠，有《秋佩先生文集》并《名臣奏疏》行世。崇祀乡贤。]

夏邦谟[字舜俞，正德进士。历任工、户、吏三部尚书，勋绩茂著。卒，世宗两

---

① 家居恂恂，身衣韦布："恂恂"谓恭谨温顺，有儒者之风。韦布：韦带布衣，指粗陋的衣服。
② 崇祠：同"崇祀"，祠通祀。
③ 江西廉宪、卿贰等官：廉访使俗称"廉宪"。卿贰："卿"指大理寺正卿等三品京堂，"贰"是各部侍郎，合指次于卿相的二品、三品的京官。

次谕祭，勒碑墓前。崇祀乡贤。]

夏国孝［号冠山，嘉靖进士。历官南京户部员外郎，辞归终养，行李萧然如寒士。居火峰滩，以诗文自娱，足不入尘市，纂著《涪志》及诸文集。崇祀乡贤。]

张挺［嘉靖举人，任知州，刚正孝友。以所居作祠，率族众修祀事，乡人化之。崇祀乡贤。]

谭棨［嘉靖进士，任陕西大参。居家孝友，历官清廉，乡评重之。崇祀乡贤。]

夏子云［嘉靖中乡举，从文肃①谈理学，因叹曰："丈夫不耻不闻道，乃艳一第耶？"自是蹑屩为五岳游。久之，谒选知舒城。时有贵人以事枉道至舒，势强甚。云不为理，贵人踉跄而去，竟坐不称，调判宁州。迁判岳州，治九溪，驭诸武弁，严毅不少假借，威令大行。当道屡荐，进五品服俸，升衡州同知。寻引归，居家孝友，种德②乐施，里人称之。所著有《少素文集》行世，崇祀乡贤。]

何楚［涪人，嘉靖中知松滋县。生平言动不苟，盛暑不废衣冠。七岁尝粪以疗父病，耄年竭力以事伯兄，所有钱谷推赡族人，一乡称其孝。崇祀乡贤。]

文羽麟［嘉靖举人，任陕州知州。历任廉平，居家孝友，养重林皋，公庭绝迹。尤以文墨著，子孙科第蝉联不绝。崇祀乡贤。]

张篚［嘉靖举人，俭素刚方。作县令归，食多不足，单衣林下，延馆训子，洵为廉吏。故，子大业亦中乡闱。崇祀乡贤。]

文作［隆庆进士，知闻喜县以治最征历武选郎，赞议帷幄平辽之役，其功居多，升云南大参。分守临沅时，罗雄土舍③弑父据险，潜谋不轨，作奉檄剿之。贼党再叛，复剿平之。先后以功上闻制褒，升广西布政，加一品服俸。崇祀乡贤。]

曾所能［嘉靖乡举，任云南石屏州知州。丰仪倜傥，言语慷慨，居乡著孝友声，居官以爱民为本，尽心水利，州人至今思之。崇祀乡贤。]

刘养充［隆庆进士，万历初令祥符，继任韩城、大康，皆以廉著，行取④广东道御史。

---

①　文肃：指与杨慎、任翰、熊过并称为"蜀中四大家"（《四川通志》卷九）的著名学者、明代名臣赵贞吉（四川内江人），谥"文肃"。

②　种德：谓布施恩德于人。

③　土舍：土司的属官。

④　行取：地方官经上级官员推荐保举后调任京职。

大差贵筑时，土司斗乱，以巨万贿遗直送私室，充悉以法绝之。转临巩兵宪，补茸长城百里，衣惟布素，边需不减丝毫。边皆感其廉肃，归款最众。竟以勤王多瘁卒于边，检囊，惟短褐半端，图书数箧而已。是日，涂悲巷泣①，虽毡裘之伦亦通使致吊。其居乡也，谨厚敦族，逊让接友，时人谓其有祖忠愍公之训焉。崇祀乡贤。]

文德[万历进士，山西道御史，历任有廉声。后典晋试，多得士心。崇祀名宦、乡贤。]

曹愈参[万历进士，历官参政，有"一路福星"之谣。生平不欺，童稚长厚颂于闾里。官至方面，家如寒素。万历三十九年任昌平兵备道，停止矿税，捕缉盗贼，除强暴，清营蠹，军民怀德，建生祠祀之。详《北直名宦志》，崇祀乡贤。]

何伟[万历癸未进士。任慈溪令多善政，慈人思之，呈请咨题准入名宦。文内有"贡茶弊绝，魂惊猾吏之奸；海防计周，气詟倭夷之胆"等语。在刑垣时，奉敕恤刑中州，多所全活。迨分守贵筑，以征苗理饷有功例升方伯，因母老终养归里。著有何氏《家训》、《诗文》等稿待刊，未祀乡贤。]

陈致孝[开塾设教，科第咸出其门。事母赵氏极孝。时子直出任陕西湄县，迎养祖母，途遇盗贼，致孝以身覆其母曰："此吾老母也。诸物任取，万勿惊骇吾母！"贼义之，曰："此孝子也。"释而去之。崇祀乡贤。]

陈直[字鹿皋，万历举人。年少登科，志笃孝友。以祖母赵氏守节九十有余，随就教仁寿，迎养尽欢。凡有所获，平分两弟，不私毫厘。后知陕西湄县，立有生祠。继任江西广信府丞，时署永丰县，县民以奉檄开矿累害，土居十室九空，民无宁日。直挺身不畏权贵，为民捍御，力除民害。因祀名宦，有碑刻传世。又崇祀乡贤。]

何以让[万历举人，任武昌令，判大名府，陈情终养，赠"懿孝名儒"。著有《两都》等赋行世，崇祀大名府名宦，并崇祀乡贤。]

陈蒞[字济宇，致孝次子也。万历举人，历任栾城、良乡两县，升江西广信府、福建运使。居官十五年，廉声遍著，崇祀广信府名宦。祖母守节六十年，蒞自疏题，因建"贞节"石坊在州城北门外。崇祀乡贤。]

向云程[字葵庵，谦和睦众，人称"长者"。行年八十，略无纤过。子鼎贵显，屡

① 涂悲巷泣：即"途悲巷泣"，涂通"途"。

受诰锡。乃徒行乡曲，衣不重帛，口不绝夫典故，行不愧于家邦。崇祀乡贤。］

　　向鼎［字六神，进士。为人刚正不阿，官由长兴令至潼关参政，历四任，俱多政绩。居乡好施予，涪郡荒旱，鼎代涪民输赋一年。又捐赀建北塔，工将半，遇贼变而止。虽未成功，涪人皆德之。崇祀乡贤。］

　　向牖螭［字子亮，贡生，参政鼎之子也。兵燹之后，家最贫乏，隐居琼崖①，惟以诗酒自娱，非公事不至公庭，日与老友数人游咏，时人以"洛社耆英"②目之。崇祀乡贤。］

　　文可繍［布政作之子也。父殁，事母陈氏最孝。母六十而瞽，繍起居必侍，饮食必亲。积三十年，母九十乃卒。既葬，庐墓三年。以明经任长泰令，治行卓异，卒于官，泰人私谥"清毅公"。崇祀乡贤。］

　　周大江［字梓溪，由明经任湖广武昌府通判，地素苦盗，公捕缉有方，盗寝息，民食其福，建生祠、铸铁象③于彭家泽以祀之。江西宸濠反，从建安伯王阳明转运有功，追赠虬侯，以其子录用。］

　　陈计长［芪公之子，学问渊博，有经济才。自云间解组归林，年已七十。值献贼破蜀，避难黔中之婺县④。时有同年西充李乾德者，巡抚沅中，闻蜀遭变，怀节间行。过婺遇公，知西充已陷，阖家被害，愤结思报。与公商策，公曰："君为朝廷大臣，君父之难，义不可以没没⑤。我乃老迈儒生，不能随从军事，而方略不可不预筹。"严密商定，李不复强行。同时有统军曾英、杨展等，素知公名，亦以书召监军，因年老未就。随三上劄子，悉言破贼擒枭事宜。嗣后，献贼就戮，流孽渐平，公参谋之力多焉。著有《鸣鹤堂》《六政亿言》等集行世。］

　　蔺希夔［崇祀乡贤，事详《隐逸》。］

　　沈云章［崇祀乡贤。］

国朝

　　夏道硕［潜心理学，善草书，传记多出其手。值献贼破涪，犹正衣冠出，而责以

---

① 琼崖：秀美的山崖。
② 洛社耆英："洛社"是宋代欧阳修、梅尧臣等在洛阳时组织的诗社。耆英：指年老德高的英才。
③ 铁象：铁像。象："像"假借字。
④ 婺（wù）县：应指贵州婺川县。又，原志"婺"误作"婺"（同"傲"字），改。下同。
⑤ 没没（méi méi）：犹昧昧，糊涂。

大义。被贼执之，逼降不从，截其右手。后以左手操写如旧。]

　　陈命世［计长之子，品行端方，敦本崇实，中顺治庚子经元。居家注书课子，寿终七十八岁。康熙癸卯年，里人公举请入"乡贤"，因大宪调更未获咨题。通江少司马李先复表其墓，有"领袖涪英，纲维士气"之句。]

　　刘衍均［品正行笃，言笑不苟。燕处①不去衣冠，出入必告祖考。任浙江德清县令，慈爱百姓，因公落职。陷浙十余年，士民公敛钱米供养，称为"杜母"。雍正元年始归，寿八十余，涪人钦其长厚。]

　　何行先［秉性高古，嗜学，足不履城市。结庐于横山洞侧，额其洞曰"退之读书处"。每届于科，而志气恬如，手不释卷。至康熙辛卯，冠乡榜，称为"蜀东名元"。学问文章，邑人仰之。]

　　何铠［弱冠登科，端谨自持，闭户潜修，不矜不伐。任夏津，解组归里。课子侄俱登科第，著有《永言随笔》垂训家庭。]

　　向远翔［赋性诚笃，敦本务实，尚俭朴，慎交游。设教二十余年，毫无倦志。涪之博科甲者②，多出其门。三子岊，列贤书，登仕籍，奕奕有声，邑人咸称至诚笃实之报。]

　　陈岹［命世之子，颖悟过人，嗜学不倦。应童子试时三次冠军始列胶庠，中辛卯副车，复中甲午举人，刻有《时艺》行世。与胞弟岱同登乡荐，合居四十余年，通财用不分彼此，一门雍睦，内外无间言。里人称为："孝友家风，宜其花萼联辉也。"]

　　夏瑨［娴礼节，善辞令，儒雅风流，涪人称为"彬彬君子"。]

　　周煌［秉性恂谨，学问鸿博。洎登仕版，典试福建、山东、云南，矢公矢慎。后奉使册封琉球，履险如夷，不受馈金。圣眷宠加，不次超擢，再命江西、浙江学使，正文体，端士习，大有功于文教。任兵部尚书时年满七旬，御赐"中枢耆望"匾额。乾隆五十年，在京溘逝，奉上谕：周煌上书房行走有年，老成端谨，奉职克勤，赠太子太傅，并派散秩大臣带领侍卫十员往奠茶酒，所有应得恤典，该部查例具奏。赐谥"文恭"，恩谕祭葬。]

---

　　①　燕处：退朝而处，指闲居。
　　②　博科甲者："博"通"搏"，搏取。

孝友

[地义天经，"孝友"本属庸行。藉以要誉，岂子弟之心所安？然大本克敦，宗族、乡党称焉。孔子曰："人不间于其父母昆弟之言。"人言之孚，孝友之孚也。录以风世，是何可略！]

明

何楚 [七岁尝粪以疗父病。余详《贤达》。]

文可黼 [见《乡贤》，事详《贤达》。]

夏正 [居火峰滩。生时父殁，时年方五岁，访父墓而哭极哀。后遭母丧，庐墓三年。宪司题表"孝子"，官有碑刻《邑人夏道硕传》："夏公讳正，号赤溪，居涪火峰滩江之滨。岁未周，遭父邦本丧。母陈氏年甫廿，矢志育之。岁五龄，问母曰：'父何在？'母泣，语之曰：'汝父五年前浴于江，死矣。'正即哭，仆地不起。稍甦，复问母曰：'江何处？'母遥指其处，正即腾身赴江所。家人遽追，抱止之曰：'已探得，葬此山之麓，岂犹在水耶！'正遂哭于其麓，卧地不肯归，哭不绝声，里人叹为至孝。年益长，读书游于泮，娶易氏，同奉母无遗力，寝食温清，不逾古礼。母有训，必跪而受命。嘲之者曰：'此礼久不复也。'正曰：'此常礼耳，何足云孝！但一日不尔，则吾心如有所失，如此心何？'嘲者惭而退。母尝病，医者谓必得鹿血和酒吮。正日夜告天，曰鹿不可得，潜自锥其身，沥血和酒以进，母病顿愈。逾月，病复发，正复如前，锥身沥酒，病又愈。久之，母稍觉，泣谓之曰：'汝若再如此，吾死有余恨。'正跪曰：'儿身未尝痛。'然亦遂奉命，止家豢雏鸡以养母。一日，鹰为攫其一，正泣拜于地曰：'天！天！吾此鸡以养母，非自奉也。'须臾，鹰回翔，掷鸡于其处。次期，又于他处攫鸡而掷之，如是者三。家烘脯，为犬衔而出。正追及，怒声曰：'恶犬，汝不知此吾养母之脯乎？汝秽吾脯，吾不知汝死所矣！'次日，其犬忽毙，盖其孝之感及禽兽如此。"至于行事，不能尽述，姑举一二，以示后焉。已入孝子祠，载《省志》。]

文经 [庠生，事亲至孝。两院奏闻，赐旌奖"孝子"，列坊于宗祠之左。已入孝子祠，载《省志》。]

夏铭 [母丧，庐墓三年。余详《贤达》。]

何以让 [楚之子也，字环斗，万历举人，事亲最孝。判大名时，两次陈情终养。归里，菽水承欢，孝敬倍至。亲没，庐墓三年。当事屡荐不出，寿七十有二。奉旨旌表，入孝子祠，敕建"懿孝名儒"坊。载《省志》，余详《贤达》。]

王应元[明武隆人，家贫居乡，力农养父。父每出饮，元候于途，扶之以归。一日，父醉卧。应元于田，其家不戒于火，急奔回，烈焰甚炽。身濡泥水，出而复入救之者三，号哭火中，抱父而死。已入孝子祠，载《省志》。]

毛宗成[父早卒，事母孝，力农膳养。偶盗至，独负母匿林中，垂涕拥护，得免于难。母卒，葬于室侧，每日往视，至老不倦。已入孝子祠，载《省志》。]

国朝

周俨[字墨潭，孝廉儒之兄也。为人慷慨，尚义行，敦孝友。当逆贼肆害时，俨欲负父潜逃，不幸为贼所执，两臂受伤，血溢昏愦，竟夜方甦。及弟儒被害卒，俨事亲倍谨。父足疾不能行立，俨出入必亲扶之，先达赠诗有"以身作杖"之句。母先丧，俨与妻徐氏事父，孝养备至。每进食，夫妇必共视之，食毕乃退，率以为常。及父病笃，俨亲尝粪，跪请多医以治之。及父殁，居丧悲号，屡至呕血，水浆不入口，形容枯槁，越七日而须发顿白。乡人见之，靡不嗟叹。至弟妇孀居，两侄孤幼，视如己子。朋友有急，必周济之。甚有托妻寄子者，亦不畏难而任之。人谓："孝友节义，萃于一门。"洵不诬也。已入孝子祠，载《省志》。]

周儒[字鲁生①，庠生，与兄俨事亲均以孝名。每遇亲疾，儒辄焚香祝天，愿减己算以益亲寿。于康熙庚申年忽遭谭贼凶劫②，戈戟拥门，举家惊遁。儒父名茹茶，年老卧病，兼有足疾难行，贼欲害之。兄俨以身捍亲，甘冒白刃。儒急父兄之难，冲围巷战，利刃伤额。后得四邻奔救，贼乃遁。随视父兄，犹在缚中，儒急解父兄之缚，悲号欲绝。延三日，创发死之。儒妻章氏，茹苦守节，生子二。长名项，次名璠，俱依伯父俨存抚之，人谓："子孝妇节，其后必昌。"及项游庠，中康熙癸巳万寿科副榜，咸称为快事。已入孝子祠，载《省志》。]

黄志焕[康熙己丑年夏五月，城中火。灾前一日，其父病卒。及火焚正至屋，志焕不顾家赀，先负母出，复进屋启父棺，负父尸突烈焰而出。是日，州牧董维祺躬督救火，目睹其事，即闻于郡守，俱额奖之。已入孝子祠，载《省志》。]

---

① 鲁生：民国《涪州志》卷十一《人物志一·忠义孝友》作"鲁直"。
② 凶劫：原志作"兇劫"，"兇"同"凶"。

黄正中［孝友性成，温清定省未尝缺礼。父病，正中衣不解带，奉侍汤药，又亲尝粪。后弟用中夫妇皆早丧，遗子为瑁最幼。正中夫妇乳哺鞠育，怜爱同于所生。族党贤之。］

杨维楫［杨奇之子，甫二岁而父卒。维楫稍长，事母何氏甚谨，温清定省，朝夕不离左右。雍正二年，为母呈请节孝，奉旨旌表，有"冰霜映雪"之坊在学宫右。母病，日侍床褥，衣不解带，药饵必亲尝。母临终之日，思食河鱼，楫遍觅不得，号泣而还，路遇一鲤，急持归，母已气绝。楫捶膺破颡，几死者数次，七日不能食。既葬，寝苫枕块。庐墓，三月不出户外，不入闺中者三年。终身见鱼，辄流涕不忍食。］

彭儒宾［事亲最孝，父殁哭泣三年，事继母尤谨。兄弟七人，同席共食者三十余年，分产时以肥美让弟兄，自取其浇薄[1]者。由是至老，兄弟皆怡怡一堂，各享寿八十而终。］

淳显扬［家最贫，父病卒，无力办葬，自鬻于邻富之家，获银二十五两以为葬父养母之资。后赎身回，值母病笃，割股和药以进，母病果愈，增寿十余载而终，葬祭尽礼。亦获寿八十余岁卒，人以为孝思所致云。］

高焘［高以元嗣子。母夏氏，居孀三十余年，焘事母尽孝。母病笃，刲股救之，终不起。居丧，哭之极哀。越五日，金疮作，死于苫块间。里人难其事而悲其死焉。］

石为杨［五岁失怙，母江氏在堂。杨稍长，力耕供膳，甚得欢心。一夕，母病笃，割股和药以进，母病果愈。乡族贤之。］

彭铣［父逢春性严，铣怡色奉养。值晚景，朝夕承欢，不忍一日偶离。父病，勤侍汤药；卒，事母益谨，母寿至九十三。友爱幼弟最笃。族党咸推服之。］

熊龙［国学生，赋性醇笃，持身端严。幼失怙，事母极孝。每先意承志，俱得欢心。母年七十六卒，葬祭尽礼。与弟麟素敦友爱，和好无间。尤喜施济，历救贫疾无数。生平言动不苟，一以厚道自持，乡里钦服。有子五人，教以义方[2]，俱英年显达，联捷科第，人以为盛德所致。现年七十岁，以子德芝任黔南知县敕封文林郎。］

陈鹏飞［幼失怙，茕茕孑立。母性严，朝夕怡颜以顺之。及成进士，不敢远游遗亲忧。值母怒，必长跪俟开颜而后起。筮仕山左，迎母养。三载，母卒于署，扶榇归，

---

① 浇薄：贫瘠。
② 义方：语出《逸周书·官人》"省其居处，观其义方"。指为人行事应遵守的合乎正义的规范和道理，也是指教子的正道。

葬祭尽礼，庐墓三年。次伯乏嗣爱继晚房，给众侄各产一坋，原为弥隙之计，而长房中竟有微论者，飞即以得授之产让之而论始息。里党服其友义。]

覃均常[云里人。年十六，父病笃，祈神求医，百计治疗罔效，乃焚香告天，引刀自刲其股，和药以进。后其父病愈，享寿而殁。]

陈盛虞[孝友性成。父殁，事母朝夕承欢，曲尽子道。及母病垂危，求救无方，乃刲股和药进之，遂愈，享寿七十有五。其弟继虞贫不能支，盛虞将分授祖田慷慨分给，毫无吝色。]

徐儆[贡生，徐应魁子。父病瘫痪六年，日夜不离左右。迨后父殁，居丧尽哀。事母冯氏，食必具甘旨，余必请所与。母殁，有姊寡居，贫无所倚，儆迎归，养之终身。孝友著闻。]

韩仕锟[善事父母，服食必周。母六旬外病瘫痪，八年不能动履。仕锟日夜不离左右，并无倦心，且长斋八载以报亲恩。居父母丧，哀毁骨立，乡人贤之。现年六十岁。]

陈瓒[字玉琉，为人正直端方，慷慨倜傥。凡乡族中有不平事，一经排解，无不悦服。胞弟瑚乏嗣，遗一女适向，瓒以千金产业资从①弟女，里党称其友义。]

舒其文[监生，性淳厚。建修宗祠，和睦族党，抚恤族中孤贫。乡里急乏，不惜贷助。与兄其仁同居六十余年，内外无间言。监修文庙，寒暑五易，自捐资费，乡宪周大司马碑记载之②。]

潘岐[字扶风，贡生，秉性醇良③。幼孤即谙本源，能敦大义。明季兵燹后，屡遭劫灰④，田产俱没，以笔代耕。奉养孀母及丧葬诸事，皆一力独任，毫不及弟。复以弟艰窘无措，将自置田产摘三之一与之耕住，弟乃得有恒居。子履谦，领恩荐；孙硕源，补弟子员，家道昌隆。]

吴世纪[里人。其父尔瑞，娶梁氏，生子世伦甫九月而梁亡；继娶陈氏，生世纪五年，陈卒。纪倚兄长，养至九岁。伦病，纪调汤药不离左右。垂危，纪焚香呼吁，刲股和药救之，旋愈。今兄弟犹和好无异，邑人称其友爱。]

---

① 资从：陪嫁的钱财，即嫁妆。
② 乡宪周大司马碑记载之：见本志卷十一《艺文志·文选》周煌《重修涪州学宫碑记》。
③ 醇良：纯正善良。
④ 劫灰：遭刀兵水火等毁坏后的残余。

余正国［自楚入涪，经商川北射洪县，积年获银万余两，尽寄伯兄置买庄业。后归，兄未分给，正国慨然让之，另置田宅居住，终无间言。里人称其友义，现年七十有一。］

忠烈

［宋文相国①云："孔曰成仁，孟曰取义，惟其仁至，所以义尽。"故或直言极谏，或慷慨赴死，要皆奋不顾身，知有国而不计身家者也。揭而书之，至今犹生气凛凛云。］

明

刘蒇［正德间任给事中，值司礼监刘瑾擅权，几危社稷。同朝畏权，结舌莫敢直谏。公上书数千言，力抵其罪②。廷杖几毙，罢归田里。事详《贤达》。］

陈计安［崇正末，为刑部主事。闻李自成入京，哭曰："臣智不能谋，勇不能战，惟以死报国耳。"城陷被执，不屈死之。］

寿考

［《礼》："八十常珍，九十饮食不离寝"，又"八十月告存，九十日有秩"，先王所以尚年③也。第乡饮之礼，涪陵久缺。爰逐加博访，自八十以上者，汇载"耆寿"一目。虽不敢谬比于洛社耆英，而黄发儿齿④悉登纪载，亦足征圣朝人瑞云尔。］

耆英

潘承志［敦尚古处⑤，友恭兄弟，置祭田以祀宗祖，力经营以课子孙。长子元良，列明经；七子元会，领乡荐，登仕籍；长孙颐，恩贡。寿至八十，举乡饮介宾⑥。将期颐，邑人举报申请，当事赠有"升平人瑞"匾额。后以子元会贵，诰封奉政大夫，九十六岁卒。］

---

① 文相国：南宋末政治家、民族英雄文天祥，曾拜任右丞相兼枢密使，封信国公。引文出自《宋史·文天祥传》，措辞顺序有出入，原话为："孔曰成仁，孟曰取义，惟其义尽，所以仁至。"
② 力抵其罪：按文意，"抵"字误，当作"力诋其罪"。诋：谴责、骂。
③ 尚年：尊崇年长者。
④ 黄发儿齿：语出《诗经·鲁颂·閟宫》："既多受祉，黄发儿齿。"比喻人年老长寿。黄发：指老年人的头发白久变黄，是高寿的象征。儿齿：老人牙落后又生的新牙，亦为寿征。
⑤ 敦尚古处：崇尚古道。古处：以古道（守正不阿的传统正道）相处。
⑥ 乡饮介宾：古代行乡饮酒礼时的宾客类型之一，次于"大宾"、"僎宾"（各一人）而尊于"众宾"，通常由本籍致仕官员或年高德劭、望重乡里之贤能者数人充任，有严格的推举、考察、审核、报批程序。

李万春 [应赠文林郎，寿九十而终。]

杨永荣 [增生，年九十五岁。]

张焜 [贡生，寿八十八岁终。]

易乾一 [庠生，年八十七岁。]

甘克和 [恩庠生，现年九十六岁。子五，孙十三，曾孙二十二，元孙四，五世一堂。]

朱尔瞻 [庠生，现年九十三岁。]

宋宣 [庠生，年八十六岁。]

王洪猷 [庠生，现年八十六岁。]

陈万通 [庠生，现年八十五岁。]

张玮 [诰封修职郎，年八十四岁。]

李子芳 [庠生，现年八十五岁。]

冯甲第 [州庠生，年八十三岁。四子，八孙，曾孙十余人，元孙三人，五世一堂。]

何震一 [增生，年八十四岁。]

盛长 [庠生，年八十二岁。]

陈仁 [庠生，年八十一岁。曾募捐银百余两，置玉皇观常住。又施大柏树场街基四十间，租钱为文昌、川主焚献。乡人义之。]

张祜 [贡生，年八十七岁。]

冉玮 [监生，年八十三岁。]

周福 [庠生，现年八十岁。]

何镶 [监生，现年八十岁。]

吴煜 [增生，现年八十岁。]

王洪勇 [现年八十岁。]

邹璋 [庠生，年八十二岁。]

乡耆

唐可惠 [现年百十有六岁，夫妇齐眉，敕建"期颐偕老"坊。]

赵琼英 [年九十五岁。]

萧纯 [现年九十六岁，为人忠厚朴诚。]

陈登第 [现年九十四岁，夫妇齐眉。子七人，孙十八人，曾孙三十一人，元孙四人，五世一堂。子孙辈俱耕读为业，不染游惰之习。乡人仰之。]

朱嗣昌［现年九十三岁。］

李璠［现年九十岁。］

何睿［年九十岁。］

黄连成［年九十六岁。］

易乾亨［字贤林，年八十九岁。］

舒其学［年九十岁。］

何启聪［现年八十七岁。］

邓应鹏［现年八十八岁。］

吴之瑄［现年八十七岁。］

张应翔［现年八十五岁。］

刘乾生［年八十七岁。］

罗一瑞［年八十七岁。］

陈纯［现年八十七岁。］

张德清［现年八十七岁。］

宋寀［现年八十七岁。］

张曲秀［现年八十七岁。］

梁锡泰［现年八十六岁，州牧报举耆宾。］

张鹏舒［现年八十六岁，夫妇齐眉。］

张旭［年八十六岁。］

陈祥［现年八十六岁。］

陈忭［年八十六岁。］

余翼鳌［年八十六岁。］

舒光宗［现年八十六岁，为人正直忠厚。训课子孙，俱入胶庠。乡人重之。］

张瑢［现年八十六岁。元配陈氏，现年八十四岁。夫妇齐眉。］

况尔仲［年八十六岁。］

陈杕［现年八十六岁。］

夏景晞［年八十六岁，元配八十岁。］

何启厚［寿八十五岁终。］

张文玉［现年八十五岁。］

赵凤林［现年八十五岁。］

张珍［现年八十五岁。］

吴述先［现年八十五岁。］

刘英贤［现年八十四岁。］

杨溥［年八十五岁。］

夏建松［现年八十四岁。］

张洪儒［现年八十四岁。］

何鳞［现年八十四岁，州牧报举耆宾。］

李国珍［现年八十三岁。］

杨公卿［年八十四岁。］

曹旭［年八十三岁。］

程明诗［年八十三岁。］

尚洪儒［现年八十三岁，朴实勤耕。］

张得中［寿八十三岁终。］

高成章［现年八十八岁。］

何镇［现年八十三岁，为人朴实，好善乐施。子八人，孙二十余人，曾孙十余人，元孙一人，五世一堂。］

姚子建［现年八十二岁。］

陈于相［现年八十一岁，州牧报举耆宾。］

吴先信［年八十二岁。忠厚居心，公平待物，里人仰之。］

杨仕琮［现年八十二岁。］

何调元［年八十一岁。］

姚瑚［现年八十一岁，为人孝友，居心诚实，夫妇齐眉。］

刘瑛［现年八十一岁。］

唐纯［现年八十一岁。］

熊恒珞①[现年八十一岁。]

何子道[现年八十岁。]

袁德儒[现年八十岁。]

吴仕侨[现年八十岁。]

夏元敏[现年八十岁。父卒时，诸弟俱幼，敏为之婚配、训课，其弟元祥列胶庠。]

瞿思焕[现年八十岁。]

陈仕佐[现年八十岁，为人端直勤俭。]

宋容[现年八十岁。]

郑文贤[现年八十岁。]

潘履泰[现年八十岁。]

彭体训[现年八十岁，为人勤俭笃实。]

彭锈[现年八十岁，夫妇齐眉，五世一堂。今犹康健镬铄，杖履乡党。]

吴敬久[现年八十岁。]

杨国臣[年八十岁。]

傅节文[现年八十岁，为人诚实，精医学。]

陈万昌[现年八十岁，夫妇齐眉。]

傅鸿任[现年八十岁，州牧报举耆宾。]

高成典[现年八十六岁。]

李钺[现年八十二岁。]

徐荣试[现年八十岁。]

周纯修[现年八十岁。]

石镛[现年八十三岁。]

吴世瑺[年八十三岁。]

杨表[现年八十岁。]

石若瀛[寿八十二岁卒。]

瞿克孚[现年八十岁。]

---

① 熊恒珞：民国《涪州志》卷十五《人物志五·耆寿》作"熊若珞"。

王其英［寿八十四岁。］

雷汝烈［寿八十岁。］

王洪泽［现年八十二岁。］

张正楷［现年八十四岁。］

邹克纯［年八十九岁。］

雷淮［现年八十岁。］

义举

［化行俗美，野人足备干城；排难解纷，布衣亦多豪侠。他若疏财仗义，未始非利济之怀。月旦①具在，安可听其湮没不彰耶？因备举其人，录其善，庶人皆慕义，其有裨于风化者多矣。］

明

张九经［客有隐金铜佛中，寄其家。后家被盗，以佛故未攫去。客至，九经归佛与金。客感其义，分金谢之，竟不受。入孝义祠，并载《省志》。］

向鼎［见《乡贤》，事详《贤达》。］

张与可［龟龙关水势汹涌，往往覆舟溺人，公捐赀凿平。又，沙溪春水暴涨，人马冲没，二百年无议利济者。公概然捐金建桥，郡守韩侯题曰"永赖"。自是，人无病涉之苦。］

国朝

舒翯［贡生。为人崇本务实，乐行善事。于八角厅建普净庵，并设义渡以济人行。］

潘嵩［庠生，为人诚笃，居家必整衣冠。设文会以课后学，成名者甚众；待乡里和睦，有贫乏者周济，习以为常；古冢裂毁，悉为封闭。父殁，庐墓尽哀。后其子味谦列成均，鸣谦、喻谦俱领乡荐、登仕籍，州人称为敦本崇实之报。］

舒其仁［贡生。建宗祠以睦族，置墓田以供祀。族中三世孤贫，为之抚养、婚娶，置产业给之；不能自存者，不吝资助。见楚客覆舟失衣物，赠金而去。丙子岁旱，米价

①　月旦：即"月旦评"，亦称"汝南月旦""月旦春秋"。典出《后汉书》卷六十八《许劭传》：东汉末年，汝南郡人许劭及其从兄许靖俱有高名，喜欢品评褒贬乡党人物，常在农历的每月初一（"月旦"）发表或变更对人物的评论品题，故称"月旦评"。后因以成为人物品评的代名词。

腾贵。请于官，那项①采买邻米，减价粜发，全活甚众。文庙垣外地为市侩私买架屋，捐金赎之。与弟其文同居，六十余年无异议。后其子国珍领乡荐，步衢列胶庠。]

覃邦本[吏员。为人扶弱济贫，素有隐德，见重乡里。后其子栋，食邑廪；模，登贤书。人以为积德之报。]

程绪[副榜。兄弟分析②后，兄羸病贫乏，绪以己产让兄，宁舌耕供食。族中有贫者，亦不吝分助。]

彭逢春③[慷慨好义，有贫人鬻子，即捐银赎回。又载米赴楚，有少年持银五十两买米未成，遗银封而去，逾时，少年寻至，春以原物给还，不受其谢。乡有旧联姻者，其婿出外十年不归，女父欲另嫁，春阻之，使人觅其婿回，助赀配合。]

郑仕福[居李渡镇。除夕，盗入其家，福觉之。盗叩头祈免，福曰："为盗非若本心，为贫所迫耳。吾予若金，后须改行易辙。"给以酒食钱缗而去。盗得赀本④，卒为善类。]

张世仲[好义疏财。曾纳谷四百石入社仓，州牧谢详请给予顶戴，藩司钱给有"急公尚义"匾额。后补修城墙，复捐银二百两，里人为之刻石城南。今其子列胶庠，人以为仗义之报。]

陈灿若[里民，慷慨好施，矜济贫乏。曾捐赀买棺百副，制布衣百件，凡无力安厝及贫老难办葬具者，屡年次第给之，受者称谢而无德色。年六十终。]

张国定[幼丧母，父因贫不续娶。定既长，谏父再娶，从之，生弟甫半岁而父殁。定事继母孝，抚弟课读婚配，自置田产与弟分之。继母冰居三十载而终，定葬祭如礼。今现年八十，子入太学。]

高田[庠生。为人公正，友爱弟兄，力事经营，分多润寡；乡里有不平者，多能排解。当事额其庐曰："芳行堪式"。]

易敏文[居李渡镇。市偶拾遗金五十两，失主寻至，讯实，即将原封还之。分金以谢，不受。]

郭阳裔[康熙癸卯武举，为人敦本睦族。祖居北山坪，自置业于夐子山。将祖业

---

① 那项："那"通"挪"，即"挪项"，指到处挪借，凑集款项。
② 分析：分家析产。
③ 彭逢春：民国《涪州志》卷十三《人物志三·义举》作"彭迎春"。
④ 赀本：做买卖的本钱。赀，通"资"。

归伯兄，买业付长侄，自甘贫约，终身无悔，年七十二岁而卒。子孙皆入胶庠，至今尤和睦，无间言。]

吴文瑞[自幼失怙，事母尽孝。母病，两次刲股救之皆瘳。待兄弟友爱，三世同居，推有让无。且乐善好施，如舍药施茶、创修庙宇桥梁等事颇多。前州牧王用仪旌其门曰"德龄媲美"。七十六而终。]

张友法[白里人。明季摇黄贼攻劫鹤游坪杀戮焚掳，友法率众力御之。国朝定鼎，请例起科，急公奉上，涪人德之。]

曾志学[性淳厚。少丧父母，两兄持家，积年颇殖财产。分析时，志学念两兄理家勤苦，甘心尽让诸侄，仅以祖业均分。至老友爱，乡人称之。]

汪名扬[为人轻财好施。值雍正癸卯、乙卯、乾隆丙子岁歉，遇乡人乏食者，捐谷米周济，前后百石有余；借贷难偿者，原券给还。前州牧谢以"松茂椒蕃"额其闾。卒年八十三岁。]

舒其道[庠生，好义，盛暑必饬衣冠。乙卯大旱，家贮之谷减价一钱借给贫邻，还时，又减一斗。有以首饰换谷者，给还，量助谷石。乡里仰之。]

文苑

[周子云："文辞，艺也；道德，实也。笃其实，而艺者书之。"①盖谓文辞之无关道德也。然载籍极博，非融洽经史，根柢理窟，又何以炳炳烺烺、辉映奎壁②哉？除已载《贤达》不赘外，特采艺苑名流、卓卓可称述者，以次汇叙成帙。]

国朝

刘之益[闻见博洽，康熙癸亥年创修《涪志》。]

冯懋柱[学问渊博，康熙甲午年重修《涪志》。]

陈于铭[字西斋，府学明经。博通经史，理解精微。三子，俱登乡荐。凡后进之士，多出其门。著有《时艺》待刊。]

---

① 周子云：引语出周敦颐《通书·文辞第二十八》。
② 炳炳烺烺、辉映奎壁："炳炳烺烺"形容文章的辞采声韵光亮鲜明，富于美感；"奎壁"原为天上二十八星宿中主宰文运的奎宿（西方白虎七宿的第一宿共十六颗星，古人因其形似文字而认为它主宰文运）和壁宿（北方玄武七宿的末一宿共有两颗星，因其在室宿的东边类似其墙壁又称"东壁"，古人认为是天上的书库）的并称，喻指文坛。

夏嵪①[弱冠能文，尤究心诗学，兼通音律，中癸卯恩科经魁。年二十四卒，士类惜之。]

陈于端[长于时艺②，中丙辰恩科解元。]

何裕基[丰采纯雅，潜心学问，中丙辰恩科经元。著有《时艺》待刊。]

文正[颖悟过人，可以一目数行。博览群书，中辛酉经魁。]

陈于藩[长于时艺，试辄冠军。为文醇正典雅，蜀东称之。]

黄坦[潜心经史，为文昌明博大，中辛酉解元。著有《辉萼堂诗文》待刊。]

张景载[聪颖嗜学，彬彬尔雅。]

黄基[究心道学，为文力追先正，中辛酉经魁。]

邹锡礼[潜心学问，融贯《四书讲义》，长于时文，后进多出门下。]

陈鹏飞[聪慧颖悟。凡作一艺，独开生面，士类中称为"锦心绣口"。著有《时艺》待刊。]

隐逸

[巢由之洗耳，严陵之钓台，固千载高风矣。后世匿迹林泉，安知非终南捷径？然无心轩冕，洁清自好，以视奔竞之徒，大有径庭。廉退③之风，又乌可少哉？]

明

晏亚夫④[性恬淡高洁，博学嗜古，不乐仕进，郡人咸称其贤。春秋配祀"四贤"，故《总志》又谓"五贤祠"。]

蔺希夔[号云门，博洽典雅，潜心理学，著有《易注》行世，一时向慕从游者千里毕集。有强之仕者，曰："名教中自有乐地，何以官为？"额其庐曰"万松窝"。]

文渊[号跃吾。精书翰，长风雅，足不履廛市。性最洁，多栽花竹以适怀。生五子，植五桂于庭，彷佛燕山窦氏⑤，勉子力学。长者成三楚贤令，幼者登贤书，孙枝⑥皆词坛杰士。]

---

① 嵪（tāo）：山名。

② 时艺：即时文、八股文。

③ 廉退：廉让，清廉谦让。

④ 晏亚夫：即晏渊，本志卷七《祀典志》"乡贤祠""四贤祠"列入宋代，民国《涪州志》卷十一《人物志一·乡贤·晏渊》引《蜀中著作记》云："渊字亚夫，号莲荡，晋中郎晏靖之后。徙蜀，家长寿之涪坪山，受学于朱文公。"此处列入明代，正是民国《涪州志·凡例》所谓"前《志》以晏渊、晏亚夫为二人，分入宋、明"，误。

⑤ 燕山窦氏：五代后晋时期，地处燕山一带的蓟州渔阳（今天津蓟县）人窦禹钧。因其教子有方，五个儿子均文行并优，先后科举成名（所谓"五子登科"）。故《三字经》云："窦燕山，有义方，教五子，名俱扬。"

⑥ 孙枝：喻指孙子辈。

刘昌祚［号瀛台。美丰仪，精词翰。虽屡世台省，毫无贵介气。神宗朝，以祖忠愍公之荫，屡旨起用，皆高尚不就。时有七叟为侣，共联题咏，今江心石鱼尚存"七叟胜游"之刻。］

夏可洲［号海鹤，博通词赋。读书大渠灏，架草亭于江岸，日吟咏著述。渝州倪司农遇同颜其居曰"埜史堂"，因赠一联云："有才司马因成史，未老虞卿已著书。"始名犹露副榜，继则身远城市，人号"埜史名儒"。］

夏可淇［庠生。博古自好，屡举不第，乃退以诗书娱老。尝以古人笃行自励曰："'学古入官'①。若入官而鲜效，不如不入官也。"居家孝友谦让，与兄可洲号"夏氏二难"。］

流寓

［士君子桑弧蓬矢②，志在四方。讵曰"生于斯，长于斯"，遂安土重迁，无事车辙马迹为耶？纪其遗迹，能无向往？］

汉

马援［汉伏波将军。当时征武溪蛮，屯兵于涪城之南五里，今人名其地曰"马援坝"。］

唐

李白［彰明县人。昔入夜郎往来于涪，后遂改涪之五龙镇曰"李渡"。］

宋

程颐［河南人，宋哲宗时擢崇政殿说书。绍圣间，削籍窜涪州。至涪，寓居北岩注《易》，所渐皆为名士。涪人祀于北岩。载《省志》。］

尹焞［洛阳人，少师事程伊川。靖康初，以荐召至京师，不欲留，赐号"和靖处士"。次年，金人陷洛阳，焞阖门遇害，焞死复甦。后刘豫以礼聘，焞不从，乃自商州奔窜，绍兴四年止于涪，就伊川注《易》北岩山辟"三畏斋"以居，涪人多宗之。后以范冲举召为崇政殿说书，辞以疾。冲请命漕臣至涪亲遣③，乃就道，祭伊川而后行。

---

① 学古入官：语出《尚书·周官》："学古入官，议事以制，政乃不迷。"孔训传曰："言当先学古训，然后入官治政。"学古：学习和研究古代典籍。入官：做官从政。

② 桑弧蓬矢：《礼记·射义》所记载的古代男孩出生时，请射人用桑木做的弓和蓬草做的箭射向天地四方的射箭仪式，表示长大以后有经营天下的远大志向。

③ 冲请命漕臣至涪亲遣：原志误"遣"作"遗"，据《宋史·列传一百八十七·尹焞传》改。

载《省志》。]

罗从彦[字仲素。尝从杨时讲《易》，至《乾》九四爻，云："伊川先说甚善。"鬻田走州①，见伊川问之。伊川反覆以告，从彦谢曰："龟山先生具是矣。"乃归卒业。见《渊鉴》。]

黄庭坚[洪州人。以修《实录》谪涪州别驾、黔州安置，自号"涪翁"。《与太虚书》曰："某屏弃远方以御魑魅，耳目昏塞，旧学废忘，是黔中一老农耳。"载《省志》。]

王充[梁州人。游黔南时，黄庭坚谪于涪，与充相爱甚笃。庭坚书曰："南充王子美，其质温粹。久之与游，见其诚心而不疑，循理而就就。"按《一统志》云："游黔南，太守高请以训黔之学者。时黄庭坚被谪于州，相爱甚笃，常②书以颂王之德曰：'南充王子美，其质粹温。久与之游，见其循理而不竞，诚心而不疑。'当从《一统志》。]

刘彝[福建福州人。仕宋，累官直史馆。知桂州，禁与交人互市。交阯陷钦、连等州，坐贬官，安置随州。又除名为民，编隶涪州。载《省志》。]

明

杨慎[字升庵，新都人，正德辛未状元。与松泉夏尚书交厚，尝客于涪。]

列女

[媚操茹荼，贞媛矢志，抑坤舆之所钟欤？盖得阴气之正，自觉冰霜凛凛足愧须眉，殆非巾帼之谓也。涪陵山峙水洄，每多西南间气③。芳闺懿范，彤管堪垂，司风化者所当急为阐扬也。]

节妇

明

王氏[张德星妻。年十九夫卒，子元方二岁，鞠育至成童，遣就外傅，躬织纴以给之。岁时祭祀，必精洁诚敬。后元领乡荐，元子善吉、孙柱，皆成进士，人以为苦

---

① 伊川先说甚善、鬻田走州：疑有误。《宋史·列传一百八十七·罗从彦传》分别作"伊川说甚善""鬻田走洛"。

② 常：通"尝"。下同不注。

③ 间气：喻指杰出人才。《太平御览》卷三六〇引《春秋孔演图》宋均注云："间气则不苞（包）一行，各受一星以生。"按：古代谶纬之说以五行附会人事，谓帝王臣民各受五行之气以生。杰出人才间世而出，是上应星象，禀天地特殊之气，故称。

节之报云。]

冯氏［张孔时妻。年二十二夫卒，抚孤子，养舅姑，孀居六十四年而卒，有司表其门。］

萧氏［任学妻，年十九夫卒，极贫无子，遗一女又卒。事姑孝，誓死不二，又为姑庶子经营完娶。年八十二而终。］

范氏［吴鼎妻，年十七夫卒，极贫无子。其兄怜其寡且贫，迎之还，弗许。州守廖森闻而存恤之，年八十五卒。］

夏氏［生员张诩妻，年十九夫卒，子女俱无。豪家请姻，氏割耳截发。以异节题请旌表，建坊在西关外。］

许氏［刘大节妻，年十九夫卒，遗腹六月。生子抚养，营葬舅姑。至今，称其地为"节孝里"。］

庞氏［文可宗妻，年二十一夫卒。养姑抚幼，营葬两姑，嫁三女，守节五十五年而卒。牧张时迪详请旌表其门。］

朱氏［儒生张亲仁妻。夫卒，事姑最孝，孀居至老。建"节孝昭垂"坊在北关外。］

刘氏［都谏秋佩公女，适进士钱玉之子。年十九夫卒，庐墓夫旁，誓死靡他；躬辟纑，修造四桥。时有名人题咏谓"父忠女烈"云。］

张氏［儒士沈掞妻，节孝石坊现存盐井坝。］

赵氏［陈一廉妻。年二十夫卒，抚一子；生三孙，皆领乡荐。九十三卒，详请旌表，建"冰心映日"坊在城北门外。］

王氏［文武妻。武早卒，氏年甫十八。事姑孝，贞静慈和，言动惟谨。有劝其改节者，氏割耳刺面以示坚贞，守节五十年。州牧具闻旌表，坊赐"节孝流芳"四字。］

蔡氏［周文焕妻。明崇正甲申年适周，播迁患难，诸苦备尝。夫卒，有仇家索债逼嫁，氏遂依母居，苦节四十六年，族党贤之。］

国朝

黄氏［明经向日赤之继妻，秉性贞静，甘穷约。日赤为贼所害，氏尚青年。矢志抚子端暨两女，嫁娶婚配，艰苦备历。后端夫妇俱殁，又抚孙远鹏暨二孙女，三十余年而卒。至康熙乙酉科，孙远鹏登贤书，郡人以为苦节之报，已请旌表入节孝祠。］

沈氏［张文仲妻。已请旌表，坊建南岸堡，入节孝祠。］

章氏［孝子周儒妻。已请旌表，入节孝祠。］

吴氏［杨芳林妻。夫被贼害，氏年方廿余，坚志守节，倍历难险。子二：长名奇，次名时。纺绩督课，年五十而卒。时有学宪并邑侯额其门曰"柏舟①之操，孟姜一派"。后名时膺岁荐，名奇之子维楫亦列胶庠。已请旌表，入节孝祠。］

何氏［杨奇妻。已请旌表，入节孝祠。］

杨氏［武隆彭长春妻，幼而贞静，年十七适彭。越二年，夫卒，遗腹生子宗舜。艰辛抚养，事翁姑孝养倍至。姑病笃，割股以救。姑殁，事继姑无异。教子读书，苦节三十年。后宗舜得列胶庠，颇慰冰霜之志，宗族乡党莫不贤之。已请旌表，入节孝祠。］

高氏［举人夏峪妻。年二十二夫卒，氏抚孤成立，守节三十九年。请旌表入节孝祠。］

罗氏［周鉴之妻，年二十九夫殁，守节三十余年。已请旌表，入节孝祠。］

陈氏［庠生石若汉妻。年二十二夫卒，氏抚七月孤子，矢志冰清，苦节历四十余年而卒。已请旌表入节孝祠，建坊石家沱。余详《孝妇》。］

文氏［庠生陈于宸妻，文任之女也。年二十适陈，舅殁而姑存，有八十余之祖姑。氏竭诚孝养，俱得欢心。年二十三夫卒，子甫一岁，多病疾。家清贫，鬻簪珥延医治疗。稍长，遣就外傅，归则查考课程，躬纺绩以助膏火。茹蘖饮冰，历四十余年。后子鹏飞成进士任曹县令，迎养署中，卒时年六十有八。已请旌表，入节孝祠。］

黄氏［周镐之妻，年二十四夫卒。氏矢志守节历四十七年，已请旌表。］

夏氏［丙辰解元陈于端妻，庠生夏瓆②女也。年二十五夫卒，遗一子方襁褓。时翁姑已殁，尚有八十余龄之祖姑。氏尽孝养，苦节三十余年。子鹏高，列胶庠。已请旌表。］

周氏［甲子举人文步武妻，周□□女也。年二十六夫卒，遗一子未周岁。氏养亲教子，守节四十余载，现年六十七岁。乾隆壬辰，子楠捷南宫，筮仕甘肃。已请旌表。］

张氏［监生谭绍尧妻，明经张纯修女也。年二十归谭，翁姑性刚严。氏竭诚奉养，俱得欢心。越二年，夫卒。氏矢志抚孤，守节三十余年。已请旌表。］

---

① 柏舟：本为《诗经·鄘风》篇名。《诗经·鄘风·柏舟序》："柏舟，共姜自誓也。卫世子共伯蚤死，其妻守义，父母欲夺而嫁之，誓而弗许，故作是诗以绝之。"后因以谓丧夫或夫死矢志不嫁。

② 夏瓆（zhì）：瓆，古人名用字。又，民国《涪州志》作"夏璜"，其卷十六《人物志六·列女一》"陈夏氏"条云："丙辰解元陈于端之妻，庠生夏璜之女。年二十五夫卒，遗一子方襁褓，祖姑年八十余，氏尽孝养抚。子鹏高列胶庠。"

李氏［生员杜绳祖妻，吏目李文焕女也。年二十八夫卒，氏矢志贞坚，养亲抚子，历节四十五年，现年七十三。已请旌表。］

陈氏［举人何铨之妻，贡生陈用世女也。年十九，适何。至二十五岁，夫卒，遗一子一女。氏苦志守节，足不出户，教子有基成进士，出任湖北沔阳州知州。历节五十四年，七十九岁而终。大学士陈公宏谋为之立传，载入《艺文》。］

陈氏［刘洪任妻，陈振世女也。年十九适刘，越八载而夫殁。无子，继侄为嗣。矢志靡他，历节六十余年，八十四岁终。］

刘氏［邹锡节妻。年十九适邹，生一女，夫随父任山东。越三年，夫卒于署，氏年二十六。姑怜其幼，微示以意。是夜，氏即悬梁，幸女呼号，引救得甦。守节三十余年，将卒，脱簪珥予侍婢，嘱曰：“我死，汝为我栉沐，勿令他人见我身体也。”言讫而卒。呈请旌表。］

万氏［朱瓒妻。年十八夫卒，有遗腹子，家极贫。氏守贞不贰，养姑抚子，倍历辛勤。苦节七十二年，寿至九十余而终。］

熊氏［刘心田妻，年十九夫殁。氏誓不贰志，历节七十余年。］

陈氏［庠生熊轶林妻，廪生陈汉章女也。秉性柔顺，饬躬严谨。年十八适熊，越六载夫殁。氏矢志冰霜，孝养翁姑，抚二子希衮、华衮俱皆成立，不坠先绪。守节六十余年，八十八岁终。］

罗氏［张圣统妻，罗朝凤女也。年二十三夫卒，氏矢志守节，冰洁六十七年，年八十九而终。］

彭氏［刘体乾妻，庠生彭钺之女。年二十八夫卒，遗一子，甫三岁。氏坚志冰霜，遇贼入室，强拒不屈，州牧萧星拱额其门曰“直节流芳”。抚子成立，年八十六而终。］

杨氏［徐有中之妾。有中经商云南，获赀千金，卒于滇。氏年甫十九，无子。父兄劝之改节，不从，携金扶柩归里。坚心守节，事嫡若母，依嫡子存活八十四岁，历节六十五年。］

石氏［张世仙妻。年二十九夫卒，遗一子璠。氏矢志冰霜，教子由廪贡成均。历节五十余年，寿八十三而终。］

张氏［彭佐卿妻，年二十六夫卒。氏矢志柏舟，养姑教子。后其子又丧，抚孙成立。八十三岁终，历节五十余年。］

舒氏［曹仕宾继妻，年二十三岁适曹。越三载而夫殁，无子，抚前室子锜成立。后锜又亡，孙文昇、曾孙元、元孙起昌，四代皆早夭。其遗孤，氏俱抚养婚配。历节五十余年，八十三岁终。］

何氏［邱国英妻。年二十夫卒，无子。氏苦志冰霜，历节六十二年，八十二而终。］

杨氏［庠生吴钦之妻，杨汝柏之女。年二十八岁夫卒，氏养亲孝谨，教子义方。州牧王廷松额其门曰“劲节延龄”。守节五十余年，八十一而终。］

瞿氏［林维栋妻，年二十九夫卒。氏守贞不二，养亲抚孤，年逾八十。州牧谢国史额其门曰“劲节延龄”。］

杨氏［鞠敬成妻，年二十夫卒，遗一子。氏矢志柏舟，抚子成立，历节五十余年。］

孙氏［黄琬之妻，年三十夫故，遗一子。氏矢志守节，孀居五十三年，八十二岁终。］

舒氏［陈宪谟妻，庠生舒翼女也。年二十八夫卒，无子，家清贫。氏誓守不二，茹茶自甘。戚党怜其贫，有遗之衣物者，坚辞不受。八十岁终。］

杨氏［彭锐妻，杨国臣女。年二十六夫卒，遗一子，甫半岁。氏冰霜自矢，州牧王廷松额其门曰“矢志柏舟”。守节五十二年。］

易氏［冉琼妻。年二十四夫卒，遗二子。氏誓守甘贫，课子耕读，历节五十余年。］

郭氏［傅仲昇妻，年三十夫殁。氏矢志柏舟，历节五十年，寿至八十而终。州牧谢国史额其门曰“钟郝矩范”。］

张氏［明经张笃生之女，周□□之妻①。年十八岁归周，越八载而夫卒，遗二子。氏柏舟矢志，茹苦食茶，抚子成立入庠。孙兴涪，列贤书。享寿八十而终。］

夏氏［高以元妻，贡生夏瑚女也。年十六适高，未逾年夫殁，无子。氏守贞不二，家计萧条，纺绩供亲，继侄承嗣。历节六十载，年七十六终。］

程氏［夏敬勤妻，年二十八夫卒，子幼家贫。氏矢志冰霜，养葬翁姑，抚子成立。州牧谢国史额其门曰“竹茂松筠”，寿七十六终。］

陈氏［庠生黄文中之妻，寿州知州援世女也。年十九适黄，未逾年夫染病。氏知

① 周□□之妻：据下文“孙兴涪，列贤书”、本志卷九《选举志·封典》：“周铠：兴涪之父，貤赠修职郎”及民国二十七年（1938）思孝堂刻本《涪陵周氏家谱》卷四《杰公世系》：“铠：珩公长子，字御侯，邑庠生”等，应推断出张氏为周珩之妻，缺字当补作“珩”字。且本条云：张氏“年十八岁归周，越八载而夫卒”，而民国《涪州志》卷十六《人物志六·列女一》“年二十六守节者”中，正好又列有“周珩妻张氏”，可为确凿之补证。

难痊，即剪发伴麻成屦，以殉夫葬。时翁姑已卒，愿随母终老。长斋四十余年，为母祈寿。母果享寿九十有五，氏亦七十六岁终。]

吕氏[谭瑜之妻。瑜殁，氏年二十八岁，遗一子二女。氏矢志柏舟，养葬翁姑，婚配子女。前州牧王廷松、谢国史颜其门曰"玉洁冰清""钟郝矩范"。年七十六岁卒。]

何氏[陈昭妻，年二十八夫卒。氏矢志冰霜，抚孤成立。守节四十七年，七十五岁终。]

何氏[庠生李材之妻，何奠川之女。年二十八夫卒，遗二子。氏守贞自矢，事舅姑，教二子，辛苦备历。守节四十七年，寿至七十有五终。]

罗氏[汪轶之妻，年二十五夫卒。氏事祖姑暨姑，俱得欢心。苦节四十余年，寿至七十四终。]

魏氏[彭旭妻，年三十夫卒。有子五人，长俱夭折，仅遗一幼，家无斗筲。氏矢志坚贞，纺绩经营，养姑、守节四十余年，寿至七十三终。]

鞠氏[杨树成妻，年二十适杨。越八载而夫殁，抚子婚娶。生一孙，子旋卒，又抚孙成立。寿至七十三终。]

何氏[庠生舒其德妻，年二十八夫卒。姑性严峻，氏委婉奉事，得欢心。抚三子成立，苦节四十余年，寿七十二终。]

杨氏[吴皞之妻，杨维楫之女。年三十夫殁，遗腹生子。氏矢志坚贞，上养翁姑，下抚孤子，人称"贤淑"。守节四十余年。]

胡氏[李硚妻，胡尔珍女也。年二十二岁夫卒，无子。氏纺绩度日，养葬翁姑。年七十二而殁，历节五十年。]

唐氏[张守道妻，年十六适张。二十八岁夫殁，遗一子，甫一岁。氏守贞不二，苦节四十三年，寿七十一终。州牧陈于上额其门曰"柏舟载咏"。]

席氏[芶麟妻，席兰元女。年二十六夫卒，遗三子。氏矢志柏舟，抚子成立，年七十一终。]

李氏[彭铸妻，生员李沛女也。贞静寡言，不喜容饰。年二十八夫殁，遗二女。氏矢志柏舟，继侄承嗣。守节四十余年，寿七十岁终。]

冯氏[庠生文裕武妻，冯伦女也。年二十适文，越八载夫殁，无子。氏励志冰操，历节四十二载，年七十而卒。]

鞠氏［吴进涵妻，鞠长久女也。年十九适吴，十载夫殁。无子，继侄为嗣。寿六十九岁终，前州牧王綍曾以"冰霜劲节"额其门。］

杨氏［彭儒彬妻，年二十八夫卒。氏矢志冰霜，事姑孝谨。守节四十年，六十八岁终。］

王氏［高旭妻，王三华女也。年二十三夫卒，无子。氏苦志守节，继侄承嗣。历节四十五年，州牧王愿表其门曰"冰节维世"。］

王氏［吴文杞妻，王敬忠女也。年十八适吴，夫病，刲股救之得瘥。二十八岁夫卒，遗三子。氏矢志不移，事姑尽孝。姑病，亦刲股救愈，又享年一纪。三子躬督耕桑，孝友成家。氏守节三十七年，六十五岁终。］

覃氏［黄琼妻，覃华初女也。年二十一夫殁，遗一子，甫六月。氏矢志柏舟，抚子成立，寿六十五岁终，苦节四十四年。］

刘氏［夏裕妻，刘子佑女也。年二十八夫卒，无子。氏矢志守节，嗣侄熙为子，抚之成人。松坚冰洁三十三年，年六十一岁终。］

袁氏［熊犹龙妻，袁先谟之女。年二十八夫卒，遗二子。氏矢志柏舟，抚子成立，年六十岁而终。］

张氏［余忭妻，年二十岁夫卒，遗一子。氏矢志靡他，孝养舅姑，抚子成立，六十四岁终。］

甘氏［监生汪永妻，甘大猷女也。年十九适汪，翁姑俱殁，事继姑以孝闻。二十九岁夫卒，遗二子俱幼，抚养成立。苦节三十三年，寿六十二岁终。］

罗氏［张鹏妻，年二十七岁夫殁，遗一子。氏抚育成立，子又丧。仅一孙，复抚育成立。守节三十余年，六十二岁终。］

乐氏［何榔妻，年二十四岁夫殁，遗二子。氏抚育成立，苦节三十七年，六十一岁终。］

冉氏［周镕妻，酉阳明经冉□女也。年二十岁于归，甫一月而夫卒。氏矢志靡他，苦节四十余年，卒年六十余岁。］

万氏［汤枞之妻，年三十夫卒，遗二子辉业、辉绩俱幼。氏矢志冰霜，苦心教子，辉绩食饩黉宫。守节三十二年，享寿六十有二。］

夏氏[汪玳之妻，年二十八岁夫卒。氏矢志冰霜，诵经长斋，抚子成立，后孙二俱入胶庠。苦节三十四载，年六十二卒。]

周氏[庠生文灼之妻，赠荣禄大夫周俨之女也。年二十适文，越六载夫卒，遗一子甫二岁。氏矢志冰霜，守节三十四载，年六十岁终。]

古氏[王珙之妻，古时中女也。年十四适王，逾二载夫殁，遗一子。氏长斋礼佛，矢志守节历四十五载，年六十一而卒。]

陈氏[知县何铠之妾。年二十四铠卒，遗一子。氏誓不二志，抚子成立，苦志二十七年。]

黄氏[庠生李纯之妻，黄正武之女也。年二十八夫殁，遗一子。氏矢志守节，养姑教子，寿至六十岁终。]

袁氏[蔡廷贵之妻。年二十七岁夫殁，遗一子。氏矢志冰霜，誓不二志。后其子又丧，氏始终不移。历节三十余年。]

周氏[夏纯智之妻，周伯昌之女也。年二十六岁夫卒，遗一子甫八月。氏柏舟自誓，孀居三十二载，年五十八岁终。]

陶氏[余志显之妻，年十七适志显，四载夫卒。氏矢志冰霜，抚独子成立，娶媳周氏。数年而子又卒，遗孙三，姑媳抚育。陶五十二岁而终，历节三十一年；周亦霜居①无异志。]

王氏[童生李如榕之妻，王琯之女也。年二十适李，甫半载，夫卒。氏矢志坚贞，抚遗腹子②成立，年五十六岁而终。]

周氏[罗德永之妻，年二十九岁夫卒，遗一子。氏失志冰霜，抚子成立，历节四十余年。]

陈氏[邓维淳妻，陈仁之女，年二十二岁夫殁。氏苦志守节三十一年，五十三岁终。]

向氏[举人沈宾妻，庠生向远翮女也。年二十二夫卒，遗一子。氏矢志冰霜，抚子成立。年四十五岁卒。]

---

① 霜居：即孀居，指夫死守寡。霜，通"孀"。
② 遗腹子：原志误"腹"字，作"遗服子"。

潘氏［徐珍妻，赃赠文林郎潘紫临之女。年二十五夫卒，遗二子。氏矢志柏舟，苦节训子，长学鸿列胶庠。孀居二十五年卒。］

郭氏［蔡宏玉之妻，年二十六岁夫卒。氏矢志柏舟，抚子成立，历节三十余年。］

刘氏［石维岱之妻，庠生刘文龙之女也。年二十二夫卒，氏孝事孀姑，抚遗腹孤子成立，氏年四十而卒。］

蒋氏［陈文学妻，蒋子文女也。年十七适陈，越五载夫殁。氏失志冰霜，养姑教子。姑卒，葬祭尽礼。前州牧谢国史额其门。现今八十余岁，举动犹以礼自检。］

田氏［郑成典之妻，年十八岁夫卒，遗一子。氏矢志不二，抚子成立。守节六十年，现年七十八岁。］

卢氏［余绍绅妻。年十八夫卒，遗一子方数月。家极贫，矢志守节，养姑孝。值姑病，氏奉药饵，每辄夜不眠。抚子旭成立。州牧王廷松额其门曰"劲节凌霄"。迄今年七十有七，举动犹必以礼自闲，族党重之。］

孙氏［杨鸣珂之妻，年二十夫卒。苦志守贞，事姑至孝。姑卒，携子庐墓三载。现年七十九岁。］

吴氏［傅近韩妻，年二十九岁夫殁，遗四子。氏矢志守贞，事姑极孝。姑卒，氏尽哀尽礼。现年八十七岁，历节五十八年，眼见五世元孙。］

倪氏［陈国柱妻，年二十五岁夫卒。氏誓守不二，历节五十八年，现今八十三岁。］

古氏［张宏载妻，年二十夫卒，家无斗筲。氏矢志不移，纺绩课子。守节五十余年，现年七十八岁。］

冯氏［徐玉阶妻，年二十三夫卒。氏矢志不移，抚子成立，州牧陈于上额其门曰"冰壶秋月"。历节五十八年，现年八十一岁。］

鲜氏［生员周瀚妻，鲜六锡女也。年二十一夫卒，无子，家极贫。氏矢志不改，纺绩以养姑。姑殁，哀毁倍至。苦节五十七年，现今七十八岁。］

龚氏［曾孙达之妻。夫卒，氏年二十九岁。矢志柏舟，抚子成立，现年九十六岁。］

罗氏［石鲁存妻，年二十八岁夫卒，遗一子。氏坚志守节，现年八十三岁。］

陈氏［庠生熊犹麟妻，万年县知县陈岱女也。年十七适熊，逾年夫卒，无子。氏矢志冰霜，养姑尽孝。继侄璐为嗣，娶妇何氏。甫三载而璐又亡，遗一子，姑、媳抚育成立。陈现年七十三，守节五十四年；何亦孀居一十八载。]

曹氏［夏元铎妻，年二十八岁夫卒，遗一子，甫三岁。氏矢志冰霜，之死靡他，抚子成立。现年八十岁。］

周氏［郭点妻，周大训女也。年十九适郭，逾年，夫病笃。氏切指煎药，愈后四年，生子文基，甫四月而夫故。氏抚育成立，娶妇潘氏。越六年而文基又丧，遗一子，甫一岁。姑、媳以养以教，为之婚配。氏年七十余，守节五十余年；潘年五十，亦守节二十七年。］

罗氏［李朴妻，年二十六岁夫卒。氏矢志坚贞，事姑尽礼，抚子如璋入胶庠。现年七十七岁。］

张氏［吴南华之妻，年二十三岁夫殁，遗一子幼。氏矢志孀居，守节五十一年，现年七十四岁。］

李氏［曹绪儒之妻，年二十五岁夫卒，子甫一岁。氏矢志冰霜，守节五十年，现年七十五岁。］

秦氏［黄道符妻，年二十八岁夫卒。氏养亲抚子，守节五十年，现年七十八岁。］

程氏［张厚载妻，年二十八岁夫卒，遗二子俱幼。氏养姑抚子，甘守贫约。二子继丧，又抚两孙，辛苦备至。现年七十八岁。］

刘氏［彭体慧妻，年二十九岁夫卒。氏守贞养姑教子，备历艰辛。守节五十年，现年七十九岁。］

任氏［张登贵妻，任盛隆女也。年二十三夫卒，氏苦节不移，抚子成立婚配。历节五十年，现年七十三岁。］

陈氏［王国正妻，年二十五夫卒，遗一子。氏苦节五十年，现年七十五岁。］

黄氏［刘沅妻，黄尔祥女也。年十七适刘，逾二年夫殁，无子。氏矢志守节，事翁姑丧养尽礼。居孀四十八年，现年六十七岁。］

王氏［张珊之妻。年二十三岁夫卒，遗一子，氏矢志抚孤。后其子又丧，氏终不移初志。苦节四十八年，现年七十有一。］

任氏［萧道政妻，年二十二夫卒，遗一子。氏矢志冰霜，历节四十七年，现年六十九岁。］

唐氏［曾鲁之妻，年二十八夫殁。逮事老姑，菽水尽养。遗三子，抚育成立。年八十四终，历节五十六年。]

罗氏[曾煦之继妻。十八岁适曾，逾二年，生一子。事姑克谨，抚育前妻二子如己出。年二十四夫卒，氏娶课读，纺绩持家，茶苦自甘①，乡里服其贞操。年五十八岁而终。]

刘氏[萧国珍妻，年二十夫卒，遗腹生子敏。氏矢志柏舟，养葬翁姑尽孝尽礼。历节七十六载，年九十六而终。]

况氏[方体乾妻，况尔林女。年十九适方，逾年夫殁，遗一子琭，甫岁余。氏矢志靡他，事翁姑尽孝。姑病瘫痪，卧床八载，氏侍汤药毫无倦容。遣子就傅，督课倍严，后其子列胶庠。苦节四十二载，现年六十二岁。]

王氏[萧儒顺之妻，年十九夫卒，遗一子甫半岁，翁姑在堂。氏矢志冰霜，仰事俯育，历今三十载，双亲尚存。子登云，名列太学。]

王氏[刘世梅之妻，年二十二岁夫卒，遗一子，媿姑在堂。氏矢志冰霜，事姑尽孝。历节三十年，现年五十二岁。]

冉氏[李万才妻，年二十二岁夫卒，遗一子一女。氏茹茶守节，抚孤婚嫁，勤俭持家，岁有余积，为子增买田产。现年七十二岁，苦节五十年。]

邹氏[李天泰妻，年二十夫卒，无子。翁姑劝其嫁，氏自誓守节以事翁姑。上有两兄，分出各居，长早丧，次出外二十余载未归。翁姑养葬，氏独任之。后继胞侄为嗣，甫得一孙，子遽卒，氏又抚孙成立婚配。现年九十二岁，历节七十二年。]

李氏[生员黄璞之妻，年二十三岁夫卒，遗二子。氏矢志守节，上事翁姑，下抚双儿，持家勤俭，增买田业以贻后人。现年五十八岁。]

王氏[熊珩妻，年二十八夫殁，遗一子。氏矢志冰节，家贫茹苦，抚子成立。七十岁终。]

王氏[孙经之妻，年二十八夫殁，遗一子尚幼。事姑克顺，养葬尽力，勤操内政，抚子成立。现年六十四岁。]

张氏[易洪文妻，年二十八岁夫卒，遗二子。氏矢志守贞，抚二子成立。现年七十有五。]

---

① 茶苦自甘：出自《诗经·邶风·谷风》："谁谓荼苦，其甘如荠。"原志误"荼"作"茶"。

秦氏〔刘维教妻，庠生秦继先女也。年二十八岁夫卒，子甫数月，家计萧条。氏冰节自持，日勤纺绩，抚子成立。现年七十五岁。〕

何氏〔瞿瑜妻，何文明之女。年二十七夫卒，遗二子俱殇。氏矢志不移，历节四十六年，现年七十三岁。〕

吴氏〔黄琦之妻。年十八适琦，数月而夫卒，遗腹三月生子士相。氏矢志守节，事翁姑尽孝，抚幼子成立，置田修屋，备极劳瘁。苦志冰霜四十六年，六十四岁而终。〕

谢氏〔李统妻，谢天命之女也。年二十二岁夫殁，遗一子。氏苦志冰霜，抚子成立。现年六十有九。〕

蒋氏〔童生谢洪绅妻，蒋子沛之女。年十六适谢，未及二载夫亡，无子。氏孝事舅姑，纺绩度日，苦志冰霜四十六载。现年六十三岁。〕

湛氏〔张秉中之妻，年二十八岁夫卒。氏守贞四十六年，现年七十四岁。〕

高氏〔周樽三之妻，年二十五岁夫卒，抚子成丁，殀亡。氏终不易志，苦节四十五年，现年七十岁。〕

王氏〔进士何有基继妻，游击王懿女也。年二十八夫殁，无子。氏冰霜自矢，守节四十五年，现年七十有三。〕

陈氏〔张法载妻，举人陈珏女也。年十六适张，越二载夫卒，遗一子。氏矢志守节，抚子成立，孀居四十四年。现年六十有二。〕

程氏〔庠生张秉岐妻，教谕程绪之女也。年二十八夫卒，无子。氏矢志冰霜，事翁姑得欢心，爱诸侄如己子。守节四十四年，现年七十二岁。〕

何氏〔陈让妻，何子建女也。年二十五岁夫卒，遗一子，甫三岁。氏矢志冰霜四十三年，州牧谢国史额其门曰"松柏贞操"。现年六十有八。〕

夏氏〔高人爵妻，年二十一夫卒，遗一子。氏苦节抚孤成立，有孙七人。孀居四十二载，现年六十三岁。〕

黄氏〔夏仕祥妻，黄纯益女也。年三十夫殁，子幼。氏抚子成立，守节四十余年，现年七十有三。〕

杨氏〔吴仕杰妻。年十八于归，越五载夫殁，遗一子。逾年，翁姑相继亡。氏坚志冰霜，抚子成立。守节四十三年，现年六十五岁。〕

文氏〔庠生夏晓妻，年二十八岁夫殁，无子。氏矢志柏舟，历节四十三年，现年七十有一岁。]

沈氏［庹孔茂之妻，沈元一之女。年十七适庹，六越月而夫卒，继侄为嗣，矢志守节。现年六十岁。]

易氏［监生黄持锐妻，易肇文女也。年三十岁夫卒，氏柏舟自誓，纺绩课子，二子观瀚、观澍俱列胶庠。守节四十余年，现年七十三岁。]

李氏［庠生高本忠之妻，李振羽之女也。年二十九夫卒，氏矢志抚孤，苦节四十二年。]

梁氏［彭宏义妻，梁学甫女也。年三十岁夫卒，氏教子读书，守贫不二。历节四十余年，现年八十三岁。]

陈氏［刘琮之妻。年十九适刘，越三载而夫殁，遗一子。氏坚志冰操，抚子成立婚配。后其子又卒，氏仍纺绩自膳。历节四十余年，现存。]

陈氏［樊欲林之妻，陈湛女也。年二十一夫殁，遗一子。氏苦节抚子，孀居四十二年，现年六十三岁。]

陈氏［姚宗国之妻，陈诰女也。年二十四岁夫卒，氏矢志守贞，现年六十四岁。]

文氏［高必达妻，文高琳女也。年十八适高，越三年夫卒，遗一子。逾一岁，子亦随夭。氏矢志冰霜，事祖翁姑暨翁姑俱得欢心。及殁，丧葬如礼。抚弟妹成人，为之婚嫁。苦节四十年，现年六十一岁。]

陈氏［黄仕进之妻，陈士仲之女也。年二十一岁夫殁，氏矢志守节。翁姑没，丧祭之赀皆纺绩所出。现年六十岁。]

徐氏［倪文燕之妻，年二十二岁夫殁，遗一子。氏养亲教子，备历艰辛。守节三十九年，现年六十一岁。]

张氏［陈世荣妻，张灿英女也。在家时，值母病笃，即割股和药以救。年二十适陈，甫二载夫亡，遗一子仅六月，夫族欲夺其志。氏潜归，倚父度日，矢志冰霜。俟子稍长，始回家营业，抚孤成立，生三孙。现年六十岁，守节三十八年。]

栗氏［张希贤妻，年二十六岁夫卒，子方半岁。氏念两世孤孀，含悲茹苦，事姑尽礼，教子义方。守节三十余年，现年六十有四岁。]

蒋氏［吴煌之妻，年二十九岁夫卒，无子。氏矢志坚贞，依伯叔居住，将产业作祭田。守节三十八年，现年六十八岁。]

夏氏［举人杜昭之妻，举人夏嵋之女也。年二十四岁夫卒，无子，遗一女。氏苦志守节三十八年，现年六十二岁。］

蔡氏［童生夏锡之妻，庠生蔡如兰女也。年二十三岁夫卒，无子，遗一女。氏苦志守节三十八年，现年六十一岁。］

潘氏［贡生潘元良之女也。年十八适张学桂，越四载而夫殁，仅遗二女。家窘甚，勤纺绩以嫁二女。历节三十八年，现年六十岁。］

秦氏［周国炳之妻，年二十二岁夫卒，家极贫。氏纺绩养祖姑，抚子成立。守节三十八年，现年六十岁。］

舒氏［刘天鹏之妻，舒心睿女也。年十七适刘，越二载而夫卒，无子。氏矢志守贞，继侄为嗣，前州牧谢国史表其闾曰"节操松筠"。历今苦节三十余年，现年五十七岁。］

吴氏［韩铭之妻，吴烜之女也。年十七适韩，甫六月夫殁，无子。氏矢志冰霜，守节三十八年，现年五十五岁。］

戴氏［石若潜之妻，戴洪先之女也。年十八归潜，越十载而夫殁。氏矢志坚贞，抚子成立，历节三十七年。］

余氏［张岱之妻，余子硕之女也。年二十五岁夫卒，无子。氏矢志守节，年六十二岁。］

盛氏［夏元会之妻，盛孔鲁之女也。年二十三岁夫卒，遗二子。氏坚志冰霜，抚子成立，历节三十七年。］

郭氏［夏涵之妻，年三十岁夫卒，遗二子。氏矢志冰霜，抚子成立，现年六十七岁。］

彭氏［周憶妻，年三十岁夫卒。氏矢志柏舟，自勤纺绩，苦节三十余年，现年六十七岁。］

任氏［陈于楹妻，枝江县知县任直女也。年二十五岁夫卒，无子。时家徒壁立，父母怜之，迎归。父旋殁，亦乏子嗣，惟母女相依，纺绩度日，守节三十八年。今母寿九十余，氏年亦六十有三，犹朝夕不离左右。］

尹氏［武生尹信之女，年十七于归石若鸿为妻。结缡①三载，鸿贸易市肆，火灾身故。

---

① 结缡：语出《诗经·豳风·东山》："亲结其缡，九十其仪。"本指古代嫁女时，母亲为女儿系上佩巾并谆谆教诲的仪式，后用以泛指成婚。

氏急奔视，欲投余火中同死，街威力救得免。氏矢志冰霜，孝养翁姑，抚二岁子成立，前州牧谢国史以"心映壶冰"匾额旌之。现年五十六岁，守节三十七年①。]

朱氏[文以慧妻，朱渐升之女也。年十八夫卒，遗一子，家贫甚。氏纺绩度日，苦节三十六年，现年五十四岁。]

文氏[刘泽著妻。年二十三，夫卒，遗一子。氏坚志不移，抚子成立，历节三十余年，现存。]

刘氏[陈于华之妻，监生刘世琦之女也。年十七适于华，越三载而夫卒，无子。时家徒壁立，父母怜之，迎归。父旋卒，依母家弟纺绩度日。苦节三十七年，现年五十七岁。]

唐氏[余琪之妻，年二十六岁夫卒，遗一子。氏矢志靡他，守节三十六载，前州牧额其门曰"芳型足式"。现年六十有三。]

罗氏[周广传之妻。年二十七岁夫殁，无子，家贫窭，翁姑衰老。氏纺绩养亲，守贞不二，现年六十三岁。]

何氏[乐世宽之妻，年十八岁夫卒，无子。氏冰霜自矢，终事翁姑，历节三十五年。]

陈氏[黄志廉之妻，年二十九岁夫卒，遗两子。氏矢贞不移，养姑教子，守节三十五年，现年六十有四。]

张氏[杨海之妻，张守芳之女也。年二十五岁夫卒，遗一子。氏躬勤纺绩，抚子成立，历节三十五年。]

胡氏[郑子才之妻，胡润清之女也。年十七归子才，生一子。夫卒，氏年二十七岁，家极贫，后其子又殁。氏终矢志不移，现年六十有余。]

王氏[舟万锺妻，王在廷女也。年十八适舟，未岁余，夫殁，有遗腹子。氏苦志抚孤，誓不二志，守节三十余年，现年五十余岁。]

席氏[监生谭如琰之妻。年十八适如琰，越三载夫卒，无子。氏矢志守节三十五年，现年五十七岁。]

陈氏[举人张一载之妻，长寿举人陈源虞之女也。年二十八夫殁，无子，继侄为嗣。守节三十五年，现年六十三岁。]

① 守节三十七年：原志脱"节"字，补。

涂氏［张瑜之妻，年二十七岁夫卒，无子。氏誓不二志，苦节三十余年。］

陈氏［周泽仁之妻，陈贤书之女也。年二十八岁夫殁，氏矢志冰霜，养姑教子。历节三十余年，现年六十二岁。］

彭氏［杨馥之妻，彭希圣之女也。年三十岁夫卒，氏矢志守贞，苦节三十四载，现年六十四岁。］

周氏［张秉钜之妻，年二十八岁夫卒。氏矢志守节，事舅姑孝。值姑病疮，氏为吮舐。守孀三十四年，现年六十二岁。］

胡氏［陈仕忠之妻，胡士杰之女也。年二十四夫卒，遗一子。逾年，子复丧。氏苦志守节，继侄为嗣。孀居三十四年，现年五十八岁。］

赵氏［黎溶之妻。年十七适溶，越五载夫卒，遗一子甫三月。氏矢志冰霜，抚子成人。守节三十四年，现年五十六岁。］

何氏［沈金韬之妻。年二十九岁夫卒，遗子甫半岁。氏冰操自矢，抚子成立。现年六十有二，历节三十余年。］

梁氏［朱之俊妻。年二十七岁夫卒，遗一子。氏誓死靡他，抚子成立。现年六十岁。］

徐氏［黎国泰之妻，徐玉珩之女也。年十九夫殁，遗一子。氏矢志柏舟，甘贫不移。历节三十三年，现年五十二岁。］

汪氏［石锸之妻。年十七适锸，两载夫卒，无子，继侄为嗣。氏矢志柏舟，苦节三十三年，现年五十三岁。］

刘氏［郭炘妻。年二十六岁夫卒，遗二子，家极贫。氏事翁姑孝，抚二子成立。守节三十三年，现年五十九岁。］

舒氏［郭进学之妻，舒光忠之女也。年二十八岁夫卒，遗一子。氏矢志不二，奉翁姑尽孝，纺绩课子。现年六十一岁。］

杨氏［陈经之妻，贡生杨渤之女也。年二十八岁夫卒，遗一子甫七十日。氏矢志靡他，抚子成立。守节三十余年，现年六十一岁。］

张氏［李联榜妻。年二十四，夫卒。氏守节抚独子成立，孀居三十二年，现年五十六岁。］

薛氏［张应祥妻，年三十夫卒，遗二子。氏矢志冰霜，抚子成立，守节三十余年。］

吴氏［庠生舒怀妻，年三十夫卒，遗二子。氏矢志柏舟，教子湛贡成均，历节三十余年。]

刘氏[张荣之妻，刘九皋之女也。年三十岁夫卒，氏矢志冰霜，历节三十余年。]

李氏[文刚之妻，彭水庠生李尔俊之女也。年十七于归，逾年夫殁，遗一子。氏苦节抚子，历三十余年。]

蒋氏[韩仕纷之妻，蒋子元之女也。年十六适韩，三载夫卒，遗二子，翁姑在堂。氏矢志守节，养亲抚子，孀居三十二年，现年五十一岁。]

徐氏[监生何宗溶之妻，庠生徐星之女也。年十八岁适何，六载夫卒，遗一子。氏矢志守贞，抚子成人。苦节三十二载，现年五十六岁。]

陈氏[夏鸑之妻，陈元功之女也。年二十八岁夫殁，遗一子启仲。氏矢志冰霜，抚子成立。守节三十二载，现年六十岁。]

周氏[覃仕富之妻，酆都庠生周之桥女也。年二十三岁夫卒，无子。氏苦志柏舟，继侄为嗣，守节三十二年，现年五十五岁。]

熊氏[刘钦之妻，忠州贡生熊又宣女也。年二十八岁夫卒，遗一子。氏矢志冰霜，抚子成立。守节三十余年，现年六十有余。]

杨氏[生员杨棲凤之女，徐树泽之妻。年二十七夫殁，遗一子。氏坚志冰霜，养亲抚子。苦节三十一年，足不出户，现年五十八岁。]

舒氏[张廷举之妻，舒维凤之女也。年三十夫殁，遗三子。氏守志不移，养亲抚子。苦节三十一载，现年六十一岁。]

杨氏[石若淑之妻。年二十四岁，夫病垂危，刲股以救，竟不能愈。遗一子，氏遂矢志冰霜，抚子成立婚娶。逾年，子与妇继殁，遗一孙，氏又抚育教养。甘贫苦节历三十一载，现年五十五岁。]

李氏[壬申举人陈源之妻，庠生李楷之女也。年二十五夫卒，氏矢志不二，抚二子成立，俱列胶庠。守节三十年，现年五十五岁。]

夏氏[廪生石若浩之继妻，庠生夏继祖女也。年二十五夫卒，氏矢志守节，抚前室子维岱成立、婚配。岱卒，氏又抚孙，艰苦不移。历节三十年，现年五十五岁。]

周氏[监生陈鹏遥继妻，燉煌县知县周铣女也。年十八适陈，越一载，夫殁。氏矢志柏舟，事姑得欢心，继侄为嗣。守节三十年，现年四十九岁。]

杨氏[李林生之妻，杨上春之女也。年二十八岁夫卒，遗一子，氏守贞不二。子复夭，因继侄承嗣。现年五十八岁。]

何氏[杨常舒之妻，何子异之女也。年二十八岁，夫为人欧毙①。氏携幼子鸣冤，卒报夫仇。因剪发自誓，抚子成立。现年五十八岁。]

王氏[覃邦教之妻，王启后之女也。年二十八岁夫卒，氏矢志靡他，养亲尽礼，教子读书，守节三十年。]

潘氏[彭铛之妻，潘美先之女也。年三十，夫殁。氏养亲抚子，守节三十年，现年六十岁。]

黄氏[武生张应元之妻，举人黄世远之女也。年二十一岁夫卒，遗一子，甫一岁。氏坚志苦守，历节三十年，现年五十一岁。]

周氏[庠生陈于熙之妻，光禄大夫周琪之女也。年十八岁适陈，五载夫殁，遗二子。氏鞠育教养，守节三十年。后次子入泮，氏愈加刻励，里人贤之。]

易氏[朱联之妻。年二十岁适朱，三载夫卒。抚一子，历节三十年。]

冉氏[张洪道之继妻。年二十二夫卒，氏坚志守节。姑周氏老病，卧床五载，氏左右不离，极得欢心。守节三十年，现年五十三岁。]

张氏[韩廷梁之妻，张廷捷之女也。年二十二岁夫卒，无子。有劝其改适者，氏剪发毁面，以示不二。家綦贫，日勤纺绩针工以度日，现年五十二岁。]

吕氏[陈玺之妻，长邑贡生吕登之女也。年二十适陈，生二子，长三岁，次一岁，夫殁。氏矢志柏舟，训课二子，纺绩度日。守节三十三年，现年五十七岁。]

冯氏[杨永贵之妻，冯大伦之女也。年三十岁夫卒，遗一子。氏誓不改志，抚子成立。历节三十年，现年六十岁。]

周氏[黄道一之妻。年二十七岁夫卒，无子。氏矢志守贞，继侄为嗣。历节三十年，现年五十七岁。]

毛氏[李倚伦之妻，毛鸿举女也。年二十九岁夫卒，无子。氏矢志守节，现年五十九岁。]

吴氏[庠生高元模之妻，吴汶之女也。年二十七岁夫殁，遗三子。氏矢志冰霜，戒杀放生，长斋绣佛，现年五十有八。]

---

① 欧毙：即"殴毙"，因殴打而致命。欧，通"殴"。

王氏［张珙之妻。年二十四岁夫卒，遗一子，氏守节抚子成立、婚配。子二十岁又殁，遗二孙，氏不改初志。孀居三十年，现年五十四岁。］

杨氏［李廷梅之妻，杨宁选之女也。年二十三夫殁，遗一子。氏养姑抚子，矢志坚贞，历节二十八年，现年五十二岁。］

陈氏［严邦治之妻，庠生陈天行之女也。年三十夫殁，氏日勤纺绩，养亲教子。守节二十八年，现年五十八岁。］

徐氏［汪一汲之妻。年二十三岁夫殁，遗一子，娶媳何氏。逾年，子、媳相继卒，无嗣。氏坚贞守志，誓死不移。今历节二十八年，现年五十一岁。］

陈氏［徐尚易之妻。年十九岁适徐，甫三载，夫殁，生遗腹子。氏矢志守节，孝养翁姑，抚子成立。今历节二十七年。］

赵氏［夏渊之妻，原任湖南龙阳县知县赵鹏之女也。年二十三岁，夫殁，子殇。氏矢志守节，继侄为嗣。守节二十八年，现年五十一岁。］

何氏［庠生毛师尧之妻，庠生何瑶之女也。年二十四岁夫卒，氏苦志冰霜，历节二十六年，现年五十岁。］

舒氏［张秉煌之妻，庠生舒其德之女也。年三十一岁夫卒，遗一子，家贫甚。氏纺绩自食，誓不二志，抚子成立、婚配，后子又卒。氏茹荼守贞二十有六载。］

周氏［童生车云程之妻，燉煌县知县周铣之女也。年二十九岁夫殁，无子，继侄为嗣。守节二十五年，现年五十四岁。］

简氏［毛志荣之妻，年十九岁夫丧。氏矢志靡他，事翁姑养葬尽礼。无子，继胞侄为嗣。现年六十四岁。］

李氏［毛志禄之妻。年二十二岁夫丧，遗一子。氏坚志冰霜，事姑养葬成礼，抚子成立，现年五十七岁。］

张氏［汤柏之妻，张裔长之女也。年二十适汤，越六载夫卒，遗二子。氏时年二十六岁，矢志守节，纺绩教子，后长子辉华列胶庠，次子辉廷亦克成家。享寿七十，历节四十四年。生平每遇疾病，只许子问症进药，不许延医胗视①。其冰洁盖如此。］

---

① 胗视：察看病情。胗，同"诊"。

罗氏［庠生汤辉文之妻，罗昇之女也。年二十六岁夫卒，遗一子。氏纺绩经营，抚子成立，苦志冰霜四十一年，现年六十七岁。］

刘氏［汤辉甲之妻，朝议大夫刘绪之女也。年二十九岁夫卒，遗二子。氏矢志冰霜，足不出闺门，纺绩经营，抚两子成立。至今七十岁，历节四十一年。］

瞿氏［陈于贤之妻。年十九适陈，越七载夫殁，遗二子。氏时年二十六岁，矢志柏舟，纺绩经营，抚子成立。长孙承图入胶庠，人以为苦节之报。历四十一年，现年六十有七。］

何氏［王灿之妻，何锺之女也。年二十八夫殁，遗一子。氏苦志守节，抚子王成成立，列胶庠。现年七十岁。］

徐氏［刘仁宏妻，徐玉珩女也。二十二岁夫殁，无子。氏矢志守节，现年六十有一岁。］

张氏［毛志凤之妻，张正西之女也。年二十八夫殁，遗一子甫五岁。氏誓守冰节，事姑谨顺，甘贫茹苦，抚子成立。现年六十一岁。］

韩氏［何启星之妻，年二十夫殁，遗子甫半岁。氏矢志守节，事姑尽孝，现年四十五岁。］

赵氏［吴文定之妻，赵芳国之女也。年二十六岁夫殁，氏矢志守节，抚遗腹子成立。孀居二十三年，现年五十岁。］

刘氏［潘鹤之妻。年二十五岁夫殁，遗一子尚幼，氏矢志冰霜。值姑殁翁老，日事纺绩以供甘旨。抚子成立生孙，守节二十余载如一日，现年四十八岁。］

罗氏［潘履坦之妻。年二十六岁夫卒，遗一子。氏矢志守节，持家抚子，历节二十年，现年四十六岁。］

戴氏［庠生夏树本之妻。年二十三岁夫卒，遗一子。氏矢志守节，孀居已二十年，现年四十三岁。］

刘氏［何靖基之妻。年二十二岁夫卒，无子。氏矢志守节，孀居已十八年，现年四十岁。］

蔺氏［童生周兴泮之妻。年二十七岁夫卒，遗一子。氏矢志守节已十八载，现年四十五岁。］

徐氏［何宗泰之妻。年二十二岁生一子，甫三日，夫殁。氏矢志守节二十五年，现年四十七岁。]

卢氏[杨庆元之妻，卢必达之女也。年二十岁夫殁，遗一子甫二月。氏矢志守节三十年，现年五十岁。]

刘氏[卢心明之妻。年二十夫卒，仅生一女。氏励志守节，继长伯之子以承夫嗣，事翁姑谨顺，自甘贫苦，抚子成立。现年六十一岁。]

熊氏[庠生向上高之妻。年十八岁适向，越五载夫殁，遗一女，翁姑继丧。时高之弟俱幼，四壁萧条，户无成丁。氏葬祭尽礼，日夜纺绩，教幼弟上安、上理婚配、成立。苦节四十三载，现年六十七岁。]

王氏[杜良相之妻，王献之女。年十八适杜，夫旋病卒，仅生一子，岁未及周。氏矢志柏舟，上事老姑，下抚弱子，苦节三十年，现年四十八岁。]

庞氏[童生向上安之妻。安方聘定，一载后得剧疾，氏之兄弟挽媒悔亲。氏闻之，啼泣自经。其母觉而解救，事遂寝。二十岁适向，未经两载，安果以疾终。生一子，不育，家贫如洗。戚中有劝改操者，氏大怒，断发自誓，纺织度日，并无怨色，抚兄子向瀛成立、婚配。苦节二十三载，现年四十五岁。]

徐氏[邹治岐妻，监生徐图南之女也。年十九岁适邹，越六载夫卒，遗一子。氏矢志冰霜，抚子成立。历节二十一载，现年四十八岁。]

况氏[文于端之妻，况琼之女也。年十六适文，越八年而夫卒，遗一子，甫四月。时父母在堂，氏矢志冰霜，上事翁姑，下抚孤子。苦节二十八年，现年五十二岁。]

徐氏[曾铵之妻，国学生宏仁女。年十六适曾，事姑克谨。越二载，夫病剧，割股以救，卒以病终。无子，氏矢志冰霜，继侄为嗣，历节一十二年。]

烈妇

明

姚氏[李文惠妻。文慧外出，被强暴刘秀南所逼，自忿缢死。奉旨旌表。]

何氏[周大江之妻。大江由州同升别驾，值宸濠叛，大江司转运军粮事，风闻大江以迟军饷自经。氏闻之，不悉为流言，拜姑入室亦缢死。]

国朝

王氏[州民冉仲道之妻。仲道与淫恶况荣谦比屋同居，于康熙四十一年二月二十四日荣谦见仲道外出，用计诱氏。氏坚不受污，荣谦即持斧胁逼。氏矢坚贞，仍詈骂不绝口。恶以斧劈氏顶颅，越五日陨命。州牧徐招拟将荣谦正法，氏旌表建坊。]

贞女

明

郭女[其父名失考。传言女受聘未字①，届婚期而夫亡，女遂誓志不嫁，守贞六十余年，家人呼曰"老女"。今所葬之地名曰"老女塝"。]

夏女[夏子霄女。自幼不字，喜读书，屏膏泽，家人呼为"老姑"，年四十卒，李长祥为之立传，现有《墓碑记》在韩市镇。传载《艺文》②。]

国朝

何女[何子厚之女也，禀性贞一。受张珝聘，未字。年二十二岁，闻珝苦学病故，女截发③出血，誓不再字，遂奔夫丧守制，事舅姑纯孝。后舅老病笃，曾割股以进。抚侧室遗子如己子，纺织课书，恩勤备至。苦节五十年，年七十二岁而终。]

黄姑[州民黄体朝长女，许聘杨姓。杨久出不归，姑矢志不二，孝事父母，纺绩自食，年六十六岁以守贞终。]

夏葵姑[夏粲之女，田伦未婚妻也。望门守节，白首无瑕，奉旨旌表。自行纺绩，置田一段④，施入节孝祠以作香火，每年约收租钱一十二千文，经儒学掌管。现有《碑记》。]

烈女

明

文女[明经文晓女也。明季时，甲申兵变，随父避难酉阳。途次，遇贼欲犯之。女怒曰："我名家子，岂受辱耶！"贼鞭棒交加，百折不从。至夜，乘隙自经。时督抚文有庵树碑葬之。]

---

① 未字：女子可以出嫁又尚未出嫁，犹"待字"。
② 传载《艺文》：本志卷十一《艺文志·文选》有李长祥《夏老姑传》。
③ 截发：原志"发"字迹模糊不清，涪陵区地方志办公室存乾隆五十一年镌《涪州志》(本衙藏版)复印本、故宫珍本丛刊《四川府州县志》第十二册[乾隆]《涪州志》同。民国《涪陵县续修涪州志》卷十七《人物志七·列女二》有"张贞妇"条云："何子厚女，字张珝。未婚，珝卒，姑截发誓不再字，奔丧守制。姑病笃，割股疗之愈。"此据补，当不误。
④ 置田一段：原志误"段"作"叚"。

国朝

何女 [名多姑，贡生何述先女也。述先无子，欲以女许酉阳冉氏，意在赘婿为子也。冉不从，述先绝之，复有所许。女闻之，谓其姊曰："人生百年。必嫁，一诺便为百年。再诺，是再嫁也，孰若以长江为予死所乎？"一日，乘间潜奔江岸，家人觉之，急追弗及，投江死焉。其父买舟觅尸，至酆都，尸出于中流。及捞之，忽三跃不见。时年十七云。州人冯懋柱为之传，兼吊以诗①，载《艺文》。]

孝妇

国朝

陈氏 [庠生石若汉妻，荣县教谕陈廷女也。性纯孝，通《女训》，年十九于归。时舅孝廉石钧早殁，姑张氏在堂，老且病。躬侍汤药，毫无倦容。越五载，汉卒。遗一子锺灵，甫七月。氏经营葬祭，倍极辛勤。姑以哭子丧明，医言人血能治眼疾。氏刺臂出血，和药舐之，半月复明。后姑病垂危，氏割股以救得愈。姑没之日，氏痛不欲生，葬祭尽礼。教子不稍姑息，延师课读，入胶庠，贡成均。家素贫，凡氏所以撑持。两世家务，营婚葬，置产业者，皆出自纺绩之功。苦志冰霜，七十二岁而终。]

熊氏 [州明经熊英之女，绥宁县知县陈于宣之妻也。年十九适陈，秉性和顺，事姑黄孺人以孝称。孺人久病不起，倚侍床褥，衣不解带者数年，奉药饵不假婢手。一日，姑病剧，需茅根汤疗治。时夜将半，乃自荷锄执火行里许采之。药采，而火尽途迷，忽磷火四起，藉照得归。归而反悸，因徐告姑以故。姑叹曰："尔真孝媳，乃鬼神相女②也。勿惊。"逾年，姑病笃，临终握氏手曰："我无所虑，虑汝尚未生子。我死，求神赐女佳儿，报女诚孝！"果数年生二子，长廷璠领乡荐，次惇五食饩胶庠。彭观察端淑撰有《墓志铭》载《艺文》内。]

皮氏 [皮绍先女，彭铣之妻也。及笄适彭，值祖母染中风病，氏候便溺，换衾褥，数月乃终。事姑黄氏，曲尽妇道。夫铣卒，姑以哭子丧明，年七十九，而氏亦六十三岁，躬亲扶侍，未尝刻离。历十二年如一日，姑寿九十三卒。氏以姑素持斋，逢姑斋期，必不茹荤。今现年七十五岁。]

---

① 州人冯懋柱为之传，兼吊以诗：见本志卷十一《艺文志·文选》冯懋柱《涪陵何氏烈女传》。

② 女：通"汝"，指代"你"。下同不注。

廖氏［监生陈朝礼妻，长寿县廖尔梅女也。事姑何，尽志尽力，得姑欢心。适姑病笃，医药罔效。氏沐浴虔祷，祈以身代，潜入密室中引刀自刲其股，和汤食进，姑病旋愈，里党贤之。滇南孝廉高履方为之立传。］

谭氏［鞠功臣妻，谭元成女也。夫外出未归，值翁病危笃。氏刲股和药救之，果愈，后获享寿九十，氏亦年至六十有二而卒。］

张氏［庠生陈宗器妻，贡生张纯修女也。秉性和顺，敬事翁姑。姑老病笃，祈神求医，百计罔效。氏刲股救之得愈，且增寿十八载。后姑殁，葬祭尽礼，宗族称之。］

王氏［庠生周惺妻，王克卿女也。居州东关外。惺经营外出，会关外失火延烧。时惺母八十余，病卧床榻，家中仅三岁儿，并无次丁①。氏见火入室，不顾家赀，只身负姑携儿，冒烟突火而逃。烈焰既息，一切灰烬。氏搭棚栖身，供姑如常。乡人见者，咸称为孝。今行年七十有九。］

易氏［贡生舒其仁妻。事姑薛氏，善承意志。饮食衣履，检点惟谨，虽蔬菽不敢先尝。姑病剧，欲食梨。时届孟冬，家园无存。氏于雪夜遍觅邻家，仅得一梨。归以供姑，姑食之，其病遂不药而愈。人以为诚孝之感云。］

尹氏［何命基继妻，事姑尽孝。姑病，氏刲股救之得愈。氏年二十八岁而终，人皆惜之。］

---

① 次丁：此指可以承担部分赋役的未成年或老年的男女。《晋书·食货志》："男女年十六已（以）上至六十为正丁，十五已（以）下至十三、六十一已（以）上至六十五为次丁。"

涪州志卷之十一①

涪州知州多泽厚续纂

艺文志 [文选　诗选]

文以载道，文存而道即存；文以纪事，文传而事亦传。然则立诚之词，实不朽之业也。涪属名区，昔贤不少著作，乃沧海屡更，存鲁壁者十一耳。今广为采辑，编次补入，盖所以纪事功、识典藏也。他若阐发道义有裨心性，及点缀山川景物之作，亦以类附。异日者太史采纳，庶风俗妍媸于此可征。岂徒揭班马②之藻艳，以煜耀艺林已哉！

文选

[文章之散著，有与人心风俗政教相为维系者。故或上纪政教之休美，中述名教之幽光，下及山川景物触绪抒怀，文之所关，实非浅鲜也。今计采辑六种，曰记，曰传，曰序，曰疏，曰书，曰铭，自前明以逮国朝，各以类叙，并不拘拘于人与事之前后云。]

涂山古碑记　[元]贾易岩 [州人]

《华阳志》云："渝郡涂山，禹后家也。"古庙废，元至正壬辰郡守费著仍建庙③。尝

---

① 涪州志卷之十一：原志"涪州志"误作"艺文志"。
② 班马：汉代班固和司马迁的合称。
③ 元至正壬辰郡守费著仍建庙：原志误"元"作"宋"。"至正"为元惠宗（顺帝）孛儿只斤·妥懽帖睦尔年号，"至正壬辰"即至正十二年（1352），并参民国《涪陵县续修涪州志》卷二十《艺文志二·文征二·涂山碑记》改。

考"娶于涂山"之说，一谓在此，一谓在九江当涂。《东汉郡志》①云："涂山在巴郡江州"杜预考曰："巴国也有涂山禹庙②。"又，古《巴郡志》云："山在县东五千二百步岷江东所③，高七里，周围三十里。"郦道元《水经注》④云："江州涂山有夏禹庙、涂后祠，九江当涂亦有之。"

杜预所谓巴国江州，乃今重庆巴县，"江州"非九江之江州。《汉史》《蜀志》有稽⑤，至今洞曰"涂洞"，村曰"涂村"，滩曰"遮夫"，石曰"启母"。复合《帝王世纪》《蜀本纪》《华阳国志》《元和志》等书参考之，禹乃汶山郡广柔人。其母有莘氏感星之异，生禹于石纽。广柔，隋改广柔为汶川，石纽在茂域隶石泉军⑥。所生之地方百里，彝人共营之，不敢居牧，灵异可畏。禹为蜀人，生于蜀娶于蜀，古今人情，不大相远。导江之役，往来必经，过门不顾，为可凭信。先是，帝曾大父曰昌意，为黄帝次子，娶涂山氏生帝颛顼，颛顼生鲧，鲧生帝。帝之娶于蜀，又有自来。又谓：蜀涂山肇自人皇，为蜀君掌涂山之国，亦一征也。至会诸侯于涂山，当以九江郡者为是⑦。《东汉郡志》云："山在当涂"杜预云："在寿春东北。"今有禹会村，柳子有铭⑧，苏子有诗。且于天下稍向中，会同于此，宜矣。《通鉴外纪》⑨亦云："禹娶涂山之女生子启，南巡狩会诸侯于涂山。"如是，则娶而生子而后南巡，南巡而后会诸侯。娶则在此，会则在彼，次序昭然。会稽乃致群臣之地，或崩葬之所，故有禹穴。所谓涂山，一曰栋山，一曰防山，纷纷不一。太平乃晋成帝世，当涂之民徙居于此，故亦名其县曰"当涂"⑩。好事者援此以为

① 《东汉郡志》：即范晔著《后汉书·郡国志》。
② 巴国也有涂山禹庙：民国《涪陵县续修涪州志》作"巴国地有涂山禹庙"。
③ 岷江东所：民国《涪陵县续修涪州志》同，康熙五十四年（1715）董维祺、冯懋柱等《重庆府涪州志》（卷四）作"岷江东圻"。圻指曲岸，"东圻"即东岸，文意较"东所"为佳。
④ 郦道元《水经注》：原志脱"注"字，误。
⑤ 有稽：民国《涪陵县续修涪州志》"有"作"可"。
⑥ 隶石泉军：原志"隶（隶）"误作"颖"，《字汇·页部》："颖，俗颖字。"此据康熙《重庆府涪州志》、民国《涪陵县续修涪州志》校改。
⑦ "当以九江郡者为是"句：按《华阳国志·巴志》云："禹会诸侯于会稽，执玉帛者万国，巴蜀往焉。"据此记载，禹会诸侯当在会稽涂山。
⑧ 柳子：即柳宗元，字子厚，有《涂山铭》。康熙《重庆府涪州志》作"柳子厚"。
⑨ 《通鉴外纪》：即《资治通鉴外纪》，北宋刘恕补司马光《资治通鉴》所缺漏的包羲神农至周威烈王前之事而成。《通鉴》纪事起于周代，《外纪》则上推至远古三皇五帝。
⑩ "太平乃晋成帝世"句：康熙《重庆府涪州志》同。太平：古代地名，即当涂县。后民国《涪陵县续修涪州志》改作"意者晋成帝时"，恐误。

说，而实非涂山。世次绵远，地名改易烦乱，傅会不足征。况会稽当涂在禹时未入中国，禹安得娶彼哉？

今特辨而正之。庶禹庙之建，得其本真，而禹后受享于诞生之地尤不可阙尔！

学宫碑记[①]　[元]贾元[州人]

碑亭之建，臣子所以奉扬国家至美，勒之金石以示无穷。至正癸巳夏四月，涪郡守臣僧嘉闾新建碑亭成，教官张安具其事之本末，俾元为文以纪之。

盖知天之至者，必崇天而极其至；知圣人之至者，必崇圣人而极其至。昔者帝尧知天之至，故曰："钦若昊天[②]"。至我孔子，知圣人之至，又曰："大哉！尧之为君。"于天而曰"昊"，于尧而曰"大哉"，可谓极其至矣。自孔子没，惟孟轲氏知圣人之至，故曰"孔子之谓集大成""自生民以来未有孔子"。厥后，世君世主皆不能知汉平之封，止曰"褒成侯"。其后有封"邹国公"者，有封"隆道公"者。及唐元宗[③]封"文宣王"，宋真宗于"文宣"之上加"元圣"二字，后又改为"至圣"。其号略备，亦岂足以尽圣人之德美焉？至我圣元，礼极隆备，振耀古今，此碑之不容于不刻也。成宗皇帝制，若曰："孔子之道，垂宪万世。有国家者，所当崇奉。"其言至矣尽矣。武宗皇帝之践祚也，首祀先圣。若曰："先孔子而圣者，非孔子无以明；后孔子而圣者，非孔子无以法。"于"至圣"之上，特加"大成"。切当之论，极古未有。文宗皇帝在位之四年，制谓："生知之出，有开必先。"乃封先圣父母为启圣王、夫人。又谓："闺门成教，尚虚元媲之封。"乃封夫人亓官氏[④]为"至圣文宣王夫人"。一家之内，自上及下，自外及内，皆被宠荣，有光万年，极前代所无。又谓："圣道之传，由其徒嗣而明之。"而褒颜、曾、思、孟为复圣、宗圣、述圣、亚圣，封以"上公"，亦前代所无。历圣之心，可谓知圣人之至，故能尽尊圣人之典，其文当与天地日月相为无穷。

然元窃伏思之：创业垂统之君，具高世之识、不凡之见，故能立一代令典，为后世取正。恭惟我世祖圣德神功文武皇帝受命，首重圣师，春秋严释奠之礼，原庙隆祠祀

---

① 学宫碑记：同治《涪州志》卷十四《艺文志·散体文》题目作《学宫碑亭记》。

② 钦若昊天：语出《尚书·尧典》，敬顺苍天之义。

③ 唐元宗：即唐玄宗（李隆基），因避清圣祖康熙（玄烨）帝讳而改。下句"元圣"同。

④ 亓（qí）官氏：又作"丌官氏"，《礼器碑》作"并官氏"，春秋时期宋国（今河南商丘）人，孔子夫人。亓官氏于鲁昭公九年（前533）与孔子结婚，生一子。

之制，开大学为首善之地，教胄子为出治之原。其在待王鹗也，每见则赐之以坐，呼状元而不名；其在正位也，礼命名儒许衡，隆以师礼，亲之信之。一时文化之盛，远过前代，是又神孙①善继善述，皆自此为之张本。皇上以天纵之姿，尤用意文治。人才彬彬，克复至元之盛。此当勒之金石，为万世法程也。

涪之文庙，旧惟一碑，刻至元二十一年②、大德十一年诏文，其余封谥之碑未遑也。守臣僧嘉闾至郡，深为缺典③。乃捐俸金，采坚砥，召将抡才，勒碑建亭，命学正张安董其事。丹雘华丽，金碧辉映，诸郡所无，盖臣子之心，必诚必信。又于亭之前为小亭，居丛桂之上，扁④曰"天香"，亦致敬天之意。亭道通泮池，池之上又为阁道，通讲堂。堂朝于碑，无一日不致瞻仰之意。先是，庚寅秋，侯甫莅政，首创尊经阁，次御碑亭。后先相继，其于学宫可谓详且尽矣。

元，草野布衣，幸亲见休光，敢不执笔以书，拜手稽首，敬为之记！

荣养堂记 ［明尚书］万安［眉州人］

夫堂以"荣养"⑤名，岂直人子遂事亲之愿哉？抑亦彰朝廷之殊赐也。盖荣养其亲，固人子至愿。而俾得遂其禄养，实出朝廷。设有请焉而见咈，则所愿有不可得而遂矣。此予郡博士张成功先生深为之庆幸焉。先生，蜀涪陵人，二岁而孤，兄姊俱丧。独恃母王孺人鞠育教训，克底于成。继而以明经领正统辛酉乡荐乙榜，例授文学。因念母老，未可弃而远仕，遂疏其情，以就禄养为请，故有广安学正之命。广安密迩⑥，先生因得奉母就养。此堂之特名为"荣养"也与⑦！翰林修撰谦张先生、编修洪谟周先生既为之序记，大夫士之先生者咸为歌咏之，复属⑧予书其后。

予为仕不出乡国⑨，下士之微禄亦足以代其耕，则凡备官吏者皆足以致禄而无难，

---

① 神孙：皇帝子孙后嗣的美称。

② 至元二十一年：同治《涪州志》作"至元三十一年"。

③ 深为缺典：原志"溁为缺典"，溁同"深"。《集韵·侵韵》："溁，古作溁。"又，同治《涪州志》作"叹为缺典"。

④ 扁：题扁，即题写匾额。扁：通"匾"，匾额。下同不注。

⑤ 荣养：指儿女赡养父母。

⑥ 密迩：指地理上的距离很近。

⑦ 也与：即"也欤"，表示感叹的语气助词。

⑧ 属：同"嘱"，嘱咐、托付。

⑨ 乡国：家乡。

仕固不妨于养也。迨夫封建既革而后，仕非去父母之邦，则不得仕。于是乎人以荣其亲者，始以不得养为歉；而居以养其亲者，始以不能荣为恨。求如古者，仕养兼致，盖亦难矣。此欧阳詹[①]所以舍其朝夕之养而来京师，其心以为将必有得而归为伊母荣也；此包孝肃[②]所以始及第，以亲老待养而不仕也。今先生仕不出乡国，官郡博士。授徒之暇，每峨冠博带，率先生妇子躬侍太孺人左右。凡甘旨之供，亦皆取诸常禄，俾为母者享有子之乐，为子者遂事母之愿。真可谓得人之所难得，不将永无负于所得乎？而今而后，尚体朝廷建学育贤之意；夙夜匪懈，本圣贤体用之学，以教训士子。与职列中外者，咸有裨于治化。谁谓尽忠于国，即不能尽孝于家哉！

白云书院记　[明给事中] 刘蔇 [州人]

凤凰山去州治七十里，秀发迥异，降锺多才：宋有李椿，甲科接武，簪缨旧族，一门三举神童[③]；唐有冉评事，亦当时俊杰。但碑记残础，荒烟磷燹之余，其详不可稽者多矣[④]。本朝洪武间，余先人卜居山下。宏治间，余幸掇科第，备员谏职。岂山川精灵停蕴含蓄欲储肤硕[⑤]耶？不然，何珍秘[⑥]如此？一日，乡人屡梦凤山动摇，而余宅旁有巨石中裂，声如劈薪，数刻乃已。余以言事落职，韦褐家食。然则山灵真有韬敛[⑦]、期待之意与？山之顶，益高益奇，如绘如铸。一登眺[⑧]间，东望黔彭，南望金山，西极真、播诸郡，如堆众皱[⑨]；俯视人寰，不啻泛春水船，游天河之表。凤山之妙，为已极矣。

逮夫北望数里，峰峦清耸[⑩]。摄衣陟其巅，凤山又如在膝，是盖母脉也。来形如奔，住势如蹲，左右之山卫护如藩。苍松发响如涛，修竹森列如戟，野猿山鹿鸟雀之狎食

---

① 欧阳詹：字行周，福建晋江人，贞元八年（792）进士，韩愈挚友，中唐著名学者、诗人，被尊为"闽学鼻祖"，有《欧阳行周文集》十卷行世。其生前虽累任国子监四门学助教，恪尽职守，但并没有得到朝廷重用，在长安依旧过着借钱租房，缺衣少食的客旅生涯。

② 包孝肃：北宋名臣包拯，谥号"孝肃"，后世称其为"包孝肃"。

③ 神童：唐宋时所设童子科举的别称。

④ "但碑记残础"句：涪陵《刘氏宗谱》作："但碑残础荒，其详不可稽者多矣。"按，《刘氏宗谱》该篇题作《秋佩公凤凰山白云关书院记》，异文较多。

⑤ 肤硕：亦作"硕肤"，或释为大而美之德，或释为心广体胖之象，总之指才大学深、德高望重者。

⑥ 珍秘：珍视而秘藏。

⑦ 韬敛：即"韬光敛彩"，收敛光采。比喻隐匿才华，无声无息。

⑧ 登眺：登高望远。原志误"眺"作"跳"，改。

⑨ 堆众皱：语出韩愈《南山诗》："前低划开阔，烂漫堆众皱。"

⑩ 清耸：清秀挺拔。

如驯，百媚千娇山禽之弄音如笛。山合处，仅通人行，如关；而水声淙淙，如敲金石；四时云气依附山木，如盖，如练，如素衣卷舒聚散之异态，俗号为"白云观"。成化初，有衲子结庐居此十余载，山高气寒，凡所播种，风霾夺其稔，鼯雀啮之既，老衲惟啖乌豆而已，人因称为"乌豆禅师"。迨老衲既没，胜地成墟。越廿余年，僧澄玉、子星续观至，乡人更延之，诛茅筑土为之所，开辟勤垦以时以岁，则山谷回阳，风霆扇暖，螟螣潜消；陆产之谷，播之宜土而有成；山若增采，人若增气。岂物理久啬而当丰与？亦耕者之为力有勤惰与？抑亦地之旺气流转，他有嘉兆，不系乎释子之去来欤？皆未可知。乡人重为捐赀，戮力鼎新。正堂五间，肖佛像妥；僧于堂之旁，连甍为庖浴所。未讫工，澄玉、子星相继沦没，观率其徒觉兴、宗鉴、宗正嗣葺而享其成。余偕威武、步武、绍武及诸生沈洪、文行、沈崇、曾栋读书其间，慨异境据于学幻而咨嗟绻恋之弗置。余曰："得毋介甫争墩[1]意乎？夫山水之胜，造物不能私，而付于人。其性之嗜山水者，或为亭榭以供眺望，不则[2]为浮屠精舍，释子守之，使佳山胜水不致埋没于荒烟蔓草间耳。非为浮屠人设也，岂浮屠人所得私哉！"

兹白云关新宇既成，有释子为之守，而诸生肄业于此，则山水之胜不致埋没。第恐愚者不悟，误以诵读流览之地为释子传灯[3]之地，弃孔孟之道而从杨墨，则人心风俗至于大坏。是兹，余之命名，不可以不慎也。余因题其匾曰"白云书院"，置经书子史四科书籍于堂之壁，为四柜贮之，供诸生诵读，俾来学共览焉。续观知时务、达道理，忖度予意，拜而言曰："山僧为大人先生看守，此籍贤于东坡玉带远矣。"余亦忘其道之可拒，而乐其人之可取，于是乎刻石为文以示，山灵毋萌他岐之惑云。

余侯重立知稼亭　[明户部员外郎] 夏国孝 [州人]

惟我郡大夫重农务稼，政先立本。始至，谕诸民曰："若治生，尚其毋后稼事。夫

---

　　① 介甫争墩：北宋政治家、文学家王安石，字介甫，其退居金陵后的"半山堂"宅院正好是东晋谢安（字安石）的府邸旧址，宅院内有以谢安命名的"谢公墩"，乃戏作七绝《谢公墩》云："我名公字偶相同，我屋公墩在眼中。公去我来墩属我，不应墩姓尚从公。"因人谓"与死人争地界"，被称为"争墩诗"。

　　② 不则：同"否则"。

　　③ 传灯：佛教称佛法犹如明灯，能照亮世界，指引迷途，因以"传灯"比喻传授佛法。

稼事也者，贱而用贵，卑而教尊，劳而享逸。尔尚及时芟柞①，徂湿徂畛，泽泽厥耕，绵绵厥耘，成兹嘉谷，以洽百礼，以贡赋事，以宁尔妇子。"众曰："诺！"比恭承藩臬文宗南村阮公，前明水利悉心兹务，区画十有二条，忧深思切，曲尽事宜，相期有成。檄至，大夫曰："仁人于民也，心之忧矣。言闻之政，成之寝而弗行，是重违德意②与辜民瘼者也。"乃斋居卜日，再申诸民曰："治生莫如稼，治稼莫如滋。滋润成实，上农也。陂塘渠堰诸所潴水也，尔其从事如法，浚淤洞塞崇污，拓隘厚防固基。然合四塞之冲，迁九曲之道，开张巨浸，引回洪流，若横私要据、怠荒玩愒，吾其任之？"众曰："诺！"大夫曰："役民而罔躬先，非以均劳慰怨而与作则也，民谁与我？"乃测影正方，构亭凿塘于州城南隅，扁曰"知稼"。呜呼，尽之矣。

亭成，州人士再拜，属冠山夏子为记，夏子曰："闻诸耕法沿耒耜之教为说愈长，然辍讲之日益久。水者，天地之泽予无穷。顾溢则涝，涸则旱，稼之灾也。夫耕法辍讲，而水之利润互以灾稼，厥咎在政。夫政也者，赞化者也。因利导以制其中，谷不可胜食也。稽古哲圣经野画田，爰讲'沟洫'，《诗》曰'信彼南山，维禹甸之，我疆我理，东南其亩'之谓也，'顾兹伟画，上下式成，其以勤民，皆太上意也'可以训矣。嗟夫！隆替者，数也；兴废者，事也；贤不肖者，人也。亭址久湮，伊今再作，日居月诸③，知复如何嗣是代！至若见羊昧礼，剪伐棠荫，自可考政与德。"缅思旧迹，其于南村公暨郡大夫遗意重有怍色，且于公论有余，罚可不慎哉？

南村公，楚麻城甲科，号通岩。守吾涪四载，惠政滂敷④，盖不独此。

重修水府祠⑤碑记　[明按察司佥事] 黎元 [州人]

郡五龙镇，层峦列秀，笔削奇峰，锦水缠清，文章荡漾；盈宇宙间怀珍丛集者，东西南北皆在焉，亦东川形胜擅一方之雄者也。

①　芟柞（shān zhà）：出《诗经·周颂·载芟》描写农民除草砍树，翻耕松土，大众耕耘，无所不往的热烈劳动场面的名句："载芟载柞，其耕泽泽。千耦其耘，徂隰徂畛。"毛传云："除草曰芟，除木曰柞。"后因以"芟柞"指耕作。
②　德意：布施恩德的心意。
③　日居月诸：指太阳和月亮，语出《诗经·邶风·日月》："日居月诸，照临下土。"后多用为感叹光阴的流逝。居、诸：语气助词。
④　滂敷：广泛布施。
⑤　水府祠：供奉、祭祀神话传说中的水神或龙王的祠堂。

　　江左有水府灵祠，创之从来也远矣。然经回禄①变，置毁频频。夫以神灵显赫，岂不恤此一方民，而顾忍民之焚伤哉？盖天理人心，幽明一致；祥善殃恶，权之所司。镇之民，间有机械变诈者，得罪于天，为神厌恶，故假此示谴于庙貌，不恤也。然惟灵在天，何不昭应？初不系于祠也。不然兵戈蔽野，卫士卒于锋镝之余；巨浪排空，妥舟泛于倾覆之际，何若此之速耶！虽不系于祠，而人心之神发于愚者，自不容泯。同声金曰："尊灵以民之罹罪，宜罚于天，致庙貌若此。而功德之酬、瞻畏之所，遽容已乎？况缙绅叩谒，礼度趋跄；人旅吁祈，往来辏集。所以将诚意者，在庙貌也。纵不新，神不责，而吾之敬神者敢可亵耶？是以作之、新之，有今日也。夫惟灵公明鉴格，兹土岁有水旱，默调燮之；境有盗冠，阴捍御之，江河湖海之涉舸舰者，皆利济之。功德之庇民人者，同天地也。虽举镇家户而香火承祀焉，乌足以报之哉？然功德无穷，报祀不罄；神有常鉴，善可感通。洗涤身心，谨明权量，贸易出纳际不绐愚弱，而老稚适市皆不二无伪焉，则人心何惭对越②？而神亦悦贶于此矣。此人之所以敬乎神，而神之所以显于祠者也。不然是祠也，匪所以妥神，实所以慢神也，人之取戾也返多矣，岂建祠悦神之初意哉！敢以此劝之人，故记。

关庙碑记 [在李渡镇]　[明按察副使] 张与可 [州人]

　　关圣大帝庙，余从天中倦还所创也。

　　先是，张文奎募修广郭，可置一殿一楼。余以历年院道出巡礼屏、笥中衣帛凑积市梁柱，故附廓百年不伐之巨柏、江干屡运未售之香楠，悉以情恳致之。然且虑匠作支持之难也，银钱米谷、盐货布缕陆续增添，约可百十余金，协终圣帝金像、正殿、三义楼。爰铸大鼎，再构殿前卷蓬、坊额、门窗，后装砖壁，灵爽俨赫，瞻仰愈肃矣。基址凝祥，既当五龙之中脉；规制宏敞，堪容万姓之祀釐③。水环山峙，物辏民稠。慕忠义而思敬者，舟车络绎于路；庇灵威而图报者，忞尝叠献于庭。以彼岗陵险峻趋竭艰危者，此不尚胜概④哉！墙后地基二间，右边地基五间，则住持所需，为香灯具。仅记其大略如此。

---

　　① 回禄：传说中的火神名，引伸指火灾。
　　② 对越：指祭祀天地神灵。
　　③ 祀釐：原志作"祀釐"，釐同"釐"。
　　④ 胜概：美好的风景或环境。

追维予为母请告①，侍母养者才十五年，遽尔见背，抱恨何极！今闭门谢客，淡素自持，又十余年矣。叨两院荐牍者②十数次，不敢以庸愚之身再妨贤路也。偶思昔人云："出无益于民社，居无益于梓闾，真僇民③也。"余愧甚矣。又思余二世祖庆庵公，以布衣独力竖观音寺、太平桥，至今为镇伟观。余虽俭囊羞涩，而好志慕义，于先人无两心焉。习知龟龙一关，水势澎洋汹涌④，往往覆舟溺人，亟集工平夷之。又见沙溪春水暴涨，人马冲没，二百年来无敢议利济者。余竭资率众凿架桥梁，郡守韩侯题曰"永赖"。嗟嗟！片石撮土，敢与"平成"⑤争列乎？余又愧死矣。大都庙宇桥路，仅不坠先志，而藉缘就果，何裨榆阴？终不能脱僇民之诮也夫！

新建十方堂碑记　[明参政]向鼎[州人]

善夫！苏端明⑥有言曰："凡作佛事，各以所有。富者以财，勇者以力，辨者以言。各以其心，见闻随喜。及受厥报，等无有二。"夫以力、以言，犹或庶几；至于以财，非破尽悭情、鲜不吝予，以致香积⑦不修，行脚头陀所至乏供。其谓善知识⑧何？曾君益我独喜为之。其作佛事，当不自十方堂止，亦不自十方堂始。而兹堂之建，则有可不朽者。

堂住高僧如贵，自峨眉图觉庵为海上游，复从海上西来。挂锡五龙镇，思为行脚诸僧地。见曾君益我好善乐施，募从元帝宫前求得一胜地，创立堂楹，买田十五石，俾堂庑及丛林中所宜有者，无不悉具，于以待十方衲子。堂成之日，予方奉简命镇荆南。贵公不远千里飞锡至楚，乞余一言以志之。余初以为贵公广长舌之所致也，贵公谓余曰："堂成，为诸行脚僧所取给。山僧幸有尺寸功，悉自曾公益我出，自兹以往，

---

① 请告：请求休假或退休。
② 荐牍者：上书举荐的人。
③ 僇（lù）民：罪人。
④ 澎洋汹涌：疑为"澎湃汹涌"误刻。
⑤ 平成："地平天成"缩略语。平：治平；成：成功。《左传·文公十八年》："舜臣尧，举八恺，使主后土，以揆百事，莫不时序，地平天成。"又《尚书·大禹谟》："地平天成，六府三事允治，万世永赖，时乃工。"本指大禹治水成功而使天之生物得以有成，也比喻一切安排妥帖。
⑥ 苏端明：北宋文学家苏轼，曾任端明殿学士兼翰林侍读学士，遂有"苏端明"之称。引语见《东坡全集》卷九十五《赞八十首·绣佛赞》，非原文。
⑦ 香积："香积厨"省称，指佛寺僧人的斋堂。
⑧ 善知识：佛教语，与"恶知识"相对，或称"善友"。指正直而有德行、智慧，能够教授佛法，教导正道，引导众生远离十恶，修行十善，使人欢喜信乐的好人。

所济不可胜计。僧闻：君子不倍本①。今之喜作佛事，宜莫如益我公。无论兹堂之功，其人足多也。"

余居郊已习益我所谓"现长者身说法"，而堂址则予夙所登眺者，其景物最奇。曩余承乏海防，登普陀，普陀以海胜；及提兵备潼谷，稍暇得登华山，华山以石胜。惟泰岱、嵩高、衡恒、五台诸名胜境，雅欲探奇而有志未逮，昔者窃闻之，皆以岩壑胜。而此山石削江回，烟峦万态，当与海岳争胜。春暖秋明，天风四至，翩翩千仞之上。骚人墨士览胜于此，诗情赋兴，必有不让汉晋隋唐诸名人独擅千古。则益我之建此，岂独有补鹿苑哉！况今日南征北御、东伐西讨，大司农仰屋而叹，而益我从容兹举，恢恢乎有余地。使天下之为僧者，皆若贵公；天下之为儒而仕者，皆若益我。峙粮以待饥，虚席以伺往来，何至凶年有沟壑之民耶？益我之子若孙，皆修行读书，为时贤所推重。天才骏发，仁建旗鼓中原，而益我更多方积善以厚其基，其丰禧未易量也。若第谓天惠行脚，以北参南询取资之德，奚足尽益我乐善之怀与？

署涪守不波胡公生祠碑记　［松江同知］陈计长［州人］

丁卯冬，涪绅士庶谓余曰："我署事胡公德成政立，所至难泯。涪地受恩犹渥②，祀弗可废也。请以记其实。"

公名平，表字不波，滇南人，举乡进士。初，选授县令。改忠州判，承乏涪篆，因得是任。先后淹于宦途，盖有年矣。而公持躬居官，始终断断如也③。署官初莅时，例有公堂供奉，公一无所受。至于馈遗蒸粻，纤细必却。涪俗嚣于讼事旁午④，公案无留牍，朝至夕发，处之若无事，而尤恤于刑，谳决详平。缙绅有过，力为保全，无敢刻诋。维时夏月多旱，公祷立雨；春来多雨，公祷又立晴。是何天人，响应如斯也。而其最不可喧者，辛酉秋，渝城为奢寅所破，远近哄然，骚动全省。公闻而发指，亲诣石柱司请秦兵堵截，复躬率义勇声援，衣甲胄而衽锋镝，围杀月余，奢寅就擒，蜀乃

---

① 倍本：谓忘本或背弃本业。倍，通"背"。

② 受恩犹渥："犹"通"尤"。

③ "持躬居官"句：谓做官持身严正敬谨，约束自身。但始终能够保持话语和悦而又明辩是非之貌。断：音yín。

④ 旁午：纵横交错，比喻事物繁杂。

安堵。论功锡爵，公虽渐涉方岳①，而名不酬实，公亦脱然名利外矣！由今思之，向令不有堵截之一行，是时大兵未轇，长、涪以下又安可问哉！盖公清操日饬于躬，经济日储于豫。是以治未期月，而所在整暇，罕所匹也。

夫功德及于民者，皆崇一代之祀典。如房谦之于长葛，文翁之于成都，皆为立祠，以永其传诵。涪人岂俦木石，而不图所以慰远念者？嗟嗟！龚黄②风邈，吏治如救火扬沸，而民不聊生。公以手不染而心如镜，随之事亦帖如；亦复挺身汤火，而使民不罹于水火刀兵。靡不敬之慕之，乐为之祠，有何私哉？余曰："唯为之记，而系以颂曰：古称不朽，以功以德；施不在多，期于当厄。涪俗嚣嚣，惟公之抑；涪俗蚩蚩，惟公是迪。一尘不染，百孔是塞；诚可格天，谋足经国。非大英猷，孰将戎即？非大手眼，孰安反侧？得保安康，伊谁之力？有山巍巍，有水湜湜。公之在兹，孔迩罔教，旦暮祗事，犹慎不克。於戏胡公，不愧血食。

松石书斋记　陈计长［州人］

种松山，离城二里许。相传尔朱先生种松时，松影映石，石皆有松纹，至今呼"松屏石"。余雅慕之，建书斋于中，为下帷地。八窗山色，一榻涛声，不减斯立之吟哦③、宏景之卧眠也。有时月筛碎影，满院绿阴，虽止一笏地，何异千顷斋。

余丱角④键户、学不窥园者数年，友辈数以文艺相投，每怀披沙拣金之想。又恐好丹非素，看朱成碧，未惬余怀。曾记先辈有言："此地有丹砂云母奇石，或烂然类黄金者。"意先生金丹之余也，然非祷于先生不得佳者。余心祷已久，然所见多不足奇。一日步林下，忽得一石，非绘非镌，现一"松"字于石面，拂之不去。岂云液之委地而成文，抑玉骨之凌霄而遗蜕也。把玩逾年，竟失所在。余考读《丹经》言："古得道至人藏丹名山，非当仙者辄不见，既见亦辄变焉。如稽叔夜、葛稚川辈，犹未免赍恨以终，而况其他乎？"则知神物之变现，未可测度，而涪陵之改县丹兴，厥有由耳。余方沉酣艺苑，奔走风尘，名心未忘，或非仙翁所许也。则虽吟卧于此，可幸致耶？第不知

---

① 方岳：指署理州郡、任专一方的重臣。

② 龚黄：汉代循吏龚遂与黄霸的并称，泛指循吏。

③ 斯立之吟哦：唐代崔立之，字斯立。其任蓝田丞时，曾对院中二株松树吟哦，不理政事。典出萧良有、杨臣净《龙文鞭影》卷三《五歌》："子猷啸咏，斯立吟哦。"

④ 丱（guàn）角：童稚头发束为两结，其状如角，故称。指童年或少年时期。

先生能许我于异日否?

石鼓溪记　陈计长

涪西于黄舣沱之上有溪,因蛟行暴雨,土泻岩崩,现出石鼓一具。洗阅,字画模糊,扣之无声。昔人以问张华①,华曰:"可用蜀中桐木,刻作鱼形,扣之则鸣。"至于字画,则考之凤翔孔庙,有石鼓,文词可读也。词云:"我车既攻,我马亦同。"又云:"其鱼维何,维鲔维鲤。何以贯之,维杨维柳。"惟此六句可读,余不可通。苏子瞻云:"忆昔周室歌《鸿雁》,当时籀史变蝌蚪。"则石鼓之字,盖蝌蚪之变。韩退之有蝌蚪书,后记云:"李阳冰之子服之,授予以其家蝌蚪《孝经》、汉卫宏②《官书》两部合一卷。"且曰:"古书得其依据,盖可读。"如是,则退之宜识蝌蚪书者,而《石鼓歌》乃云:"辞严义密读难晓,字体不类隶与蝌。"今子瞻乃能通其六句,则子瞻为精于字学矣。欧阳《集古跋尾》盖谓:韦应物以为文王之鼓,韩退之以为宣王之鼓,不知何据。卒取退之好古不妄者为可信,然未尝载其文。至子由《和子瞻》诗云:形虽不具,意有可知。昔欧阳永叔云:古初石鼓有十,一半有文,一半无文,其可见者四百一十七字,可识者二百七十二字,可通者一十六字。今石鼓之字迹类蚓蛇,竟不可通。意其为无文之鼓乎?如法桐鱼扣之,微觉铿铿,诚古物也。借以名溪,俾传不朽。

野猪岩记　陈计长

巴城之东,越铜锣峡有古滩城,为巴子置津处,名"野猪岩"。渡法:人奔岸上,止以空船竞渡。因河水触岩,汹涌异常,不得不奔趋于岩,以摅舟患。惟见滩岩壁立,路仅一线。缩首蹲身下视,则万顷湍流,惊波震耳,行者苦之。余母文恭人,身经其处,叹曰:"幽闺之人,谁知履险之危有如此者,稍失足则鱼腹矣。若使鸠工③修葺,令窄隘者稍宽,险峭者稍平,约费百金,此工可竣,我何惜簪珥而不为稍舒道路之厄乎?"于是命匠凿补,未一月而工成,行者稍便,命计长为记勒石。时崇祯乙亥中元日也。

---

①　张华:字茂先,西晋时期政治家、文学家、藏书家。以见识广博称,编纂有中国第一部博物学著作《博物志》。

②　卫宏:字敬仲,东汉学者,著作有《毛诗序》《汉旧仪》等。原志误作"衙宏"。

③　鸠工:召集工匠。

无米洲记　陈计长

杜少陵①客夔有年，酷嗜吟咏，不能徙去。每有所寓，皆名"高斋"。考其次水门者，为白帝城之高斋；依药饵者，为瀼西②之高斋；见一川者，为东屯之高斋。故其诗有"高斋非一处"之句。余数至夔，访高斋之遗址，屡见城市丘墟，父老罕识，莫名其处。适丙子之役，予以公车旋里，道经巫峡，夏水泛涨。相传有"滟滪堆如鳖，瞿塘行舟绝"之语，于是舍舟而陆，历高岩峻壁，侵寻少坦，步郊原上，遥望有洲。考其洲之名，居人曰："名'无米洲'。以其邻于高斋，为少陵往来盘桓；吟坛地灵馨竭，苗不实生。因于此洲上有庐舍，额曰'大雅堂'。"按：少陵游蜀凡八稔，其在夔独三年；平生所赋凡千四百六篇，而在夔作者三百六十有一。以是知山川之灵秘，发泄殆尽。昔陆务观曰："少陵，天下士也。早遇明皇，见知实深，尝慨然以稷契自许。及落魄至夔，客于柏中丞、严明府间，如九尺丈夫俯首居小屋下，思一吐气而不可得。予读诗至'小臣议论绝，老病客殊方'③，抑何言之悲也！且见少陵非区区于仕进者。"向者，关耆孙尝上高斋故基，指其屋隘而陋，甚惜之。关景贤愿出力更筑之，客谓："不可隘而陋，亦不可侈而大，此少陵诛茅④避世之意。"今洲之大雅堂亦多湫隘，叹此老其眼如此，何用梯其意焉！

龙洞庵碑记　[明孝廉]罗若彦

今天下僧以寺重乎？寺以僧重乎？如以寺重也，则琳宫梵刹棋布星列者，遥相望也；如以僧重也，则种种稗沙门⑤适足为寺羞，顾安得为寺一洗之耶？

郡南离江里许，有铁柜城，俗传汉诸葛武侯屯兵处。孤峰崒嵂，曲涧崎嵚，即武侯今日而在，亦必屯兵于此者。离城数十武，有龙洞庵，山高鹤唳，谷冷云间。李青莲云："别有天地非人间"⑥，殆若为是发者，余私心向慕之。适渝城贼平，友人邀余读书庵中。负笈而来，甫至庵门，犬猜猜声不休，一僧出门相迎，延入狻座旁少憩。余观

---

① 杜少陵：唐代大诗人杜甫，自号少陵野老，人称杜少陵。
② 瀼（ràng）西：指今重庆奉节瀼水西岸地。杜甫客夔州时曾迁居于此，有《瀼西寒望》诗云："瞿塘春欲至，定卜瀼西居。"瀼，陆游《入蜀记》："土人谓山间之流通江者曰瀼。"
③ "小臣"二句：出自杜甫《壮游》。殊方：远方，异域。
④ 诛茅：芟除茅草，引申为结庐安居。
⑤ 稗沙门：佛教语，谓破戒无行的僧人。
⑥ "别有天地"句：出李白《山中问答》："问余何意栖碧山，笑而不答心自闲。桃花流水窅然去，别有天地非人间。"

碧眼青瞳，发须根尽幡然。问其年，七旬矣。余曰："此高僧也。"惊讶者久之。越日，与余言儒释合一之旨，曰："真如生灭，克己复礼也，定慧诚明也，真空未发也。"问其生平诵习经义，则《楞严》《圆觉》俱以为纸上陈言矣。余曰："此禅僧也。"复惊讶者久之。乃僧汲泉煮茗，日进余数杯。又余以秋收故，侍馆无童，日炊饭劚芹。僧不妨亲供其事，亦似有殷殷注意余者。余曰："此贤僧奇僧也。"复惊讶者久之。嘻，余尝馆于家福堂玉泉庵矣，有老僧性永者庶几近。是谓龙洞庵，而更有是僧乎？及问之，则为此庵开山僧也。

乃僧一日诣余馆，五体投地而言曰："僧开山本庵有年。庵旧有碑记，鄙俚不文，业已就毁。欲藉如椽笔以为山门光，祈慨惠无让也。"余曰："不二法门，无有言语文字，亦何用碑为？况毁则毁矣，又何用多事为也？"僧愀然曰："僧出世观化一番，不过藉碑以纪岁月耳。诸檀越①功德，忍令其泯没无传乎？"余曰："诚如是，是乌容无言？愿闻其详。"僧于是踊跃离座，合十向余而言，曰："僧，郡民李禄季子也。童时祝发为僧，将得分祖地结茅为庵。有乡民冷建终，将得买冷大言田一坋舍作常住。己丑大旱，大言转向僧索偿，僧窘无应，遂将田占去。而冷建终之孙冷凤、冷咏者，怏怏不平也。商之僧洎同派僧明祖，具告署印本府粮厅路爷审实断还，备赀买曹宅龙洞口田一处，又买钱宅三斗坵田一厢，至是而常住始足。乃募众檀越割施助缘，择日鸠工修上下庵宇，下酆陵请匠师妆塑满堂佛像，又请大乘、华严诸法宝镇之。今诸檀越功德具在，巍然焕然，僧亦藉手以开山一事，恳终惠一言以永垂不朽。"

余闻之，喟然叹曰："有是哉！若而佛僧也、圣僧也，而余之目而为高僧、禅僧、贤僧、奇僧者，之知而尤浅也。盖天下百千万亿世界，皆佛世界；尘土泥沙，皆佛尘土泥沙。而何以童年出家，舍祖地为庵也？且何因常住田占去，不得已而鸣之官，以求复还也？且何以捐资再买常住也？且何以鼎修庵宇、塑妆佛像而请置诸经也？大都而前世亦是佛，亦是菩萨，亦是罗汉，偶堕落尘埃，而佛菩萨罗汉之性不昧，故情愿出家以世界还他世界，以世界尘土泥沙还他尘土泥沙，其实还他亦自还也。彼冷建终者，亦罗汉果也；冷大言，则魔也、鬼也；署印路公，是活佛活菩萨活罗汉，使披缁出家，则更超而一乘也。然则此庵谓冷建终开山，可也；谓冷凤、咏开山，可也；谓路公开山，

---

① 檀越：梵文 daˆna-pati 的音译，意译为"施主"，是寺院僧人对施舍财物者的敬称。

可也。然非而必不能开山，以而出家做和尚也。若冷大言者，当世为魔为鬼，凡庵中建醮施食，俾得饱餐一筵可也；而后知而之为佛僧圣僧也；而后知余之目而为高僧、禅僧、贤僧、奇僧者之知而尤浅也；而后知而之以僧重寺，非以寺重僧也。"僧仍踊跃合十，唯唯而退。

维时徒若孙二三子在侧，余笑谓之曰："汝师开山不易，只为汝等开现成山耳，然汝师所谓佛也、菩萨也、罗汉也。汝等若守得住现成山也，只做得半个罗汉；那半个待来生又做和尚，又另开山，方才结得果，又证佛果、菩萨果也。不然，依旧是个冷大言而已。"二、三子稽首唯曰："谨受教。"余遂援笔记此，付剞劂寿之石。

重修州学碑记　[明经] 刘之益 [州人]

昔真西山先生[①]谓："学以言，夫学也。学先圣，学先贤，学先儒，固学也。抑知循守良牧有可法可传，己能学而又足以导人之学使士值之，取人之学以成己之学，亦皆学也，又何殊于学先圣、先贤、先儒而乃谓之学哉！"则学宫之修，诚不可浅视也已。

涪陵自程叔子官于此，以学演夫《易》；黄庭坚[②]官于此，以学精乎诗，是理学而循良者也。故生是邦者，宋有达微谯先生以谈理名其学，亚夫晏先生以淑惠名其学，而明有秋佩刘先生以忠节名其学。至两闱得捷之俦，莫不宗此学而魁元卓灼、卿辅炳麟，殆皆酝酿于程与黄官是而然耳。其文庙，自有明邵公贤创于前，都宪陈公大道广于后，峨峨辉映，洵西蜀一文献观也。不谓[③]献寇煨烬，旧宫不存，而文风亦替。我大清定鼎，有署州赵公廷正者，慨然薄成一殿，然草昧简略，究不肃观。至今上廿有十年，乃得洪都萧公讳星拱来守是邦，绘以丹垩[④]，翼以两庑，使诸贤诸儒、乡贤名宦及启圣、四贤诸祠稽诸故典，确其行状[⑤]，镂以木主，治以俎豆，春秋两祀必诚必洁，较他人尊幻妄之佛老，建无补之殿阁，孰得孰失耶？其于诸生也，按月必课，课必得才，厚所予

---

　　①　真西山先生：南宋后期著名理学家真德秀，号西山，学者称为"西山先生"。本姓"慎"，因避宋孝宗赵眘（古同"慎"）讳改姓"真"。著有《大学衍义》等。

　　②　黄庭坚：原志误"庭"作"廷"。

　　③　不谓：不料、意思不到。

　　④　丹垩：泛指油漆粉刷。原志误"垩"（白垩即"白土粉"）作"璺"（白色的玉）。

　　⑤　行状：生平事迹、履历。作为一种文体名称时，也称为"行述"或"事略"，专指记述死者世系、籍贯、生卒年月和生平概略的文章，常由死者门生故吏或亲友撰述，为撰写墓志或史官立传提供依据。

以为笔砚资，频所给以为惰窳①劝，而一时人文蔚起，弦诵风生。今秋闱又捷，刘子衍均、夏子景宣为修学之验，真足赞襄盛世、郁美王国者欤！

余观公之在涪也，凛四知②不受暮夜之遗，士得学其洁；省赎锾不为潜愬之蔽，士得学其明；辨真赝而章缝无滥与，士得学其端；严近习而侍从无私倖，士得学其公；肃彼桁杨，使猾蠹知畏，士得学其刑清之源；以抚字而寓于催科，士得学其薄敛之隐。又如葺衙廨，民得瞻仰劝惩；均徭役，民得就熟力荒，士又得学其政事之宜。凡此缕缕，未可悉举。惟兹修学一务，淘关人文而至重者欤！时赞政州幕王公讳运亨，于修学佐理咸与有力。爰是略即其事以寿诸石，亦因公之学为多士劝，是诚西山先生谓"学以言夫学也"云尔。

西门关帝像灵显记　[明经]夏道硕[州人]

蜀汉关夫子，昔称圣之烈者也，海内外率庙而祀之久矣。然性之近义者宗之，性之近勇者慕之；即未必能义能勇者，莫不畏之、爱之。庸者徼③之，劣者亦谬而妄祝之。是故敬其烈，而亦仰其像也。像，土木也。夫子即欲显其灵，亦不能使土木灵。大概或示于事，或游于梦，或发其签卜，或托于迷魂呓语，又或隐现于空中云雾荒渺之域而已矣，盖不能使其土木灵也。唯吾涪西门外之关像，则又土木灵焉。异哉！

昔者先明甲申，崇祯之十七年也。六月初八日，流贼张献忠拥数十万众，溯川江而上，至于涪。涪人走，贼尽毁城内外官民舍。涪赭，凡庙之毁不待言。即铜铁之神像，亦无不毁裂成镕溃。独关庙虽毁而关像二法身巍然，两座若未尝有变也者。二法身前后相去约五七尺许，前者高过人，后者高丈余。火大作，砖瓦厚重，零星注下如雨。而二法身者，皆土木也，无寸毫毁。近而瞻之，冠履俨然，须眉如故，金屑不剥。至左右诸侍将，则又皆毁崩无尺金。金刀四十余斤，亦色毁卷蚀。止殿上中梁，坠于二法身之间，独完不毁，其余栋、柱、椽、楹、扆④、案，皆毁。余时为贼所执，虽被

---

① 惰窳（yǔ）：懒惰懈怠。
② 四知：谓廉洁自持，不接受非义馈赠。典出《后汉书》卷五十四《杨震传》："当之郡，道经昌邑，故所举荆州茂才王密为昌邑令，谒见，至夜怀金十斤以遗震。震曰：'故人知君，君不知故人，何也？'密曰：'暮夜无知者。'震曰：'天知，神知，我知，子知。何谓无知！'密愧而出。"
③ 徼（jiǎo）：徼求、徼取，指心存侥幸，希望获得意外的成功或幸运的免于灾难。
④ 扆：古代庙堂设在东西门、窗之间的一种器具，状如屏风，以绛为质，高八尺，上绣斧形图案，因此也称"斧扆"或"斧依"。

创在火烟中，亦得不死。贼去火熄，遥望二法身，金光露处，于瓦砾焦烁之上，三昼夜火气犹蒸人。及后人民归，见之起敬，随以草蓬盖护。已而鸠工庀材，构新殿居焉，即今殿是。而今人入觐下拜，以为与新造者同，而不知仍为有明来之旧身也。今余六十有八矣，恐事久弗彰，敬以闻之郡守萧公，公曰："然！吾将勒石以传。"是为记。

建东壁阁记　夏道硕

按东壁图书之府，往牒①盖侈谈焉。而扶舆之秀，有开必先所关于世运人文，固有毓注区矣。蜀山水之奇甲于宇内，而史所称涪，更著涪学宫：隆起东亘，以峨眉为原，瞿塘为委②，都江濯其迹，黔流绕其襟，棂星独跨专城。而层磴穿云，凭高四望，云霞飞而波涛涌也。堪舆家谓："形胜迥异他封，而巽方宜有台阁应辉煌之气。"涪学士大夫每心计之，而不敢请天假斯文。

朱公以六诏人豪③来守是邦，一日谒宣尼庙庭，欢然指顾。多士曰："地灵人杰，曾何逊奇？而棂之左方为巽地，当以修补。云龙风虎之会，其崛兴乎？"侯曰拮据，郡国之务，鞅掌不遑。督木事竣，当奏最阙下④。遂鸠工平基，选梗楠巨材，亭亭竖立为坊表，约高数十尺，旁为五楹，饰以青黄彩色，以仿佛五大行。焕乎！所谓"层楼耸翠，高接云霄；飞阁流丹，下临无地。"⑤扶舆之秀，若更有孕结焉，侯寔具造而成。画舫征帆，往来三江之渚；目耀神眩，若盼泰山之巅，而游剑阁之下也。再阅月而落成矣，乃诏诸学博、士大夫觞于其上，风响铮铮，星辰可摘，把酒临风，其喜洋洋有不鼓豪杰之气而乘运光启者乎？侯之曾大父于嘉靖间振铎涪庠，誉传郡乘。侯之绍美，赫然有光。而两嗣君当舞象⑥时，名动三川矣。侯之万世功，独在涪也乎哉？侯之治涪，更先民瘼。三载底绩⑦，四封口碑啧啧，具在惠政录丹风音。舆人⑧颂东壁阁之建，其一班⑨云。侯讳

---

① 往牒：往昔的典籍。
② 以峨眉为原，瞿塘为委："原委"即始末，句意谓以峨眉为首，以瞿塘为尾。
③ 六诏人豪："六诏"本是唐代位于今云南及四川西部的乌蛮六个部落的总称，此以其地指代朱公家民籍贯云南。所谓"人豪"，实指其"进士"出身。可参本志卷三《秩官志·州牧》"朱家民"条。
④ 奏最阙下：指考绩被列为优等，上报朝廷。
⑤ "层楼耸翠"数句：当出自王勃《滕王阁序》："层峦耸翠，上出重霄；飞阁流丹，下临无地"，有异文。
⑥ 舞象：指"舞象之年"，代指男子15岁~20岁的成童时期。《礼记·内则》："成童，舞象，学射御。"孔颖达疏："成童，谓十五以上；舞象，谓舞武也。熊氏云：'谓用干戈之小舞也。'"
⑦ 底绩：获得成功，取得成绩。
⑧ 舆人：众人。舆，众多。
⑨ 一班：同"一斑"。

家民，别号任宇，进士，云南曲靖府人。

鼎修三昧堂记 ［国朝明经］何之琪［州人］

西方之教，首严贪。盖贪则生悭，悭则惜钱谷，吝施予，而圣贤济物利人之道因之泯矣。况由贪而嗔而痴，种种心生，莫不始于此。甚矣！佛教之防闲切而有要也。愚谓世尊①说法，虽为众生解脱，而身入法门者，恐亦难以了此。当今日而求其蠲衣囊建梵刹，罄所藏而不之惜，非了澈真性、尘土金玉者，其孰能与于斯哉？则吾于钵和尚见之矣。

和尚出陶姓，其先为云安达郡人，父大初，母王氏。髫龄，髡发披缁投师宗，禅号"定庵"，遍习释典，会逢劫运。年渐壮，遂携瓢笠，超然遐引。虽历金戈甲马间，而名山胜地无不晋谒。由是眼日益阔，性日益定，慧日益增进，参大善知识，面壁坐蒲而顿悟门头矣。付衣以来，既不欲作云游而浮杯于河、飞锡于空，亦不屑讲经义而霏花于雨、点头于石，唯系素珠十八颗，称念"阿弥陀佛"而已。频年②浪寄，霜雪盈头，思送骸骨归故乡。过镇，为吾辈勉留，乃驻锡于观音寺，杜户静习，审交游，寡言笑，间拈宗旨示人，罔不解人颐者。在黔，三塑韦驮金相③。年来施草履，夏秋则煮茶，行道之人如织，供亿④不怠，人以方之卓锡泉焉。因见一天门右隅有十方堂遗址，慨然曰："昔世尊于兜率宫钵中拈一青莲示现，愿乾坤作殿，日月为灯，度无量众受万间之庇。予何吝祇园布地金，而不为前人续貂乎？"爰检杖头阿堵，赁梓重修，凡三阅月而告竣。以无常住，难仍旧称，故更其额曰"三昧堂"，和尚所自题也。

余思此堂，昔创于益我曾公，世变成苍莽，几三十年矣。今一旦而栋宇如故，和尚行将塑世尊金相于中，而庙貌又如故。此堂之缘，乃结之于出世之缁侣，不可谓非奇遘也。以视世之惜钱谷、吝施予，而不知圣贤济物利人为何道者，不星渊⑤哉！若钵

---

　　①　世尊：对佛陀的尊称。

　　②　频年：连续几年，多年。

　　③　韦驮金相：指贴金的菩萨菩萨像。韦驮：佛教护法神 Skanda（塞建陀）梵文音译的讹略，传说为南方增长天王的八大神将之一，居四天王三十二神将之首。佛寺中的韦驮像一般是童子面孔，身披甲胄，手持金刚杵立于天王殿弥勒佛之后，正对着释迦牟尼佛像。

　　④　供亿：按需要而供给。

　　⑤　星渊：犹"天渊"，形容差别悬殊。

和尚所谓"粲星日月，特地乾坤"①者矣。和尚索文记之，余喜其不违佛旨，而启破悭之门也，因为详其本末焉。

重修学宫碑记 ［国朝学政］王奕清［江南人］

涪郡自伊川程子谪居其地，州人谯定执经于门，得其指归；而旧侍几杖之尹焞，又避迹来涪，倡明理学，各以道德师于乡，经明行修②之士遂代不乏人。明宣德初，始建学治南；万历中，陈参藩踵事增华，备极宏丽，更置学田膳诸生以时课业。故有明科第之盛，甲于川东，载诸志乘，班班可考。明末寇乱，鞠为灰烬③。

我朝定鼎，州守赵君、朱君，前后兴修，事虽草创，未壮厥观，然春秋对越，将事秉虔④，规制可渐复也。洎滇逆蹂躏，兵革频仍，举两贤之所经营，又半付之寒烟蔓草。岁壬戌，萧君始至。自涪谒先师，顾瞻惕然，惧无以自安，特加修葺，用妥明禋。第恢复之初，工未易施，多所缺略。甲申夏，董君来守是邦，政尚声教，治从宽简，患除利兴，各以［其序］⑤。爰念风化，首先学校，循行宫墙，见笾豆弗饬，琴瑟罔修。靡不缮理，复其故常。越岁，政通人和，吏民晏然，乃议举文庙而更新之。维时诸荐绅黄髦曰："此非以图善，吾后而敢坐视自逸欤！"于是州守偕诸绅士咸有所助，鸠工庀材，大兴力作。始于丙戌冬，初迄于戊子春仲，积四百八十余日，而殿寝崇邃，门庑靖深，启圣、名宦、乡贤诸祠，焕然毕具。加于旧规，小大称事，一无所苟。既竣，涓日⑥斋戒，率诸寮属大合，其秀士陈牲币三献而落之，请予为书其事。

方予承天子命，督学来川。所历诸郡县学，大都风雨漂摇⑦，圮废不治。颁行条约，首举兴修，谆谆诫勉。乃诸司视为具文，能以成事，告者寥寥无几。萧君者，于予未橅，行之前，独先身任其事，留心文治，于兹仅见。夫仕而受政教之寄，克究知乎本源，

---

① 粲星日月，特地乾坤：仇兆鳌《杜诗详注》卷十一引朱鹤龄注杜甫《三绝句》其一"斩新花蕊未应飞"句云："《传灯录》：洛浦在夹山做典座三年，吃百顿棒。后来大悟，曰：'斩新日月，特地乾坤。'"斩新：即"崭新"，全新。疑"粲星"为"斩新"之音讹字。

② 经明行修：通晓经学，品德端正。

③ 鞠为灰烬：谓尽是燃烧后剩下的废墟，形容衰败荒芜的景象。鞠为：尽是。鞠，通"鞫"，穷尽。下文周煌《重修涪州学宫碑记》"鞠为茂草"，亦即杂草塞道之意。

④ 将事秉虔：谓在每年春秋对越（祭祀天地神灵）时，一秉虔诚（诚心诚意）。

⑤ 各以其序：原志"其序"二字作双行小字右左排列，占一个字位置。

⑥ 涓日：即"涓吉"，指择取吉祥的日子。涓：选择。

⑦ 风雨漂摇：同"风雨飘摇"。

相与殚心一力，不费公，不劳众，以底于成，从此人文蔚起，彬彬驯雅，接伊洛之宗传，安见谯氏其人不复生于今？矧涪郡山川森秀，标松屏、荔圃之奇，擅铜柱、锦洲之胜，以地灵而产人杰，又理所必然也耶！是为记。

重修学宫碑记①[雍正五年]　[国朝学政]任兰枝[江苏人]

我国家文德诞敷，崇儒重道。今天子御极之初，即加封孔子五代王爵，又令天下各州郡详请改学，增设博士弟子员。一时山陬海澨②，霞蔚云蒸，莫不争自濯磨，以应昌隆之运。猗欤休哉！自昔学校文人之盛，未有如今日者也。

余奉命督学四川，巡行各属。见当事诸君率皆有志修葺学宫，教励士子，以求克副上意，心窃嘉之。娄东王君，为太原华胄，家门鼎盛，以副车出牧涪州，律己公而抚民惠。治涪数载，一切息讼劝农、锄奸剔蠹，罔有遗力。而敷政覃化之余，尤兢兢以风教为首务。每朔望，祗谒先师。见学宫不饬，荒陋狭隘，愀然兴感，谓："圣人之道，与天地无极。历代忠孝挺生，英哲奋起，皆沐圣人之教而成。顾令具瞻所在，榱桷几筵，尽沦草莽，是岂所以妥圣贤而隆禋祀？且有宋大儒如伊川、山谷诸先生谪居此地，遗爱犹存，夫非后起而官斯土者之责欤？"爰进阖州绅士而商之。盖涪学自遭明季兵燹之后，湫尘已极。虽经前任萧、董各牧更番修举，迄今已逾数纪，仍就倾颓。君乃捐俸，首为之倡，斩荆驱石，庀材鸠工，经始于雍正四年岁次丙午三月。其大成殿、崇圣祠、明伦堂、东西两庑及礼门、戟门、泮池、棂星门等，悉皆黝垩丹碧，巍奂炳烺③。复新建名宦、乡贤、忠义、节孝四祠，各置神主配享春秋，四围缭以周垣，坚固高峻。其物料人工，悉出之易买雇觅，不费民间一钱一粟，不数月而遂以落成。工既竣，绘成一图，请记于余。余惟学校者，礼义之所出，政治之所本，而公议之所在也。涪虽僻处西蜀，去京师万里。然值圣朝右文，郅治薄海，教化大行之时，君乃建学明伦，礼乐具备，文物聿新，俾涪之人士揖让圣人之堂，日习夫衣冠剑珮。钟鼓管弦之盛，吾知慢然忾然。其益兴起于善，有不待言者。今科秋闱榜发，涪士登贤书者较他邑独倍焉。

---

①　重修学宫碑记：该篇故宫珍本丛刊《四川府州县志》第十二册 [乾隆]《涪州志》（第 320 页脚原注"卷十一'艺文'原书缺第 44 面"）与涪陵区地方志办公室存乾隆五十一年镌《涪州志》（本衙藏版）复印本均缺原版第十一卷第四十四页，即"顾令具瞻所在，榱桷几筵尽沦草莽"句"草莽"之前尽无。兹据国家图书馆出版社出版该志书影印本前所做电子扫描件配补。

②　山陬海澨：山隅和海边。泛指荒远偏僻的地方。

③　巍奂炳烺：高大辉煌貌。巍奂，亦作"巍焕"。

君之为此也，淑百代之仪型，树千秋之彬雅，其为涪陵人文之助，厥功岂浅鲜哉！

君名愿，字济谷，其治尚德化，崇本务。此举尤其守涪首事，余故乐得而为记云。

重修歇圣庙碑记　[国朝孝廉]何行先[州人]

涪城东北郭，旧有张桓侯庙，背城面江，下临济湍，相传为歇圣滩。谓之"歇圣庙"，乃侯收川镇蜀时往来于此，后人追思之，立庙祀侯者也。宋大观中，于祠前掘地，得三印及佩钩、刁斗，上刻侯名。仍沉之水中，以镇滩险，故涪人奉侯益谨。

康熙四十有五年丙戌岁杪，余行城东门，步江岸而西行数武待舟，憩滩石上。忽心动，矫首望侯祠，乃整躬肃志，瞻拜祠下。见庙宇卑陋，侍士倾颓，香烟零落，感慨系之。因思侯当日战功、义烈，与壮缪并驱华夏，而荐庞、释严，均有国士之风，且功德于蜀为多，则蜀人之食德报功，谊当专笃。严庙貌而隆香火，与壮缪庙是等为宜。壮缪少读《春秋》，识元德①而授以肝胆死生之信。至于崎岖颠沛，用经而其志不忒，用权而其志愈明，大义凛然，当乎天理人心之至，故凡有血气者，莫不尊亲。侯与之同扶汉室，厥义无殊，史称侯于马超来归先生后，示超以君臣之礼，超即时悔服。如此举动，何等细心！佩钩、刁斗刻字，足见能文一斑。扶天理而卫民彝②，其得《春秋》之大义也，不又万古维昭乎？然则凡有血气者，宁不有以动其良知，而同尊亲之戴耶？然人之敬服于神者，必托灵于签。其签原江东神之物，自明太祖以与壮缪，至今称灵。侯庙同用其签，人或疑之。不知幽明上下，同一至诚之道相流通。两侯之忠义，共本于天理之"一诚"。诚，则为物不贰，其感孚、灵应③自不可测，乞灵于侯与壮缪同也。

庙当涪、黔二水合流之界，上下商旅入庙思敬，多祷祀于侯，以期利涉。爰劝众捐赀，重新庙宇，更塑侯像，百千万载，俎豆馨香。工成，因以此言勒之于石。

重修涪州学宫碑记　[国朝尚书]周煌[州人]

涪州文庙，创自前明宣德年间，州大夫邵贤、观察陈大道先后集事，一时人才蔚起，称最盛焉。迄明之季，冷劫残烟，鞠为茂草。我朝定鼎，文教聿兴。圣祖仁皇帝临驭之二十二年，洪都萧公星拱来治斯邑，因前署赵公廷正草创之旧而更新之，栋宇巍峨，

---

① 元德：指刘玄德。三国时期蜀汉先主刘备，字玄德，清代避康熙皇帝（玄烨）名讳，以"元"代"玄"。
② 民彝：即人伦，指人与人之间相处的伦理道德准则。
③ 感孚、灵应："感孚"谓使人感动信服；"灵应"指灵验，预言得以应验。

典制大备，都人士复睹槐市衣冠^①，科名踵接，甲于川省。今百余年来，风霜剥蚀，丹碧飘零，大㮂细桷^②半皆朽蠹。当事屡进绅耆者，欲事修葺。以公冗，不果行。乾隆甲午秋，大殿前檐倾折。时原任湖南倅陈君于宣，自绥宁任予告^③归里，倡议重修。适长子宗岐在籍分任其事，爰约同人舒其文协力输募，庀材鸠工。整废圮，为峻固，较旧制而宏厂；门庑堂殿，配食从祀，诸祠焕然改观。于以^④妥神灵，明祀事，绍前光而示来许，诚盛事也。

戊戌春，余奉使假归里门，诸司事属序于余。余稔厥巅末^⑤。工始于甲午年仲冬月，告成于戊戌年十二月，计阅一千五百二十日，费金一千二百有奇。督建：历任刺史马公文炳、王公兴谟、牛公兆鼎、赛公尚阿，司铎张君中元、王君正策，司训涂君会川、吴君懋仁；首事：候补通判知湖南绥宁事陈君于宣、翰林院编修周宗岐、国学生舒其文；监修：邑廪膳生周宗沔、何道灿、陈沄。而经理部署始终不懈，舒君之力哀焉。并为记募首捐输各姓名，备勒诸石。

云梯岩川主庙碑记　[国朝观察]邹锡彤[州人]

圣人以神道设教，所以佑民，即所以觉世也。人虽至愚昧，未有睹神像而敢慢视^⑥之者。此入庙思敬，有由然矣。

吾乡之西南，有云梯岩，或曰是昔仙人所云游也，因以名焉；或曰谓岩高，而云时出岫也。余姑存其说。岩有庙祀川主神，居民咸沐其休也，创始亦未详其年。往时修葺之者，或作或辍，未能告厥成功。如是而岁久就坏，栋桷将摧，肖像黯昧，不称瞻仰，老成人^⑦咸计议曰："吾侪之受福于神厚矣。频年风调雨顺，稻麦丰登，寇攘帖息，灾疫不生，神之赐其何敢忘！"乃募众捐资愿新神庙者，听又议谙事者董其役，于是比里

---

①　槐市衣冠：指礼教斯文。槐市：汉代长安读书人聚会、贸易之市，以其地多槐得名。后借指学宫、学舍。《三辅黄图》："仓之北，为槐市，列槐树数百行为队，无墙屋，诸生朔望会此市，各持其郡所出货物及经传书记、笙磬乐器相与买卖。"

②　大㮂（máng）细桷：大木为㮂（房屋的大梁），细木为桷（方形的屋椽子）。

③　予告：汉代官吏休假制度，凡年俸在二千石以上的有功官员，依例给予带职休假、居官不视事的待遇，谓之予告。因此，后代凡大臣因年老或疾病准予休假或辞官退休，皆称为"予告"。告，休假。《清会典·吏部·稽勋清吏司》："凡官年老告休者，则令致仕。大臣予告者，或加衔、或食俸，皆出特恩，以示优异焉。"

④　于以：犹是以、因此。

⑤　巅末：即"颠末"，谓自始至终的事情经过情形。

⑥　慢视：轻视。

⑦　老成人：指德高望重的长者。

之人①争施厥材，恐后抡材、程功。完旧增新，并议春秋醮会报答神功，以壬戌年二月始事，至季冬月偫功，殿宇峻丽，巍然为一方改观。首事者嘱予纪其事。

予思夫山川陵谷，邱陵、表畷、防庸，古皆有祭。况夫卫我全川，保障斯民，非所谓"有功则祀之"者耶？固可以义起也。予读礼家居②，间亦造焉。峭壁梯空，侧足而上，及至其庙，旷然平夷，林壑岩洞之萦纡，村舍平田之秀丽，江帆云雾之层叠，信地之高且胜者也，则谓仙人曾游也可，谓云出岫而得名也可。顾斯庙也，得人焉修理之，芜者治，颓者起。事之兴废，其不在人乎？然非神之觉世佑民，何以使人敬奉之而聿新之若是哉？故志之碑，以彰神之威灵焉。

腾蛟洞记　[国朝明经]陈于铭 [州人]

岁在癸丑，余得是山而家焉。读洞石之遗镌，乃知先我处此者樊子。樊子者，始以腾蛟名是洞者也。自经品题而后，此山数百年来俨然蛟矣，非山矣。

余尝优游登眺以临彷徨，初不知扶舆积几多灵秀而产之，或千里，或数百里，未有知其修者，起伏迤逦③，宛如长蛟。而荆榛灌莽，郁郁葱葱，相与蒙翳其上，复如青蛟出龙门，越巴蜀，跨千里而南来，昂头数十仞。撰一洞，宽二三丈许，若张口欲吞噬状，又不啻如怒蛟还顾。洞口旁，有二坪。其右坪势若垂天之云，晏夫子之读书处也；其左坪形如挂榜之山，相传某斋公之遗址，其名不可得而考也。孤峰圆尖，秀色插天，犹竖万丈之笔于洞门间者，牛星山也。三峰攒列，似可架笔，森然而侍立者，三颗石也。既直且平，形如塞屏，壁立于牛星三颗间，以障南北者，斯石何石？古名砚山，不知称自何人，始于何年也。俯视其下，犹砚池一勺，碧波潆洄则风荡，曲溪分流而南合。腾蛟枕藉乎其上，若嘘而若吸也。余为之瞻顾，为之徘徊，所谓如长蛟、青蛟、怒蛟者，又不啻如潜蛟。然则谓山为蛟，信矣！谓蛟为腾，宜其变化风云，从龙上天，奚偃卧于斯而弗去？"腾"固如是耶！虽然，蛟非池中物也。特其得坤母之孕育也独优，不肯为躁鳞，以小试云雨故耳。然自樊子，去今已百有余年。蛟之蓄锐养精于斯也，不为不久矣。吾知其积数百年之潜蛟，必将为数百年之腾蛟也夫！余是以记之。

---

①　比里之人：邻居乡亲。比里，乡里、邻里。

②　读礼家居：指回籍守制，在家居丧期间，须读有关丧祭礼书以了解相关礼仪，因称居丧守制为"读礼家居"。

③　迤逦：同"迤逦"，曲折连绵貌。逦，同"逦"。

重修观音寺碑记　[国朝孝廉]张一载[州人]

盖闻金捐八十，精舍告成；狮容万千，方丈宏启。垂画于清源台上，功德无边；集经在华林园中，慈悲不少。宅凡两易，奉诏而修三乘之慧门；像现一躯，闻钟而植五宗之净果。信是佛慈曜日，康衢共切皈依；因之人力移山，庙貌常隆顶礼。

李渡观音寺者，五龙胜迹，一镇雄观：峻岭右环，百卉偕贝枝而赐茂；长江左带，群波向性海以潆洄。烟火连万家，绚烂天花之色；鸡犬达四境，唧嘈①梵呗之音。诸刹俱列旁围，此寺适当正脉。睹斯香阜，知灵感之非虚；建厥莲宫，识因缘之不偶。自明太祖垂裳②之日，张庆庵发念捐修；洎明熹宗听政之年，张与可加功补葺。维时缁炉壮丽，顶结绛云；妙相辉煌，座嵌绿玉。三千兰若，南海即是西天；四八庄严，白衣常临紫竹。于是僧皆蚁聚，法以象肩。日月增新，不仅晨钟暮鼓；乾坤交泰，常留花雨香风。解脱网开，个个求救苦救难；和南礼至，声声诵大圣大慈。菩萨有灵，招提③称盛。然而泰山岳岳，或感其颓；沧海茫茫，屡闻其变。当汉臣东返，洛邑之白马攸崇；迨魏帝西征，长安之青莲殆尽。

良以"无平不陂"④，天时固然；若夫由废而兴，人事有力。此前明兵燹而后，不无灰烬之伤；本朝定鼎以来，正值轮转之日也。但恐悭囊难破，空瓠易讥。洛阳河边，虚羡掷金之子；长白院里，徒怀掘地之踪。世路其艰，人情渐薄。岂能风雨骤至，相轮从剡县飞来？那得⑤雷电合章，玉梁自天空降下？非有领袖之檀越，奚能集锦于绀园。时则本镇善士某某等体创修寺院之文，发供养如来之愿。或欢心而舍己，或为首以募人。腋集则裘可成，箕勤而山在望。用遵旧制，间酌新裁。鸟革翚飞，香宇焕琉璃之色；指挥足慧，金身腾舍利之光。从此杨柳枝头，再浮甘露；鹦鹉车上，重转慈缘。鸟窠鹊窠，不令道林栖树；僧半俗半，徐看宝目赋诗。是役也，鹿苑改观，因婆心之感应；鸯摩矢

---

① 唧嘈：喧嚣。

② 垂裳：衣裳下垂，指端坐。即"垂衣裳"，亦作"垂衣"，典出《周易·系辞下》："黄帝、尧、舜垂衣裳而天下治，盖取诸乾坤。"用以称颂帝王安坐江山，无为而治。

③ 招提：梵语 Caturdeśa。场所、地方、国土等义，音译为"拓斗提奢"，省作"拓提"，后误"招提"成为寺院的别称，多指民间私造的寺院。

④ 无平不陂：出《周易·泰卦》爻词："九三，无平不陂，无往不复。"孔颖达疏："是初始平者，必将有险陂也；初始往者，必将有反复也。无有平而不陂，无有往而不复者。"

⑤ 那得：怎得、怎会、怎能。

念，皆居士之转移。种去福田，非怀求报之意；结来善果，宜表布施之功。爰寿贞珉，以纪盛事。鸡园塔内，明灯照碣以常昭；旃檀树间，茂竹荫碑而不朽。

鸣玉溪记　[国朝孝廉] 黄基 [州人]

尝谓天地间之最足移人情者，莫过于水，此成连之所以引伯牙于方子春也。然必方子春，而后可以移情，安所得赍粮千里以观彼海水之汩没乎？孔子云："知者乐水。"①初不必名其为何水，但使来之有源，去之有委，而非断港绝航，则涓涓不息即成江河，又乌在不可以临流而助美乎？

余少读《寰宇记》，见我涪有所谓"鸣玉溪"者。虽未经涉其地，而因名想像，辄深溯洄。后余馆课乡塾②，适经其地，见其崖断泉落，清音悠逝，如因风而响玉珂；数仞之下，走石横激，遂方折③而潺湲以出。因是知此溪之所由名，非同附会而浪得虚声者。每遣兴至此，辄留连终日，不忍遽去。偶有所得，归即书之，不必其咏水也。而心之所会，无在不与水侔。积久成帖，因名其编曰《鸣玉小观》，以见涓涘一滴，皆天地所锺；而下里微吟，亦性情是寄。独惜此水之趣，仅助兴于余，亦犹余作之仅似此水，而未足方乎名流也。岂若江山助张说之句④、河岳增太史之华，而相得益彰也哉！余以质诸先达，先达曰："善哉！观乎人，苟触处逢源，则眼界即境地而阔。"此古人所以闻窗棂而悟道也，则即以此溪为大观也可。

补修水府宫记　[国朝孝廉] 潘喻谦 [州人]

五龙古镇，萧公栖神显道之所也。南面大江，旧额"水府宫"，赫声濯灵，血食百世。乾隆癸卯年，自夏徂秋，积雨淋漓，砖石浸润，一夕坍去西隅墙壁，势若奔雷。卒于阛阓无损，人咸异之。甲辰初夏，绅士潘鸣谦等倡议捐募，即偕董事之人踊跃经理，虽仍旧贯，而周遭上下木石砖砌，历年久远，率多剥朽。悉易以新，工程几埒于创始，

---

① 知者乐水：语出《论语·雍也》。知者：有智慧的人，聪明人。知，同"智"。
② 乡塾：古代乡里进行教学的地方。原志"塾"误作"垫"。
③ 方折：水流作直角转折。古代传说方折之水，其下有玉。《文选》颜延之《赠王太常》诗李善注"玉水"引《尸子》曰："凡水，其方折者有玉，其圆折者有珠。"又《淮南子·坠形训》云："水圆折者有珠，方折者有玉，清水有黄金，龙渊有玉英。"
④ 江山助张说之句：指壮丽的山河能激发人的文思诗意，使之写出佳句佳篇。张说：初唐宰相，政治家、文学家。《新唐书·张说传》云："(说)为文属思精壮，长于碑志，世所不逮。既谪岳州，而诗益凄婉，人谓得江山助。"

并踵事增华,阅百日而藏事,庙貌焕然改观,费金钱若干。凡捐赀姓名,例得勒诸石。

窃惟斯庙之建,年代无稽,断碣残碑,传闻异词。逮考前明黎佥事原记:因万历初年尽毁于火,重修于六年戊寅。迄今二百有七载,乃有是举。中遭明季流贼兵燹,蹂躏殆尽,斯殿如鲁灵光①岿然独存。非神威赫奕,安能盘固②不摇耶?迨我朝定鼎以来,升平日久。镇中生聚日繁,烟火数千家;商贾云集,货殖百万贯。熙熙而来者曰:"吾祷于萧公,其受命如响也。"穰穰而往者曰:"吾酬于萧公,惟三倍是识也。"仰赖神庥,乐邀福庇,固宜其醵金③易而鸠工速也。然吾于佥事之文,有说焉。如述仙迹之显异,世世流传;纪神功之灵奇,昭昭祀典。此不必赞一词也。至于本神道设教之心,委婉化导,革薄从忠,俾人心日以公平,市肆益加辐辏,诚哉是言!黎公劝世情深,士大夫之责也。然而废兴之数有定,成毁之时不同。昔惟毁于火,"火"于《春秋》书"灾"。遇灾思惧,黎公不得不以惕励之言与众共加警省。既而世风丕变,淳庞之俗留贻至今,镇中人得以永享其盛。故斯庙甫圮于阴雨而为绸缪之谋、长久之计者,皇皇然不惮劳勚④焉。既钦萧公神应之妙,即可验人心之厚而敬信之专且至为何如哉!是为记。

宿云洞记　[国朝明经]潘履谦[州人]

胜地名区,所在多有,特非其时则莫传。苟得其时矣,即深山涧谷中,人皆欲得而览焉。

涪陵有宿云洞,余幼时至其地,见为豹虎之所藏,狸鼠之所游,嘉葩毒卉,乱杂而争植,芜秽不堪,形势不出,不胜慨然。越甲戌秋,里人斩刘恶木,扫除污垢,以为祭祀祈神之所,比前所见,焕然改观。自是岁时伏臘⑤,喜聚饮焉。洞有两层,中有平处⑥,率烟雾丛生,有字在隐现中,人弗觉也。及拂视之⑦,乃"宿云洞"三字。求其

---

① 鲁灵光:即"鲁殿灵光",比喻硕果仅存的人或事物。灵光:汉宫殿名,由西汉景帝之子鲁恭王刘余在今山东曲阜建造,规模宏大,雄伟壮观。后东汉王延寿曾为之作有著名的《鲁灵光殿赋》,序云:"鲁灵光殿者,盖景帝程姬之子恭王余之所立也。"

② 盘固:纠结牢固。

③ 醵(jù)金:凑集众人的钱财。集资。醵,聚集。

④ 劳勚(yì):劳苦。

⑤ 伏臘(là):臘,古同"腊"。伏臘亦作"伏腊",古代的两种祭祀名称,"伏"在夏季伏日,"腊"在农历十二月。指伏祭和腊祭之日,或泛指节日。

⑥ 中有平处:同治《涪州志》卷十四《艺文志·散体文》作"中平坦处"。

⑦ 及拂视之:同治《涪州志》作"拂拭视之"。

故，或曰："其取诸少陵'薄云岩际宿'之句①乎？"余曰："不然。此景②有飞泉，有竹，有木，有石，大江环绕，溪水曲流，曲径苍苔，林树蓊蔚③，石楼石室，种种异常，拟之桃源不是过也。其云游客所常至乎？且今愿言觏止④，类多新奇瑰异，或奕或赋或饮⑤，随其所兴⑥。迨棋散诗罢酒阑，间止翠竹之中，卧古木之下，坐怪石之上，此呼彼应，几忘夕阳在山。兼以读者⑦朝夕吟哦，无分日月，宁非青云士⑧所居乎？二说于古人必不诬也。"

独计斯洞也，前何以荒凉，非其时也；今何以轰烈⑨，得其时也。随时⑩之义，洞独有焉。是为记。

《邹刘合刻》序 [邹公讳智，理学名臣，合州人。] ［明户部侍郎］倪斯蕙［巴县人］

吾郡盖有邹立斋、刘秋佩两先生者，先生素不具论。论其大者，一读书中秘，当乡人秉政之时，抗疏危言，首列忠佞；一焚草青琐，当珰焰滔天之日，感时流涕，立抵逆瑾。至今读其疏，凛凛生气，令人舌吐而不收。其不死于三木囊头⑪者，幸也！夫披龙鳞同，履虎尾同，赍志抱愤、不获竟展其用同。两先生疏，俱未有合刻之者，合之自郡守龙公、督抚王公始。二公雅好读书，而于忠义，则称两先生。居是邦，事大夫之贤者⑫，两公其有焉。

余不佞，受而卒业。窃叹国朝在宏、正间一坏于庸相沽宠，委靡顽钝，不知人世

---

① 少陵"薄云岩际宿"之句：指大历元年（766）秋杜甫（杜少陵）在夔州作《宿江边阁》诗"薄云岩际宿，孤月浪中翻"句。

② 此景：同治《涪州志》"景"作"境"。

③ 蓊蔚（wěng wèi）：浓密茂盛貌。

④ 愿言觏（gòu）止："愿言"出《诗·卫风·伯兮》："愿言思伯，甘心首疾。"思念殷切貌；觏止：相遇，语出《诗经·召南·草虫》："亦既觏止，我心则降。"

⑤ 或奕或赋或饮："奕"通弈，围棋。此指下棋。

⑥ 随其所兴：同治《涪州志》作"随其兴之所至"。

⑦ 读者：同治《涪州志》作"诸生"。

⑧ 青云士：喻指位高名显者。韩愈《赴江陵途中寄翰林三学士》："朝为青云士，暮作白头囚。"

⑨ 轰烈：同治《涪州志》作"壮丽"。

⑩ 随时：顺应时势，切合时宜。

⑪ 三木囊头：古代酷刑。"三木"指古代加在犯人颈、手、足上的三件刑具，"囊头"谓以物蒙覆头部。《后汉书·党锢传·范滂》："桓帝使中常侍王甫以次辨诘，滂等皆三木囊头，暴于阶下。"李贤注："三木，项及手足皆有械，更以物蒙覆其头也。"

⑫ 居是邦，事大夫之贤者：语本《论语·卫灵公》："子贡问为仁。子曰：'居是邦也，事其大夫之贤者，友其士之仁者。'"又，句或可断为："居是邦士大夫之贤者"，则"事大夫"当理解为"士大夫"误刻。

间有可耻事。所称正人君子，如三原①辈，率摈斥不用。而大弊极坏，则逆瑾煽权，倒持太阿，窃弄神器，祖宗二百六十年之国脉几不绝如线②。一时朝绅靡然，无复具须眉气。两先生突起睽孤，势处疏逖，于上无结知之素，于下无朋党之援，不殉同闬③之私，不惜干霄之焰，出万死一生之中，徼万一见听之幸，积于衷之所无期而发于性之所欲吐。子曰："勿欺也，而犯之。"又曰："信而后谏。"则两先生之自信信人，为何如哉！秋佩读《易》伊川洞，立斋晚从白沙游，处则嘿嘿，出则谔谔。其素所蓄积也，独怪学士大夫居恒扼腕，恨不披沥谈天下事？及至事权到手，"荃蕙化而为茅"④。非中靡于弱骨，则外张于虚气；非剿袭于雷同，则苟且以了局。不则其植党也，其鬻权也，一人也。众有所独归，则媚之以干泽；众有所偶去，则借之以沽名。一疏也，非藏头露尾，中人主之猜则借甲指乙，凭在覆之射。若两先生者，岂不明目张胆、解衣折槛烈丈夫哉？可以欺人，可以自欺，不可以欺天下。后世犹欲刻其疏而信诸后，则两先生之自信信人为何如？藉令两先生在，执鞭所欣慕焉。

恩荣堂序　[明经筵讲官] 卫国史

张君善吉，字本谦，蜀之涪州人，济南教授成功先生冢嗣⑤也。先生由举人授学正，克立师道，而士类多造就。年未五十，即卸仕家居；阃唐，有淑德。君承庭训，以明经登成化丙戌进士第，拜官兵科都给事中。朝廷以其克称厥职，推本父母之教，封教授君如其官；唐为孺人，赐之敕命，以褒嘉之。君念二亲年皆六十，又一去膝下日久，乃上章乞归省亲。蒙诏给之⑥，且恩赐楮币以为道里费⑦。诸同寅谓："君父母俱庆而有是恩典，又得锦衣归庆以志其荣，其荣孰尚焉⑧！"遂以"恩荣"额其奉亲之堂，谒予。文序之，用以赠君行。

---

①　三原：指恪尽职守、直言敢谏，刚正清严，关心民生疾苦，为官坚持原则，历任兵部尚书、吏部尚书，卒谥"端毅"的明代中期名臣王恕。因其为陕西三原人，故称。是儒学程朱绪余"三原学派"的创始人。

②　不绝如线：仅有一线连系未断。比喻局势危急。

③　同闬：同乡里。闬，里巷之门。

④　荃蕙化而为茅：句出屈原《离骚》"兰芷变而不芳兮，荃蕙化而为茅"。

⑤　冢嗣：嫡长子。

⑥　蒙诏给之：民国《涪州志》卷二十《艺文志二·文征二》作"蒙诏许之"。

⑦　道里费：路费。道里指道路、路程、路途。

⑧　其荣孰尚焉：民国《涪州志》作"恩荣孰尚焉"。

予惟父母之教子，孰不欲其擢高科、跻膴仕①？为之子而稍负侠者，亦孰不欲立身扬名以显其亲？然有命焉，不可强也。故子显荣而亲不我逮，亲寿考而子不显荣者，比比皆是。求其克兼遂所愿，欲如君父子者，殆十中而仅一二见也。不深可喜而可嘉耶？虽然，余窃有告焉。诗曰："无言不酬，无德不报。"故人之有德，于人一语而终身不忘，感人一饭而委身图报。君之所受于上者，如天之仁也。所以酬而报之，宜何如耶？今给事中最为要官，而侍天子左右。凡政令之施于下，与下之所陈于上者，皆给事详审而后五府六部行之。其或事有迟违谬戾，即参驳之，而人无敢不服不宁。惟是上而厥职之或有阙，次而任用之或非其人，又次而闾阎行伍之弊有未革有未剔者，给事中悉得以纠正而廷论之，故非他官之各司一职、各专一事者比。士君子出而试用不得骤陟宰抚②，得居是任，亦尽足以行其志也。君归而复来也，与夫职之所当为者，悉明目张胆之言③而不少有顾忌，使忠直之气动于朝宁④，蹇谔⑤之誉脍炙士林，庶几哉克报君恩于万一，于职乎为无忝矣。君尚勉之！君勉于是，则崇阶峻秩之超迁，龙章凤彩之荐臻，朝廷必不为君吝，而其恩荣又奚翅今斯⑥？而其恩荣又奚翅今斯！

刘秋佩先生奏疏序　陈计长 [州人]

余为童子时，受知于枕岩王夫子。期望独至时，枕岩师为渝城司马。一日过涪，授以《邹刘合刻》，且曰："刘秋佩公，尔同乡人。其英风劲节，人所耳闻，尔所目睹，宁不景仰遗风欤？"余展刘公奏议读讫，因想见苏文忠《序〈田锡奏议集〉》曰："古之君子，尝忧治世而危明主。"盖谓君子有徙薪之忧，不能不抱豮豕⑦之戒。田公在端拱、咸平间，宋德殷隆，非所称哲辟无讳者耶？而田公侃侃于谏垣，所指之事皆当时所讳，辨河溃于蚁隙，卜燎原于星燧，潜洗日中之隐忧，预防意外之变态。在

---

① 膴（wǔ）仕：高官厚禄。《诗经·小雅·节南山》："琐琐姻亚，则无膴仕。"毛传："膴，厚也。"膴，本指古代祭祀时用的肥美的大块鱼、肉。

② 宰抚：民国《涪州志》作"宰辅"。

③ 明目张胆之言：疑误，民国《涪州志》作"明目张胆言之"。

④ 朝宁：犹朝廷。

⑤ 蹇谔：即"謇谔"，正直敢言，不留情面。蹇通"謇"。

⑥ 奚翅今斯：岂止现在这样。奚翅同"奚啻"，何止，岂但。

⑦ 豮（fén）豕：去势的公猪。

田公，亦自恃其言能射覆、听易转圜耳。亡何竟不能安其位，出副转运，出刺陈州。由是思言者固难，听言者为尤难也。言之于讳言之朝，固难；即言之于无讳之朝，亦未见有容其直而安其位者。如余涪刘秋佩先生奏议遗稿，予稽其世，不有较难于田公乎？

　　方先生入侍掖垣①时，主上维新莅治，万几②待整。而先生不敢少默，犹先发逆瑾之奸，摘其炀灶③之实，商度靡遗，致犯龙鳞，竟罹廷杖。在先生自分④瞑目矣，幸赖君恩，获保归田。后虽以逆瑾之败，不负从前謇谔，拔之泥淖，畀以三千石之任而终于郡守。未及大用，讵不惜哉！嗟嗟田公之章奏，虽不见知于当年，犹得见知于后主，至使后之人主采集其章句，以遗令嗣⑤，将人臣之渊谋远计昭如日星，在田公亦不可谓不遇也。今先生之奏议，既不能回天于俄顷，又不为之垂监于令嗣，俾一生贯日之孤忠，终归泯没乎？虽然人之所泯者在一时，而其所不泯者在后世；人之所泯者在后世之庸人，而不能不见重于后之君子。我师王公贞介自持，力追劲节，取先生遗稿重订付梓，再三披诵，凛凛有折槛埋轮⑥之风，意何壮哉！或谓先生之传后曰："稿可焚也，惧以卖直也。"而未审后人之景慕曰："稿可翻也，将以诲忠也。"

---

①　掖垣：唐代门下、中书两省，因分别在皇宫左、右掖，故称。此指类似的中央部门。掖：掖庭，皇宫中的旁舍或边门。

②　万几：帝王日常处理的纷繁政务。亦作"万机"。

③　炀灶：典出《战国策·赵策三》："日，并烛天下者也，一物不能蔽也。若灶则不然，前之人炀，则后之人无从见也。"指如果有人在灶前烤火，遮蔽灶的火光，后面的人就无从见之。比喻佞幸专权，蒙蔽国君。

④　自分：自料，自以为。

⑤　令嗣：对他人之子的敬称。

⑥　折槛埋轮：即"朱云折槛""张纲埋轮"。《汉书·朱云传》："成帝时，丞相故安昌侯张禹以帝师位特进，甚尊重。故槐里令朱云上书求见，公卿在前。云曰：'今朝廷大臣上不能匡主，下亡以益民，皆尸位素餐……臣愿赐尚方斩马剑，断佞臣一人以厉其余。'上问：'谁也？'对曰：'安昌侯张禹。'上大怒，曰：'小臣居下讪上，廷辱师傅，罪死不赦。'御史将云下，云攀殿槛（殿堂上栏杆），槛折。云呼曰：'臣得下从龙逢、比干游于地下，足矣！未知圣朝何如耳？'御史遂将云去，于是左将军辛庆忌免冠，解印绶，叩头殿下曰："此臣素著狂直于世，使其言是，不可诛；其言非，固当容之。臣敢以死相争。'庆忌叩头流血，上意解，然后得已。及后当治槛，上曰：'勿易！因而辑之，以旌直臣。'"又，《后汉书·张纲传》："汉安元年，选遣八使徇行风俗，皆耆儒知名，多历显位，唯纲年少，官次最微。余人受命之部，而纲独埋其车轮于洛阳都亭，曰：'豺狼当路，安问狐狸！'遂奏曰：'大将军冀，河南尹不疑，蒙外戚之援，荷国厚恩，以不堪之资，居阿衡之任，不能敷扬五教，翼赞日月，而专为封豕长蛇，肆其食叨，甘心好货，纵恣无底，多树诡谀，以害忠良。诚天威所不赦，大辟所宜加也。谨条其无君之心十五事，斯皆臣子所切齿者也。'书御，京师振竦。"后遂用为直臣坚守，不畏权贵，敢于直言诤谏、弹劾当权者事典。

余与忱岩师皆为诲忠计，而虑无以扬挹其风标。敢向先生作知己哉！惟是先生之去余籍者咫尺，耳目者久，况辱枕岩夫子之命，不敢以不文而不为之序。

乞谥宋景濂先生疏　刘蕙［州人］

臣闻之，《记》曰："节以一惠，谥以易名。"故生而有爵，死则有谥，周之道也。先王制治[1]，谓："歆善而耻恶，夫人之同情；彰善而瘅恶，为治之要务。如彼圣贤，固无事于抑扬；乃若中人，直有待于惩劝。"故自成周至于今日，率用此道鼓舞士风，盖其节惠之法，善善恒长，恶恶恒短。德学有闻，才节兼劭[2]，无他疵疾，固宜与之美谥；尺璧而微瑕，或瑕不掩瑜，则节其善以为谥；即行虽未有闻而一善不可掩，则但取其善以为谥。皆以示劝也。善泯而恶扬，乃得恶谥，则以示戒之。故虽孔文子犹得谥"文"，而幽厉[3]则孝子慈孙，不能改也。汉唐以下，谥之善多，谥之恶少。本朝制谥，不宣其恶，列圣爱惜人才，忠厚尤至。若夫少有过咎，或遭谴谪[4]，则节惠之典例不复畀。以是坊士，士犹有弃道揆、弛法守以自速戾者，然后知节惠之靳，所以忧天下也。然过咎有眚有怙，则谴谪有幸有不幸。罪出于怙，诚不足矜；罪出于眚，则皆可宥。故欧阳修以罪黜州郡去而卒，犹谥"文忠"；苏轼以罪窜海外归而卒，亦谥"文忠"。盖修有文章，兼有忠劳，故宋薄其辜；轼有文章，兼有忠节，故宋略其过。宋之遇士大夫，亦庶几乎先王矣。

国家肇基之初，物色老儒于金华山中，首得宋景濂之文学，故高太祖[5]之接礼亦厚。备顾问，则有裨补圣聪之益；掌纶綍，则有黼藻圣治之功。讲左氏传，则劝读《春秋》；论黄石书，则请观谟典。语及军略，以得人为规；语及牛租，以捐利为讽。总《元史》，笔削居多；封功臣，讨论甚当。神仙之问，谓此心曷移以求贤才；衮冕之词，谓此服祗用以祀天地。至云帝王之学，独衍义为要；三代之治，必仁义为归。册历有编，知命之迹可考；辨奸有录，知人之鉴自昭。宝训作而贻谋燕翼之道以传，祖训序而创业守成之戒俱在。律历咨之制度，郊庙为之乐章。纪创修事同乘志，铭功德语协旂常。属之政事则辞，属之议论则不辞；问之君子则对，问之小人则不对。诚恫形于事行，忠告寓于

---

① 制治：治理政务、统治。《尚书·周官》："制治于未乱，保邦于未危。"孔颖达疏："治，谓政教。"
② 才节兼劭：原志误"劭"作"邵"。
③ 幽厉：周代幽王与厉王的合称。
④ 谴谪：贬谪。
⑤ 高太祖：民国《涪州志》作"高皇帝"。

文词。是以予之敕符，予之楚辞，皆宠以奎画；予之袭衣，予之甘灵，悉出以特恩。赐坐于便殿而叹其纯，赐饮于御筵而强之醉。致仕而置之左右，为日甚久；来朝而延之禁中，为礼甚优。辞则为之筋道途，去则为之感梦寐。受恩至此，得君可知。方为赞善之时，茂修劝学[①]之职，读书请究兴亡之故，谨礼请防言动之非。称呼致父师之名，褒赏侈旧学之翰，故圣论谓为"开国文臣之首"，而士论尊为"间世儒者之宗"。偶孙慎干犯于班行，濂亦连坐于桑梓，法从末减，犹安置于茂州。天不慭遗[②]，遂丧亡于夔府。既不蒙葬祭，亦不蒙赠谥。当世莫为之言，盖以为罪人也；至今莫为之言，又以为往事也。

臣惟我太祖昭代之圣君，而濂以学问文章为昭代之名臣，顾以外至之愆，遂废身后之典。臣今独为之追言，则以为缺典也。欧阳修、苏轼，皆以得罪于宋，或出或窜。及其没也[③]，宋以其一代文宗，不以有罪而夺其谥。濂之文章，实为本朝欧苏。当时得罪，自其孙，不自其身。天地之大，当见容也；日月之明，当见察也。见容见察，则漏泉之泽，当身恤矣。臣往年得罪言路，欲言之而未及。今者蒙恩承乏适濂之乡郡，故敢以濂为言。伏望圣慈，追念濂为圣祖文学旧臣，为本朝文章大家，略可赦之眚，流非常之恩，兴久废之事，特敕礼官讨论，内阁画一，赐濂扬明之典。则圣明[④]彰善之政，善善之心，激昂人才之风，光辉文治之运，一举而兼得，追迹先王矣。宋安得专美哉？臣下情无任陨越仰望之至！

荐兵部尚书刘大夏疏　刘蕙

臣惟成天下之治功，在贤才；别天下之贤才，在公论；寄天下之公论，在科道。科道者，明贤辨奸，遏恶扬善之门也。科道之言同出于至公，则劾一奸恶而群邪落魄，荐一君子而士类扬眉。公道昭明[⑤]，忠良必遂，天下未有不治者也。苟或家立町畦，人怀封畛，好恶拂乎公论，爱憎僻于私情，则忠谗混淆，邪正杂揉，天下未有不乱者也。昨者，尚书马文昇致仕，会推员缺，或荐或劾，众议哗然。其中亦有公论不明、弹劾

----

① 劝学：民国《涪州志》作"勤学"。
② 天不慭（chì）遗：天不从留，谓老天不愿意留下，常用为哀悼老臣之辞。慭，从义。民国《涪州志》作"天不慭遗"，慭音 yín，宁愿。二者同意，均不误。
③ 及其没也：民国《涪州志》"没"作"殁"。
④ 圣明：民国《涪州志》作"圣朝"。
⑤ 昭明：光明、显著。《诗经·大雅·既醉》："君子万年，介尔昭明。"高亨注："昭明，光明也。"

失实者，臣不得不辨。

　　且如尚书刘大夏，臣不详知其人。尝于兵部阅章疏，见其敷奏有方，心窃慕之。及见先帝委任之隆，陛下嘉留之切，臣意一时之望也。今乃有劾其有愧于先进之人，谓不得与马文昇相伯仲而亟宜黜退者，则是非乖谬亦甚矣。昔我太祖皇帝谓廷臣曰："观人之法，即其小可以知其大，察其微可以知其著，视其所不为可以知其所为。"臣尝奉此言以观当代之士夫，如刘大夏，官至二品不为其子乞恩，比之纵子庇婿者，为孰优？小者如此，大者可知。其子弟俱在原籍，恪守家法，寂无形迹，比之纵容家人商贩四方嘱托衙门者，为孰优？微者如此，著者可知。历官数十年，居家不逾中人之产，比之田连阡陌、甲第通衢者，为孰优？其所不为如此，则其所为可知矣。夫以大夏持身如此，而诸臣下有断断不可之意，则公论先晦于朝廷，其何以服天下哉！臣非曲为大夏辨论①也，但念天之生才甚难，国家之得才尤难，才用于时而保全始终之节为更难！玷人之行，如玷贞女，臣窃为今之士夫不取也。《记》曰："古之君子，进人以礼，退人以礼；今之君子，进人若将加诸膝，退人若将坠之渊。"②故马文昇一人也，有劾其贪奸欺罔者，又有颂其劳绩茂著者；刘大夏一人也，有荐其简质无私者，有劾其识议鄙薄者。甲可乙否，莫知适从。昔汉御史大夫张忠注奏③京兆尹王尊罪，壶关三老公乘舆上书，讼尊之冤曰："一尊之身，三期之间，乍贤乍佞，岂不甚哉！"今一人之身，数日之内，屡变其说，此正所谓"乍贤乍佞"也，陛下从何听信焉？人谓闵珪有挤井下石之嫌者，不知挤谁于井；有谓大夏有蹊田夺牛之状者，不知夺谁之牛。迹其心，若为马文昇不平焉者。殊不知文昇官高一品，寿逾八旬，投闲颐老，实惟其时，亦惟其愿也。荷蒙陛下厚其恩礼，准其致仕，予夺之柄悉在朝廷，闵珪何能挤于井，大夏何能夺之牛哉！如斯言论，大伤国体，殊非治世所宜有者。况今皇上新政之初，凡厥庶僚，正宜同心一德，共图治理。却乃方底圆盖，牴牾时政。臣恐坏天下之公论，惑陛下之见闻，生人心之荆棘，而使老臣不安其位，人主孤立于上，故不得不详悉为陛下言之也。乞敕吏部查勘，闵珪、刘大夏果有前项挤石下井、蹊田夺牛情由，宜奏请黜罢；如无

---

　　① 辨论：即论辨。评量、辨析以考定品德、才能。
　　② 《记》曰：引文出《礼记·檀弓下》。
　　③ 注奏："注"字疑误，民国《涪州志》卷二十《艺文志二·文征二》作"枉奏"。

此事，亦宜究治造言之人①，使老臣得以安其位而行其志，勿使负屈于青天白日之下也。更祈备查刘大夏历官年劳、应否荫子缘由，上请圣裁。如果相应，乞准其子一人送监，以为人臣尽节者劝。如此，则言路正，公论明，人心服，而天下安矣。

劾逆珰刘瑾疏　刘菠

正德元年十二月二十二日，户科给事臣刘菠谨题：为痛陈忠悃，乞斥奸佞，以全君德，以保圣躬，以为宗社生灵至计事。臣闻："事之急者，不能缓声。"今臣当奸佞误国之秋，世道危疑之际，不得不极力不痛切为陛下言之也②。

窃照近侍太监刘瑾、马永成、谷大用、张永、魏彬、罗祥、邱聚、张兴等，或先朝旧臣，或春宫近侍，受恩至厚，被宠最隆。当皇上继统之初，正国家多事之际，为官者③正宜小心恭谨，辅英君之妙年；因事纳忠，引陛下以当道。庶几稍报先帝之厚恩，光辅今日之太平。何各梜技能④，争献谀论蛊惑君心；靡所不为，遵引⑤圣驾专事宴游。或于西海子，或于南城内；或放鹰犬，或肆射猎；或登高走马，轻忽万乘；或搬弄杂剧，亵渎九重；或盛奏郑卫妖艳之音，或依稀竹叶八风之舞；或出入之无节，或暮野⑥之未休。或于文华殿前搏兔而喧声著闻，青宫岂搏兔之所？或于后宰门⑦交易而贵贱杂踏，天子岂交易之人？事势异常，人心忧惧！虽殿下聪明，英姿刚敏，不为所惑。然习与正人居，不能不正，如芝兰种之沃壤，不见其长，日有所增；习与不正人居，如宝石以之砺刀，不见其亏，日有所损。是以视事莅朝，渐至稀晚；读书讲学，未见缉熙。国事因之日非，圣德为之稍累。此辈乃投闲抵隙，诬上行私，一言一笑都有机关，一行一止揣知上意。或有所荐引，或有所干求。或因喜而希赏，则府库钱帛用之如泥沙；或恃爱而乞恩，则玉带蟒衣施及童稚。或机务因之擅决，或奏章落其掌中，聪明渐以壅蔽，弊政因而日滋。丝纶之布，多不惬夫人情；朝报一出，人皆付之嗟叹。台谏非不进言，

---

① 造言之人：民国《涪州志》作"造谣之人"。
② "不得不"句："痛切"前衍一"不"字。民国《涪州志》卷二十《艺文志二·文征二》即作"不得不极力痛切为陛下言之也"。
③ 为官者：民国《涪州志》作"为内官者"。
④ 各梜（jiā）技能："梜"，指筷子或木制的夹子，误。民国《涪州志》作"挟"。
⑤ 遵引："遵"字刻误，民国《涪州志》作"导引"。
⑥ 暮野：民国《涪州志》作"暮夜"。
⑦ 后宰门：民国《涪州志》作"厚载门"。

求塞责耳，从与不从在朝议；府部非不执奏，供职业耳，行与不行随圣断。夫岂忍国家耶？亦见时势难为，付之无可奈何而已。

臣备员谏职，深切痛心。自知言出祸随，未暇顾惜，姑即今日弊政可为痛哭流涕者，为陛下言之。且如今日取进太仓四十万之银两，藏府已竭，而必欲搜括①今皆用之，何所御焉马房食粮？五七岁之童稚岂堪勇士，而今皆影射，岂不传笑四方？织造停免矣，而又织造；传奉查革矣，而又传奉。盐法方差大臣整理，而朱达等又奉买残盐，则奔竞之门大开，整理何益？地土方差科道清查，而张永等又奉买地方，则夤缘之路渐启，清查何补？各营管操太监，何必数数更换？用新人固不如用旧人也。各处镇守内臣，何必纷纷替回？养饥虎固不如养饱虎也。名分不正，则小吏可骂尚书而不知罪，此可恕也，孰不可恕？威令不行，则阉监可犯陵寝而不问死，是可忍也，孰不可忍？王忻、郑广不曾传奉到部②，而与甘宁监枪，则政体纷更，渐不可守矣；常经索取官库银两，准雇觅水手，则弊端滋蔓，渐不可遏矣。国家大事，数人坏之而有余，虽百官之交章，千言争之而不足。败祖宗之家法，伤清明之治化，略陛下之初政，成天下之祸乱，皆刘瑾也。况今各处灾伤，民穷盗起，兵威财力竭于内，北虏南蛮横于外，彗孛飞流见于天，日有食之于岁之首。汉唐季世，桃李冬花，其应甚烈，今桃李且秋花矣；正统十四年，雷击奉天殿鸱吻，未几而有土木之难③，今雷又击鸱吻矣。以古今罕见之灾异，并见于此时，皇天之意，盖不可测！

臣私忧过计，如涉春冰。验天象以睹人事，决非太平之兆；察民情与夫国势，若有土崩之形。而且人心悠悠，大臣不以死争。不知今日之天下为安为危，为否为泰也。昔汉儒贾谊云："抱火纳之积薪之下而寝其上，火未之及燃，因谓之安。天下之势，何以异此？"臣思方今：备边无良策，只增年例之银；理财无大道，谋及广东之库。浙江既奏军士无粮饷者，已累数月；山西交奏岁入不彀岁出者，几五十万。小民困苦，而征敛益急；帑藏窘乏，而用度日奢。今日之财用如此，陛下何所恃而不动心哉！去年，警

---

① 搜括：用各种方法搜寻掠夺、聚敛财物。同"搜刮"。
② 到部：原志作"四部"，不合明朝官员体制实行的中央六部制，据涪陵《刘氏宗谱》改。
③ 土木之难：指明英宗被瓦剌军俘虏的事件。正统十四年（1449）瓦剌贵族也先率军攻明，宦官王振挟持英宗率军亲征。在土木堡（今河北怀来县东），英宗被敌人俘虏，王振为部下所杀。

报犯北边，选择大军出征，旬日之间，奏疏不勾①三万。有盔者无甲，有马者无鞍，大将不识军人，军人不识把总。以此御敌，所谓驱群羊而格猛虎也。今日之兵威如此，陛下又何所恃而不动心哉！夫军马钱粮，国之命脉也，今命脉微矣。譬如人身，外貌丰肥而脉理沉涩，不急就医，死期立至。岂可沉湎酒色，坐待其毙乎？臣所以揣腹扪心将废寝食，而莫知其所以矣。陛下此时，正宜兢兢业业，侧身修行，亲贤远奸，图维治理，蚤朝宴罢②，节用裕民，庶可以转灾为福，易危为安。讵可谓天下无事，高枕肆行③，安闲般乐④而不思税驾之所耶？

臣每入朝，远而望之，圣体清癯，毋乃⑤先帝之在？念皇储未有，终是⑥陛下正宜保养精神元气，以及后主。若复⑦游幸过度，未免伤神。夫"千金之子，坐不垂堂"⑧，而况祖宗神灵，惟陛下一脉，可不慎哉！臣言至此，肝胆毕碎矣。今刘瑾恣所欲为，百巧千班，惟恐陛下游乐之不足，其于宗社之关系欲何如？其于先帝之遗训欲何如？其于两宫之厚望欲何如？今者外议汹汹，恨此数人痛入骨髓，憾不扼其吭而啖其肉。且数人之中，惟瑾最险恶，而陛下进瑾为司礼太监，使之得监军务，是假虎以翼也。臣若失今不言，恐此辈祸胎养成，乱本牢固，则昔之十常侍⑨及近日王振之祸复见于今，咎将谁诿？

伏望皇上念我太祖高皇帝之取天下，间关⑩百战，出万死于一生；念我成祖文皇帝之定天下，北伐南征，竟终天于异域；念我宣宗章皇帝之缵天下，内难纵横，而干戈谋动于邦内；念我英宗睿皇帝之理天下，外夷继叛，而播迁流离者数年；念我孝宗敬皇帝之奄弃天下，顾命之言，反覆丁宁之不已，无非欲陛下之进德修业，敬天勤民，为祖

---

①　不勾：不够、不到。

②　蚤朝宴罢：同治《重修涪州志》作"蚤朝晏罢"，指早出视事，及晚才退。谓勤于政事。"蚤"通"早"，"宴"同"晏"。

③　肆行：恣意妄为。涪陵《刘氏宗谱》作"肆志"。

④　安闲般乐：同治《重修涪州志》作"安闲盘乐"。"般乐"同"盘乐"，指耽于游乐。

⑤　毋乃：莫非、岂非，表示推测语气。

⑥　"念皇储未有"句："终是"后疑有脱漏。康熙《涪州志》作"念皇储未有，终是人心之不安"。

⑦　若复：民国《涪州志》作"若夫"，皆可通。

⑧　千金之子，坐不垂堂：语出《史记·袁盎晁错列传》。千金之子：指富贵人家的子弟。民国《涪州志》作"千金之体"。

⑨　十常侍：东汉灵帝时操纵政权的张让、赵忠等十个宦官，他们朋比为奸，都任职中常侍，故称。

⑩　间关：形容征旅的崎岖险峻，辗转曲折，劳碌艰辛等状况。

宗绍基业，为万世开太平，为生民增福寿也！陛下倘能深念列圣创业之难，俯念愚臣进言之恫，乞敕锦衣卫刘瑾数人拿送法司，明正典刑，另选安静良善内臣数辈，置诸左右，以充任使；更望陛下出入起居，不近玩好，视听言动，俱循理法，使人欲退听，天理流行。以之讲学，则清心而目明；以之修身，则道存而诚立。推而措诸天下，太平之业，不难致矣。

臣不胜迫切待命之至！

旌陈母赵夫人节孝疏　[明福建盐运司]陈芪[州人]

崇正年月，臣祖母赵氏年二十七岁，称"未亡人"。相倚命者，仅臣父致孝，弱龄耳。四壁萧条，穷愁备历，竭养寡姑黄氏备至，襄事尽礼，茹荼饮冰，已不堪行道酸伤矣。乃赋性峻方，虽臣父一脉如线，绝不作妇人怜惜态。出则延师督课，归则纺绩伴呻唔声，丙夜不休。仍以"忠""孝"二字，时为提醒，起居言动，不令纤毫逾越，因渐训及臣兄弟诸孙。继来，因资臣父补增广生为州庠名儒，臣兄直举万历十年乡试，臣举万历三十四年乡试，臣兄直之子计安举天启四年乡试。余尚居业未竟，皆出臣父一经家传，而又孰非祖母督诲之力也哉！臣兄直，历任郿县①、广信府同知，清异声绩，两地可考；臣历任栾城、良乡，冰檗冲途②，叨蒙今职。溯本追源，则又皆祖母苦节之遗训也。臣父在州庠时，里耆绅士公举上之，按臣宋仕旌扁其门。即欲奉闻③，而臣祖母以妇节应尔，且年未及格，暂止。嗣后，享年八十六岁，守节近六十年。臣自栾城归，且终且殡矣。适臣乡值重庆府兵变，又何敢烦地方官旌节之请也。

兹念臣父前受直封郿县知县，臣栾城县之赠，例格莫伸；今又恭遇恩诏，应加授刑部主事矣。臣父屡受皇恩，高厚莫极，不转思其始为谁，乃致九原之幽德，尚有未阐；井里之观望，久而未惬。此臣之日夜忧思，鳃鳃欲控，而又咽咽不敢冒陈者也。伏读恩诏内一款：表扬节妇，所以扶植纲常，劝励风俗，政之大本。缘有司苦于坊价难措，遂使幽芳不扬；又云其子孙自愿相资造坊者，有司官给以扁额。臣再三庄诵王言，因庆恭逢圣世，抑何使薮泽无不耀之幽光，遐陬无不宣之神化也。臣于此时，不一控陈，

①　郿县：在陕西省，明清属凤翔府，民国初属关中道。今改眉县，属宝鸡市。
②　冰檗（bò）冲途：谓一路艰辛。"冰檗"喻指处境寒苦艰难，檗，即黄檗、黄柏，性寒味苦，原志误作"蘖"；冲途：通衢、大路。
③　奉闻：敬词。告知。

是臣下负水源之始基于家，既不可为子；上负风励之盛政于朝，亦何以为臣乎？察得御史王琪、主事吴加宾，皆为祖母旌节具疏上请，臣之乌私，实与相同。为是沥陈，冒昧具疏上闻。

周彝山公传　［南平］刘君硕

公讳茹荼，字自饴，号彝山，别号丹井，孝子公之六世孙也。生万历四十四年，甫八岁，出就外傅。肆举子业，名公先正便以道器重之。其尊先人勤王讨贼，不暇宁家①。后因谗谮，值钦件②核议，公奔走建白，事乃雪。继而国运艰难，城烬民屠，公留心刑名、水利、孙吴诸家书，手著《捷略》，为同乡春石王先生③所敬重。乙酉二月，遇健侠数十，拥庐跪请，强之从戎，公乃儒服以出。报闻，阁帅批转塘报，令公兵马同川镇贾登联一路恢省。沿途望尘倾投，日积日多，遂引兵三千人度江津④，不一月恢复永、荣七城，屡揭布捷闻。谕以孤军不可深入，班师暂驻江津。善候赏例，以一贡酬功，可以兵马委旗鼓杨道成代管。只骑赴桐梓地方省亲，亲及公皆病。病五月，众兵因杀道成而散。公病愈，复请命阁帅收拾兵马战船。事方就绪，而重镇曾彦侯全师丧亡，胞兄建芳报没于江津。为人弟者，宁无痛念？然或思及时势，而色沮⑤矣。公只身不避，屡犯贼锋，往收兄葬，中途受劫于乱民，仅以身脱，盖丁酉年之三月也。入江津城，见兵将绝食，谒王镇公号瑞吾者，因进筹曰："争名者于朝，争利者于市。今日之利在食，宜移镇真安山界，乘彼麦熟，因粮于敌⑥，以徐规进取。"王公善其议。公入山谷，抚爱父老，晓以大义，不屠一牛，不掠一物，所在民皆安堵。八月，师进遵义。戊子，恢复成都一带，公以此拜湖南路正总兵，祖、父三世，俱特晋荣禄大夫。公因亲病具奏，缴印致仕。辛卯、壬辰先后丁难，送终读礼，隐遁山林，不一足入市、半面干人，训子课孙，以终身焉。

合而观之，公其纯忠纯孝者欤！当健侠拥请时，事实由天，非人力也。乃其《捷略》

---

① 宁家：安家、治家、回家。
② 钦件：奉皇帝旨意交付办理的案件。犹钦案。
③ 春石王先生：原志误作"春石王先王"。
④ 度江津："度"或通"渡"。
⑤ 色沮：神情颓丧。
⑥ 因粮于敌：指粮草补给，要优先从敌人那里求得解决的战略思想。语出《孙子兵法·作战第二》："善用兵者，役不再籍，粮不三载；取用于国，因粮于敌，故军食可足也。"因：依靠、凭借。

诸书见重于时，公之学业早被彼苍安排，其名久倾服豪杰矣。第当人人称公、在在称侯之日，公必请命而后出，其于君臣名位，凛然不紊。至其恢复城邑，"一月三捷"之功不能过，是乃①以一贡为赏例，将欲以明经统雄兵乎？抑另选飞将以克敌乎？方略如是，而欲翊主中兴也，固难！乃公即委兵裨将，只骑省亲。揆之人情，有僮仆数十尚不肯舍弃，安能舍数千甲兵以自孤其势？缘公以儒术从戎，孺慕心切，富贵原不在念。而报国未遂，复行请命，非古之大儒以纯心为进退者，不应尔也。后来功名成，宠章锡②，抱印敕③以缴。此中苦心，总为父母在，不忍以身许人。一生事业，固已结束明白，而为臣为子之心，终可以无恨。且公尝为予言，少时遇一道人语之曰："汝仙侣也，当同我去。汝若不去，必定是要读书成名。且劝汝留心积福，贫道二十九年后来接汝。"公问其故，道人不言，止命书字于手。公写一"必"字，道人曰："明明心下一把刀。后来减减杀机，可以积福，可以昌后。长记此语在心。"所以后面从戎，并不轻试一剑之锋。及退归时，并将手著《捷略》诸书取而尽焚，仍讲究程朱道理，以还我本来面目，庶几践道人"积福""昌后"之言。

噫，公其"再来人"④乎？怀投笔封侯之才，而仅以小试终，盖有所感而然也。是全忠全孝，而怀璧以退老，可谓始终善全者与！

夏老姑传　[明庶吉士]李长祥[达州人]

夏氏老姑，州人也。父子霄，万历间明经，生姑夏氏。远祖江南英山人，元末因避乱之蜀，其后或在壁山⑤，或在江津，或在涪。而涪为盛，世世以科名显，为涪望族。涪之人思结婚姻，必曰："夏氏子霄生三女。"姑幼，及年十五，议娶妇者数求姑。子霄正为姑卜，姑忽忆："女子，以貌事人者也。人之情何限？貌不终善其意，中道而变之者多矣。吾不幸为女子，女子必事人，吾不愿也。"于是屏膏沐，反缔丝为布，一身无所饰。父母大惊异，姑前告之以其故，则曲与劝止。姑志已定，无可如何，各流涕痛怜，随之矣。久之，年渐长。家之人无所呼，呼为"老姑"。

---

① 是乃：乃是。却是。
② 宠章锡："宠章"指代表高官显爵的古代礼服，上有日月星辰、龙蟒鸟兽等图文作为等级标志，按品递降，有十二章、九章、七章、五章、三章之别。锡：通"赐"。
③ 印敕：印信、敕符。
④ 再来人：佛教称修行已经成就、往生西方极乐世界，再度转世来普度众生的人。
⑤ 壁山：清重庆府县名，乾隆年间改为"璧山"，今重庆市璧山区。下同不注。

姑好读书，与诸兄辨析古今，有卓识，诸兄多逊服。而性严峻，常绳上下以礼，家之人皆惮之。或群聚僻处燕笑，影见姑，亟曰"老姑来矣"，皆散去。有喜女者，不知其何姓氏，姑婢也，与姑少长等。夏氏世世科名贵显，诸兄又有贵者，家婢左右侍立，姑皆不役。独役喜女，以喜女坚忍，能附姑者也。役之久，亦不欲妻人，竟与姑愿终寡。姑亦深任之，卒与姑终寡以死。姑以女子守三十年死，喜女亦竟以女子与姑守。姑死，喜女哭三年，自尽。涪之人至今称述其事，父老犹歔欷出涕，以为老姑之役喜女也，识喜女也，故卒得喜女也，能终始也。喜女之终始老姑也，识老姑也。其役于老姑也，不苟役也。日常出汲，老姑盖不仆役，故喜女出汲。一日出汲，将抵家，有男子噪喝奔来，乍吸其水。饮讫，喜女倾之。其人曰："何为然？"曰："吾此水以供吾老姑者也。公男子吸之，吾不忍以余供姑也。"其人愧谢。过见之者，莫不相顾叹息不已。喜女于是复往水处，汲之返焉。

李长祥曰：夏老姑之世，有女夏氏，适张氏子庠生诩。诩早死，夏氏年二十，无子。或劝之再嫁，夏氏不言，但默告之诩神主，家人不识其何故。无何，引刀断其左耳矣。夏氏解学画，以诩故，欲得其形貌，画成追思仿佛。画之似，即毁去笔墨，不复画。自是，饮食坐寝必在诩影前，器必双。葬诩时，即作双茔。如是者二十年，死遂同穴。考之，则老姑之姑也。姑之去世旋踵耳，又老姑出焉。夏氏之女子，何不幸哉？何幸哉？呜呼，悲夫！

何母陈太宜人传　[国朝大学士]陈宏谋[广西人]

癸卯春，宏谋举于乡。秋七月，将试礼部，晤涪陵何君乐田于都门。滚滚红尘中，而君言论丰采甚谦退，不啻幼束于父兄之教者，余心窃异之。既而，第南宫诸君多改庶常，而余与乐田，同纂修兵部。趋走编摩①之暇，辄往来过问，评诗论文，兼各说家世。事久，乃知其母夫人荼蘗中之衍其祥，而流其泽者，为已远矣。

乐田尝语余曰："家母姓陈氏，考讳用世，为本州名族，代有闻人。母氏幼娴姆教，贞静幽闲。康熙庚午，余先君子举孝廉，母氏于归，年才一十有九。当是时，祖母倪孺人在堂，母氏视膳问安，必洁必诚，中裙厕牏②，皆手自盥涤，未尝委之婢妾也。

---

①　编摩：编集。

②　中裙厕牏（yú）：指内裤内衣和便器。

越五载，先君子以干济才①艰于时，倏忽见背，遗予等一子一女，茕茕孑子，惟母氏是依。母氏日间料理家务，夜则促予坐纺车侧，课读之余，教以力学慎交，勿坠先人遗绪。余每夜阑就卧，漏率三四下，寤时犹见母氏青檠荧荧，手纺指擘不辍也。予依依膝下，二十有余年矣。今虽幸能负薪而远羁职守，定省久缺。迢迢数千里，昼不能晤，梦寐之间如亲见之，子其谓我何？"言毕出涕。宏谋曰："乐田可谓孝子矣。抑余聆其言，有以得夫人之孝，得夫人之节，兼得夫人之义方。敬其母而不可见，一一于其子遇之。夫败检之行，酿于姑息；舐犊之爱，贤者不免。世之二三其德者，既不足以取之，即矜言节烈，而后嗣不振，颓其家声，'终吝'②之道也。夫人松坚冰洁，教其子成名，克永先绪，柔质而有刚德③。倪《既醉》之卒章，所谓'女士'者非欤？④何君砥砺廉隅，文章报国，将来显荣崇大，俾其母叠被锡命如欧阳夫人，则益以彰德门之庆，而增彤管之辉也。如夫人者，可以风矣。"

涪陵何氏烈女传　[明经]冯懋柱[州人]

古来至美之事，必先有一不美之事成之。忠臣孝子之名，至美也，而必由其不美者先在君父。即妇人之节烈，亦然！或成于遇之不幸，若董氏之封发，齐女之守符是也；或激于事之不顺，若张氏之断臂，李氏之陨崖是也。乃遇不必其不幸，事不必其不顺，而亦以节著，此又其节之奇者也。

涪陵明经何述先，世族也。无子，育三女，以节见者二。长女为余长子媳，长子纶早殁，遗三孙女。媳誓死不再嫁，此其节之常，未为奇也。奇莫奇于次女之烈。次女名多姑，生而颖异，多气骨，父钟爱之，欲为之觅佳婿焉，且欲令其赘门易姓以为后。适有西阳冉氏子，求婚于其家。从其议，述先诺之，冰人遂投一帖以为定。继而，冉氏子悔之，不愿为其后。述先恶之，因返其帖。厥后别有议婚者，将诺之，未果。彼为女子而选良配，父道也；无子而欲纳婿以为后，人情也。非不幸也，非不顺也，不意女闻之而遂有死心焉。以为身虽未字，一诺便为百年，再诺即再嫁也，乌可以不死？

---

① 干济才：谓办事干练而有成效。干济：才能足以济事。

② 终吝：最终结果不好，令人悲恨。语出《周易·家人》爻辞："家人嗃嗃，悔厉，吉；妇子嘻嘻，终吝。"此治家之道，宁严勿宽。吝：恨惜、悲恨。

③ 刚德：刚健之德，阳刚之道。

④ "倪《既醉》之卒章"句："《既醉》之卒章"指《诗经·大雅·生民之什·既醉》结尾："其仆维何？厘尔女士。厘尔女士，从以孙子。"倪：同"俔"。

一日，谓其姊曰："予性好水，水能洁身。异日者，长江为予死所矣。"姊曰："死亦安往不可，奚必于江？"答曰："刎颈而死者，令父母见尸则抱痛，且葬以棺衾，是尚以既死之身累父母，非孝也。何若以长江为予之椁，以鱼鳖为予之棺，茫茫万顷，杳不知其所之也，宁不甚善？"其姊以为戏言而不之觉。忽于是岁四月初四日潜投于江，身浮而不沉。流一里许，舟人见而救之。其母引之以归，自是不复言死，终日谈笑自适，从不作一愁戚态，家人亦不之觉也。复于五月二十五日，投江而死。维时①，家人寻踪至江，但见岸头足迹仓忙②，沙崩草拂，若野马奔驰状。吾想其时金石之心，不知何如其激烈也。越四日，涪有蔺姓者，见其尸出于平西坝，肌肤完固③，面貌如生。报之父母，父母觅其处，不见。旋流至酆都，酆都人掉舟往收之。舟将近，而尸忽沉矣。如是者三，终不欲令父母见，似与前言隐相合也。

彼女子，未字而死节，奇矣；死而出之从容，则更奇。至其初投江而死，若有默为救之者；尸出而乌鸦不敢近，若有默为护之者；尸三浮而忽三沉，若有默成其志者。其节也奇，则报之也亦奇。然而非奇也，宜也。

呜乎！以弱小之闺英而有此凌霜之气节，则不独男子逊其慷慨，即豪杰亦谢其雍容。求之古人中，岂多觏欤？独怪夫今之人闻恶则信，闻善则疑。疑之者，疑其尸不获而其事未可传也。不知正惟尸不获，而其事愈足传。盖身湮没矣，名其湮没哉！余，野人也。以野人而为野史，非僭也。因序其大略如此，设有采风者过焉，吾且赋诗以陈之。其诗曰："少小闺中女，冰心贯斗牛。百年无二诺，一死重千秋。英魄随波洁，芳名逐水流。须眉道上客，羞许吊江头。"

双节传　[国朝孝廉] 何浩如 [州人]

双节者，谓孝廉杜公昭之妻夏孺人，孝廉崏公之女；及处士夏公锡之妻蔡孺人，庠生如兰公女也。俱生望族，夏长于蔡一岁，幽闲贞静，善女工，通书史。

乾隆癸亥，蔡年十八归于夏；次年甲子，昭登乡荐，而夏亦以二十岁适杜家。盖两孺人为从姑嫂，往来过从，相得无间，有自来也。越四载，戊辰，夏孺人方二十四岁，昭卒；而是年锡之卒也，蔡孺人才二十三耳。皆无嗣，止一女。两孺人各哭其夫，

---

① 维时：斯时、当时。
② 仓忙：匆忙。
③ 完固：完好坚固。

哀感苍旻①，濒于死者屡焉。顾念弱女无依，隐忍苟活，于是夏孺人归母家，与蔡孺人誓死守节，出入必偕。初，嵋公之配高孺人矢志柏舟，称"未亡人"至此二十有五年矣。于夏为母，于蔡为从姑。当是时，一堂相对，俨若严师。两孺人依依膝下，屏服饰，谨笑言。凡子侄至亲有请见者，非奉高孺人命不出中堂。至于疏逖亲戚若男仆辈，有历年未经谋面者。每旦盥栉后，即坐高孺人侧，取齐孟姬、卫共姜、楚伯嬴及古今之从一而终者，互相讲说以励节操；日午，则取班大家《女诫》十一章②以课女，兼教之以刺绣缝裳；至晚，则侍高孺人说闺中事，每及所天，未尝不感慨欷歔③，泪涔涔下也。如是者，亦有年。厥后家计日薄，乏儋石④储，先世之臧获婢妾无一存者。两孺人遂合爨，纫麻绩苎共给饔飧，荆钗布裙亲操井臼。女当有家之年，皆不禄⑤。错节盘根，于斯极矣。而两孺人之心益坚，节益懋。岁戊戌，高孺人以上寿终，两孺人哭之恸。盖自苦志以来，相依者三十载，哭其亲，正以哭其师也。今既各周甲子矣，犹然足不出闺门，言不闻峻厉，尺步绳趋，罔敢纵佚，碌碌然如处女。非松坚冰洁，有得于坤维之正气，而能若是乎？且其年相若，遇相同，心相知，而节相等，是盖又有天焉！不可多得也，作《双节传》。

答总督李雨然⑥书　陈计长［州人］

仁兄书使自嘉陵来宣布大檄，时平西坝上用事诸公想望仁兄英略，孰敢不听？即弟困踬之余，犹距踊三百⑦，亟欲奔走从事。顾论人心于漂流板荡之余，一呼而乌合数万，非经教养之后，不过假操戈挟矢为护身糊口之计。一旦举事而欲众志之成城也，恐未易得，则兵不可恃。即西川号召以来，投石超距，夫岂乏人？间有一二傲岸自用，不

---

① 苍旻：苍天。民国《涪州志》卷二十一《艺文志三·文征三》作"苍昊"，义同。
② 班大家《女诫》十一章：东汉班昭所撰教导女性做人道理的《女诫》一书，总共七章。此处言"十一章"，疑为误记或误刻。
③ "每及所天，未尝不感慨欷歔"句："所天"指君主、父亲、丈夫等所依靠的人；未尝：原志误"未"作"末"。
④ 儋石：儋为可容纳一石谷物的容器，故称"儋石"。一说一石为石，二石为儋，指一人能担的粟米。借指少量的粮食。
⑤ 不禄：死的委婉说法。此指夏孺人、蔡孺人各自的丈夫皆年少早卒。
⑥ 李雨然：李乾德，字雨然，四川西充人，明崇祯四年（1631）进士，官至湖南巡抚，是涪州人、松江府同知陈计长舍亲。参见本志本卷陈计长《上马抚台书》、吴伟业《陈母夏安人墓志铭》。
⑦ 距踊三百：形容欢欣至极。距踊：跳跃。

受约束，竟不以为跃冶①而隐忍收之，恐无当于缓急之用也，则将未可恃。以年台长才神智，似无藉于此。然窃闻兵家之事，必须勇者效力，智者效谋，富者效粟，应援者各当一面，方克有济。今见檄到，而应者等于愁置②。况西北寥寥，仅北东南三、四镇，又各自雄一方，外无扼吭之地利，内有瓦解之人心，惊报一至，自顾不遑，宁暇为人谋？矧原无合谋之志乎！

前者，曾英拥二十万众奔溃一朝。今贼行胁令掩袭良多，较之当日，固应什百。虽有袁武③之桓桓赳赳，亦无易视此剧寇，乃为全策。

弟实庸驽，谬蒙下询。虽无壮发，久已手额此举矣。愤懑之情，迫于缠索，倘不审处而冒焉从事鞭弭，惧有进退维谷之患。弟与兄在，同情而异地在缓急之间耳。反覆来章，殊不自安，然又何能使喉间格格不吐？况不肖倚年台为命，自当尽所欲言，故不觉其敷陈缕缕也。惟台鉴悉。

上马抚台书　陈计长［州人］

治晚④自京邸归，问候间阔⑤，记在公车。同舟时，知公祖负不世出之才，胸蟠武库。捧日为思者⑥，曾为说项于长安矣。今日建牙西蜀，正当宁侧席西顾之时，谓宜立殄元凶，首协坤命，夫复何疑！

窃计今日事，势尚有大可商者。习闻此贼不蓄老弱，不携妇女，三日一检，不私橐金，良为悍寇；且冲突靡常，兵不解甲，马不弛鞍，密令甫布画，夜三百余里⑦，又似为飞寇；矧逆贼入川二年有余，聚党既繁，习险尤熟，旌旗所至，蔽天障日，又不啻巨寇。以三者而闪烁变现于疆场之中，或东或西，已疑宵遁矣，而倏忽露形，以为东指矣，而犹然北向。则不可不图画⑧万全，以歼此狡贼也。

---

　①　跃冶：比喻自以为能，急于求用。典出《庄子·大宗师》："今之大冶铸金，金踊跃曰：'我且必为镆铘。'大冶必以为不祥之金。"成玄英疏："夫洪炉大冶，镕铸金铁，随器大小，悉皆为之。而炉中之金，忽然跳踯，殷勤致请，愿为良剑，匠者惊嗟，用为不善。"

　②　愁置：闲置、搁置。

　③　袁武：指明末将领袁韬和武大定。

　④　治晚：治下晚生。下属对长官的自称。

　⑤　间阔：分别。

　⑥　捧日为思者：忠心辅佐帝王的人。

　⑦　密令甫布画，夜三百余里：疑"画"为"昼"字误刻，或当为"密令甫布，昼夜三百余里"。

　⑧　图画：谋划。

今川中之义勇四应，不下二十余万，而所最可恃者，莫如曾英一镇。昔者曾英多功城①一战，斩获颇多。渠魁亦觉，避锐而去。惜其尚未大创，一时未得老祖台临阵秉钺②耳。近闻献逆僭号省会，痛恨蜀人之不附，戮无噍类③而去，躬率枭种布满保、顺间。既无意于成都，全军奔进，势难向迩。此曾英之所以逡巡敛锷，不即加遣耳。但思兵家之事，势不两立，固不当轻躁以示瑕，亦非可持重而处钝。想祖台神谋在握，自必万举万当，而贼势纵横，不应以合阳河下为坚垒。

治晚谊属编氓，负弩前驱，分固然也。舍亲李雨然曾以总督编氓，挫贼锋于溆浦，调度所在，无有不率④，岂谓同舟无怒发哉！敢拜缄以待裁，统惟鉴其迫切。

群猪滩辩⑤　[国朝御史] 夏景宣 [州人]

涪江东北距城三里许，有滩焉。怪石林立，色纯黑，如豕。有巨者、细者，起者、伏者、蹶蹄窜者，昂首喷者⑥，庞然而茁壮者，癯瘦⑦欲折如失养者，磊落错出⑧，参差万状。盛夏，水势汹涌，溯湃⑨声上接城市，夜听益彻。俗名曰"群猪夜吼"，为涪陵八景之一，其由来旧矣。

昔工部诗有云："白狗斜临北，黄牛更在东。"⑩余尝以公车北上，往复于巫山三峡间，谂得其所谓"白狗""黄牛"者，非实有狗若牛也。凡以水石相遭，搏击成声，榜人⑪舟子上下其间，率厥天真，随意命名，不以象拘，不以形求。一人呼之，千百人继而传之，盖不知几历年所矣。故少陵句中亦仍俗号，未之有改。兹之"群猪"，得无类是？惜乎子美无诗，猪之不幸，不若狗牛之幸也。乃有好事者易"群"为"琼"，易"猪"

---

① 多功城：始建于南宋末，遗址在今重庆市渝北区。
② "一时未得"句："未得"或为四川方言"莫（没）得"之假借，或为"末得"之误刻，都是"没有""没有得到"的意思。秉钺：持钺（形似斧而大的古代青铜兵器），借指掌握兵权。
③ 噍类：指活着能吃东西的物类（生物），通常指活着的人。
④ 不率：不服从、不遵循。
⑤ 康熙《涪州志》卷四《艺文志》题作《群猪滩记》。文章考辨了涪陵城外"群猪滩"的来历，说明世间人事，但求其名副其实，价值在于本身，而不在于虚名美誉的道理。故题名以"辩"字为佳。
⑥ 昂首喷者："喷"指鼓鼻喷气。
⑦ 癯瘦：干瘦。
⑧ 磊落错出：堆积杂陈。磊落：众多委积貌。
⑨ 溯湃：同"澎湃"。
⑩ "昔工部诗有云"句："工部"代指杜甫，其曾在剑南节度使严武幕中任检校工部员外郎，故称。"白狗斜临北，黄牛更在东"出其诗《独坐二首》之二，白狗、黄牛均为长江峡名，一在湖北秭归，一在湖北宜昌。
⑪ 榜人：船夫。

为"珠"，甚至刻之岩壁间以矜新而示异，意者荆山①石里，早自成声；老蚌胎中②，便能作吼。吾不知于义何居也！抑或谓"珠"之于"猪"，有清浊之异，不无贵贱之分，将欲假一字为山水重乎？夫从来人杰地灵。山川之生色，惟其人，不惟其物也。如谓清而贵者之可以假重③，而浊且贱者之不足以表异也，则是历山之圣人不与鹿豕同游④，而季伦之绿珠⑤始足以照耀千古也，益见其谬矣。至谓常有江猪⑥喷吼者，其说尤为胶柱⑦。

吏部尚书夏松泉公墓志铭　[明尚书]许国[谥文穆]

嗟乎，任事之臣，岂不难哉！事有纤巨、夷险，才有短长。具兼才者，又或以贿败；即不败，或不能不动于毁誉荣辱之故；能不动矣，而世又往往挠之。事孰与任？

余观尚书夏公，所谓任事之臣，非耶？公名邦谟，字舜俞，号松泉，涪人也。其先庐人而徙蕲水，已又徙蜀壁山。凡三徙竟，家涪之黑石里。高祖辅，辅生朝佐，朝佐生友纶，友纶生彦策，公父也，与大父俱赠户部尚书。母夫人郭氏。公生而不群，宏治甲子领乡荐，正德戊辰举进士，除户部主事监德州仓，改吏部。考功稽勋，谪出为两淮运判，转同知通州，升佥事督贵州学，历云南参议、湖广浙江江西副使，参云南政，以福建按察使转广西右使、贵州江西左使，进右副都御史督苏松赋，兼抚江南，出入南北。户部侍郎、尚书，中外⑧四十二年，官数十转，皆簿书、钱谷、甲兵之任，又数往来西南夷间，即得善地，乃又辄值其多事。公为人廉直，视国事如其家，不避疑怨，毅然肩之。初监德州廪廥出纳，则躬阅钧概，群吏敛手。在吏曹持论不阿，同列严惮之，猥以考察出公，欲挠公所为。既谪两淮，两淮故为利薮，四方豪贾窟其中。时权珰黩货，诸豪借势横甚，有司莫敢问，公一切绳之以法。即豪日伺公，竟莫得其

---

① 荆山：山名。在今湖北省南漳县西部，漳水发源于此。山有抱玉岩，传为楚人卞和得璞处。

② 老蚌胎中：喻人有贤子，或称颂人老而得子。

③ 假重：借重。

④ "历山之圣人"句：历山在今山西永济，"历山之圣人"指传说中耕于历山的上古帝王虞舜。《史记·五帝本记》："舜耕历山，历山之人皆让畔。""不与鹿豕同游"典出《孟子·尽心上》："舜之居深山之中，与木石居，与鹿豕游，其所以异于深山之野人者几希。"此处反用其义。

⑤ 季伦之绿珠：西晋石崇字季伦，富可敌国，以生活豪奢著称。绿珠：人名，石崇宠妾。本白州（今广西博白县）梁氏女，美艳善吹笛，石崇以珍珠十斛购得。后被孙秀看上，逼迫索要，坠楼而死，石崇亦因此家破人亡。

⑥ 江猪：江豚。

⑦ 胶柱：即胶柱鼓瑟。用胶粘住瑟上的弦柱，以致不能调节音的高低。比喻固执拘泥，不知道变通。

⑧ 中外：指朝廷内外，中央和地方。

隙。在通州布条格①，平徭赋，岁省万数，又计擒黠盗，民勒石志思焉。会朝议边学，亦以文第其等，名贵诸生，争言不便，有司持数岁莫敢决。公至，则以文之优劣②，稍参年之浅深为之等，而诸生帖然。摄巡守官普定，有桀虏三，屡逮不获，公计获其一。边储久蠹莫能清，公力清之。参议时，会嘉靖初革金齿中官、参将填者，更置永昌府，群小大噪，飞语撼当事者。公搜恶党，悉论如法，竟定永昌。副使时，湖北盗屡扑复炽，延蔓余十年③，檄公讨之。公谍贼所，负险突兵乱，而以奇兵分批夹捣，歼渠魁十二，俘其党五百余，湖北以平。遭母丧起补浙，寻丧父补江西，涉云南，诸任有声，而福贵未及。任督赋苏松，亲磨勘赋额，悉如周文襄故所参定法。太仓盐徒秦璠、王艮④等啸聚海上，诏操江都御史王学夔⑤、总兵汤庆提兵剿之，而公足馈饷以佐，公兵则与戮力援枹而先将士，遂枭璠、艮，斩获贼党，释其胁从。捷再奏并赐金币，增俸一级焉。在户部时，户部岁入百四十余万，而藩禄边饷且十倍，其入势寖不支。公殚心计，追逋搜羡，哀权征赎，多方筹之，用赖以不诎。既总吏部，益厉清白，重咨访，日被殊眷。每春秋祈报，及永明殿帝社稷坛诸大祀，数诏公代拜。会考察，上以属公，不听公辞。公与众旌别，诸所去留，悉当人心。而招权者忌公，喋言官论公短于风采，公遂致仕。嗟乎！如公而短于风采耶？天下不患多事，患无任事之臣。夫臣幸而任事，孰非所宜任者？今官卑事巨则曰非所及，官崇事纤则曰所不屑，当其夷曰无开衅，当其险曰难干旋⑥，实诿之曰余有待，稍及于口⑦曰如掣肘。何则？事无时而可任也。若公者，今何可得耶？今世以考察谪者，未有能自振者也。而公卒所树立如此，岂苟而已哉！公自莅官，终始一节。既归，则杜门绝请谒，独嗜翰墨，以诗酒徜徉。人既高公出处，而闻其卒也，沐浴衣冠，戒舆从如之官状，遍召所亲诀，分布家事，进觞微酣坐而瞑。夫死生之际，亦足观公矣。奉谭大夫荣状，来丐余铭，铭曰：

矫矫夏公，为世名臣。木直而伐，蠖屈以伸。人将谓公，一蹶不振。公无卑官，

---

① 条格：条例、法规。
② 文之优劣：民国《涪州志》卷四《疆域志四·垄墓·附录旧志各墓志铭》作"文字优劣"。
③ 余十年：民国《涪州志》作"十余年"。
④ 王艮：民国《涪州志》"艮"作"良"。后"遂枭璠、艮"同。
⑤ 诏操江都御史王学夔：民国《涪州志》作"诏摄江都御史王学夔"。
⑥ 干旋：原志作"斡旋"，"斡"此同"干"，"干"此同"斡"。
⑦ 稍及于口：民国《涪州志》作"稍及于己"。

其气逾劲。自兹扬历，臬藩台省。巨细攸宜，文武惟允。官之失德，由宠赂章。公为太宰①，冰清鉴光。操以终始，盖其天性。事国如家，失得勿问。帝眷固殊，憎口兹厉。优哉游哉，聊以卒岁。出处之际，公亦有言。出吾禹稷，处则颜渊。公言可复，公逝不迷。死生尚尔，有何毁誉。人臣任事，于公爰式。拜公墓者，请视兹石。

陈母夏安人墓志铭　［翰林院侍读学士］吴伟业［梅村］

余尝览史传，慨自古危乱之际，贞姬孝女泯灭于兵火者，不可胜纪。间有一二幸而全，全而子孙备载其行迹，俾后人因其事以追考其世，则夫身殉而名不存者，亦得附著焉以显。而此一二人者，天若有意留之，不使之并没，如涪州陈母夏安人，非其彰彰者乎？

安人，今松江郡丞陈君三石讳计长之配，而用其子命世等之《行状》为请。三石，余友也。泣而言曰："吾妻获邀今天子之覃恩以得封，而其卒也，在己丑年之正月六日，是为张献忠破蜀后之五岁。当吾提携细弱，奔走窜伏于穷山绝箐之中，其得脱于万一者，翳安人黾勉支持是赖。今计长窃禄此方，诸子克有宁宇，而安人年已不待。《诗》有之："将恐将惧，惟予与汝。将安将乐，汝转弃予。"②惟仁人君子，赐之不朽之一言，庶有以慰其无穷之悲乎？余因诺其请，为之铭。

按状：安人夏氏，其先以宗人、故冢宰③讳邦谟为望族，而癸未进士、员外郎讳国孝之孙女也。父可淇，诸生。母赵氏，尝病已革④，安人刲股肉进以愈。年七十归于陈⑤，栾城令讳某，郡丞君之大王父也。栾城有母曰刘太恭人，年八十余矣。蜀道远，而栾城初仕，母老不能从行，栾城之配曰文恭人请留。安人长跽⑥，请曰："吾舅万里远宦，姑不行，无以主内政。太恭人晨昏定省，则新妇事也。"盖涕泣固请而后许。久之，刘太恭人以无疾逝。先期，君与其叔与兄以公事不得已于省会。既闻讣，而望国⑦以哭，

---

①　太宰：明清时对吏部尚书的称呼。

②　"将恐将惧"诸句：语出《诗经·谷风》。

③　冢宰：周官名，亦称"太宰"，为百官之长，六卿之首。此指称吏部尚书。

④　病已革：谓病情危急将死。革：通"亟"，病危急。《礼记·檀弓上》："夫子之病革矣。"郑玄注："革，急也。"

⑤　年七十归于陈：据民国《涪州志》卷十七《人物志七·列女二·（明）陈夏氏》："年十七归（陈）计长"语，"年七十"显然为"年十七"之误。

⑥　长跽：长跪。

⑦　望国：遥望家乡。

则安人已踊而成丧，自余阁①之奠，以及于浴衣含玉附身附棺，终事毕举。栾城归而询诸左右长御，知大小敛无遗憾者。乃聚其弟若子以泣，召安人前而劳之曰："若有大功于吾陈氏。"安人逊谢不敢当。初，君之举贤书也，少尝上南宫，一再不第归。同辈多卒业于京师，往往得官。自栾城亡后，秦楚有寇难，蜀道梗。君犹豫不成行，独坐恒拊髀自叹，安人宽譬②之曰："人生穷达会有命。母在，君奈何以身蹈不测？且吾幸有先人余禄以娱奉甘旨，不亦可乎？"君从之，得以一意闲居养志。与其兄推财让分，遇凶札③则倾囊橐以赈贷宗亲里党，凡皆安人赞之也。文恭人病目，医言得人血可治。安人潜刺臂出血渍之，不使姑知。文恭人临殁，诀曰："吾昔者不能视吾姑饭含④以累汝。今吾二子在膝下，而获殁身汝手，夫何恨！西土将乱，诸孙少，汝必勉之。"安人泣而受命。呜乎！亦可谓之孝矣。

安人生于丁未之六月十七，距其卒己丑春，得年四十有三。即以其月权厝⑤于涪南三里马援坝之阳。有六子：名世、维世、命世、德世、辅世、寿世，皆已出孙二，幼未名也。安人能训诸子，诸子亦克尽其孝。名世与辅世以贡为明经，命世中庚子四川乡试，余三人诸生，所娶皆名族。初，文恭人之丧也，君挈子姓⑥避乱，自涪至黔之婺县。同年生西充李乾德雨然者，怀其偏沅巡抚⑦节间行归家，亦抵婺，相抱恸哭。李公者，智略士。自其在沅中，数以计破贼，战不利而后走。既入蜀，闻西充陷，其父被杀，益愤结思报而与君相知，谋起事以距献忠⑧。安人从东厢微闻其语，既入，亟戒之曰："李

----

① 余阁：即"阁余"，阁中所余之意。阁：食物架，放置食物的阁子。余：剩余的食物。《礼记·檀弓上》："曾子曰：'始死之奠，其余阁也与！'"孔颖达疏："阁，架橙之属，人老及病，饮食不离寝，恐忽须无当，故并将近置室里阁上。若死仍用阁之余奠者，为时期切促，急令奠酢，不容方始改新也。"

② 宽譬：宽慰劝解。

③ 凶札：谓五谷歉收，疾疫流行。《周礼·地官·均人》："凶札则无力政，无财赋。"贾公彦疏："凶谓年谷不孰，札谓天下疫病"

④ 饭含：古代丧仪，亦作"饭唅"，指以珠玉、钱贝、谷米等物放入死者口中的习俗，所放之物根据死者身份地位的不同而有不同。

⑤ 权厝：临时置棺待葬。

⑥ 子姓：子孙后辈。

⑦ 偏沅巡抚：明朝后期，为在西南地区推行"改土归流"政策，明神宗朱翊钧万历二十七年（公元1599年）设置"偏沅巡抚"一职，因其先驻偏桥镇（今贵州施秉），后迁驻黔、楚重镇沅州（今湖南芷江），故称。清朝康熙三年，偏沅巡抚移驻长沙，管辖长沙、衡州、永州、宝庆、辰州、常德、岳州七府和郴、靖二州。雍正二年（1724），废黜"偏沅"官制，改"偏沅巡抚"为"湖南巡抚"。

⑧ 以距献忠：距通"拒"，抗拒、抵抗。

公重臣，君父遭大难，义不可以没没①。君，儒者，未尝居官任事，其材与地大非李公者比。我闻诸先姑：居危邦，慎毋为。"指名因顾视诸子，曰："君独不为若等计耶？"君出而盛推让李，嗛言己不足其事者。李亦知其意，不复强，而敬君长者，谋以妻子托之。安人与君参语许诺，喜曰："李公不负国，而君可不负李公。"其胜于从李同死者多矣。其后，李公没于兵，而君以免，室家完。其第四子德世为雨然婿，李氏弱息实赖君以存，然后知安人之言，不徒以为其诸子也。嗟乎！岂不贤且智哉？

　　安人之厝也，以乱故，礼不备。三石之言又曰："献忠蹴蜀，弃骴之不葬者，高于巴陵之堆。吾妻得土为幸，讵敢谋诸楄柎②？然以吾之流离白首，诸子侨于异邦，它日者归扫先恭人之垄，以为伉俪谋同穴，期尚有待。惟即蔽宫告哀，西望呜咽于魂气之无不之而已。"余曰："我闻楚蜀间好为哀些③之辞"，今陈氏之速铭也，语多怆恻，请变铭体而系之以歌曰："涪水潺湲兮，涪山巉岏。虎豹唁唁兮，风雪屠颜。从夫本末兮，哺子草间。黄雀啁啾兮，猿猱以攀。丹枫陨叶兮，血泪斑斑。苟尽室之可免兮，一身奚观？彼巴姬之何辜兮，委骨江边？幸坏土之犹在兮，从姑以安。念夫君之远道兮，匹马征鞍。倘梦魂之可越兮，宁愁间关。乱曰：已焉哉！伏波驻兮铜柱滩，马鬣封兮西风寒，望不见兮涕泛澜。莼羹兮邮筒，鹤唳兮啼鹃，劘赤甲兮片石，刻铭辞兮千年。"

周墨潭公墓志铭　[国朝翰林院编修]俞长策

　　盖自《易》呈八卦，《书》载九畴，故天道著消长之宜，而人事有荣枯之感。生不满百，芸窗励尔经纶；劳则倍千，薪传寓此怀抱。气质性理义性，凡人乳合不离；梦觉关人鬼关，达士犀分彻照。

　　今思蜀地，不乏名才；缅怀周公，理学真脉。金章耀彩，已茧声于前朝；铜柱铭功，复嗣音于后代。然而，中流砥柱，不可无人；金璧生辉，端赖硕彦。出坎大变，岂仅莱服升堂；集木小心，无待荆花献兆。加以气冲霄汉，囊备程朱之精；笔阵风云，口吐班马之艳。巫山数峰秀秀，色拟高峰以争妍；峡水层澜清清，节与鸣澜而和韵。是以手探月窟，即佩桂香；足蹑天根，不染尘俗。无何两楹入梦，二竖出迎。非为化鹤之新翔，即归潜龙之故室。吉穴可久安也，勒铭以永祀焉。

---

① 没没：犹昧昧，糊涂。
② 楄柎（pián fù）：入殓时放置在棺材中用来垫尸体的长方形小木板。
③ 哀些：楚、蜀旧俗，多于禁咒、哀吊的歌辞句末加"些"字，后因称哀吊的歌辞为"哀些"。

铭曰：天地之精，笃产伟人，申为岳降，傅亦列星。前哲既往，后贤嗣兴，含辉有耀，亦擅奇英。惟此周公，苏海为群，辞章灿烂，远继少陵。秉性越俗，大节克敦，隆栋一折，天亦垂青。彼君子兮，入白帝乡，鹃啼巴国，猿号夜郎。众籁悲凄，如鼓笙簧，翙在同类，不慕端方。忆飞海上，无俟舟航，早登道岸①，魂栖扶桑；忆在人间，休有烈光，貌去神存，随地翱翔。譬若层云，聚散无涯，羽化返贞，非等落花；譬如团月，盈亏有差，生寄死归，不用咨嗟。其食维何，云中杯斝②，取之如寄，饮露餐霞；其居维何，天构丽华，龙吟虎啸，山水为家。超然灵境，别有宇宙，复乘风马，任其疾走。或降于庭，以妥以侑；或升于天，在帝左右。上帝命之，保艾尔后，老干蟠根，新芽发秀。绵绵瓜瓞③，长邀紫绶④。享祀不忒，永奉笾豆。

陈公杰如先生墓志铭　[国朝兵部侍郎] 李先复 [通江人]

乡先达陈公杰如先生，博闻强记好学人也。先世楚之麻城人，明初入蜀，籍于涪。诗礼传家，科名显世，代有闻人，至今涪陵称望族焉。方太翁三石先生由中书省董漕云间，先生守家园，精举子业，以丁酉副车掇魁于庚子，一时文名大著，学者多向慕之，先生自视欿然⑤也。太翁四丈夫子⑥，各抱大志，都不屑屑为贵公气习，独先生力学不倦，卓然有大魁天下之志。故五上公车，益不辞苦，癸丑夏，乃就拣选。予初赴都门同事，始获交先生，恨相见之晚，而窃幸其得就正于先生者，亦未为迟已。先生之为人也，方正不阿，刚直而不屈于物，务矫举之行，不与俗同俯仰。故其为文也，古而奥，坚而洁，自成一家，只求独得于己，未尝巧合于人，即性情、学术，时流于笔墨之间。甲寅、乙卯后，肆力经史，旁搜诸子百家，兵农、三式诸书，罔不惯习。先生卒耿介难合，世不见用先生，先生亦不求用于世，故予甫宰大冶时，仅一往过焉。先生遂高

---

① 道岸：佛教语，指"菩提岸"的彻悟境界。沈鲸《双珠记·元宵灯宴》："道岸先登，天街思陟。"

② 杯斝（jiǎ）：即"传杯弄斝"，指酒宴中互相斟酒。斝：古代青铜制成的圆口、平底的三足酒器。原志本刻作"斝"字，但其中部件"斗"刻作"牛"，疑误。

③ 绵绵瓜瓞（dié）：语本《诗经·大雅·绵》："绵绵瓜瓞，民之初生，自土沮漆。"朱熹集传："大曰瓜，小曰瓞。瓜之近本初生常小，其蔓不绝，至末而后大也。"比喻子孙昌盛，兴旺发达。瓞：小瓜。

④ 紫绶：紫色印绶，古代丞相所用，借指高官厚禄。绶，系在印纽上的丝质带子。

⑤ 自视欿（kǎn）然：对自己不满意，认为不足。语本《孟子·尽心上》："附之以韩魏之家，如其自视欿然，则过人远矣。"朱熹集注："欿然，不自满之意。"欿，原志误刻作"歁"。

⑥ 丈夫子：男孩子。古代子女通称子，男的称为"丈夫子"，女的称为"女子子"。原志"丈"作"丈"，同。《正字通·一部》："丈，俗加点作丈。"

尚其志，山居课子，闭户著书，安贫乐志，竟以辛巳岁终。

嗟乎，人生聚散，辄数十年；遥遥数千里外，音书莫寄。典型云亡，可胜悼哉！逮予官京师，进职司马，吾乡之赴礼闱者，皆先后得见。其戊子珏、坚，辛卯果，则先生侄也；甲午峙、岱，则先生子也；丁酉恺，又先生侄也。夫莫为之前，虽美弗著；莫为之后，虽盛弗传①。若先生者，可谓著而传矣。先生之为公子也，席履丰厚而劳劳北上，往来吴楚间。每归，惟载书数乘外，略无他物；居家不事田产，布衣蔬食，处不求安。其所以营谋蓄积者，只此邺架青缃，为一生燕贻之计，故先生倡之，子与侄继之，济济乎一门之美盛，未有涯巳②。向使先生挟重赀时，志在温饱，日日求田问舍，利启后人，则子若侄辈，善者犹为田舍富翁，不善者贪滔败德③，并田产而失之，乌能似续④诗书科第，云礽不绝，叔侄、父子、兄弟联芳济美、后先辉映如此哉！

戊戌春，峙子以理墓事求谒，索志于予。予交先生久，知先生最深，故为之志而铭曰："环而曲分美且都⑤，架屋连书，是为先生之居；安且固分茔而密，草木茂息，是为先生之室。"

周彝山公墓志铭　[国朝吏部侍郎]韩炎

公讳茹荼，字自饴，号彝山。先世为楚之营道县人，以明初入蜀，缵宋儒周茂叔绪，明旌孝子允升之六世孙也。上世屡以科第功名显而循良著绩者，则尊大父虬侯梓溪。其尊人诚所公，劳身王事，授钺讨贼，有克复勋。当熹皇帝之朝，陛语三接，宠锡⑥有加焉。生子三，公其季也。少而精敏，崭然露头角。诸子百家书一博涉，辄自通条理取用。丁国之乱，兵劫之从戎，出其所学，用之行阵，无坚不攻，无城不固，恨不得于时，不究所用。然其绪余所建立，已得晋褒其先人三代。

呜呼！士穷乃见节义。当甲申之难，蜀川杀人如麻，富家大族不自保卫。公能以一卷书为乱兵主帷幄之筹，足兵足食，信固不解，民免屠戮，兵不血刃，播州以宁。当夫秦人伪窃术笼英雄，公脱然富贵，弃若敝屣，负双亲深隐，名义不失。继之玉步

---

① "莫为之前"数句：语本韩愈《与于襄阳书》："莫为之前，虽美而不彰；莫为之后，虽盛而不传。"

② 涯巳：即"涯汜"，水边、边际。巳通"汜"。又，朱骏声《说文通训定声》："巳，似也。"

③ 贪滔败德：即贪淫败德。滔："淫"的讹字。

④ 似续：继承、继续。《诗经·小雅·斯干》："似续妣祖，筑室百堵。"毛传："似，嗣也。"

⑤ 美且都：美丽又文雅。语出《诗经·郑风·有女同车》："彼美孟姜，洵美且都。"都：都雅，大方娴雅。

⑥ 宠锡：帝王的恩赐。锡，通"赐"。

既改，甘心肥遁，不矫首阳之节，不高枌得之名。蔬食饮水，性自定也；僧冠道服，身自适也；独善安时，不自辱也；成子立学，不相累也。此可以窥公之事业矣。公须髯昂然，眉毫如剑，静坐不苟矍笑，慎微谨小，议论有证据，出入经史。生平重然诺，全寄托大节，赋性仁爱，保全人命者甚众。其于家法尤严，一举一动皆义方训①。彼勖其子之言曰："不望汝为第一品官，但望汝为第一品人。"此可以卜公之学术矣。

公素有痰疾，不健于行。至癸酉有小疴，永诀其子，语言朗朗，容色霭霭②，一无所系念，以是岁之二月二十四日卒。公子于庚辰年春以公车来京师，具状请铭于余。余略其状而为之铭曰："商山之侣，赤松③之群，添一友兮，德义峥嵘。世称其武，亦称其文。文也有道，好善力行；武也不屈，介节孤贞。末明义士，昭代逸民，公辞不受，不累于名。不累于名，以长其后人④。

周南梁先生墓铭志　　［国朝鸿胪寺卿］陈兆仑［浙江人］

丁巳之春，兆仑充会试同考官，得蜀士曰周煌。问其年，才二十有四。熟察其言论举动，甚谦退，不类生长宦族而少年得志者。叩之，则称其父天门令君之训曰："人必有可以贫贱之具，而后可以富贵，否则贪得冒进而不知止。贪得冒进而不知止，即必一旦失之，而儌焉⑤不可终日。"谅哉斯言！吾因之想见其人。周生官翰林之岁，其父罢官，阅今十有二年。父讣至，濒行涕泣，徒跣赍《行状》踵门，索为墓志，且云是先人志也。

按状：君姓周氏，讳珙，字象圆⑥，号易亭，别号南梁。其先为楚之营道县人，仕元，爵万户。明初，隐姓为伏，迁于蜀之涪州。曾王父曰诚所君，王父曰彝山公，仕

---

① 义方训：指教给为人之道应遵守的规矩法度。
② 霭霭：犹"蔼蔼"，和蔼可亲貌。民国《涪州志》卷四《疆域志四·垄墓·附录旧志各墓志铭》之《周茹荼墓志铭》作"蔼蔼"。
③ 赤松：即赤松子，亦称"赤诵子"、"赤松子舆"。相传为上古神仙，一说为晋代得道成仙的皇初平（一作黄初平）。据葛洪《神仙传》载：丹溪人皇初平，十五岁时外出牧羊，被道士携至金华山石室中，四十余年不复念家。其兄初起，行山寻索，历年不得。后经道士指，引于山中见之，问羊何在，初平叱白石成羊数万头。初起乃弃家从初平学道，"共服松脂、茯苓，至五百岁，能坐在立亡，行于日中无影，而有童子之色。乃俱还乡里，亲族死终略尽，乃复还去。初平改字为赤松子，初起改字为鲁班。"
④ 以长其后人：民国《涪州志》作"长启后人"。
⑤ 儌焉：纵恣不安貌。
⑥ 字象圆：疑误。民国《涪州志》卷四《疆域志四·垄墓·附录旧志各墓志铭》之《周珙墓志铭》作"字象图"。

明皆贵显。父曰墨潭公，讳俨，康熙庚午举人；母曰徐太孺人。君为墨潭公第三子，由康熙辛卯举人，十年不转一阶。然其贤与能，则上官无不知者。楚俗剽轻，荆鄂之间，尤繁剧难治。君初摄汉阳县事，旋知通城，改知江陵，又改知巴东，最后知天门。天门之民思之，号所筑堤曰"周公堤"。而自知通城以来，又数摄旁县事，以故名声出同辈右，所至倚重。君之署汉阳也，会楚苦水患，流民觅食者多集汉口。君甫视事三日，汉镇豪煽众哗于市，声言欲劫官仓。君侦知其诈，且众不附也。部吏卒将缚其豪而未发，即有张其事以告大吏者。大吏急召守令及前令至，作色曰："此固与新令无涉，第此何如事而无一纸见及耶？"君对曰："新令既受事，无所逃罪。顾报闻不以实，或转以滋事，则罪更何如？"太守某目之，谢不为动。大吏曰："尔不吾告，吾既已戒，将弁且渡江。"君曰："镇本不变，若兵行乃真变耳！如职计，请予二日，限捕首事者治之，众当自解，不须兵也。"大吏悟而从之，事遂息，民以无惊。时雍正五年，太岁在未之夏四月也。其秋，补知通城。通城于武昌为僻邑，其民屋角，或悬大竹笼其上，名曰"家法"。族子弟行窃，则纳而投之池。有汪氏儿十余岁，窃布裤见获，族会治毙之，并及其母与同母之女弟。汪氏儿词连崇阳民王某，汪以告其兄。其兄亦杀某以谢汪氏。君至，则悉执其首从抵以重罪，由是遂除"家法"。夫通城之与汉阳，君非有私德怨于其民也。寝兵①于前而执法于后，宽猛不同，同于弭乱而已。此惟读书通政体者知之，不足为一二文吏道也。君性刚介，耻迎合上官；上官则才之，凡被灾要地及邑有滞案与苗疆初内属者，辄以烦君。故更调兼摄，几无宁岁。荆守某以戆得罪，来代者阿大吏，意必致之死，以江陵首邑欲引为助，卒不可。其后，君于天门，亦以忤守意被构劾罢。呜乎！凡人之情，见异己者如见怪物焉。君所由被构者也，则立异之不可也。纵不见为异己而见为胜己，庸独可乎？盖消患于未形，则事隐而不见功；决策于独谋，则功成而反致忌。又况好谀恶直，贤者不免急用缓弃，自古而然。如君所为，直自取病耳，人乎何尤！君既归卧里门，家无长物，日讽咏竹屋中，课其诸孙。怡然若自得者，岂所谓可以贫贱者恃此具耶？然则，君固无憾于地下矣。

　　铭曰：周氏之先，名伏三郎，自楚徙蜀，世居涪江。谭宏之乱，身为父捍，兄俨幸全，弟儒及难。俨生文林，克承欢心，请旌先世，用表幽沉。起家孝义，一行作吏，

---

① 寝兵：息兵、休战。

慈惠之师，不善侧媚。去官食贫，含饴弄孙，使星归觐，闾里为荣。魂兮无恻，穿碑深刻，生夸金貂，没颂铜墨。

陈母熊安人墓志铭 ［国朝观察］彭端淑［丹稜人］

稽古贤媛载诸史册者，历今千百余年尚垂不朽，未尝不咨嗟太息之。故于吾川，国朝兵燹后，凡闺中妇女，其行事卓卓可传者，得于所闻，力为表章[1]，然亦寥寥不可多觏。今年秋，余年家子[2]陈君廷璠，以其母安人熊太君墓铭为请。余读其《行述》而喟然曰："嗟乎，是真可传也已！"

安人生于涪州，系本郡明经英公之女，而吾宁翁先生之淑配也。生而沉静，厚重寡言，动必以礼。年十九归宁翁，家固素寒。黄太夫人在堂，常忧甘旨不给，脱簪珥以奉一切日用饮食及薪水之属，不辞劳勤，使宁翁不以家事营心，壹志于学。乙卯得登贤书者，皆安人之力也。最可异者，太夫人素有咳嗽疾，用茅根煎汤饮之立愈。一日病甚，夜深倏作。方是时，家无同侣，安人仓皇失措，不得已携锄执火取之。越宅数百步，行穿古墓间，磷火光怪，毫不知惧。及至其处，将锄之。置火于地，火将灭，四顾寂寥，方用为忧。俄而余烬复燃，其光炯炯，迥异于常。因得取归以进，而疾以瘳。太夫人闻之，叹曰："此吾妇孝思所感，言之使我心悸者也。"呜呼！此之能然，而安人平昔之生养死葬必敬必诚，与夫一切宜室宜家，可无再述矣。及其随任会同官署也，每泣下曰："昔常不足，而今有余，恨太夫人曾不得享一日之养！"于是自奉俭约，一如平时，因佐宁翁捐私项以济贫，赉蚕豆以种边，皆巾帼中绝无而仅见者也。至调任绥宁，其俗每于元日一二老妪入内，谒见夫人。安人亦不之拒，慰以温语，给以饮食，告以孝友姻睦之谊，皆唯唯而退。其后，来者渐众。及旋里之日，数百妇女挽舟而泣，其德意之感人，又如此。

铭曰：贤哉夫人，天生淑德。虔供中馈，克敦妇职，曰勤曰俭，不忧逼仄。孝思惟诚，鬼神来格，阴火荧荧，惊魂动魄。处丰以约，衣不重帛，化及边妇，声称啧啧。书诸简编，永堪为则。

初谳川案留谕乡里 周煌

使者恭膺简命，谳案入蜀，驻节会城，倏已匝月。凡我皇上之所以嘉惠远黎[3]，地

---

① 表章：同"表彰"。
② 年家子：科举时代对有年谊者（即同年登科者）的后辈的称呼。
③ 远黎：远方之民。

方大小吏之所以曲体民隐，与夫吾士庶人之所以趋事急公而仰遵圣化者，亦既详闻而周谂之矣。今当事竣还京不获，与父老子弟家喻户说，是用^①宣上德、抒下情，效太平之咏歌，极中和于乐职，愿为吾乡勖焉。

夫蜀自本朝以来，重熙累洽百三十年，民目不识干戈，耳不闻鼙鼓，岂惟高曾祖父实身受之？抑亦世世子孙，永享敉宁^②之福者也。昨者，金酋倡逆，土司被侵。天子以近在蜀边，虑为民患。王师大举，沃日^③旋收，曾未逾年。美诺就扫，本不得已而用兵，将厥魁歼而胁宥。僧格桑鱼游釜底，琐尾^④从人；索诺木蛙在井中，逋逃是主。皇上握乾断，镇坤维，电掣雷奔，风驰雨骤，固将以犁大小之夷庭，靖西南之绝徼者也。伏读先后钦奉谕旨，自军兴迄今，发过内帑银二千九万两，其他由江浙等省协解者，亦无虑数十百万。皇上之于金钱，诚无所惜矣；皇上之于闾阎，诚无所扰矣。矧夫除田租于天下，轮免者正三十六年；赐蠲缓于军行，均沾者又百四十县。夫上恤其下，民报其主，天地之通义也；富者出值，贫者出力，古今之常情也。夷考^⑤今日州县，照每条银若干，出夫钱若干，此犹轻尘之于山岳，涓滴之于河海，尚不足以稍助高深。而乃鳏鳏过计^⑥，以为如是之烦费也，不亦悖乎？且夫尧舜在上，民日出而作，日入而息，曰"帝力何有于我"^⑦？今国家薄赋敛，省徭役，历世戴德，耕凿^⑧优游。非所谓"蜀不变服，而巴不化俗"^⑨者也，而如此其暗大义而略常分也，岂不惑哉！

使者之来也，所过州县田野膏腴，室家熙皞^⑩。丰年之象，安堵之形，大略可观。夫民气和乐，而后风雨随之；人心淳厚，而后鬼神应之。兹故敬述圣恩，遍稽舆诵^⑪，诚

---

① 是用：因此。
② 敉（mǐ）宁：抚定、安定。敉，安抚。
③ 沃日：冲荡日头。形容叛逆如狂风巨浪冲荡日头所带来的震动。
④ 琐尾：出自《诗经·邶风·旄丘》："琐兮尾兮，流离之子。"谓颠沛流离，处境艰难。
⑤ 夷考：考察。
⑥ 鳏鳏过计：因过于考虑而忧虑恐惧。鳏鳏：恐惧貌。
⑦ 帝力何有于我：出先秦民歌《击壤歌》："日出而作，日入而息。凿井而饮，耕田而食。帝力于我何有哉！"
⑧ 耕凿：耕田凿井，泛指耕种务农。
⑨ 蜀不变服，而巴不化俗：语出汉司马相如《难蜀父老》："必若所云，则是蜀不变服而巴不化俗也。"变服：改变服饰的习俗。化俗：指风俗习惯受德教影响而发生变化。
⑩ 熙皞：和乐、怡然自得貌。
⑪ 舆诵：众人的议论。

诸子弟以亲上事长之忱，勉乡三老[1]以劝忠教孝之义。《诗》不云乎："维桑与梓，必恭敬止。"[2]其毋忘毋忽！

再谳川案留谕乡里　周煌

金酋不靖，干我天诛者久矣。自郎卡煽乱以来，皇上念在遐荒，许其内向，非惟曲示并包，抑亦重烦劳费。所以为蜀民计者，至高且厚矣。索诺木等济恶不悛，敢行负固。天子赫然斯怒，大举六军。本谓弹丸，尅期[3]压卵。只缘贼阻幽深，遂致师行淹久，频颁内帑，积七千万两之多。悯我边氓，分免半除全之数。维时父老子弟，久安乐土，素习轻徭，各励趋事之忱，并助挽刍[4]之力。银钱入而官吏之手未经，夫米行而城乡之目皆见。均此绅士，讵宜昧厥天良？矧在乡人，何遽戕其同类？乃嫌疑易起，谗间滋多，竟有愚蒙辄投天阙。

使者曾分二星之荣，叠有皇华[5]之役，无能为也，岂敢私焉？爰集犯以具辞，即准情而酌法。或欲厕身公所而无从，或以藉端渔利而不遂。挟睚眦而必报，畏拘执而潜逃。凭之众证，各图湔雪[6]，而附会无多核以原呈，但事捃摭而矫诬罕。实情立见矣，悔何如之？夫以郡邑共输之事，则一夫岂得争先？况乎上下相维之情，则庶狱[7]原无越控。使者来兹桑梓之邦，窃有敬恭之义，何辞哓舌[8]？实冀回心。际此班师振旅之时，享有凿井耕田之福，永怀忠荩[9]，勿务诪张[10]，则损不在人，利亦归己。如徒蹈覆辙而不惩，且恐至噬脐而莫及。尚其熟思毋忽！

---

[1]　乡三老：职官名，古代掌教化的乡官，由年高德劭、受人尊敬爱戴、对民众有号召力的长者担任。

[2]　维桑与梓，必恭敬止：看到父母亲种下的桑树梓树，必须恭恭敬敬立于树前。语出《诗经·小雅·小弁》，意谓对待家乡要怀有一种崇敬的心理。

[3]　尅期：尅通"克"，即"克期"，指在严格限定的期限内。

[4]　挽刍：挽载飞刍，谓载运粮食与刍草急速而至。

[5]　皇华：皇华使，皇帝的使臣。《诗经·小雅·皇皇者华》毛序："《皇皇者华》，君遣使臣也。送之以礼乐，言远而有光华也。"郑玄笺："言臣出使能扬君之美，延其誉于四方，则为不辱命也。"后因以为赞颂奉命出使之典。

[6]　湔雪：洗刷罪名，昭雪冤屈。湔音 jiān，洗涤。

[7]　庶狱：诸凡刑狱诉讼之事。《尚书·立政》"庶狱庶慎，惟有司之牧夫是训用违。"蔡沉集传："庶狱，狱讼也。"

[8]　哓（xiāo）舌：饶舌、唠叨。哓，话多。

[9]　忠荩：尽忠国事。犹忠诚。

[10]　诪（zhōu）张：欺诈、诳骗。诪，用不实的言语来欺骗人。

中山赋　周煌

［臣］煌言：［臣］闻古者王人使于下国，所以奖善忠、宣上德也。然若周秦八月，常奏方言；春秋五善，兼称咨事。入国而问俗，陈诗以观风，先王采焉以辨八方，有由然矣。［臣］昧道瞢学①，忝职②史馆。谬荷选择，衔命琉球，虑负皇恩，夙夜祗惧。［臣］谨按：琉球分在海表，自隋以来，始见简策。历世而降，史官沿列名号，而前明始通职贡；至我朝，恭顺有加。前此奉使者，多访揽殊俗，笔之于书③，以识遐异；而谐以声韵，播之词章，阙有间也。［臣］泛瓢单慧，不自揣量，辎轩所莅，博考广搜。或听睹所阅，或诹询所及，凡山川形势、都邑宫室，与夫典礼制度、物产人风④，各附其俗，摄其体统，以成斯赋。非敢务采色、夸音声而已，抑将庶几古诗之流⑤，合乎采风之意。虽辞理野质，不足以承高天之垂听，宣册府以永留。要惟慺慺⑥之诚，蕲以宣赞盛化，光阐幽末⑦。故敢陈闻阙廷，冒颜奏御，伏惟万几闲燕⑧，赐观览焉。［臣］煌无任惶悚屏营之至。其辞曰：

维大清百有十三载，累盛光乎烈骏，冠三五而登闳，被万亿以赫震。有飞车以禀翔，或测水而纳照，散景耀以瞩幽，胥砥砺而率顺。于时百越之表，大壑之东，国曰琉球，实惟海邦。易世继祚，禀于王朝，以丐庸封。我圣皇鉴之，乃稽旧章，涣大号⑨；颁鹄缨⑩，降凤诏。选使星于鸾坡，载龙节于海峤。肃奉皇灵，遥临虎户；鞿鞚成围，舳舻按部。挂帆百尺之梢，觇风五两⑪之羽。晷漏定辰，南针指道；马衔避旗，阳侯应祷。望鸡笼之巅，历花瓶之岛。凮凫翼以霞征，掣鲸波而电扫。钓鱼之台，渺若玦环；黄尾赤

---

① 昧道瞢学：自谦之词，谓不懂道理、学识愚钝，语出南北朝谢庄《月赋》。瞢：同"懵"。
② 忝职：愧居其职。原志"忝"字误刻作"黍"，"黍"同"添"，改。
③ 笔之于书："笔"字原志作"荜"。荜：一种开黄色小花的丛生野菜，即"灰菜"。此处当为"筆（笔）"字误刻。
④ 人风：民风、民情。
⑤ 古诗之流：出班固《两都赋序》："赋者，古诗之流也。"又，李白《大猎赋》序："白以为：赋者，古诗之流。辞欲壮丽，义归博远。"
⑥ 慺（lóu）慺：恭敬勤恳、小心谨慎貌。慺，恭谨。
⑦ 光阐幽末：使幽深隐藏的东西显露出来，得以发扬光大。
⑧ 闲燕：清净。
⑨ 涣大号：特指帝王发布诏令。涣：涣发，犹颁发；大号：帝王的号令。
⑩ 鹄缨：白色的革带。
⑪ 五两：古代测风器，亦作"五綯"，以鸡毛五两或八两系在高竿顶端，籍以观测风力、风向变化，常用于舟船和军营。《文选》郭璞《江赋》"觇五两之动静"李善注："兵书曰：凡候风法，以鸡羽重八两，建五丈旗，取羽系其巅，立军营中。"

尾，泱漭其间。姑米点墨，马齿浮鬟；迨涨截洞，暨乎中山。

　　夫中山者，兆基太古，萌柢大荒；鸿濛绸缪，天孙启疆。辟鼋鼍之居，踞蛟龙之碛。三男二女，神人是宅。历万七千八百余年，世更代易，至于舜天，乃卓荦而光赫。乃疆乃理，既庶既繁；胜国初建，奉诏称藩。巴志中起，推亡固存。随风乘流，内附中原。洎逢盛世，归命一尊。通冠冕于上国，传带砺于外垣。尔其地势，则散涣夷陆，崖巇崴魄。上当女牛分野，斯在洲渚沉溶。岩峻堀礨，南北广斥 [①]，袤延数倍，施靡曼衍四百余里。状如长虹，浮乎积水，所以取类锡名，职方附纪也。芒芒赑赑 [②]，呀呷相吞；临崖周流，四属无垠。洪潮回复，澎濞雷奔；修鲵妖蜃 [③]，嘘噏云昏。环以崇岛三十六所，监抚镇之，无有龃龉；星罗棋布，萦卫周御。于是层渊为池，袭险为阻，铁沙限其门，金城崇其堵。跨三省以带垌，指五岳以镇宇；茂区域之畈章，按经途而即叙：

　　其山南则有兼城、大里、丰见、小禄、真璧、佐敷。振溪通谷，曰具志头，曰麻文仁，曰喜屋武。南隅之濒，汨云城之玉泉，翁触石而云吐；遵常雩于龙见，应皇舞而兴雨。

　　其山北则归仁、都会、治始、金武、久志、羽地。旁带本部，历大宜味以暨国头。维边陲之险棘，极湫湄于阴陬。

　　若乃首里居中，长世守器；那霸泊津，冕绂攸萃。西原、中城，环列后蔽 [④]。前倚久米，唐荣之地。三十六姓，中朝之赐。世举茂才，敷纳明试。乃有闷宫，在真和志；原庙衣冠，守祧是寄。于左则南风之原，东风之平；澶漫靡迤，拱向作屏。于右则枕轛北谷，结凑胜连；与那城，具志有川。越来、美里，禙属缅联。间切之号，三十有五；绮绣相错，唇齿相辅。采地是颁，世禄是取；献穟纳秸 [⑤]，以奉其主。号为村头者，盖以百数，虽伍保而一属，等神州之小部。要统辖之有定，亦蜂屯而蚁聚。

　　其山则南起高岭，隐辚郁律，表以八头，锷锷列列。连冈乎国吉，中瞻辨岳；郁乎

---

　　① 广斥：指广阔的盐碱地。《尚书·禹贡》："厥土白坟，海滨广斥。"孔颖达疏："海畔迥阔，地皆斥卤，故云广斥。"

　　② 芒芒赑赑（xì）：广大辽阔、暗昧不清的样子。赑，昏暗不明。

　　③ 妖蜃：传说中的海中怪物，能吐气成海市蜃楼。

　　④ 环列后蔽："蔽"字原志作"蒇"，同。

　　⑤ 献穟（zǒng）纳秸："穟"字原志作"稔"，即"稔（总）"，同"稔"。稔，指成捆的禾或束穗。《玉篇·禾部》："稔，禾束也。"

渐渐，踞土中以偃塞。俯而观乎浦添，眺恩纳之崛锜。轶云雨而北，起名护鞠。其峨峨又林岑，以参嵯佳楚巍巍以造天。日月经于岩嵝[1]，历倒景而绝神焱，厥高庆而不可乎弥度[2]。与夫仪间、姑场、七里、万松、龟山、樱岛、石火、金峰，运天屹崉[3]，砂岳辨华。干青霄以飞翠，吐丹气而为霞；比方壶与昆阆，恍松乔之所家。

其陂泽则有霸江、玉湖，许田、饶波；大荣通津，富藏长河。宛潭胶鳌，浃渫盘涡；控清引浊，灌注陂陀。滈滈乎若星毕之下泽，潏布濩而滂沱。于是毛鱼布阵，文鳐庋空。海胆似猬，鳊虾如龙。石鉅乂手，针鱼淬锋。文螺紫贝，蛼螯玟瑶。诡类殊质，彩错锦缋；振鬐奋甲，拜浪扬风。噞喁赑屃[4]，聱虮乎其中。

鸟则太和异鸡、王母乌凤。元鸟秋来，海鹰飙送。容蕊黑首，麻石白眉。绿毛辨莫读史之异，金羽翔古哈鲁之仪。翻揿颉颃，随波刷荡；濯翮珠洒，鼓翅云飏。沸卉靬訇，来往于其上。

其兽则牛、羊、犬、豕、野猿、山猪。马不啮豆，鹿乃化鱼。

其虫豸则蚯蚓寒唱，蟋蟀春鸣；毒蛇添足，蝎虎作声；元蚁腹水，花豹冬雷。蜥蜴朱丹，厥耀皑皑，缘延榛莽，趨踔洼隈。

雨乃皋泽，块北林薮，鴪蔓异莳，灌丛荣色晃炫，煌煌扈扈。更盛迭蒨秘辥，四时胗蠻万变。

花则佛桑山丹，石竹铁钱；吉茄火凤，箒桃猿莚；青阳菊芳，白露梅妍。观冬之花，仙人之竿，美人红蕉，名护香兰。吐芬扬烈，宗生族茂，抑若沉麝兢爇而馥郁，触麑贝锦散彩而繁艳错绣。

其嘉卉，则油树、铁树、乌木、红木。斗镂舒黄，常盘染绿；梯姑吐荚，地分含毒。古巴梯斯，悉达慈姑，福满串结，右纳高株。攒柯挐茎，蔚若邓林；轮菌蚪蟠，橚矗萧蓼。或从风而鸣条，或映日而垂阴。连卷岩碕之崵，羃䍥潭渊之浔。

其果则枇杷迎春，芭蕉结夏，凤梨津润，芝子圆写。甘至满房，实落被野。陆献桃梅，隰储蔗藕。任土所丽，亦莫不有。

---

① 岩嵝："嵝"原志作"嵳"，《正字通·山部》："嵳，山峰。嵝，同。"
② 弥度：谓测度其全高。
③ 屹崉（yà）：山脉中断貌。崉，《广韵·鎋韵》："崉，山中绝貌。"
④ 赑屃（bì xì）：传说中喜欢负重的龟形神兽，象征长寿、吉祥。"屃"，原志作"屭"，同"屓"即"屃"。

其蔬则女蒡、辛荠，茯苓、松露；麒麟、鸡脚，石花、昆布。瓜畴菜畦，缤纷轧芴。阳薀阴敷，随时代苗。若其原野，则畛畷鳞接，坟衍瓜分，百谷条畅，荫医铺菜。山种豆而卒岁，陇刈麦而方春。黄粱当暑以登圃，绿秧负霜而怀新。

其赇货，则麻姑草簟，大岛木棉。供蕉布于刀尺，流日本之镮铤。太平甘酝，蜜林经黏廪栖；北谷之稻，国榷宜野之盐。

其宝利珍怪，则琉磺红铜，海螺石松。珊瑚交柯，产自八重。隐赈葳蕤，精曜陆离。诚节慎以经理，良贾贸而咸宜。若乃荒陬诡谲，偂傥罔已。红日坠而生泉，白沙化而为米；石变金以筑宫，剑腾光而出水。是其幽遐极异，旁魄众态，禹鼎之所不图，《山经》之所不载。倘神农之未知，虽伯益其犹昧，乌可以嗳氲其形，仿像其概？

若乃观其内奥，浮游中区，丰蔚所盛，惟王之都。亘崇墉之轇轇①，越岑岭而特建；标龙冈与虎峷，托乔基之漫漫。缭垣绵联，峥嵘累辑；霞驳电烻，皓曜艳歙。通门四辟，增崖临礚，左启水门，右顾久庆。宏琏廓落，绵蛮黝斜，东极继世，跨蹑于后。其前，则"欢会"西向，义取朝宗中华，日仰忠顺。恪共瑞泉、刻漏，广福、奉神，重闹洞出，爡炽嶙峋。霝寥宛以中处，九房环句而连栌。累层构以庨豁，赫旷旷以宏敷。骈密石与雕碍，互磊砢而相扶。环材攒罗以丛倚，亿戬舂而枝柱。刊层平堂，台飔是防。本无绨锦，土无璧珰。广庭砥平，连囡对廊。用觐陪贰，布教颁常。于是波臣助理，毗代作桢，上自国相、法司、权衡、大夫，谒者、庶务、经营，下逮百司，登仕有程。峨紫巾，曳锦带；戴华簪，飞翠盖。蹻蹻济济，直事听理，以出入高门者众矣。

徒观夫王城之外，比屋连甍，里巷四达，街衢相经。瓯瓦茅檐，竹帘篱屏。亦有甲第当道横陌，柱列槛木，墙垒砺石。户设重版，室布层席。粉笺木壁，渗绿界白。匠斫之费，动锱千百。向翁毛马，此之是宅。班列肆于辻山，会日中而竞走；集鱼虾而骈垒，委懋迁于女手。并所任之重轻，咸有戴而无负。若巨鳌之冠山，时疾趋而矫首。济有无以常偏，侈化居之充皁。叛喧哗以喤呷，浑袖幕而纷蹂。

若其旧俗，良辰吉日，始春终冬。炫奇斗巧，以乐熙雍。擎毽场而珠扬惊电，响于月杖；横巨板以对舞，若飞仙之上举。妖饮海滨，士女缤纷，丽服葱菁，照水映云。

---

① 轇（niè）轇：高貌。轇，《正字通·车部》："凡物之高竦者，皆曰轇。"

抚华舟而竞渡，犯岩渊以拔河。鏦金鼓以扬旌棫，惮夒龙而感蛟蟗。乃迎祖神，火炬炘炘。秋而盆祭，熛讹硕麟。引大年以久在，待广廷而拜月。罗蕡实于华边，焚椒兰之渰勃。守天孙以键户，惧毒螫之难逃。奉粢饼而饷鬼，谓猵狂之不可遭。汲新潮，探雪崎。飨巨石，拜丛祠。徘徊降灵，君君祝祝；天神巍巍，厥臂有六。宿麦既秀，新谷既尝；一日之蜡，御彼女王。钲鼓响，筝笛和；太平唱，落雁歌。梵呗激，殷喽啰；巫觋舞，翩婆娑。神迟迟[1]，福嵯峨；膜拜具，蛮颜酡。所以希锡羡、乐嘉祐者，汾沄沸渭于前，故荒俗之缪讹也。

然其君子，温恭明懿，恪共典宪，附丽皇极，缘督自劝。望帝纮而北面，严庶翼于等威；隔归墟之渤澥，凛天颜之不违。尔乃乾元圣节，履端始辰。清台授时之日，职方贡筐之晨，服其荒服，蹈舞扬尘。俨璇枢之遥烛，爰端拜而称臣。然后坐层台，班土揖，鞮鞻嘈嗽，吁喝翕习。酌清醥以献寿，齐曲跽而擎拳；授饔饩以大飨，亦命爵而割鲜。尊卑欢乐，轨物昭宣，已事而竣[2]，遍为德焉。及将奉禋祀，献精诚，丰融暗蔼，分尔昭明。搢守圭，整皮弁，拂石鼎以炷香，诣木亭而馨荐。望于山海，偏隅所瞻，狸沉疈辜[3]，徕祇綦严。大川、玉城，知念、久高，率有攸报，取膋启毛[4]。慨霜露之既濡，聿感物而增思；省崇元之梵宇，妥先灵而罔匮。致敬恭于明神，合群祀以咸秩；懋顾德而允怀，祚多福以元吉。

若夫泉崎之宫，俎豆莘莘。命教后学，释菜是遵；庠序既设，典籍纷纭。惇诲[5]师傅，于兹为群；启发旧章，校理同文。于是生徒祁祁，陶化染学，习华音而训诂，渐立志于礼乐。

苟不安于蝡蠢，克兴道而慕义；更渐摩而就将，征茂德之广被。是以丝纶下贲，赫

---

[1]　迟迟：即"迟迟"。迟，古同"迟"。

[2]　已事而竣：《文选》张衡《东京赋》："千品万官，已事而竣。"李善注引薛综曰："已，止也。竣，退也。谓品秩官僚等，并止事而退者也。"

[3]　狸沉疈辜（pì gū）：祭祀地祇之礼。《周礼·春官·大宗伯》："以狸沉祭山林川泽，以疈辜祭四方百物。"狸沉：谓将牲体或玉帛等埋于山林、沉于川泽以祭，狸通"埋"。疈辜：谓劈裂分割牲体以祭。

[4]　取膋（liáo）启毛：剥掉皮毛，取出血和脂膏。语出《诗经·小雅·信南山》："以启其毛，取其血膋。"郑玄笺："膋，脂膏也。血以告杀，膋以升臭。"膋，肠子上的脂肪。原志"膋"作上"而"下"一"合字，疑误。

[5]　惇诲：勤勉教诲。

濯遐荒，怀憓奉恩，肃雍祇庄①。上舞下歌，颁斌咸庆②；蹑踵接肩，捎裳连襞。稽颡树颔、扶服蛾伏者，莫不蒸圣风而草靡，钦德音而丽。奕世颁玉之仪既备，币余之锡既逮，登降宴饫，式礼毋废。乃复增修贡职，仰答皇赉，移珍来享，倾诚面内。于斯之时，疏俗同熙，含和吐词，颂圣人之在上，庆沧屿之安流。景昭光之振耀，羌风翔兮云游；环大瀛以为家，奄穷发③与重古。裁员峤④之文锦，佩瑶池之玉玦；频伽鸣于元墀，纰翳陈于紫闼。焉独蛮陬外隅，仰辰光之末哉？

江心石鱼歌　[国朝黔江县知县]杜同春[江苏人]

江心石梁亘千尺，下有双鱼古时迹。霜飞石出寒江空，波静鱼浮苔影碧。相传神物兆年丰，刻凿宁论自化工。盈虚消息本至理，胡为鱼也居其功？我来涪陵值俭岁⑤，斗米三百困生计。心尤是物不肯出，未挽天心早默契。今年江波照眼明，春沙漾日波纹轻。少府携我醉石畔，指点真鱼鳍鬣平。可怜岁久苦荡蚀，拂沙扪石始物色。三十六鳞乍有无，芷兮莲兮那可识。更闻去年冠盖集，曾睹鲀鲀还溅溅⑥。失水宁忧遭豫且⑦，经过岂效河中泣。奈何为休反咎征，苦饥怪尔终难凭。翻疑涛涌浪花拍，一朝变化俱云腾。乃今见尔心偪侧⑧，念尔济时恐无力。鼓翼难随石燕飞，潜身幸免渔人得。忽逢一顾使君仁，拂拭重施巧匠勒。年年且慰苍生望，慎勿伤心已失真。

---

① 肃雍祇庄：形容祭祀时的氛围、乐声等庄严而雍和，恭敬而端重。

② 颁斌咸庆：《文选》潘岳《藉田赋》："长幼杂遝以交集，士女颁斌而咸庆。"李善注："颁斌，相杂之貌也。"庆：至、到，来临、来到。

③ 穷发：荒远不毛之地。发，原志作"髪"，"髪（发）"俗字。

④ 员峤：神话中的仙山名。《列子·汤问》："渤海之东不知几亿万里，有大壑焉……其中有五山焉：一曰岱舆，二曰员峤，三曰方壶，四曰瀛洲，五曰蓬莱。"

⑤ 俭岁：庄稼欠收的年岁、荒年。

⑥ 鲀（dù）鲀还溅（jí）溅："鲀鲀"疑指称小鱼。鲀，原志"土"刻作"徒"。鱼名，即杜父鱼，也称为"杜部"，是一类在淡水和咸水中比较常见的小杂鱼。溅溅：聚集貌。

⑦ 豫且：春秋时宋国渔人。《史记·龟策列传》："宋元王二年，江使神龟使于河，至于泉阳。渔者豫且举网得而囚之，置之笼中。"

⑧ 偪侧：狭窄，本卷彭端淑《陈母熊安人墓志铭》作"偪仄"。偪，同"逼"。

夏烈女毁形守志歌　夏道硕

锦水寒江江之侧，云山黯惨忽异色。谁氏有女抠乾坤，山川为之亦含恻。婉柔原出自名楣，一点冰心是妇师。云屏①月冷盈猿泪，翠幕霜寒罢风吹。衡芷为心松柏质，《七戒》②森森只从一。画图相敬俨如生，丹衷可使质太乙。当年杂佩③何殷殷，还期地下共修文。梦魂惭对巫山雨，泪竹常飞湘浦云。明星沉沉妆镜坠，慷慨引刀明此志。绿云不染翡翠污，白璧耻为脂粉地。生则同衾死共窀，九泉须合骨如银。风会④不堪长太息，《柏舟》千载作孤吟。睢阳之齿常山舌，严将之头侍中血。古今烈妇与忠臣，炳炳芳声揭日月。

百花赞　夏道硕

春光明媚，大块烟迷。开名园以幽赏，羡花工之逞奇。帘卷东风，观不尽绿云红雨；鸟啼斗帐，梦都成紫蝶黄鹂。

景翳翳以相属，色灿灿而争施。敛萼欲抒，既含羞于半面；披枝相见，意巧笑于芳姿。影娟娆而历乱，态绰约而攸宜。一肌一容，迷王孙之肠断；或疏或密，牵公子之魂离。方素质而淡妆，则若耶之匀粉；及彩流而浓饰，则昭阳之日移。岂独有情而欲语，抑将无言而成蹊。

困人兮天气，发兴兮遄驰。尊为王，占为魁，从人标榜；诗为浇，酒为伴，着意订期。绘紫阳之文章，落片片于水面；因濂溪之酷嗜，浮朵朵于清池。墙短纷岐，关不住满园佳丽；解装投赠，即何妨陌上委蛇。承露葳森，非鼓催于唐苑；向日舒沁，宁剪彩于隋堤。馥郁氛氲，似身引乎月殿；夭娇婉娈，直美逢于琼基。采采盈筐，湿罗袜而莫顾；行行且止，晚步屟⑤而谁訾。虽零露残霜，犹劲贞于香晚节；况风和旭酿，自乘兴而放新禧。

---

① 云屏：有云形彩绘的屏风，或用云母石作装饰的屏风。
② 《七戒》：东汉班昭所撰教导女性做人道理的《女诫》一书，因其系统地提出了女子的"三从"之道和"四德"之仪，总共包括卑弱、夫妇、敬慎、妇行、专心、曲从和叔妹七章，故称。是中国古代女教的代表作之一，与唐代女学士宋若莘的《女论语》、明成祖仁孝皇后徐氏的《内训》以及明末儒者王相之母刘氏的《女范捷录》合称为"女四书"。
③ 杂佩：连缀在一起的各种佩玉的总称。
④ 风会：风气、时势。
⑤ 步屟（xiè）：行走、漫步。屟：原志作"屧"，同"屟"，古代鞋的木底，代指木屐（木底鞋），泛指鞋，引申指步履、行走。

翠积五城豪气，五陵磊落；声同十友联珠，十道淋漓。云流画阁之中，清香暗袭；月出东山之上，疏影横披。着雨偶肥，犹胜环儿庭前态；临风起舞，不减妃子掌上吹。可佩芬焉淑沚，亦飧英乎东篱。十里马飞，新郎君将迷归路；三年海上，旧社主未老开枝。酥润天阶，宫娥颦眉自惜；蝉鬓雕榭，好鸟偷眼下窥。步春前，则美人翩来月下；殿春后，则学士高咏云衣。照水亭亭，陈思不禁凌波赋；倚窗愍愍，天宝微呼睡熟时。

乐平泉而坐久，就金谷而品题。自分天工之剪裁，何来晓风之威促？故知上苑之游胜，尽属谐臣之媚兹。着紫着绯，玉堂人[1]盛服朝天子；装金装璧，肉屏里笑颜劝酒卮。允矣佳辰，趁韶华于锦绣；庆哉乐事，修脂黛于丰仪。莫待蹉跎，闲台已成璀璨；休云孤负，东园忍令参差。彼银釭之相吐，青烟仿佛；盻玉雪之徐坠，六积依稀。岂如仙洞随鹿角，那堪真蕊上蜂须。所赖韵士风流，寻枝问叶；若逢骚人雅集，命号嘲痴。冢卧麒麟，谁识生前开谢；堂归语燕，频唤东主兴衰。但许珊然佩环，轻移穿径；只嫌醉余俗恶，慢揉狂持。倘折几茎于胆瓶，香生书案；即插两朵于宝髻，喜动腰肢。莫怪临老入丛，恐妖容弗爱；须信明年犹健，唯寒骨方知。三岛云封，琪树[2]应留楚楚；五更风起，子结何恨迟迟。

叹名言之莫馨，还欣鉴之靡私。聊开绣口于梦笔，更铺玉阪于葩诗。或轺轩之足采，未风雨之可欺。

诗选

诗以言志。篇章所著，性情见焉。故古者采诗以观民风，而列国之贞淫以见。其有关于风化而为王迹之所寄也，盖如是其重矣。《志》之有诗，岂余事哉！谨编次旧《志》所载，更增以今人之作，俾足以贡俗而见志，不失古温柔敦厚之教云尔。

---

① 玉堂人：泛指显贵的文士。玉堂：玉饰的殿堂，一般作为宫殿、官署的美称，或称神仙居处、富贵之家。北宋淳化年间，宋太宗曾赐翰林院"玉堂之署"四字，后遂用以代称翰林院，将显贵人物称为"玉堂人物"。

② 琪树：指传说中的蓬莱、方丈、瀛洲等"三岛"仙境中的玉树。

唐

黄草峡① 杜甫

黄草峡西船不归，赤甲山②下行人稀。秦中驿使无消息，蜀道兵戈有是非③。万里秋风吹锦水，谁家别泪湿罗衣。莫愁剑阁终堪据，闻道松州④已被围。

宋

涪州得山胡⑤次子由韵［山胡，鸟也，善鸣，出黔中。］ 苏轼

终日锁筠笼，回头惜翠茸。谁知声嘈嘈⑥，亦自意重重。夜宿烟生浦，朝吟⑦日上峰。故巢何足恋，鹰隼岂能容。

荔支叹 苏轼

十里一置飞尘灰，五里一堠兵火催。颠坑仆谷相枕藉，知是荔支龙眼⑧来。飞车跨

---

① 该诗诗题，《全唐诗》卷二百二十七省"峡"字作"黄草"。黄草峡：川江峡谷之一，在涪陵西北部长江上游约四十里与长寿交界处，地势险要，是古代涪州著名的军事要隘。郦道元《水经注》："涪州西有黄葛峡，山高险绝，无人居。即黄草峡也。"又顾祖禹《读史方舆纪要》："黄草峡在州西。唐大历四年泸州刺史杨子琳作乱，沿江东下涪州。守捉使王守仙伏兵黄草峡，为子琳所擒。"又仇兆鳌《杜诗详注》引《益州记》云："涪州黄葛峡有相思崖，今名黄草峡。山草多黄，故名。"

② 赤甲山：即黄草山，因汉末驻赤甲军戍守锁江平乱得名，为历代兵家必争之地。明曹学佺《蜀中广记》："赤甲戍，在州西，与黄草峡相近，在李渡之上蔺市之下。杜甫诗云'黄草峡西船不归，赤甲山下行人稀'，即此地也。"

③ 兵戈有是非：朱鹤龄《杜工部诗集辑注》："考唐史：杜鸿渐至蜀，崔旰与杨子琳、柏茂林等各授刺史防御，而不正崔旰专杀主将之罪，故有兵戈是非之语。盖言崔乱成都，军柏、杨讨之，其是非不可无辨也。然旰本建功西山，郭英乂通其妾滕，激之生变，其罪有不专在旰者。未几释甲，随鸿渐入朝，而吐蕃则岁岁为蜀患，故末语又不忧剑阁而忧松州也。"

④ 松州：唐置州名，治今四川松潘。仇兆鳌《杜诗详注》："松州被围，则全蜀安危所系，故所忧不独在剑阁也。"

⑤ 山胡：冯景《苏诗续补遗》该诗诗题作《涪州得山胡》，冯应榴《苏轼诗集合注》："舟过涪州而得，故题云然。"李胜《苏诗"山胡"考》认为：山胡即山鹛鸟，学名黑喉噪鹛，别名有山呼、珊瑚鸟、山乌、山土鸟、黑喉笑鸫等，头顶蓝灰色，背部呈橄榄灰褐沾棕或沾绿色，眼后具一大形白斑，鸣声清晰悦耳，有较高观赏价值，常栖息于低山、丘陵、滨海台地的次生林或竹林，以昆虫、草籽为食，喜集群，分布于云南、广西、广东、浙江、海南岛等地，是国家"三有"（有益的或有重要经济、科学研究价值）保护动物。国外越南、缅甸、泰国、老挝亦有分布。

⑥ 嘈嘈：象声词，鸟鸣声。

⑦ 朝吟：今人曾枣庄、舒大刚《三苏全书·苏轼诗集》（语文出版社2001年版）作"朝鸣"。

⑧ 荔支龙眼：荔支即荔枝；龙眼：桂圆的别称。

山鹘横海①，风枝露叶如新采。宫中美人一破颜，惊尘溅血流千载。永元荔支来交州②，天宝岁贡取之涪③。至今欲食林甫肉，无人举觞酬伯游。我愿天公怜赤子，莫生尤物为疮痏。雨顺风调百谷登，民不饥寒为上瑞。君不见：武夷山中粟粒芽④，前丁后蔡相笼加⑤。争新买宠各出意，今年斗品充官茶⑥。吾君所乏岂此物？致养口体何陋耶！洛阳相君忠孝家⑦，可怜亦进姚黄花⑧。

北岩题壁⑨　朱熹

渺然方寸神明舍，天下经纶具此中。每向狂澜观不足，恰如⑩有本出无穷。

----

① "飞车跨山"句：言为了尽快送到荔支，不惜想尽种种方法。鹘（hú）横海：鹘，即隼，猛禽，古时常刻于船上，此处借指快船。王文诰《苏文忠公诗编注集成》："龟父曰：鹘横海，言船也。"《兵书》："海鹘头低尾高，前大后小，如旗之状。"

② "永元"句："永元"为汉和帝年号（89~104）。《后汉书·和帝纪》："旧南海献龙眼、荔枝，十里一置，五里一堠，奔腾阻险，死者继路。时临武长汝南唐羌，县接南海，乃上书陈状，帝下诏曰：'远国珍羞（馐），本以荐奉宗庙。苟有伤害，岂爱民之本。其敕太官，勿复受献。'由是遂省焉。"交州：交址，秦汉设郡，地及今越南国，此泛指广东、广西、海南一带，与"南海"同。

③ "天宝"句：清王文诰《苏轼诗集》卷三十九有诗人自注云："唐天宝中，盖取涪州荔支，自子午谷进入。"天宝：唐玄宗年号（742~756）。涪：涪州，今重庆涪陵。

④ "武夷山中"句：王文诰《苏轼诗集》"武夷山中"作"武夷溪边"。粟粒芽：茶名。茶芽嫩如粟粒，为武夷茶中最上等品种。

⑤ "前丁后蔡"句：王文诰《苏轼诗集》诗人自注云："大小龙茶始于丁晋公，而成于蔡君谟。欧阳永叔闻君谟进小龙团，惊叹曰：'君谟士人也，何至作此事！'"丁：丁谓，字谓之，宋真宗时任参知政事，封晋国公。蔡：蔡襄，字君谟，宋代书法家，精通茶事。曾官知制诰、知开封府、知杭州。二人先后任福建漕使，督造贡茶。笼加：笼装加封。

⑥ "今年"句：王文诰《苏轼诗集》诗人自注："今年闽中监司乞进斗茶，许之。"今年：指绍圣二年（1095）。斗品：参加斗茶的上品佳茗。宋人有赛茶习俗，称之为"斗茶"。官茶：指进贡的茶叶。

⑦ "洛阳相君"句："洛阳相君"指宋代钱惟演。其曾以枢密使衔出任西京留守，在洛阳首开选贡牡丹之例。忠孝家：钱惟演父吴越王钱俶不战降宋，宋太宗称其"以忠孝保社稷"，故谓"忠孝家"。

⑧ "可怜"句：王文诰《苏轼诗集》诗人自注："洛阳贡花自钱惟演始。"可怜：可惜，意含轻蔑。姚黄花：牡丹极品之一，据传为姚姓人家培育出来的一种黄色牡丹，故称。

⑨ 该诗亦见道光、同治、民国《涪州志》等，实为朱熹隆兴元年（1163）或隆兴二年（1164）在福建延平（今崇安）所作《训蒙绝句》九十八首之第五十一首《观澜》绝句（见郑端《朱子学归》卷二三、《全宋诗》卷二三九四），约于清代康熙五十四年至乾隆五十年间（1715~1785）被改为今题载入《涪州志》，详可参李胜《〈八琼室金石补正〉石鱼朱子诗辨伪》（《北京大学学报》2006年国内访问学者论文专刊）。至于现存勒石于涪陵北岩点易洞旁崖壁的行楷四行诗，或为嘉庆年间州牧张师范辟治"北岩十景"时所为，或形成于光绪末年视学官邹鸿定就钩深书院改办师范中学堂，将"钩深堂"三字刻于崖壁，以及稍后创建"北岩公园"之时。

⑩ 恰如：民国《涪州志》卷二十二《艺文志四·诗选一》作"正如"。

偶感贴壁　尹焞

少蒙师教指迷津，老读羲经[①]味入神。无限青山随意好，强来骑马踏红尘。

涪州　陆游

古垒[②]西偏系晓舟[③]，倚栏搔首思悠悠。欲营丹灶竟无地，不见荔枝空远游。官道近江多乱石，人家避水半危楼。使君不用勤留客，瘴雨蛮烟[④]我欲愁。

明

涪陵十韵　马提干[⑤]

地居[⑥]襟喉重，城依雉堞[⑦]坚。东渐邻楚分，南望带彝边[⑧]。舟楫三川会，封疆五郡连。人烟繁峡内，风物冠江前。溪自吴公瀹[⑨]，园由妃子传。许雄山共峻[⑩]，马援坝相联[⑪]。滩急群猪沸[⑫]，崖高落马悬。石鱼占岁稔，铁柜验诸天[⑬]。地暖冬无雪，人贫岁不绵[⑭]。岩标山谷

----

① 羲经：《周易》的别称。相传伏羲氏始作八卦，故名。

② 古垒：古代的堡垒、旧堡垒。同治《涪州志》作"故垒"，义同。

③ 系晓舟：陆游《剑南诗稿》卷十作"晓系舟"，同治《涪州志》作"晓钓舟"。

④ 瘴雨蛮烟：指南方有瘴气的烟雨，泛指十分荒凉的地方。陆游《剑南诗稿》卷十作"瘴雨蛮云"。

⑤ 该诗诗题，《锦绣万花谷》续集卷十三作《咏涪州》，《方舆胜览》卷六十一误题为《涪州五十韵》，民国《涪州志》卷二十二作"涪州十韵"。该诗作者，《全蜀艺文志》《四川通志》、民国《涪州志》等书也一概署名为"马提干"，作品列入南宋，惟有本志列为明代人。今考：据南宋李刘《四六标准》卷三十《代回唐提干元龄》题下注引《中兴会要》："建炎四年诏诸路提刑司，除武臣提刑，添置干办公事官，许存留文臣一员。"可知"提干"为职官名称，是"提刑司干办公事"的简称即提举，而并非诗作者的真实名字。又，据《四六标准》同卷《代回夔路马提干已》可知：所谓"马提干"姓马名已，南宋时人，曾任夔州路提干官。

⑥ 地居：明杨慎《全蜀艺文志》"居"作"踞"，同治《涪州志》卷十五作"据"。

⑦ 雉堞：古代城墙上掩护守城人用的矮墙，泛指城墙。

⑧ 彝边：同治《涪州志》卷十五作"夷边"。

⑨ 溪自吴公瀹：《全蜀艺文志》误"瀹"作"邑"。瀹：疏通水道，使水流通畅。本志卷一《封域志·古迹》"吴公堂"条载："宋太守吴光辅疏城南溪，后其孙信仲仍守是邦，遂临溪建堂。迨曼亚夫居此，又名曼溪。"

⑩ 许雄山共峻：涪陵城南大梁子山脉有许雄山，因西晋名将许雄曾在此安营扎寨得名，山下有誓虎碑。曹学佺《蜀中广记》云："山在州西南七里，山之东有马援坝。"

⑪ 马援坝相联：在涪陵城南五里望州关一带，一坝平行，汉伏波将军马援南征五溪蛮曾屯兵于此，故名马援坝。道光《涪州志》卷十一陈计长诗《伏波祠》题下注云："旧传伏波征五溪蛮驻兵于此，因有祠。"清末涪州人文吉斋《咏马援坝》诗云："千古边陲几战争，望州关下大江横。刘家寸土今安在，还是马援坝尚存。"

⑫ "滩急"句：写群猪滩水波喧腾。嘉庆《四川通志》卷二十三："群猪滩在州东十里，水落见群石如猪。"又，同治《涪州志》卷十五"猪"字作"潴"，潴：流水积聚的地方。

⑬ 铁柜验诸天：意谓根据涪陵北岩铁柜城上有无云雾，可以判断天气阴晴。涪陵民谚曰："铁柜城有雾，活路不消做；铁柜城无雾，正好洗衣裤。"验诸天：《大清一统志》作"锁诸天"，民国《涪州志》作"验晴天"。

⑭ 人贫岁不绵：同治《涪州志》原注："涪陵山多田少，土地薄瘠，故居民皆贫，三冬只服单衣，不衣绵者甚众。"绵：绵帛，丝绵绢帛的总称。

子^①，观索^②尔朱仙。

和新建致远亭^③　[礼部尚书]刘岌[州人]

伊阳^④归去已多年，易道光辉在目前。羲圣卦爻文像^⑤备，涪翁题壁古藤悬。千秋鉴透精微理，一画重生先后天^⑥。致远亭成羣旧址，尊贤遗德永昭然。

涪江泛舟　[状元]杨慎[新都人]

明月沉清露，秋风起白云。兰桡乘溜急^⑦，木叶下江闻。爽籁金悬奏^⑧，遥峰翠积氛^⑨。碧潭留雁影，锦衲散虹文^⑩。旅望随天豁，幽阿与岁分^⑪。登临知自好^⑫，寂寞共谁云？

赠张生一鹏归涪江并柬夏松泉^⑬　杨慎

家君^⑭新自涪州至，袖有松泉经岁字。江潭憔悴采《离骚》，邱壑^⑮风流闲启事。西窗剪烛话巴山^⑯，空谷跫音一解颜。何日陶潜三径^⑰就，追随范蠡五湖间。

---

① 山谷子：黄庭坚。指北岩崖壁"钩深堂"三字楷书题刻"山谷书"的署名落款。

② 索：民国《涪州志》作"塑"。

③ 致远亭："北岩十景"之一，在点易洞侧，始建于宋嘉定年间（公元1208~1224年），明重建，清重修。嘉庆间重修时，州牧李炘作有《致远亭碑记》（见道光《涪州志》卷十一）。又有嘉庆间州牧张师范《北岩十咏·致远亭》题下注云："亭为宋刺史范仲武建，映带江山，下环泉石。"

④ 伊阳：古县名，在今河南省伊川县南，伊水北岸。此处代指曾宅居于此并建书院讲学的北宋理学家、教育家程颐。

⑤ 文像：涪陵《刘氏宗谱》同，"像"字疑误。民国《涪州志》作"文象"，指日月星辰的变化迹象。

⑥ "一画"句：相传伏羲发现阴阳五行、河图洛书创立先后天八卦，始于乾卦三之第一画，乾为天，故指"一画开天"。

⑦ "兰桡"句："兰桡"指装饰华美的小船。桡，船桨。溜（liù）：向下流的水。

⑧ "爽籁"句："爽籁"指清风激物之声。金悬：亦作"金县"，金鼓之乐。

⑨ 翠积氛："翠积"谓翠色重叠，形容草木繁茂。氛：氛围，指周围的雾气或云气。

⑩ "锦衲"句：《升庵集》卷二十"锦衲"作"锦汭"。锦汭：美丽的江岸。汭（ruì）：水滨，此处指江岸。虹文：彩虹般的花纹。文，同纹。

⑪ "幽阿"句："幽阿"指幽静凹曲处。与岁分：依时间的变化而呈现出不一样的面貌。岁：时光。

⑫ 自好：自爱、自重。

⑬ 《升庵集》卷二十五诗题作《赠张生一鹏归涪江并柬太宰松泉夏公》。

⑭ 家君：疑误。《升庵集》卷二五作"嘉君"，指张一鹏。

⑮ 邱壑：《升庵集》卷二十五作"丘壑"，同。

⑯ "西窗剪烛"句：语出李商隐《夜雨寄北》："何当共剪西窗烛，却话巴山夜雨时。"

⑰ 三径：指归隐者的家园。陶渊明《归去来辞》："三径就荒，松竹犹存。"

寄夏松泉①　杨慎

山中睡起三竿日，天上书来五朵云②。念我独愁开阃寂，感君长跪谢殷勤。两年故友③交情隔，千里同心歧路分。奇树花滋④看已遍，不禁春色恼离群。

寿夏松泉太宰⑤　杨慎

赤舄归来鬓未星⑥，紫垣⑦光焰照涪陵。山中宰相⑧无尘事，河上仙翁有道经。春色又惊梅蕊白，薰风⑨几换荔枝青。停云闲月⑩多篇咏，何日《沧浪》⑪一共听。

游北岩寺　[湖广巡抚]张善吉[州人]

画舫摇摇渡野浔，四贤遗迹访钩深。江山对峙乾坤迥，师友相忘谪寓心。世事转蓬⑫朝易夕，圣经垂范古犹今。后生仰止高风下，摇笔留题愧掷金。

登北岩　[巡按四川监察御使]李廷龙[湖南进士]

北岩高耸向谁开，云际偕登目八垓⑬。道自鸿蒙传蜀远，《易》从伊洛入涪来。风清落叶依晴路，露重飞泉点翠苔。坐语不知尘界近⑭，恍疑踪迹是蓬莱。

---

① 《升庵集》卷三十一题下原注："夏松泉，名邦谟。"
② 五朵云：指唐代韦陟在书牍上用草书署名，"陟"字状如五朵云。时人慕之，称五云体。
③ 故友：《升庵集》作"故国"。故国：旧地，指涪州。本志卷十《人物志·流寓》"杨慎"条云："与松泉夏尚书交厚，尝客于涪。"
④ 花滋：民国《涪州志》卷二十二作"花枝"，《升庵集》作"华滋"。华滋：形容枝繁叶茂。汉乐府《庭中有奇树》："庭中有奇树，绿叶发华滋。"
⑤ 《升庵集》卷二十八题作《夏松泉太宰寿诗》。
⑥ "赤舄"句："赤舄"本是周代高官所穿之鞋，红色，尖头上翘，亦称"几舄"。后用为大官代称。舄（xì）：鞋。鬓未星：谓鬓发尚未花白。
⑦ 紫垣：星座名，借指皇宫。
⑧ 山中宰相：比喻隐居的高贤。《南史·隐逸传》载：南朝梁陶弘景隐居茅山屡聘不出，国家每有吉凶征讨大事，武帝无不前往咨询，时人谓为"山中宰相"。
⑨ 薰风：也作"熏风"，指初夏时节和暖的东南风。
⑩ 停云闲月：民国《涪州志》作"停云落月"，《升庵集》卷二十八作"停云问月"。按：思亲念友之义，当作"停云落月"。陶渊明《停云》诗序："停云，思亲友也。"又，杜甫《梦李白》："落月满屋梁，犹疑照颜色。"
⑪ 《沧浪》：即《沧浪歌》。《孟子·离娄上》："有孺子歌曰：'沧浪之水清兮，可以濯我缨；沧浪之水浊兮，可以濯我足。'"
⑫ 转蓬：随风飘转的蓬草。比喻飘零不定，转徙无常。
⑬ 八垓：八方的界限。
⑭ 近：民国《涪州志》卷二十二《艺文志四·诗选一》作"迥"。

游北岩寺送别友人　徐文

先贤遗迹近江浔[①]，古寺东头一径深。易道此时知有传，经筵当日枉留心。悠悠旧事皆成梦，兀兀空崖直到今。此日清游兼送客，新诗写作赆行[②]金。

前题　施清

一掉[③]撑云渡水浔，清游圣地访钩深。继天立极前贤志，望海观洋我辈心。万感题诗思往古，三年宾从见当今。喜聆豪论深根柢，伊洛渊源一部金。

前题　陈智

掉歌欸乃[④]过江浔，石磴棱层古寺深。红叶纷飞原有为，白云聚散本无心。二南家学真无古，三党门墙准至今。漫把心思写离思，须知吾道重千金。

同乔金宓诣注易洞　李廷龙

竹松深处锁寒云，有客同来欲悟真。一脉崖前分洛水，四围石洞见天根。画前爻象谁凭语，心上经纶我与闻。相望川东民皥皥[⑤]，涪陵今已属人文。

九日偕但富顺李印江登北崖[⑥]　张应麟

殊方又见菊花开，故国曾无白雁来。到处茱萸堪插鬓，频年风雨罢登台。偶逢剑外神仙令[⑦]，同醉霜前浊酒杯。天地西南饶物色，凭高欲赋愧非才。

北岩寺　[同知]陈计长[州人]

白云知所好[⑧]，荒草没山路。岩石多棱棱[⑨]，止许[⑩]高僧住。壁立万斯年[⑪]，藤萝杂古树。

---

① 江浔：江边。浔，水体边缘的陆地。

② 赆行：临别送行时以财物相赠。

③ 掉：棹竿，即篙或棹，一种用竹竿或杉木制成的撑船工具。

④ 掉歌欸乃："掉歌"义同"棹歌"，指船家、渔民划船时所唱的歌。欸乃：象声词，此指歌声的悠扬婉转，如陆游《南定楼遇急雨》："人语朱离逢峒獠，掉歌欸乃下吴舟。"原志误作"欵（款）乃"。

⑤ 皥皥：心情舒畅、恬然自得之貌。

⑥ 北崖：即北岩。

⑦ 神仙令：对县令的美称，所指何人不详。按：神仙令，类同"神仙尉"，或为"神仙吏"讹转而来。《汉书·梅福传》载：汉代梅福曾补任南昌县尉，屡上书讥刺外戚王凤（王莽伯父）专权，终不纳。王莽专政时，弃家出走，不知所终，相传已成神仙。后诗文中因以"神仙尉"作为县尉的美称，亦作"神仙吏"。

⑧ 白云知所好：同治《涪州志》卷十五作"白云傍江浔"。

⑨ 棱棱：形容山石重迭，高耸突兀。

⑩ 止许：只许。止：仅，只。

⑪ 万斯年："亿万斯年"的简称，形容时间久长。斯：语助词，无意义。

江翻岛亦沉①，木斩台先露。幸有基址存，苦无檀越护。比邱②失讲场，野鸟上阶步。转嗟西日翁，却同远山暮③。徒有扣关心，遥写空归句。

北岩怀古　［通判］何以让［州人］

维石岩岩在北山，四围烟树入云间。当年注易人何往④，此日谈经洞未关。夹岸芳洲铺锦绣，一江春水隔尘寰。登临欲究羲图⑤蕴，遮莫忘机月下还⑥。

题涪州北岩　蔡汝楠［浙江人］

点易岩阴露未干，台临水府碧涛寒。后儒重问伊阳秘，一画当年示子安⑦。

北山览古　［明经］夏道硕［州人］

屹立江上一云屏，横绝中流势不群。山谷当年何所激，楹题知己⑧独非君。

望铁柜城　夏道硕

仙樵幽韵自何年，城郭⑨人民几海田。我欲结茅当胜概，萧森铁柜意欣然。

铁柜城　陈计长

铁柜久不见，屹立胡遥遥。连弩需劲卒⑩，相传赤甲⑪高。至今黄草峡，犹疑白战袍。

---

①　江翻岛亦沉：江河翻滚，岛屿沉没。比喻声势或力量极大。

②　比邱：多作"比丘"，梵文 khiksu 的译音。意译为"乞士"，以上从诸佛乞法，下就俗人乞食而得名，是佛教出家"五众"（沙弥、沙弥尼、式叉摩那尼、比丘、比丘尼）之一，指已受具足戒的男性，俗称和尚。

③　"转嗟"二句：同治《涪州志》作"欲去重徘徊，苍凉远山暮"，并无最后"徒有""遥写"两句。

④　"当年"句：指绍圣四年至元符三年（1097~1100）北宋理学家程颐编管涪州，在北山坪南麓的北岩普净院辟堂讲学、凿洞注《易》，撰成《周易程氏传》。

⑤　羲图：伏羲太极八卦图。羲：伏羲，中国神话传说中的人类始祖"三皇"之一，相传《易经》八卦为其所作。民国《涪州志》卷三《疆域志三·古迹》"北岩"条录该诗作"羲皇"（指伏羲），疑误。

⑥　"遮莫"句："遮莫"，尽管、任凭；"忘机"谓忘掉世俗的机巧之心，淡泊名利，与世无争。

⑦　一画当年示子安："一画"参前刘焐《和新建致远亭》"一画重生先后天"句注。子安：传说中的仙人。典出汉代刘向《列仙传·陵阳子明》："陵阳子明者，铚乡人也。好钓鱼，于旋溪钓得白龙。子明惧，解钩，拜而放之。后得白鱼，腹中有书，教子明服食之法。子明遂上黄山，采五石脂，沸水而服之。三年，龙来迎去，止陵阳山上百余年。山去地千余丈，大呼（山）下人，令上山半。告言：'溪中子安当来，问子明钓车在否。'后二十余年，子安死，人取葬石山下，有黄鹤来栖其冢边树上，鸣呼'子安'云。"

⑧　楹题知己：指绍圣五年（1098）黄庭坚（山谷）访程颐于北岩普净院，为其讲学处题榜"钩深堂"三字。

⑨　城郭：泛指城邑、城市。

⑩　连弩需劲卒：《华阳国志》载"延熙二年（239），马忠定越西，置赤甲军，常取涪陵之民。丞相诸葛亮亦发劲卒三千人为连弩士。"连弩：装有机栝，可以同时发射或连续发射数矢之弓。

⑪　赤甲：赤甲戍，杜甫诗"黄草峡西船不归，赤甲山下行人希"即此地。在涪陵，与黄草峡相近，在李渡之上，蔺市之下。

石瓮碛①还在，卧龙法全消。四望成虚壤②，百雉③顿蓬蒿。瞿塘犹象马④，蜀道白云霄⑤。余民知几许，归心方郁陶⑥。丹灶未易觅，松枝安可樵？寂寞群猪潴⑦，千年向夜号。

赠刘秋佩　王守仁［余姚人］

骨鲠英风海外知，况于青史万年垂。紫雾⑧四塞麟惊去，红日重光凤落仪。天夺忠良谁可问，神为雷电鬼难知⑨。莫邪亘古无终秘，屈轶⑩何时到玉墀。

又赠刘秋佩　王守仁

检点同年三百辈，大都碌碌在风尘。西川若也无秋佩，谁作乾坤不老人⑪。

登盂璧山眺望　［明经］何楚［州人］

何处岩岩天竺峰⑫，高横一壁川之东。孤云淡锁千秋月，霁日长吟万里风。绿树枝头朝弄影⑬，烟波江上暮流虹。仙人遗有长生诀，几向山间问赤松⑭。

登盂璧山　何以让

四山横一壁，彩袖披青沥。静夜水淘淘，晴空声寂寂。扶桑曙色升，极浦月输恢。征雁穿云影，香风绕翠苔。琼瑶亘紫陌，茅草构新宅。不觉海天宽，浑忘池馆窄。旌悬竹影翻，乐奏鸟声喧。酒带清泉饮，羹和白雪餐。疏林看虎啸，画舫横流钓。触目

---

① 石瓮碛：今白盐碛，位于奉节县城东鱼复浦。传说"卧龙居士"诸葛亮入川时，曾在此聚集石堆（历代煮盐留下的瓮状简易盐灶）布阵，设八阵图。

② 虚壤：即墟壤。

③ 百雉：借指城墙。雉，古代计算城墙面积的单位，长三丈、高一丈为一雉。

④ 瞿塘犹象马：指瞿塘峡西口的大险滩滟滪堆。谚曰："滟滪大如马，瞿塘不可下。"

⑤ 蜀道白云霄：疑误。同治《涪州志》卷十五"白"字作"迫"。

⑥ 郁陶：积聚貌。

⑦ 群猪潴：流水积聚曰"潴"。同治《涪州志》卷十五作"群猪滩"。

⑧ 紫雾：涪陵《刘氏宗谱》作"缁雾"，比喻奸佞小人。

⑨ "神为雷电"句：喻天子明察，雷霆震怒，诛灭权宦。或指刘蒧在京被刑之日，其早年研习《易经》的宗师岩（在涪州南一百里凤凰山畔刘氏祖茔右侧，此后因名"八卦岩"）岩壁崩现天然八卦图一事（刘蒧《秋佩生作墓志铭》）。知：涪陵《刘氏宗谱》作"私"。

⑩ 屈轶：古代传说中一种能指识奸佞的草，故又名"指佞草"，此处比喻能识别奸佞的贤臣。原志误作"屈铁"，改。

⑪ 不老人：涪陵《刘氏宗谱》作"不朽人"。

⑫ 天竺峰：位于今江西省宜春市上高县，是九峰山的第一峰。此处用比。

⑬ 绿树枝头朝弄影：民国《涪州志》卷二十二作"绿树枝头朝咮鸟"。

⑭ 几向山间问赤松：民国《涪州志》卷二十二"几"作"谁"。

有鸢鱼，回头堪望眺。归鸦舞夕阳，顾兔①吐清光。法界星辰朗，仙家日月长。

过访何环斗先生盂璧山琴堂书院　[副贡]蔺希夔[州人]

锦缆萦舸发，霜寒月正迢。主人卧盂璧，客子梦云霄。折柬来相从，肩舆不惮遥。孤峰垂杰阁，夹路稳仙标。洞口烟霞合，琴台音韵调。池翻鱼弄藻，天敞鹤鸣皋。树叶临风舞，梅花映雪飘。流觞飞曲水，染翰拂芭蕉。著论伸黄老，陈情反薄浇。四明楼上景，一调坐中箫。华表开歌嗦，甘泉度石桥。探书理河洛，琢句宝琼瑶。艇窄渔蓑稳，山深林树招。兴来苍翠满，意到酒棋消。自负千秋赏，宁堪半点嚣？殷勤留胜迹，谁复类金貂。

登盂璧山访何环斗　[云南巡抚]曹愈参[州人]

濮水寒龙剑，恒云送隼旟。题舆堪展翼，拥鹊惜悬车。江汉声犹茂，朝歌望始苏。北山思恒恒，陟岵意蘦蘦。不问三公贵，宁辞五斗储。庄周椿绰约，彭泽柳扶疏。视膳青青笋，供澸白白鱼。纫兰绕畹泽，戏彩度居诸。去国轻于叶，居家味是蔬。渐逵堪作式，贲迹欲远初。吾道渔樵在，亲心菽水舒。乾坤原大冶，轩冕等蘧芦。披阅怜元草，操瓠重子虚。高椿迟栉沐，轻麈伴琴书。题凤情如昔，登龙志已摅。感时增太息，阅世可唏嘘。几见东郊外，群公饯二疏。

赠给事中张善吉乞归省亲　[户部尚书]南宫白圭

紫诰新颁出建章，亲荣子贵喜非常。衣冠世济诗书泽，御敕文涵雨露香。燕乐高堂承宠渥，归来晚景亦辉光。仙郎拜庆欢情洽，醉著宫袍献寿觞。

鱼蛮　陈计长

人居市廛里，子隐淮水中。形声不相吊，心事漫形容。竹木为居室，编棑浮水濛。鱼虾堪作粮，无用羡农工。劈水探鲂鲤，易如拾芥葓。于焉蕃孙子，婚嫁索水宫。此为鱼蛮乐，惟知踏浪雄。人间租税大，着地便成種。何如鱼蛮子，两脚履虚空。虚空难久得，应与舟车同。鱼蛮抢地泣，切勿语桑宏。

涪陵　陈计长

涪陵岑寂久无烟，归去犹堪石枕眠。行尽阮车空有泪，烧残嵇锻未成仙。青山突兀频当户，绿水苍凉自涌泉。闻说广平心似铁，恐于归赋亦潸然。

---

① 顾兔：代指月亮。古代神话传说月中阴精积成兔形，后因以为月亮别名。

伏波祠[旧传伏波征五溪蛮驻兵于此，因有祠。]　陈计长

兵驻城南上壶头，将军故垒敢谁蹂。伯王伟略古今壮，辰西獠蛮次第收。自负勋名尚矍铄，谁知筋力尽炎洲①。一生事业东流水，千载令人忆少游。

涪荔　陈计长

巫山直上白云端，一片涪城草色寒。闻说荔枝佳种②断，春光因甚入涪难。

涪陵八景：

黔水澄清③　[吏部尚书]夏邦谟[州人]

分得龙门④一脉精，粼粼鸭绿⑤照人明。远通贵水来仙岛⑥，近会川流到玉京⑦。洗墨任挥明道砚⑧，烹茶堪汲子瞻清⑨。东风吹散碧桃落，万点飞花镜面⑩行。

松屏列翠　夏邦谟

形色天生岂偶然，松屏佳号至今传。千年霜雪云根老，万古虬龙铁壁坚。一本生成苍更茂，数枝犹带雨和烟。四时独对江滨立，疑是岁寒不语仙。

桂楼秋月　夏邦谟

老桂婆娑白玉楼，月华三五正中秋。天香有种清虚⑪散，宝鉴何人玉斧修⑫。金粟⑬

---

①　谁知筋力尽炎洲："筋力"犹体力。炎洲：神话中的南海炎热岛屿，《海内十洲记·炎洲》："炎洲在南海中，地方二千里，去北岸九万里。"泛指南方炎热地区。

②　荔枝佳种：指涪州丹荔，唐代及明初均为朝廷王宫贡品。

③　黔水澄清：道光《涪州志》卷十一题下注云："州左岷江，右黔江，岷水色赤，黔水色碧，两江合处，赤碧不混，秋冬亦然。"

④　龙门：此指乌江上一洞口形状宛如虬龙的天然石灰岩大溶洞，在彭水县鹿角镇。龙门上古榕横空，藤蔓披拂，悬岩滴翠，四季如春。下有峡谷，习称"龙门峡"。

⑤　粼粼鸭绿：形容碧波荡漾。粼粼：水流清澈、水石明净闪映貌；鸭绿：江水颜色，代指江水。

⑥　远通贵水来仙岛："贵水"指发源于贵州省境内的乌江。仙岛：传说中仙人居住的海岛，此指贵州省威宁县境内的草海半岛，乌江发源于此。

⑦　玉京：帝都，指明代都城南京。

⑧　明道砚：宋仁宗赵祯有年号曰"明道"（1032~1033）。因其酷爱砚台，每年各地都会选出质地出众、做工精良的砚台作为贡品上贡，故称。

⑨　"烹茶"句：出苏轼《汲江煎茶》"自临钓石取深清"。清：指清澈的江水。

⑩　镜面：形容黔江水平如镜。

⑪　清虚：指月宫。

⑫　"宝鉴"句：段成式《酉阳杂俎·天咫》载："唐太和中，郑仁本表弟游嵩山，见一人枕褓而眠，问其所自，其人笑曰：'君知月乃七宝合成乎？月势如丸，其影，日烁其凸处也。常有八万二千户修之，予即一数。'因开幞，有斤凿数件。"后遂有"玉斧修月"之说。宝鉴：镜子的美称，此喻月亮。玉斧：仙斧、神斧。

⑬　金粟：桂花的别名。因其色黄如金，花小如粟，故称。

清芬横海宇，仙娥妆点出云头。岁中能有几宵好？吟到天明意未休。

荔圃春风^①　夏邦谟

南海移来种亦奇^②，贞姿^③绚烂艳阳时。焉知涪地珠林实^④，偏重昭阳国色知^⑤。当日曾劳人远贡，而今不复马飞驰。喜逢风德同尧舜，独重贤才不重斯^⑥。

铁柜樵歌　夏邦谟

长安不去逐虚名，阿涧操斤度此生。伐木倦依丹桂坐，采薪身带白云行。两三互唱层霄上，远近遥闻出谷声。此是太平真景象，红尘能解几何人。

鉴湖渔笛　夏邦谟

纶下江流不自持，小舟撑住学桓伊。疏狂有笛随时乐，断续无腔任意吹。午日梅花千古调，秋风杨柳几枝词？数声何处来云水，六国三朝动客思。

群猪夜吼　夏邦谟

涪地名滩何陡峻，卫青群豕势参差。浪翻腊雪风回夜，声吼春雷月上时。惊碎往来名利胆，苦催骚客短长诗。愚公久切移山志，鞭逐峻嶒入海湄。

白鹤时鸣　夏邦谟

万丈玉龙生壑哀，地幽尘绝景奇哉。当年云水鸣仙侣，此日名滩漾碧苔。风外羽从三岛去，浪头声向九皋来。蓬窗睡起船头坐，雪浪催诗次第裁。

黔水澄清　[州牧]余光

萦回冷浸碧无瑕，图画天开^⑦景最嘉。醉后船头洗鹦鹉^⑧，水晶宫^⑨里弄烟霞。

---

① 荔圃春风：同治《涪州志》卷十五题下有注，曰："唐天宝中，贵妃取荔枝于此园，今已荒废。"

② 种亦奇：同治《涪州志》作"种最奇"。

③ 贞姿：坚贞的资质。指荔枝树经冬不凋，终年常绿。

④ 珠林实：指荔枝果。珠林，林木的美称。

⑤ "偏重"句：同治《涪州志》作"偏荷昭阳国色知"。昭阳国色：指杨贵妃。昭阳：汉宫殿名，泛指后妃所住宫殿。

⑥ "喜逢"二句：同治《涪州志》作"喜逢君德同尧舜，独重贤才贱荔支"。

⑦ 图画天开：亦作"天开图画"，意即上天展示出来的图画。形容秀丽的自然景色。

⑧ 鹦鹉：此指鹦鹉杯。一种用鹦鹉螺制成的酒杯。

⑨ 水晶宫：传说中的水神或龙王宫殿。亦作"水精宫"。

松屏列翠　余光

胜迹天生古涧苓，根柯郁翠①压丹青。平生爱石轻珍宝，移入书斋作画屏②。

桂楼秋月　余光

天香万斛散乾坤，楼对永轮懒闭门。午夜静观无缺处，分明足蹑到天根。

荔圃春风　余光

托根涪地岂寻常，色绚猩红春正香。妃子惟夸风味别，谁知鼙鼓动渔阳。

铁柜樵歌　余光

名山如柜紫云乡，野调清幽宠辱忘。行客不知心上趣，犹訾音韵少宫商。

鉴湖渔笛　余光

霜落回沱似鉴明，红尘静处小舟横。古今多少伤心事，尽在蓬窗笛数声。

群猪夜吼　余光

急湍交流怪石横，万山雪化势如倾。月明午夜声号怒，何事江头抱不平。

白鹤时鸣　余光

苔长渔矶水落潮，浪吟仙子鹤鸣霄。北窗午夜频惊觉，疑是虞廷奏《九韶》。

黔水澄清　夏道硕

两江争拥一孤城，右带环流照眼明。当日五溪从此进，桃源有路任君寻。

松屏列翠　夏道硕

谡谡③松涛秋韵清，宜人眉目越分明。郡城不得君声节，霜雹几寒岁晚盟。

桂楼秋月　夏道硕

花到秋来分外香，谁将折向满身芳。楼头收拾城中月，一郡人文笔底茫。

荔圃春风　夏道硕

知是唐朝妃子传，当年走马欲登天。烟迷不见春风面，还向江头问荔鲜。

铁柜樵歌　夏道硕

况有仙樵云里声，北山高处起层城。奇花瑶草无人识，夜静犹闻杜宇吟。

---

① 郁翠：浓绿苍翠。

② "平生"二句："石"指松纹石。蔡毓荣等《四川总志·石谱》载："涪州松屏山（北山坪）翠耸云霄，其山上产石，有文（纹）如松形，可制为屏。每雨余，青连江练，色映州城。"

③ 谡谡：象声词，形容松涛声。

鉴湖渔笛　夏道硕

因闻异曲到江滨，何处关山风月新。醉梦千家何日醒，渔歌几唤武陵人。

群猪夜吼　夏道硕

群波不肯向中流，万折千回近岸头。岂是江豚争拜舞，暗来晴雨枕边愁。

白鹤时鸣　夏道硕

图马图龙不世游，白鹤仙人下钓钩。浪拂千寻疑羽翼，至今长听唳声悠。

坐点易洞　夏道硕

点易洞前江水回，石罂犹似露珠来。时人莫谩登临览，不朽人文挂碧苔。

重修碧云亭①　夏道硕

北岩石色碧云眠，昔有环亭今渺然。龙树不教云出岫，亭成依旧宿亭边。

题飞泉桥②[桥系刘秋佩之女钱节妇捐赀建。]　文珂

父忠女烈③傲严霜，人迹平桥客路长。问是何年成砥柱④，溪头流出⑤柏舟香。

前题　夏可泉

偕行晚踏石桥霜⑥，泉落银河声韵长。节性已同山石老，游情任逐水花香。

国朝

题江心石鱼留别涪陵耆庶　[州牧]罗克昌[珠湖]

古涪江心卧石梁，梁上凿鱼鱼徜徉。岂是王余⑦留半面，非同沙内曳红裳。三十六鳞形质全，闻说在昔唐人镌。此石成鱼鱼赖水，胡为失水偏有年？呜呼噫嘻知之矣，

---

① 碧云亭："北岩十景"之一，在点易洞下，宋嘉定间涪州守范仲武始建，"每岁春，州守率僚佐耆老劝农于此"（本志卷一《封域志·古迹》"碧云亭"条）。清张师范《北岩十咏·碧云亭》诗自注云："亭峙岩间，周览无际。"

② 飞泉桥：在涪陵麻堆坝高水洞。

③ 父忠女烈：涪陵《刘氏宗谱·刘氏贞烈》云："钱门刘氏，司谏秋佩公之女，适成化壬辰进士、陕西华亭县知县钱玉之子、庠生鼎年。十九守节，庐墓夫旁，誓死靡他。躬纺织，储赀以造四桥（潼子桥、双河桥、飞泉桥、节妇桥），行者便之。享年五十而卒，人称为'父忠女烈'云。"

④ 砥柱：山名，在今河南省三门峡市。因其屹立于黄河中流而矗立如柱，遂以比喻坚强独立的人能在动荡艰难的环境中起支柱作用。原志误作"柢柱"，此据《刘氏宗谱·文奥仲先生题钱节妇飞泉桥诗》改。

⑤ 流出：《刘氏宗谱》作"流得"。

⑥ 晚踏：《刘氏宗谱·夏果园先生游飞泉桥诗》作"晓踏"。按，《刘氏宗谱·祝四仙公寿诗》云："夏果园先生讳道硕"。

⑦ 王余：鱼名。《文选·左思〈吴都赋〉》："双则比目，片则王余。"刘逵注："王余鱼，其身半也。俗云：越王鲙鱼未尽，因以残半弃水中，为鱼，遂无其一面，故曰王余也。"

纪闻纪见俱至理。白鱼入舟①周载祥，圣嗣钟灵独梦鲤。讲堂鹳鹤集三鳣②，公卿象服说非俚。太人占之曰维丰，此事更与瑞鳞通。独茧苴钓强不起，石文潜见悉天工。我来涪陵鱼常出，岁岁仓箱盈百室。今兹休暇复往观，鱼高水面空唘窟③。额手称庆与农夫，乃时举籽莫荒芜。圣朝仁爱天心见，人事承庥切自图。主伯亚旅④勤胼胝，三时⑤不懈冻馁无。纯孝裂冰双鲤跃，类推集祉在中孚⑥。我将去矣无多嘱，愿尔群黎共惇笃。作善降祥鱼效灵，江石千年兆人足。

道经涪陵游北岩注易洞⑦　［四川典试］王士贞［山东人］

鸡鸣截江去，磊落见残星。古洞生苍藓，层岩列翠屏。五溪秋水岸，万里碧云亭。蜀洛⑧清流尽，千秋忌独醒。

涪州北岩注易洞　［四川学政］吴省钦［江南人］

江桡赴岩翠，桡动岩亦动。蚁旋附危急，衰草幂其空。三休入孤院，倾耳辨弦诵。有怀风教存，右折访崖洞。山寒地坚瘦，宿涔惨凝冻。滑沋循坡陀，打面雨飞送。举头见水帘，帘低日穿缝。始知置身处，虚厂覆帷幪。坏藤络虬龙，老树矗鸾凤。留题半磨灭，姓名孰珍重？讲筵赴编管，济恶语堪痛。阙里注《周易》，奥义揭尘梦。石床坐生徒，造次古礼用。尔时川党贤，应悔市争哄。堂成岁三稔，涪翁适过从。擘窠榜"钩深"，陈义庶善颂。自为夷陵徙，渐作讲堂供。迹削名愈高，吾学著前统。彼哉王真人，炼气习腾豩。览古心激昂，幽幽洞禽哢。

---

① 白鱼入舟：《史记·周本纪》："武王渡河，中流，白鱼跃入王舟中，武王府取以祭。"裴骃集解引马融曰："鱼者，介鳞之物，兵象也。白者，殷家之正色，言殷之兵众与周之象也。"后遂以"白鱼入舟"为殷亡周兴之兆。

② "讲堂鹳鹤"句：道光《涪州志》卷十一"鹳鹤"作"鹳雀"。三鳣（zhān）：登上公卿高位的吉兆。《后汉书·杨震传》载：东汉杨震明经博览，屡召不应，有鹳雀衔三鳣鱼飞集讲堂前，后果位至太尉。

③ 唘（kè）窟：窟穴。

④ 主伯亚旅：语本《诗经·周颂·载芟》："侯主侯伯，侯亚侯旅。"毛传："主，家长也；伯，长子也；亚，仲叔也；旅，子弟也。"

⑤ 三时：指春、夏、秋三季农作之时。

⑥ 中孚：卦名。其卦形为兑下巽上，象征内心诚信；卦象为"泽上有风"，谓风行泽上，无所不周。

⑦ 道经涪陵游北岩注易洞：王世祯《渔洋山人精华录》卷七该诗题作《早登涪州北岩访伊川先生注易洞憩碧云亭》，题下有注云："岩有山谷题'钩深堂'三大字"。又，诗作者王世祯，曾因避讳追改"王士正"（参见同治《涪州志》卷十五）。此处作"王世贞"，或亦取音避字讳。下同不改，以存旧貌。

⑧ 蜀洛：指蜀党和洛党。宋哲宗元祐年间，反对王安石新法的守旧派朝臣三朋党中的两党（另一党称朔党，主要人物刘挚等皆北方人）。蜀党也叫川党，主要成员苏轼、吕陶都是四川人。洛党以程颐为首，主要成员有朱光庭、贾易等。因程颐是洛阳人，故称。苏轼与程颢、程颐交恶，两党互相攻击，势如水火，直至北宋亡。

游北岩次石刻鄱阳刘应麟元韵　[孝廉]何铠[州人]

沦落荒亭石上开，几人闲踏碧云来。多情树色全遮暑，无力藤梢半扫台。风月当前谁作侣，乾坤笑傲且浮杯。凭高未许空怀古，致远端思济世才。

次石刻浙人蔡汝楠元韵　何铠

绝壁荒苔墨未干，岩阴深处欲生寒。追寻往哲还如在，未独区区待子安。

其二　何铠

日到高岩露易干，未当暑往讵来寒？等闲识得寰中秘，玩动何如居要安。

北岩点易洞①　[孝廉]何裕基

有客传周易，遗踪在北山。乾坤窥橐籥，姤复见循环②。春入风吹座③，冬来雪满关④。欲寻河洛理，翘首几追攀。

游点易洞　周煌

雨余访胜出郊圻⑤，江上晴光逗翠微⑥。只以羹墙寻道岸，敢将风浴⑦试春衣。苔痕没屐青还细，桃涨浮舟碧正肥⑧。鹿洞鹅湖⑨真未远，扶筇今始到岩扉。

---

①　北岩点易洞：该诗诗题及作者，同治《涪州志》卷十五题为吴省钦《钩深堂》，民国《涪州志》卷三《疆域志三·山川二·古迹》"钩深堂"条亦作"吴学使省钦五律"。

②　"乾坤"二句："乾坤"谓乾卦和坤卦。橐籥：古代冶炼时用以鼓风吹火的装置，犹今之风箱，此处喻指造化、自然。"姤（gòu）复"指姤卦和复卦，姤卦是《周易》六十四卦中的第四十四卦，表示重阳必阴的转换；复卦是《周易》六十四卦中的第二十四卦，表示阴气剥尽、阳气复生。

③　春入风吹座：即"如坐春风"，典出朱熹《伊洛渊源录》卷四："朱公掞见明道（程颢）于汝州，逾月而归。语人曰：'光庭在春风中坐了一月。'"比喻同品德高尚且有学识的人相处并受到熏陶。

④　冬来雪满关：化用"程门立雪"的典故。南宋无名氏《诸儒鸣道集·二程语录》卷十七："游（酢）、杨（时）初见伊川（程颐），伊川瞑目而坐，二子侍立。既觉，顾谓曰：'贤辈尚在此乎？日既晚，且休矣。'及出门，门外之雪深一尺。"指学生尊敬师长，恭敬受教。

⑤　郊圻：郊野。

⑥　翠微：形容山色青翠缥缈。

⑦　风浴：吹风、沐浴，指郊游。《论语·先进》："暮春者，春服既成，冠者五六人，童子六七人，浴乎沂，风乎舞雩，咏而归。"

⑧　"桃涨"句：谓桃花盛开时节，江水陡涨，舟行水上，一片碧绿。桃涨：指农历三月谷雨前后桃花盛开时江河里暴涨的水，即春汛，亦称桃花汛、桃花水。

⑨　鹿洞鹅湖："鹿洞"即白鹿洞，在江西庐山五老峰。唐贞元中李渤与其兄李涉隐居读书于此，畜一白鹿，因名。宋代朱熹知南康军时建为讲学之所，与石鼓、应天、岳麓并为宋代四大书院。鹅湖：山名，在江西。本名荷湖山，有湖，多生荷。晋末龚氏畜鹅于此，因名鹅湖山。后以朱熹与吕祖谦、陆九渊兄弟讲学鹅湖寺，宋理宗淳祐年间赐额为"文宗书院"。明正德中，徙于山巅，又改名为鹅湖书院。此处将北岩普净院程颐传《易》处比作白鹿、鹅湖两大书院。

其二　周煌

钩深堂畔草离离，知是康成带镇垂。蜀党既分因得谪，羲图将启未停披。山连二酉藏书处，水到三巴结字时。为想《丹铅》新注后，几回崇政尚漾思。

其三　周煌

谁从伊洛讨渊源，洞口犹应识旧痕。隔槛有风常入座，落花如雪正当门。斗山直北人师重，杖履之东吾道尊。亦拟尹谯来问字，空岩岑寂竟忘言。

其四　周煌

祠宇千年若有神，即凭刺史构嶙峋。经帷诚敞龙文动，春社刚来燕喜新。亭外碧云凝篆古，池边流水接觞频。视今视昔浑闲事，记取闲关① 此问津。

游北岩注易洞　[孝廉]陈于藩[州人]

道气巍然百丈光，碧云密锁钩深堂。望中箕踞人千户，槛外梭流水一行。不老乾坤推易力，难逢精妙折心香。此间不减桃源景，何事问津走且僵。

其二　陈于藩

争说罗君刺史才，千岩万石复新开。会知道脉如山重，曾托禅师面壁回。俯仰清虚今古意，春秋亭阁雨风催。洞门不染浮沉客，讲易天心自往来。

其三　陈于藩

先生爱道早登坛，只重儒流不重官。铁柜城边连雨夜，流杯池畔剔灯残。君臣际会非由薄，性命渊源不避艰。文运何如推宋室，当时犹负进贤冠。

北岩注易洞　李天鹏

涪城江外北山隈，旧是伊川讲易来。座上春风留古洞，阶前时雨润苍苔。搜将先圣图书秘，辟得前人阃奥开。当日儒林承正学，至今遗教得根荄。

点易洞怀古　[明经]潘嵩[州人]

点易人何在，人去洞已空。斯文昭千古，长使白云封。不见摩荡痕，天然露穹窿。我来寻胜迹，瞻拜致虔恭。藤萝滋化雨，桃李茂春风。樵歌高山北，鱼笛大江东。余怀感不胜，长啸豁心胸。如何发元精，炯炯贯当中。观澜欣有术，仰止得其宗。有堂

---

① 闲关：亦作"间关"，注见本志卷十一《艺文志·文选·刘菶〈劾逆珰刘瑾疏〉》。

颜钩深，题之自涪翁。宋室有贤人，流寓将毋同[1]。后先相继美，指授推元功。大启乾坤蕴，图书始折衷。因此留芳躅，百世尊钜公。吁嗟铜柱滩，湮没等许雄；吁嗟铁柜城，荒址蔽屏松。从来立功名，不如道德崇。在昔风流渺，于今心源通。更赖贤刺史，一朝振鼓钟。弦歌声不辍，程门雪再逢。

题钩深堂 ［进士］龙为霖［巴县人］

画前已有易，谁其见天心。画中自有易，千古任追寻。味淡惟元酒，声希识太音。求溪三十载，妙蕴时浸淫。小子方门外，何由识浅深。

点易洞 ［明经］刘会［巴县人］

易道今在蜀，程子有斯言。洞中来点《易》，易学本渊源。继后求溪子，妙蕴贯乾元。

过涪州荔枝园　刘会

红尘妃子笑[2]，相传采斯土。斯土久荒凉，涪人尚思古。尤物天所忌，何须怨林甫。

注易洞 ［孝廉］王怡

空江沉绝壁，倒影浸波纹。插地媚峰静，遥天落照曛。登临足未到，结想梦曾经。今日攀援上，行踪入快云。

其二　王怡

先生精妙理，讲易见乎天。大往小来日，济屯出坎年。艰贞蒙以难，元吉视其旋。嵩厂无人处，一心返自然。

牧伯谢公送诸生肄业钩深书院　周鋄

数枝桃李短墙横，才荷培滋到处荣。带得九重新雨露，折开万象旧勾萌。穷年黄卷方逢乐，深夜青灯不厌明。试看儒冠争拜舞，漫云竹马擅清声。

北岩注易洞怀古示诸生 ［孝廉］何启昌［州人］

屏山何巇嶪[3]，二水自东流。注易人已往，古洞独千秋。一自为迁客，门墙杰士收。上阐濂洛理，下待撞钟求。人心知向义，营祠荐庶羞。古今同生理，致此别有由。杯水覆坳堂，只以芥为舟。闻有星宿海，其大宰与侔。醯鸡处瓮中，槐穴有蚁游。人非鸡与蚁，讵以瓮穴休？二典传心法，八卦演羲畴。周情与孔思，志士任冥搜。求成不

---

① 将毋同：即"将无同"，见本志卷一《封域志·古迹》序注。
② "红尘"句：出杜牧《过华清宫绝句》三首其一："一骑红尘妃子笑，无人知是荔枝来。"
③ 巇嶪（jié yè）：高耸貌。

在速，势利杜其谋。培根加以膏，日日进竿头。时鸟歌细细，天风吹飂飂^①。高陟峰峦上，愿言追前修。

点易洞怀古　[明经]邹锡礼[州人]

乘兴到北岩，平生切仰止。石径数级登，危梯就倾圮。注易人何归，注易洞尚尔。飞阁耸高冈，清流绕石趾。研朱殚一心，后儒得宗旨。我来访遗踪，青山与碧水。望古增徘徊，如见昔君子。移步叩门扉，苍苔印屐齿。长林日影西，蓊郁暝烟^②起。带月听书声[洞旁为钩深书院]，欲去犹徙倚^③。

点易洞　[孝廉]潘喻谦[州人]

屹然古洞峙千秋，俯看长江日夜流。点易先生归洛国，斯文犹自在涪州。

钩深堂　潘喻谦

子美能诗称大雅，伊川点易号钩深。双双妙绝题名手，自有涪翁鼎峙今。

北岩点易洞　王正策

北岩顶上翠屏山^④，拾级层层几度^⑤攀。水涌群猪翻浪里，歌高铁柜入云间。钩深自昔堂何在，点易于今洞未关。图画开时原有易，几人领取月明还。

注易洞怀古　[孝廉]邹澍宁[州人]

藤萝石径傍山隈，山静云停一洞开。参透天心逢七日，阐明经义著三才。钩深院里余寒雪，仰止堂前满绿苔。幸有遗编供玩索，后人犹自识根荄。

注易洞　何浩如

注易千秋迹，危岩一洞开。云从铁柜起，风逐锦江^⑥来。大道归扬阐^⑦，群儒乐化裁^⑧。北山今寂寂，谁是说经才。

---

① 飂飂（liáo liáo）：长风高吹之声。
② 暝烟：傍晚的烟霭。
③ 徙倚：流连徘徊。
④ 翠屏山：像绿色屏风一样的山岩。指铁柜山，今称北山坪。
⑤ 几度：道光《涪州志》卷十一作"几处"。
⑥ 锦江：此当指色彩鲜艳如锦绣般辉煌灿烂的长江涪陵段。
⑦ 扬阐：阐明发扬、宣扬，亦作"阐扬"。
⑧ 化裁：语本《周易·系辞上》："是故形而上者谓之道，形而下者谓之器，化而裁之谓之变。"谓随事物变化而相裁节，后多指教化。

江心石鱼① 王士贞

涪陵水落见双鱼，北望乡园万里余。三十六鳞②空自好，乘潮不寄一封书。

聚云山③**晚归赠源澈上人** ［州牧］国栋［满洲人］

千峰环古刹，石磴入云层。暂作偷闲客，忻逢竹院僧。人随明月到，心与大江澄。归路何愁晚，回头有佛灯。

其二 国栋

溪毛浑漠漠，山谷自棱棱。细路披榛过，危梯数级登。树瘿堪作茗，竹蔓竟为藤。他日重来访，当年到此曾。

涪州阻水 吴省钦

外水送孤蓬④，叉流下武隆⑤。鱼沉萱草绿，驿断荔枝红。山色团杯底，滩声汩枕中⑥。碧云亭徙倚，莫遣月朦胧。

群猪滩 吴省钦

白蹢炰涉波，夜涨高数仞。膨脝伏波底，聚族肆砰磷。为貕为艾豭，睢盱竞观衅，磨牙吞客舟，立蹄作霆震。歕涌白浪花，漩涡列圆阵。非无舳与篙，激裂断寸寸。一起势一落，鱼腹葬同殉。连朝苦扎水，格豚恃忠信。拟操屠伯刀，肯綮恣排摈。长年启利涉，趋避贵精慎。千指争一槽，整暇如卧镇。忾济色死灰，秋风老霜鬓。

歇圣庙 何铠

遗庙焜煌枕碧流，临风瞻拜识桓侯。千秋汉日昭涪水，百代精神贯益州。国士并

---

① 该诗《渔洋山人精华录》卷七题为《涪州石鱼》，为康熙十一年（1672）王士禛典试四川时作，由涪州举人陈廷璠书，勒石白鹤梁。

② 三十六鳞：代指石鱼。涪陵白鹤梁上有唐人刻石鱼二尾，鱼身各三十六鳞，毕工毕肖。王士禛《居易录》卷二："予题涪陵石鱼云：涪陵水落见双鱼，北望乡园万里余。三十六鳞空自好，乘潮不寄一封书。又曰：既是双鱼，合道七十二鳞。闻者皆笑之。或以谂予，予亦笑曰：此东坡所谓'鳖厮踢'也。"按："鳖厮踢"一语，典出陶宗仪《说郛》卷三十四："东坡与温公（司马光）论事。公之论，坡偶不合。坡曰：相公此论，故为'鳖厮踢'。温公不解其意，曰：鳖安能厮踢？坡曰：是之谓'鳖厮踢'！"形容不合情理的批评和生拉硬扯的指摘。

③ 聚云山：涪陵城西十里龟龙关高山，林木苍翠，云雾缭绕，景极幽旷。山上有白云观，一称龟龙寺、东岳庙、赛酆都、法雨寺。乾隆二十九年（1764），涪州知州国栋将其更名为"聚云寺"。传说天宝年间，唐玄宗李隆基游览长江，见山顶祥云升腾，曾率群臣入寺拜佛；又传清代康熙皇帝巡视涪州，亦曾到此供水献花，故民间习称为"天子殿"。寺内有"唐贞观十二年（638）始建阎王殿于山巅"石刻残碑及"洞天福地"等古人留题。可参本志卷一《封域志·山川》"龟龙山"条。

④ "外水"句：旧四川以涪江为内水，岷江为"外水"。孤蓬：民国《涪州志》卷二十二《艺文志四·诗选一》作"孤篷"。虽义皆可通，但差距实大。

⑤ 叉流下武隆："叉流"即支流，"叉"用同"岔"。下武隆：由涪陵到武隆虽是逆水而上，但从大地方（州）到小地方（县），俗称为"下"，故云。

⑥ 汩枕中：民国《涪州志》作"拍枕中"。汩：水流声。

伤歼阆郡，蜀兵犹自下黄牛。可怜一德君臣义，历尽崎岖志未休。

　　将军威猛冠群流，忠义端然并寿侯。天数安排分汉鼎，英雄无复会江州。权将列国存吴魏，转看编年属马牛。惟有人心长不死，思公千载祀无休。

城楼晚眺　何铠

山城雨过惯披衣，徙倚斜曛发兴微。江水滔滔新涨溺，屏松漠漠暮云飞。遐方尚留人烟旧，彩里休传牧马归。此日野人何所冀，为农时祝稻粱肥。

城南琵琶石　何铠

片石依稀物可名，游人莫认作秦筝。鸿濛一曲浑无韵，太璞何心触有情。风月清时谁拨理，水山高处任纵横。应须更得鸥弦制，弹彻江城紫凤鸣。

奉使入蜀初至成都次少陵寄严郑公五首原韵　[尚书]周煌[州人]

封泥珍重递皇都，一月签邮趣使符。星座岂知占郎次，田园不拟问将芜。偶逢山鸟如曾识，但觉村醪亦可酤。去定欲迟来定速，早拚心事托征夫。

其二　周煌

百花潭水点风蘋，曾记龙飞几十春。顾影剧怜成老辈，寻声多喜见乡人。旧时卖卜无门巷，故事当垆失里邻。惟有升仙硚上路，往来冠盖逐年新。

其三　周煌

浮云回岫水回溪，万里乡心未肯迷。自分锦衣荣昼夜，谁知川路又东西。桑缘少恋犹成宿，马到曾经亦踬蹄。所幸年年事奔走，也来留印雪山泥。

其四　周煌

铃索无声夜倚栏，满檐风雨作江湍。谁家宅里方携酒[用"载酒学字"事谓彭乐斋弟兄①]，有客桥头正把竿[谓顾二密斋②]。旅邸在乡疑是梦，老年行脚胜还丹。平生

---

　　①　用"载酒学字"事谓彭乐斋弟兄："载酒学字"，通常作"载酒问字"，典出《汉书》卷八十七《扬雄传下》："（雄）家素贫，嗜酒，人希至门。时有好事者载酒肴从游学。"又，"乃刘棻尝从雄学作奇字。"指一个人有学问，常有人登门求教，也比喻拜师求学，勤学好问。彭乐斋弟兄：当指彭端淑、彭肇洙兄弟。彭乐斋：彭端淑，字乐斋，眉州丹棱（今四川丹棱县）人，雍正十一年（1733）与其孪生弟彭肇洙同榜登进士第，历任吏部员外郎、文选司郎中、顺天府乡试同考官等。兄弟二人及弟遵泗时称"三彭"，均以文才知名。而其中又以端淑最著，与李调元、张问陶一起被后人并称为"清代四川三才子"。晚年辞官归蜀，课士育贤，主讲、主持成都锦江书院长达20年，著有《白鹤堂文集》等书传世。
　　②　顾二密斋：顾汝修，字息存，号密斋，四川资州人，历官翰林院编修、御史、大理寺少卿等。乾隆二十六年（1761），奉旨偕德保册封安南国王。晚年出任成都锦江书院山长，在宋儒理学、金石、诗词、书法方面均深有造诣，著有《经史编》等。

始识连云栈，翻笑人猜蜀道难。

其五　周煌

将老菟裘①生计微，简书崇重敢怀归。极知驰檄情堪喻，差想移文事尚非。社雁祇今②还小住，海鸥随处尽忘机。眼看流转征轺急，及取初凉又揽衣。

奉使回川再至成都叠次少陵寄严郑公五首原韵，时花甲一周期近，即用自寿　周煌

一年两度赴成都，关吏无劳问传符。出世故应怜小草，怀人已复见寒芜。穷经庭畔欣同载，卖酒垆边懒再酤。蓬矢桑弧成往事，此身端竟是凡夫。

其二　周煌

忠信平生托藻蘋，寻盟那待隔年春。即周一万五千里，何止东西南北人。老去未妨经蜀道，归来不敢请比邻。王师近报婆娑捷，喜得军书日日新。

其三　周煌

芙蓉溪下海棠溪③，一带风烟望欲迷。乡路尽分江内外，侬家原近瀼东西④。游滇尚忆寻蟆口⑤，入蜀犹能逐驷蹄⑥。剩有装轻闲检点，天香时惹武都泥⑦。

其四　周煌

鸾坡鹤禁接层栏，从数流光驶似湍。常起天街宵五鼓，多分砖影日三竿。一麾讵拟终回舍，九转何烦更驻丹。最是忝叨容易过，扪心惟有报恩难。

---

① 菟裘：城市名。春秋时鲁邑，在今山东省泗水县北，语见《左传·隐公十一年》："羽父请杀桓公，以求大宰。公曰：'为其少故也，吾将授之矣。'使营菟裘，吾将老焉。"后遂以菟裘比喻退休养老的地方。

② 祇今：如今。祇同"衹"同"只"。

③ "芙蓉溪"句：芙蓉溪发源于四川省江油市战旗水库，在绵阳城区汇入涪江，因两岸遍植芙蓉得名，溪水清澈平静，李白、杜甫曾经泛舟其上，被誉为"巴西第一圣景"。海棠溪：发源于重庆市南岸区南山北坡，由西南向东北蜿蜒十余里向北注入长江。《巴县志》："海棠溪，发端于南岸山麓，寻源不远，极小溪也。其名为海棠，或曰昔多海棠，以此为名；或又曰盛夏洪流大江灌入溪中，三五之夕，月光激射，江波喷发作朵朵海棠状，遂以名溪。"每当春晓将曙，淡烟微布，细雨如丝，被称为"海棠烟雨"，是"巴渝十二景"之一。

④ "乡路"二句：民国《涪州志》卷二十六《杂编三·拾遗》"司马奇遇"条"乡路尽分"作"乡路远分"，并引《耆献类征》录《雨村诗话》云："汉司马长卿，以本省人奉檄谕蜀中父老；本朝大司马周文恭公，亦两次奉命至蜀审案，真佳话也。《再至成都》诗有云：'乡路远分江内外，侬家原近瀼东西。'诗意亦颇自负。"

⑤ "游滇"句："蟆口"，鸟名，即蟆口鸥（蛙嘴夜鹰），因嘴似蛤蟆而得名。云南省西部有黑顶蟆口鸥，是中国境内唯一的一种蟆口鸥。忆：孙桐生《国朝全蜀诗钞》卷十一作"记"。

⑥ 驷蹄：孙桐生《国朝全蜀诗钞》作"马蹄"。

⑦ "天香"句：《国朝全蜀诗钞》"惹"作"拂"。武都泥：甘肃武都（今陇南市武都区）出产的优质胶泥，紫色，粘性强，秦汉时期为官方指定的封缄简牍文书的材料，即封泥。

其五　周煌

鹖来眠食意先微，梦里还家亦当归。同甲已虚四人在，兹辰又益十年非。曾过海屋开汤饼，重把星槎访织机。莫道连朝荣似昔，满城齐着锦官衣。

奉使入川得告省墓还家日作　周煌

又捧纶言出禁扃，旧谙乡路此还经。巴人未喻相如檄，汉使空投李部亭。渐近家山无偃蹇，重倚墓树亦英灵。不堪两纪归来晚，零落交亲似曙星。

其二　周煌

小筑新成背郭堂，得归恩许一旬强。亦知暂假非长假，已觉吾乡异客乡。老去心情关聚散，平生气谊属行藏。兹来莫漫留盟誓，早晚刀环乞尚方。

予告归里纪恩述怀兼别同人得诗四首　周煌

早岁功名际圣朝，抽簪①华发已萧萧。多惭素食孤恩②久，敢恋青山入梦遥。罢职独闲中禁③马［前岁蒙赐禁城骑马，昨以足疾乞假，未能入直］，缀班虚珥侍臣貂④。封章一再陈螭陛⑤，耆宴⑥亲留异数邀［两次乞休，恩谕千叟宴后具奏］。

其二　周煌

悬弧才感被恩光［癸卯冬，余年七十，恩赉便蕃⑦并赐"中枢耆望"扁额］，弹指流年七十强。岂意初衣临祖道，更教昼锦赋还乡。需云湛露⑧颁私第［新春举千叟宴未得躬预⑨，蒙恩一体赏赉］，旧秩新衔拜宠章［得告后蒙恩以兵部尚书致仕，并加太子少傅衔］。最是天颜容再觐，翠华行处赐荷囊［先是，命儿子兴岱赍折谢恩，上赐煌克食⑩，

---

①　抽簪：谓弃官引退。古时作官的人须束发整冠，用簪连冠于发，故称引退为"抽簪"。
②　素食孤恩：素食即"素餐"，指不劳而食。孤恩：负恩，背弃恩德。孤，古同"辜"，辜负。
③　中禁：禁中、宫城。皇帝所居之处。
④　"缀班"句：指连任显要之职。珥：插戴。侍臣貂：侍奉帝王的近臣在帽子上所插戴的貂尾装饰，喻贵官显宦。
⑤　"封章"句：机密要事的章奏皆用皂囊重封以进，故名"封章"或"封事"。螭陛：雕刻有螭形的宫殿台阶。
⑥　耆宴：耆老宴，即诗人自注中的"千叟宴"。
⑦　便蕃：即"便繁"或"便烦"，频繁、屡次。
⑧　需云湛露："需云"语本《易·需》：《象》曰：云上于天，需，君子以饮食宴乐。"孔颖达疏："若言云上于天，是天之欲雨，待时而落，所以明需大惠将施而盛德又亨，故君子于此之时以饮食宴乐。"后用为君臣宴乐之典。湛露：浓重的露水，比喻君主、朝廷的恩泽。
⑨　躬预：民国《涪州志》卷二十二《艺文志四·诗选一》作"躬与"。预：通"与"，参与。
⑩　克食：即满语"克什"，指皇上恩赐的物品。民国《涪州志》作"口食"。

并传谕于耕耤回銮时谒觐。是日，跪迎道左，上亲解佩包以赐。仰蒙温谕，感极涕零]。

其三　周煌

忆从橐笔入承明，箕斗空名负此生。万里乘槎惭博望［丙子奉使琉球，仰荷天麻，航海无恙]，卅年稽古愧桓荣［戊寅入直书房，迄今已逾两纪]。西川曾谕三章法［奉命三次入蜀，中间得奏请省墓，异数也]，南省频司九伐兵［余以兵部侍郎擢工部尚书未久，仍调兵部]。毕竟涓埃无报称，觚棱回首衹葵倾。

其四　周煌

衣香同惹御垆①烟，南浦离情独黯然。真率最难忘旧侣［戊戌同举真率会②者七人，今惟锡山、漳浦两相国在朝，墨庄总宪先赋归田，不无落落晨星之感]，师资终自忝前贤［余屡司文枋③，门人多在京同宦]。鸥边春雨临江驿，乌尾秋风上峡船。莫道天涯从此别，年年倚仗望魁躔。

过荔枝园　［进士] 李天英［永川人]

栈阁铃声杂雨悲④，马嵬谁更吊娥眉。荔枝不管兴亡恨，一夜春风满旧枝。

游龟龙山⑤　［孝廉] 侯天章［州人]

赛得酆都势最雄，山连天际水连空。波翻白浪千层雪，路挂青霄百尺虹。几杵钟回尘世梦，数声犬吠碧云中。朱衣皂盖⑥劳生久，笑眼初开第一峰。

---

①　御垆：民国《涪州志》卷二十二作"御炉"。

②　真率会：源自《晋书·羊曼传》的记载："时朝士过江初拜官，相饰供馔。曼拜丹阳，客来早者得佳设，日晏则渐罄，不复及精，随客早晚而不问贵贱。有羊固拜临海太守，竟日皆美，虽晚至者犹获盛馔。论者以固之丰腆，乃不如曼之真率。"后宋代司马光罢政在洛，常与故老游宴，相约酒不过五行，食不过五味，取羊曼事名曰"真率会"。邵伯温《闻见前录》卷十："……其后司马公与数公又为'真率会'，有约：酒不过五行，食不过五味，惟菜无限。楚正议违约增饮食之数，罚一会。皆洛阳太平盛事也。"

③　文枋：考选文士的权柄。枋同"柄"。

④　"栈阁"句：意同白居易《长恨歌》"夜雨闻铃肠断声"，指唐玄宗入蜀返京时在斜谷栈道雨中闻车马銮铃之声隔山呼应，因思念杨贵妃而倍感凄怆，作《雨霖铃》（也作《雨淋铃》）曲以寄恨。郑处诲《明皇杂录》："明皇既幸蜀，西南行，初入斜谷，属霖雨涉旬，于栈道雨中闻铃，音与山相应。上既悼念贵妃，采其声为《雨霖铃》曲，以寄恨焉。"

⑤　游龟龙山：民国《涪州志》卷二十二《艺文志四·诗选一》该诗题作"游聚云山"，且首二句作"江锁严关胜概雄，危岩高卓矗遥空"。

⑥　朱衣皂盖：指入仕做官。朱衣：大红色的公服；皂盖：古代官员所用的黑色篷伞。

涪陵夜泊　[进士]翁若梅[福建人]

一棹涪江夕，千峰返照间。为钦注易洞，独上雨花台①。吾道资扬阐，诸儒赖剪裁。瓣香②今在否，有客尚徘徊。

其二　翁若梅

木叶双堤雨，滩声一枕风。人随秋色淡，心为夜涛空。鱼暗③江间石，龙潜水底宫。但饶巴国月，相伴碧流东。

涪江舟行抵武隆④　翁若梅

孤棹发涪陵，单微一径入。缭曲⑤而窈深，令我心懔慄⑥。倏忽度危滩，凌波如拾级。百丈云际垂，缆夫一当十。时复值平流，山回径路室。舟如掠水凫，前后互相失。五步一灵崖，幽赏不暇给。或如虎豹蹲，或象老人立。天半洒飞泉，水帘悬石室。猿狖⑦壁上行，游鱼镜中出。四顾悄无声，片帆曳残日。蜀中山水奇，应推此第一。安得王右丞⑧，再试辋川笔。

凤凰山　李天鹏

平地崔嵬景最奇，昔人传是凤来仪。一峦独耸头高处，众岭分披趋展时。矫矫云生思翥阁，峨峨风动欲鸣岐。登来不说丹山事，千载神鸾已在兹。

飞水洞　李天鹏

滚滚原泉⑨出上头，悬崖飞下洞边幽。中涵石室长开户，高撒珠帘不挂钩。听去潺湲风带雨，坐来清冷夏疑秋。流行想到朝宗处，又向蓬瀛结蜃楼。

五花山　李天鹏

五山攒簇望如花，带雨浮烟浥露华。不假滋培千载茂，问谁采摘一枝夸。桂称窦

---

①　雨花台：在今南京市中华门外。相传南朝梁武帝时，高僧云光法师在此设坛讲经，感动上苍，落花如雨，坠地化为五彩石，故称。此处当借指程颐贬谪涪陵的讲学之地北岩。

②　瓣香：佛教语，即一炷香。用点燃的一炷香表达心中的虔诚仰慕，多用来表示崇敬的心意。

③　鱼暗：同治《涪州志》卷十五作"鱼隐"。

④　涪江舟行抵武隆：同治《酉阳直隶州总志》卷二十一题作"涪江舟行即事"，有异文。

⑤　缭曲：迂回曲折。

⑥　懔慄：凄怆。

⑦　猿狖（yòu）：泛指猿猴。

⑧　王右丞：盛唐著名诗人、画家王维，官至尚书右丞，故称。其曾置别业于辋川（在今陕西省蓝田县南），并作有巨幅名画《辋川图》，绘辋川别业二十胜景于其上。

⑨　原泉：源泉。《说文》："原，水泉本也。"今作"源"。

氏形难肖，柳数陶门景更差。地作芳园天作幕，年年开放入云霞。

白云关　李天鹏

白云高处古禅关，着屐登来兴转删。云去碧空来古涧，禅归圆寂渺尘寰。残碑雨打长林外，故塔风摇蔓草间。安得檀那[①]金布地，重新祇树[②]旧时山。

白云书院　李天鹏

白云缥缈望高堈[③]，旧是书香肄业亭。天上落霞沾笔砚，林间皎月透窗棂。只今变作浮僧[④]宇，自昔长明处士星[⑤]。三举神童[⑥]成往事，何人更起出层扃[⑦]。

山谷洗墨池　王怡

浅草清泉透碧疏，涪翁洗砚墨吞鱼。风流往迹无人问，仿佛犹停花外居。

其二　王怡

翠黛青山学画眉，寒流嫩绿弄清漪。当时赖有高吟者，此日风光附与谁。

赠州牧赛明府　王怡

万家生佛万人欢，远近喧传[⑧]第一官。题柱汉廷真匪易，贤劳蜀道不辞难。苗疆曾拽星辰履，锦里齐瞻鵔鸃冠[⑨]。绣像买丝原有意，飞凫何幸唳江干。

其二　王怡

江水盈盈清且涟，冰衔相映共澄鲜。碧澜座上人如玉，醉白楼中兴涌泉。鲁卓高踪风邈矣，龚黄伟绩事茫然。年来借寇非容易，今日方知父母贤。

---

① 檀那：梵语 dāna 的音译，意译布施，即给与、施舍的意思；引申为施主之称，即施与僧众衣食，或出资举行法会等的信众。也常译成"檀越"，参见本志卷十一《艺文志·文选》罗若彦《龙洞庵碑记》注。

② 祇树：即祇树园，简称祇园，著名佛教圣地。在古印度舍卫城，与王舍城的竹林园同为佛陀释迦牟尼时代最著名的两大精舍。此处泛指佛寺。

③ 高堈（dòng）：高高的山野。堈，古同"峒"。

④ 浮僧：指步行参禅的云游僧。

⑤ 处士星：即少微星。《晋书·天文志上》："少微四星在太微西，士大夫之位也，一名处士。"

⑥ 三举神童：出本卷《文选》部分之刘蓘《白云书院记》："宋有李椿甲科接武，簪缨旧族，一门三举神童。"

⑦ 层扃：森严的门户。扃：扃试，谓科举时代考生各闭一室应答试题。

⑧ 喧传：哄传、盛传。原志"传"字误刻作"傅"。

⑨ 鵔鸃（jùn yí）冠：以鵔鸃鸟的羽毛装饰的帽子。鵔鸃，鸟名，即雉科动物红腹锦鸡，是山鸡的一种，亦称"鷩"或"鷩雉"。《说文》："鷩，赤雉也。一名山鸡，一名锦鸡，一名鵔鸃，一名金鸡。"《尔雅·释鸟·鷩雉》郭璞注："似山鸡而小，冠背毛黄，腹下赤，项绿色鲜明。"

其三　王怡

借照冰壶在眼前，涪人更喜得安全。才非百里如公刺，德重千钧仰陆宣。众口有碑能载道，齐民无计可留鞭。北山多少羊公石，政绩可磨又可镌。

碧云亭　[孝廉]黄基[州人]

昔人曾此劝农桑，人去亭空事杳茫。黔水倒垂波万顷，屏山遥映树千行。几层苔藓猥①春草，无数蟾声②噪夕阳。欲闻③遗踪谁可问，无言桃李笑含芳。

琴山寺　黄基

山形谁造设，古寺以琴名。音自空中出，弦从象外生。焚香挑慧指，洗垢发幽情。应有和风拂，岂无元鹤④鸣。声闻天籁静，韵入上方清。不与故人去，长流一水横。

舟行黔水道中　[进士]陈鹏飞[州人]

黔水涪江一脉连，乘舟鼓枻⑤溯流鲜。才临绝壁疑无路，忽转回峰别有天。过眼已忘沧海阔，当头几见⑥斗星悬。白云封里深深处⑦，会有诛茅住脚仙。

关滩口占　陈鹏飞

重关矗峙拥双峦，泻出江流第一滩。最苦波心砥柱石，倩谁管钥锁狂澜。

其二　陈鹏飞

怒涛何事问鸥夷，击破云根是楫师。总为陶朱争学步，人家拼却最娇儿。

新滩上岸行　陈鹏飞

轻飏小舰触惊澜，客子攀岩险处安。山径半从茅里出，履痕早向雪中残。逢人每叹沧波老，到此休嗟蜀道难。独羡商翁能忍冻，船头托出水晶盘。

重过黔水道中仍用原韵　陈鹏飞

黄茅夹岸浑相连，水出黔州色尚鲜。半缕烟沉山脚雨，数家人戴瓮中天。朝闻犬

---

① 猥：民国《涪州志》卷二十二《艺文志四·诗选一》作"偎"。
② 蟾声：民国《涪州志》作"蝉声"。
③ 欲闻：原志作误"闻"作"问"，据民国《涪州志》改。
④ 元鹤：即玄鹤。崔豹《古今注·鸟兽》："鹤千岁则变苍，又二千岁变黑，所谓玄鹤也。"元，古同"玄"，避清代康熙皇帝（玄烨）名讳，以"元"代"玄"。
⑤ 鼓枻（yì）：谓划桨、泛舟，亦作"鼓栧"。枻，短桨。
⑥ 几见：清王麟飞等《同治增修酉阳直隶州总志》卷二十一作"愁见"。
⑦ "白云"句：同治《增修酉阳直隶州总志》卷二十一作"白云几缕山深处"。封：封裹。

吷知村曙，梦想猿蹲怯岭悬。弹指光阴鸿雪里，不堪重问绛罗仙。

舟泊关滩口占二首　陈鹏飞

云霄路近接层峦，俯看人间最险滩。我听鹢声行不得，暂教弱缆稳惊澜。

平生忠信险为夷，说与舟人莫问师。如此风波来又去，会须学得弄潮儿。

舟泊关滩　[国学]舒其文[州人]

险隘自天开，巉巉①在水隈。悬崖惊瀑布，雪浪卷飞雷。万壑归吞吐，孤舟畏往来。关头②如有吏，应进驿中梅③。

神仙洞　[孝廉]何行先[州人]

扣钥何年到玉岩，翠微隐入隔尘埃。药炉昼永烟消篆，棋局年深雨长苔。流水一溪瑶草秀，天风几树碧桃开。静听五夜笙簧响，知是神仙骑鹤来。

题长孙无忌墓　[孝廉]舒国珍[州人]

滚竹高坡④吊昔贤，孤坟断碣泻寒泉。江涛白喷填精卫，陇树红花唤杜鹃⑤。气节难回思顾命，功名特出羡凌烟⑥。长安春色今犹好，忍说黔州被谪年。

吊何贞女　[孝廉]陈廷璠[州人]

坤维有正气，节烈本乎天。守贞尤足异，所遇更迍邅⑦。岂无拟冰雪，桓门意自坚。亦闻兼教育，丸胆事犹传。妇道如臣道，委身重仔肩⑧。从古血性人，半以情为联。处子非无性，情于何所牵。胡为轻慷慨，行不畏其难。一朝梦镜分，启匣光团团。虽当

---

① 巉巉（chán chán）：山石突兀、重叠之貌。

② 关头：关卡。

③ 驿中梅：表示对亲友的问候及思念。

④ 滚竹高坡：即薄刀岭，又称滚竹坡。参本志卷一《封域志·垄墓·长孙无忌墓》。

⑤ "江涛白喷""陇树红花"二句：前句用"精卫填海"典故，喻长孙无忌冤恨极深；后句用"杜鹃啼血"之典，形容哀痛至极。陇树：此指墓地的树木。陇通"垄"，坟冢。

⑥ "气节"二句：1994年版《武隆县志》作"万古沉冤谁与雪，一朝功大尚凌烟。"回：改变。顾命：临终遗命，多用以称帝王临终前的遗诏，指贞观二十三年（649）长孙无忌受唐太宗李世民遗诏辅立李治（高宗）。凌烟：凌烟阁省称，指封建王朝为表彰功臣而建筑的绘有功臣图像的高阁。刘肃《大唐新语·褒锡》："贞观十七年，太宗图画太原倡义及秦府功臣赵公长孙无忌、河间王孝恭、蔡公杜如晦、郑公魏征、梁公房玄龄、申公高士廉、鄂公尉迟敬德、郧公张亮、陈公侯君集、卢公程知节、永兴公虞世南、渝公刘政会、莒公唐俭、英公李绩、胡公秦叔宝等二十四人于凌烟阁，太宗亲为之赞，褚遂良题阁，阎立本画。"

⑦ 迍邅（zhūn zhān）：指处境困顿艰险。

⑧ 仔肩：所担负的任务、责任。语出《诗经·周颂·敬之》："佛时仔肩，示我显德行。"郑玄笺："仔肩，任也。"

月影缺，新月不同残。啮指誓靡他，直欲剖心看。操定亲莫回，从一任凭棺。凭棺挥血泪，哭吊便于归。伏雨催寒漏，凄风透素帏。夫子何所恨，堂上黯春晖。一子遗侧室，未可忘断机。引作生平任，慈孝体夫微。上下六十年，彤管应留辉。吁嗟浩然气，生之贵集义。几人解直养，刚大称克至。丈夫首巾帼，沛乎塞天地。情弗乱性真，性弗杂情伪。大造清且宁，乃以全彼志。夫何为而为，如斯方无愧。

白鹤梁　邹澍宁

石鹤成形望宛然，中流屹立几经年。不同鸥鹭随波下，宁让蛟龙得水先。洗尽浮尘新羽翼，听来清籁杂潺湲。崆峒旧有凌霄志，应许飞鸣凤阁边。

读明刘秋佩劾刘瑾疏　[庠生]陈祖烈[州人]

蹇蹇孤衷射斗牛，弹章直上焕千秋。丹心贯注文心豁，浩气兼行笔气遒。只冀回天惟谠论，谁知逆耳即嘉猷。卧轮折槛传今昔，为国如公适与俦。

登城东奎星阁　[孝廉]邹泗宁[州人]

奎星高阁接层峦，此际登临最大观。地夹双江秋水碧，城开万户晓烟寒。光联文笔垂珠斗，气霭炉香喷麝兰。试问今朝谁造极？笑予独步上栏干。

涪陵八景

黔水澄清　[御史]夏景宣[州人]

矞然不滓粹而精，引入平川分外明。润物脉原通绝塞，朝宗势欲度西京。迎风杨柳高低绿，映水蟾蜍①上下清。闲倚曲栏看竞渡，菱花②影里一舟横。

松屏列翠　夏景宣

屹立罘罳翠宛然，秦封高秩代相传。群芳亦秀容常变，众木虽高节不坚。疏影独筛清夜月，浓阴长带旧时烟。苍龙赤甲当庭峙，无事留侯去学仙。

桂楼秋月　夏景宣

可是元龙百尺楼③，蟾宫兔阙④满天秋。好凭李白停杯问，漫向吴刚觅斧修。此夕光

---

①　蟾蜍：俗称癞蛤蟆。传说月宫里有三条腿的蟾蜍，因以代指月亮。

②　菱花：一年生水生草本植物菱所开的花，夏天开，白色。果实有硬壳，有角，称"菱"或"菱角"，可食。

③　"可是"句："可是"即真是、实在是。元龙百尺楼：出《三国志·魏志·陈登传》："（刘备）曰：'君（指许汜）求田问舍，言无可采，是元龙所讳也，何缘当与君语？如小人，欲卧百尺楼上，卧君于地，何但上下床之间邪？'"后借指抒发壮怀的登临之处，亦省称"元龙楼"。

④　蟾宫兔阙：月宫。

分廛市宅^①，当年香绕泮池头。贪看天上婆娑影，莹照寰区正未休^②。

荔圃春风　夏景宣

是处虬珠本擅奇，名园景物异当时。白图看去浑难辨，蔡谱传来罕见知。幸有春风能鼓物，莫嗟岁月去如驰。土膏不改灵根在，足称栽培亿万斯。

铁柜樵歌　夏景宣

不解随群博利名，碧山深处自谋生。持柯晓出穿云去，荷担归来带月行。野调全从山谷响，狂吟乍续鸟歌声。采薪只合逢仙侣，看到棋终定几人。

鉴湖渔笛　夏景宣

钓罢回舟懒自持，秋江一曲仿桓伊。折残杨柳轻轻下，落尽梅花款款吹。水底鱼龙惊别调，波间风月弄新词。何人与制柯亭竹^③，截玉钻星^④慰我思。

群猪夜吼　夏景宣

河伯^⑤枭雄江险绝，将军长喙石参差。蹄翻春浪奔腾处，舌卷秋涛荡漾时。放去无踪疑入笠，听来有韵欲催诗。我来占得豮牙吉^⑥，莫遣闻声蹙两眉。

白鹤时鸣　夏景宣

不到华亭不自哀，戛然江上亦悠哉。羽随雪浪标清态，声答银涛响绿苔。谩拟乘轩投卫去，或曾入梦见苏来。江城得此清歌侣，几度闲吟漫取裁。

松屏列翠　[州牧]董维祺[奉天人]

文光^⑦山夺尽，秀色列屏风。形胜朱颜媛，神传绿发翁^⑧。自然参造化，绝不假人工。

---

① 此夕光分廛市宅：同治《涪州志》卷十五作"此夕莹光奎阁里"。

② 莹照寰区正未休：同治《涪州志》作"晓彻扶桑尚未休"。

③ 柯亭竹：柯亭为椽之竹。晋代伏滔《〈长笛赋〉序》："初，邕（蔡邕）避难江南，宿于柯亭。柯亭之观，以竹为椽。邕仰而眄之曰：'良竹也。'取以为笛，奇声独绝。历代传之，以至于今。"谓东汉蔡邕避难江南，发现柯亭馆舍做屋椽的竹子是制笛的好材料，便取下制成笛子，果然音质优美。后因以借指美笛或比喻良才。柯亭：古地名，又名高迁亭、千秋亭，在今浙江省绍兴市西南，以产良竹著名。

④ 截玉钻星：指截竹钻孔制成笛子。

⑤ 河伯：古代神话中的黄河水神，鱼尾人身，头发银白。原名冯夷，相传他在渡黄河时淹死，被天帝封为水神管理河川。

⑥ 豮（fén）牙吉：指《周易》大畜卦第五爻，爻辞曰："六五：豮豕之牙，吉。"意谓面对长有锋利牙齿的猪，将它阉割，这样就可以制服它的烈性，使其驯服，可获大吉。豮豕：去势的公猪。豮，指阉割。

⑦ 文光：绚烂文采。

⑧ 绿发翁：借指年轻男子。绿发：乌黑而有光泽的头发。

漫道碑无字^①，犹惊石结丛^②。

桂楼秋月　董维祺

一片小山月，偏漾危榭中。原非分玉阙，竟尔袭黉宫^③。桂在秋还在，楼空月不空。何其消永漏^④，翘首问苍穹。

荔圃春风　董维祺

斯圃名何日，人传天宝中。惟余芳草碧，不见荔枝红。南海香同列^⑤，东川事已空。酸甜虽有味，耐得几春风^⑥？

铁柜樵歌　董维祺

空谷谁传响，声来铁柜中。烂柯人已去，伐木鸟初工。朝出樵云白，宵归载日红。并肩三五者，迥矣市尘风。

鉴湖渔笛　董维祺

无眠因浪稳，潇洒捕鱼翁。宛似桃源客^⑦，犹然苏长公^⑧。调高千嶂月，曲静一江风。试问人何在，茫茫烟水中。

群猪夜吼　董维祺

滔滔流不住，横锁在涪东。归梦声中断，乡思分外穷^⑨。黄昏疑塞马^⑩，黑夜类边风。枕上常腾沸，更深听自聪。

白鹤时鸣　董维祺

素羽为仙骥^⑪，曾鸣达九穹^⑫。猿啼千古恨，雁阵几行空。此地非栖处，何缘偶息

---

　①　"漫道"句：谓"松屏列翠"景致精美巧妙，却没有文字状述和显赫的名声。漫道：莫说。

　②　石结丛：谓松屏石上的天然松纹如苍松丛聚，为描画所不及。参本志卷一《封域志·山川》"种松山"条及卷十一《艺文志·文选》之陈计长《松石书斋记》。

　③　"竟尔"句：同治《涪州志》卷十五作"香永袭黉宫"。

　④　永漏：漫长的时间，多指长夜。

　⑤　同列：同治《涪州志》卷十五作"同烈"。

　⑥　"耐得"句：形容历经沧桑。耐得：禁受得起。

　⑦　桃源客：《桃花源记》中的渔人，指隐者。

　⑧　苏长公：苏轼。因苏轼苏辙兄弟诗文驰名后世，苏轼居长，人们尊称为"苏长公"，称苏辙为"苏次公"。

　⑨　穷：指达到极点。《说文》："穷，极也。"

　⑩　塞马：边塞上的马，比喻群猪滩发出的声音奔腾激越，变化无常。

　⑪　仙骥：指仙鹤。因传说为仙人所骑乘，故称。语出《艺文类聚》卷九十引《相鹤经》："鹤，阳鸟也，而游于阴。盖羽族之宗长，仙人之骐骥也。"

　⑫　九穹：即"九天"。天的最高处，形容极高。

翀^①。惟于清夜里，领略梦辽东^②。

石鱼兆丰　董维祺

石磴双鳞甲，何年渤水宫。芝莲供吐吸，星斗任旁通。既倒澜将返，中流波更洪。前人多少句，总为兆年丰。

荔圃春风　章绪

铁柜城西驿路赊，几人重问绛枝斜。空余古苑怜芳草，漫道天工炉艳花。环珮香销曾牧马，画图珍味对寒沙。年年亦有春风至，不是当时景物华。

鉴湖渔笛　章绪

夕照凝晖晚景赊，湖光如练月初斜。凫舫调弄清江曲，鼓栧声新彻水涯。鹤骨忽悲雷泽柳，柯椽吹落渭滨花。为问律吕谁相和，得伴君山父老槎。

群猪夜吼　章绪

群猪相搏暮云愁，柱砥狂澜白浪收。河伯雷车过石峡，冯彝鼍鼓^③汇双流。梦惊铁骑箳鸣塞，枕忆金风^④木落秋。静夜奔涛争激转，江横地轴^⑤锁名州。

白鹤时鸣　章绪

江上潺湲白鹤洲，于今鹤去岁千秋。吹笙不复缑山见^⑥，雷鼓遗音蜀水头。日日潮声鸣太液，年年羽化咽清流。共传华表归飞后，仙语星星逐浪愁。

石鱼兆丰　章绪

波心遗迹几千年，何事神鱼石壁镌。出没槎头应瑞物，浮沉水面识机元^⑦。时和抱

---

①　翀（chōng）：向上直飞，相当于"冲"。

②　梦辽东：用丁令威得仙化鹤归里故事。陶渊明《搜神后记》卷一："丁令威，本辽东人，学道于灵虚山。后化鹤归辽，集城门华表柱。时有少年，举弓欲射之。鹤乃飞，徘徊空中而言曰：'有鸟有鸟丁令威，去家千年今始归。城郭如故人民非，何不学仙冢垒垒。'遂高上冲天。"诗作者董维祺是"奉天人"，籍贯辽宁千山（今辽宁鞍山市），故云。

③　冯彝鼍（tuó）鼓："冯彝"即河伯原名"冯夷"，"彝"通"夷"。鼍鼓：用鼍皮蒙成的鼓，亦指声如鼍鸣。鼍，扬子鳄。晋崔豹《古今注·鱼虫》："（江东）呼鼍为河伯使者。"

④　金风：指秋风。

⑤　地轴：古代传说中大地的轴，泛指大地。晋张华《博物志》卷一："地有三千六百轴，犬牙相举。"

⑥　"吹笙"句：用王子乔吹笙引凤、缑山升仙故事，典出汉刘向《列仙传·王子乔》："王子乔者，周灵王太子晋也。好吹笙，作凤凰鸣。游伊洛间，道士浮丘公接以上嵩高山上。三十年后，求之于山上，见桓良曰：'告我家，七月七日待我于缑氏山头'。至时，果乘白鹤驻山头，望之不得到，举手谢时人，数日而去。"缑（gōu）山：即缑氏山，在今河南偃师县。

⑦　机元：犹元机、天机，指造化的奥秘。

石双双见，岁穰文鳞六六全①。藉有诗词扬不朽，大书丰稔至今传。

涪陵八景　[孝廉] 何铠 [州人]

江底新听一鹤鸣，泛江寻鹤到江城。山连铁柜松屏翠，水爱黔流鉴渚清。荔圃烟开风正晓，桂楼云净月初明。高秋迥绝群猪险，时与樵渔话太平。

其二　何铠

屏松淅沥奏笙簧，乐只新讴此一方。秋月清风情独爽，樵歌渔笛韵偏扬。江波寂寂群猪静，霄汉青青白鹤翔。共说冰壶澄似水，同民民乐祝如冈。

黔水澄清　[孝廉]李天鹏[州人]

派演黔南出郡边，流来一片碧澄鲜。远同泾水分秦渭，近到巫山透峡泉。洗墨最宜山谷子，烹茶堪进石岩仙。闲临②柳岸窥清濑，光照菱花水镜前。

松屏列翠　李天鹏

块石如屏卧水滨，松纹绕翠色常新。婆娑影动城头月，苍茂长饶浪底春。讵有丹青描铁壁③，频经霜雪助龙鳞。贞操信汝宜梅竹，移向书斋共作邻。

铁柜樵歌　李天鹏

不把渔竿不种田，生涯高寄在山巅。晓披薄雾峰头去，晚蹑白云天半还。刚听丁声来远谷，恰闻野调发幽泉。同歌《击壤》逢尧舜，何俟山前遇奕仙④。

桂楼秋月　李天鹏

丹桂婆娑月彩连，楼头朗照正秋天。花开厂处香初满，蟾挂高时影正圆。百尺露垂金粟下，一窗风定玉轮悬。从来攀仰高天上，今在城楼近水边。

鉴湖渔笛　李天鹏

浪转沱回一鉴中，小舟横处意何穷。桃源望去溪相似，彭泽歌来曲未同。城上梅花飘五月，江边杨柳动秋风。声声长笛吹成调，疑是桓伊作钓翁。

---

①　"岁穰"句：谓年成丰熟时，白鹤梁水标石鱼每一尾上所刻的三十六片鱼鳞悉数露出水面。文鳞：鱼鳞形花纹。

②　闲临：原志作"间临"，疑误改。

③　铁壁：此指坚黑如铁的石崖。

④　奕仙：弈仙。奕通弈，围棋、下棋。

黔水澄清　［学正］王正策［大竹人］

飞滩走峡势如倾，千里澎腾[1]尚自清。水底光涊[2]星倒列，波间影掠树横生。风摇白浪尘缘[3]净，月入虚舟镜面行。氾出大江同赴海，源流清浊各分明。

松屏列翠　王正策

涪江城北老松青，层叠岩前厂翠屏。凤尾风摇随挂锦，龙鳞日射不镌铭。偏宜岚气浮云母，不碍霜光入画桭。仿佛天台开孔雀，虹霓闪彩夕阳亭。

荔圃春风　王正策

名园久不与凡同，未识何年望眼空。自古岸南原有圃，而今岩北只飘风。游人草踏三春[4]碧，野戍尘销一骑红[5]。独怪青莲留李渡，曾无只字入吟中。

桂楼秋月　王正策

百尺凌霄接斗牛，香飘万斛月当秋。银河有渡升仙岸，碧落无云倚桂楼。作赋一篇高玉宇，藏书万帙重瀛洲。遥瞻天柱通蟾窟，遮莫乘槎据上游。

铁柜樵歌　王正策

州北曾传铁柜城，于今伐木听丁丁。无腔拍共松涛好，绝调歌同谷响清。风月一肩长独啸，莺蟾满耳任争鸣。归来云树双眸豁，又见高原牧笛横。

鉴湖渔笛　王正策

湖开镜面碧波平，短笛渔舟趁晚晴。闲载清风孤艇稳，徐吹寸管[6]暮山横。菱花映水心同彻[7]，箬笠临风身更轻。曲调无妨随意谱，沙汀还许订鸥盟[8]。

群猪夜吼　王正策

争从海上说长鲸，谁识群猪夜有声。震散行云银汉落，惊回归梦客舟横。双江陡处波才急，怪石攒来恨未平。莫羡滩头流不竞，禹门三汲是雷鸣。

---

① 澎（pēng）腾：浪涛汹涌貌。
② 光涊："涊"同"涵"，同治《涪州志》卷十五作"光涵"。
③ 尘缘：佛教、道教谓与尘世的因缘。
④ 三春：农历正月为孟春，二月为仲春，三月为季春，合称"三春"。此处泛指整个春季。
⑤ "野戍"句：化用杜牧"一骑红尘妃子笑"句意，暗指杨贵妃动用兵备，私发明驼使驰送涪陵新鲜荔枝早已成为历史。野戍：指野外驻防之处。
⑥ 寸管：短小的律管，一种用竹管或金属管制成的定音器具。
⑦ 彻：同"澈"。
⑧ 鸥盟：谓与鸥鸟为友，相约同住水乡。比喻隐退。

白鹤时鸣　王正策

飞来金穴下河梁，独立亭亭水一方。石上风回翻素翮，云间响彻引员吭^①。只期侣凤谐韶濩^②，岂屑群鸡饱稻粱。学得缑山仙子^③诀，伫看跨鹤唳青苍。

石鱼兆丰　王正策

拟化云龙雨未行，隔年偏可慰苍生。只须石落双鳞出，即是秋高百谷成。鱼兆梦中丰有象，雪飞陌上瑞同呈。石梁自昔镌金鲤，万亿千仓岁岁盈。

黔水澄清　萧学旬［孝感人］

一脉黔西水^④，溁溁^⑤出汉平。周旋山曲折，涵养月澄清。洲渚千年洁，楼台永夜明。烟横云淡处，渔唱两三声。

松屏列翠　萧学旬

岂是天台种，荣舒岁月奢。干非因雪老，叶不逐风斜。草络疑垂蔓，苔痕没断霞。何须开孔雀，对此兴无涯。

桂楼秋月　萧学旬

百尺凌霄峻，蟾蜍魄正圆。人同秋月冷，心共画楼^⑥悬。金粟浓如酒，山云拥似绵。客愁容易释，不到故园前^⑦。

荔圃春风　萧学旬

小圃依然在，颓垣荆棘丛。已无妃子笑，不许荔枝红。陌上春空到，溪头日自融。虬珠何处觅，惆怅夕阳中。

铁柜樵歌　萧学旬

幽壑松阴暗，奇峰雪正寒。间蹲石径上^⑧，高唱晚林端。拨雾寻归路，乘云下翠峦。

---

① 员吭：圆润的嗓子。员：员园（圆滑无棱角）。本卷末何浩如《白鹤时鸣》作"圆吭"，同。
② 韶濩（hù）：亦作"韶頀"，商汤乐名。后亦以指庙堂、宫廷之乐，或泛指雅正的古乐。
③ 缑山仙子：指在缑山乘鹤成仙的王子乔。参本卷章绪《白鹤时鸣》"吹笙不复缑山见"注。
④ 黔西水：指乌江。乌江有南北两源，南源三岔河，北源六冲河，习惯上以南源三岔河为乌江干流。三岔河发源于贵州西部高原乌蒙山脉东麓的威宁县，故称。
⑤ 溁溁：即"濙濙"，水流环绕回旋的样子。
⑥ 画楼：雕饰华丽的楼房。
⑦ 不到故园前：同治《涪州志》卷十五作"千里共婵娟"。
⑧ 间蹲石径上："间"字疑刻误，同治《涪州志》卷十五作"闲"。

后先声互答，远彻夕阳残①。

鉴湖渔笛　萧学旬

烂醉沙汀酒，高吹短笛清。一声江月小，数曲晚烟横。浩荡湖天阔，逍遥世事轻。迢迢岑寂夜，有客倚荒城。

群猪夜吼　萧学旬

何处滩声起，奔腾入耳奇。三更风定后，万里客愁时。怒煮波中月，呼催枕上诗。欲眠眠不得，数问夜何其。

白鹤时鸣　萧学旬

闻道朱仙鹤，滩头曾自鸣②。风高声更足，秋老气难平。钓艇灯全暗，芦汀月正明。即今何处去，四顾野云横。

石鱼兆丰　萧学旬

不向龙门跃，淹留蟹稻乡。我方怀尺素，人共庆仓箱。苇压三冬雪，枫凋两岸霜。音书何处达，好倩雁翱翔。

黔水澄清　[孝廉]周宗泰[州人]

湛然独异此江渍，半绕城闉映日暾。雁度应疑天外影，鸟飞欲失水间纹。湍声远咽摇铜柱，练色空浮倒碧云。七十二溪流不尽，自能泾渭望中分。

松屏列翠　周宗泰

屏列苍松秀自储，巍然高拱北山墟。闲云野鹤③频来往，城影江光任卷舒。洞口涛声刚度后，枝头月色欲升初。何须更羡王摩诘，百尺丹青画不如。

桂楼秋月　周宗泰

十里风回负郭游，木犀开候又惊秋。花团皓魄香侵座，光散金英月满楼。静夜未妨吹玉笛，澄江无事泛兰舟。寻常也复知三五，此际偏登最上头。

---

① 远彻：同治《涪州志》作"唱罢"。

② "闻道"二句：用北魏尔朱真人（原名尔朱通微）在涪陵白鹤梁修道成仙，乘鹤飞鸣升天的神话传说。

③ 闲云野鹤：悠然飘浮的云和野生林居的鹤，比喻生活闲散自在，来去自如，无所羁绊的人。原志"闲"字作"间"，或通。

荔圃春风　周宗泰

彤彤日影荔枝香，远圃风和昼漏①长。拂面乍殊杨柳陌，当楼初试美人妆。轻裁燕剪笼绡紫②，缓织莺梭皱玉黄③。莫向开元寻故事，红尘飞骑笑三郎④。

铁柜樵歌　周宗泰

层岩深处与云俱，采得烟霞几万株。长啸漫云矜钓叟，朗吟何止傲耕夫。山间岁月无须计，肩上生涯洵可愉。瞥见断垣怀故址，停声小憩对城隅。

鉴湖渔笛　周宗泰

一声水面引清风，如镜湖光映短篷。断续正宜夕照里，悠扬端耐月明中。远随柳影摇新绿，细逐蘋花落浅红。制得无腔尘外曲，清闲日日醉渔翁。

群猪夜吼　周宗泰

澎湃洪流势若奔，群猪滩上月黄昏。迎风拟向岩前宿，逐石应争水底屯。每共猿猱惊客梦，偶随烟雨暗江村。轰然不止鸣终夜，白蹢于今可有痕？

石鱼兆丰　周宗泰

奇质多因妙手镌，独开生面岂徒然。乘时偶作人间瑞，垂钓偏劳月下船。六六锦鳞迎晓日，双双长鬣鼓清涟。滩头不肯随流去，一见能教大有年。

黔水澄清　[孝廉]陈夔让[州人]

一泓秋水自盈盈，派出黔中绕汉平。知有鉴湖空似镜，不教污浊混澄清。

松屏列翠　陈夔让

块石松纹成底事，昔人想像水之湄。何如就指山城北，一岭亭亭挺劲姿。

桂楼秋月　陈夔让

天香只合飘云外，未许登楼即月中。更上一层凭折取，恍疑身近广寒宫。

荔圃春风　陈夔让

于今江畔只春风，天宝飞驰事已空。看到郊原皆麦秀，不堪追溯荔枝红。

---

① 昼漏：谓白天的时间。漏：漏壶，古代计时器具。
② "轻裁"句："轻裁燕剪"谓燕子飞掠，动作轻捷优美。燕剪：指燕尾，因分叉如剪刀，故称。笼绡紫：好像笼罩着一层紫色的生丝织物，此指荔枝林。
③ 缓织莺梭：谓黄莺往来飞翔如同穿梭。皱玉：荔枝的别名。
④ 三郎：李隆基为唐睿宗李旦第三子，因排行老三，小名叫李三郎。

铁柜樵歌　陈夔让

荒城高耸接云霄，但听清歌识野樵。古堞频登声唱和，浑忘即此是尘嚣。

鉴湖鱼笛　陈夔让

沱回江水漾风清，小艇随流自在行。最是可人明月夜，无腔短笛弄新声。

群猪夜吼　陈夔让

象马成形滟滪奇，群猪古号亦如之。好从声吼三更后，静想豚鱼可格时。

白鹤时鸣　陈夔让

非关警露绕江云，矫矫飞鸣势不群。每向滩头相应和，天边到处有声闻。

黔水澄清　[孝廉]何浩如[州人]

汉平城外水漾洄，派出黔中千里来。日暮乘舟轻荡桨，好从^①波底看楼台。

松屏列翠　何浩如

谡谡松声最可听，岚光一带压丹青。日长山静诗中意，莫羡天台孔雀屏。

桂楼秋月　何浩如

丹桂蟠根白玉楼，幽香馥馥正中秋。月明午夜疏棂^②透，人在蟾宫最上头。

荔圃春风　何浩如

江浔小圃荔支红，盛事曾传天宝中。月夜有魂招不返，而今无复怨春风。

铁柜樵歌　何浩如

铁柜山城老薜萝，清幽日日听樵歌。名缰利锁难拘束，风月无边得意多。

鉴湖鱼笛　何浩如

湖光如镜碧波平，澹荡和风趁晚晴。吹笛不须凭古调，渔舟个个有新声。

群猪夜吼　何浩如

讶是龙门吼瀑泉，良宵何事不堪眠？晓来试看滩头石，出笠群猪已有年。

白鹤时鸣　何浩如

猴山飞鹤到江干，饮啄随时天地宽。一引圆吭风太急，声声嘹喨出云端。

---

① 好从：1994 年版《武隆县志》作"好似"，误。
② 疏棂：窗户或栏杆上雕有花纹的格子。

涪州志卷之十二

涪州知州多泽厚续纂

见闻志 [祥异　兵燹　仙释　寺观]

大凡祲氛符瑞，足以滋生人之妄；虚无寂灭，每至混吾道之真。至若兵燹蹂躏，世道所关，纪载尤宜慎也。矧蓬岛祇园[1]浪传仙佛，纵使般若可筑，羽化立见，何益于世？稗野偶登，亦庄生"存而不论"[2]之意耳！

祥异

[古今言灾祥者，率祖《洪范》与《春秋传》。其他史册所载，代不绝书，要皆立论以垂戒修省，非徒托之异说也。其间治忽休咎，预为之兆，无不旋至而立应者。勿谓方州百里间，遂可略而弗载也！]

宋

雍熙四年，有犀自黔南入州，民捕杀之，获其皮角。

淳化三年，摩围洞庆云[3]见，石生鳞鬣。

咸平元年八月，大风坏城舍。

---

①　蓬岛祇园：蓬岛即"蓬壶"（蓬莱山），是神话中渤海里仙人居住的"方丈""瀛洲"等三座神山之一。祇园：是印度佛教圣地"祇树给孤独园"梵文意译的简称，由舍卫城的"给孤独"长者购置城南祇陀太子园地，祇陀太子奉献园内树木，合建精舍，献予佛陀释迦牟尼说法的地方，故以二人名字命名。参见本志卷十一《艺文志·诗选》李天鹏《白云关》"祇树"注。

②　存而不论：语出《庄子·齐物论》："六合之外，圣人存而不论；六合之内，圣人论而不议。"指把问题保留下来，暂不进行讨论。

③　庆云：即"景云""卿云"，五色云。古人以为祥瑞之气。

天圣元年三月，金铜佛出于土。

庆历三年七月戊辰夜，西南生黑气，长三丈许，经天而散。

绍兴二年，大疫，死者数千；五月，渝、涪皆旱。

绍兴十五年四月丙申，彗星见参度；五月丁巳，化为客星，其色青白，至六月乃消。六月乙亥朔，日食于井。

明

正德十六年，武隆甘露降。

嘉靖二十一年，武隆清溪左山崩。

嘉靖二十三年，武隆鬼入市肩人。

万历五年，武隆蝗虫生，禾根如刈。

万历八年三月，武隆雨沙。时黄云四塞，牛马嘶鸣，沙积如堵。

万历十四年三月，武隆火龙见，其长亘天。

国朝

康熙三十四年，蜀中郡邑大有年。

雍正元年，全蜀大稔。

乾隆九年，州役佘天禄、洪乙暴雷震死［里有何椿、文四贩卖人口。事觉，架祸①于佃户何姓。何姓闻诬，畏刑自缢。其妻鸣于官，何椿等贿差吓逼，妻亦自缢。遗一子一女，椿复诱之，潜溺于水。越数日，尸浮。经刺史王验讯实情，定案详报。后何椿等解司翻供，委员覆验。而看守尸棺之州役佘天禄、洪乙受贿舞弊，更换他骸。覆验之下，尸骨迥异，于是刺史王竟以拣验②不实按例镌职③，其时阖州士民无不称冤。讵意风雨骤至，雷霆奋发，剖伪尸之棺而扬其骨，州役佘天禄、洪乙亦焦头烂额，同时震毙。一时观者如堵，咸谓作奸之报云。］

乾隆四十三年戊戌，北背弹子溪巨鱼见［溪中有巨鱼，相传岁歉则从雾中见其形，约长十余丈，移时乃逝。是岁，果大荒。］

乾隆四十三年戊戌，州大旱。己亥，斗米价银二两四钱。

---

① 架祸：移祸于人，同"嫁祸"。
② 拣验：不词，疑误。民国《涪州志》卷二十六《杂编三·拾遗》"何椿文四"条作"检验"。
③ 镌职：降职。

乾隆四十九年甲辰，阆州大稔。

兵燹

[我国家皇图巩固，四海晏如，百数十年来人民不见兵革，诚太平盛世，普天率土
之荣幸也。涪之先，其受乱不可考，惟明末寇贼蹂躏，狼烟四起，鹤唳风声①，惊惨倍至。
谨采夏公道硕《纪变略言》并《蜀碧》载入，不敢多入齐东之语。]

天启元年辛酉夏四月，贵州土司奢崇明反，四川巡抚王象乾死之。[奢崇明奉
调入重庆，适王巡抚至演武场点兵给饷，奢崇明暗令贼目张同以标牌射，杀巡抚于
堂上，遂反，城中大乱。惊传至涪，署州牧胡公徒步入石砫司请兵，效胥庭之哭。
司土官秦良玉率所部上援，贼趋成都。良玉入城安抚，涪境亦宁。涪人为胡公构生
祠于城北。]

崇正十六年癸未夏五月，江北摇黄十三家"争天王"袁韬、四队王友进、"必反王"
刘维明等攻劫鹤游坪。[杀劫焚掳，人民争渡南岸避乱。]

十七年甲申春正月，贼烧李渡镇。[州城恐，分守道刘龄长发操兵百余渡北哨探，
遇贼，杀伤过半，余众奔回。]

六月初五日，夔巫十二隘总统曾英率部兵渡西岸，退保涪城。[英至涪，为守御
计，于两江滨联以木栅，流贼张献忠尾其后。初八日，贼大至，舳舻继进，分守道
刘龄长退走綦江，郡守冯良谟退走彭水，曾英以寡不敌众退走望州关。薄暮贼追至，
英下马持刀殿于关口要路堵截，官兵乃得过关。贼众拥上，英与短兵相接，被伤昏死，
落坡下。夜深贼去，英甦起，复从水路奔去。由南川至綦江，贼焚官民舍，城内外
皆为灰烬。]

十一日，贼分水陆二路起营[陆由南川，水由大江，约十八日会于重庆]。

流贼张献忠屠成都，僭称西朝，改元大顺[事载《总志》]。

九月，曾英从綦江以练兵至江津，下重庆，军声复振。

乙酉春三月，贼发伪水军都督下取川东，曾英大破之，诏封英为平寇伯。[曾英
泊船两岸。警至，英令家眷退涪州，止留战船数百。号发，水师将于大海等水路迎敌，

---

① 鹤唳风声：听到风声和鹤叫声，都疑心是追兵。形容人在惊慌时神疑鬼。唳：鸟鸣。

自率马步从北岸潜赴合州地，袭取广才营于多功城。贼溃渡江，淹死无数。于是两路夹攻，贼大败奔回，涪州得有两载之宁。督师王应熊为英题"督总兵"，继题"平寇伯"，有印。]

十月，献贼闻王师入川，弃城走。我兵擒献忠，斩之。[献忠闻我兵至，乃弃城东逃。是日大雾，对面不见人。献忠晓行，卒遇我兵于凤凰坡，中矢坠马，我兵擒献忠斩之，余众溃下重庆。]

十二月，溃贼入重庆，曾英死之。[献贼溃兵抵重庆，曾英发兵堵御，未及布置而相随船只望风乱开，万艘蔽江，兼素所降贼兵营中放火内应，英仓皇上船与贼争战，人众舟沉，曾英死之，贼乃渡江走遵义，入黔进滇。曾英之溃将李占春、于大海等放舟至涪，群相劫掠。]

丁亥正月，北岸摇黄贼袁韬亦率众数万，军于涪。[涪民降顺而劫掠如故，死亡逃散，流离不堪。]

五月，国朝肃王发贝勒贝子诸营下取涪州，袁韬大败，渡小河东岸走贵州。

八月，李占春同诸营上复渝城[占春混名"李鹞子"]。

十一月，袁韬与李占春等争功，自相攻杀，占春败退下涪州。

戊子正月，李占春结营平西坝[日以采粮劫掠为事，人众失耕，饥馑瘟疫俱作，死者十之九，由是百里无烟]。

辛卯，献孽孙可望称秦王[从滇下黔入蜀，势并诸营。檄连占春，不听]。

七月，李占春溃[占春为可望所败，放舟下楚，投诚于国朝，而涪州已空矣。]。

仙释

[圣贤谓仙释怪诞不经，摈而勿问。然贾岛初为道士，力学登第；程灏出入释道，卒为大儒。盖以佛氏之"三归"，即君子之"三畏"也；空门之"五戒"，即儒道之"五常"①也。名虽异而义则同，乌可略欤！]

---

① "三归""五戒""三畏""五常"等："三归"即佛教的"三归（皈）依"，指以佛为师、以法为药、以僧为友，皈依佛、法、僧三宝。"五戒"是佛教徒应持守的五项戒律：不杀生、不偷盗、不邪淫、不妄语、不饮酒。"三畏"：尹焞在北岩所居"三畏斋"以此得名，语出《论语·季氏》"君子有三畏：畏天命，畏大人，畏圣人之言。""五常"指儒家所提倡的人与人之间的五种道德规范：仁、义、礼、智、信。

唐

蓝冲虚［涪人，居祖师观。神龙乙巳秋，一夕乘云而升。《通志》：姓蔺，作蔺冲虚^①。］

尔朱仙［名通微，别号元子^②，其先出于元魏尔朱族，遇异人得道。唐僖懿间，落魄成都市中，于江滨取白石投水，众莫测。后自省至合，卖丹于市，价十二万。刺史召问，其价更增十倍。以其反覆，盛以钱笼^③弃诸江。至涪，渔人姓石者得之，授以丹，二俱仙去^④。］

王帽仙［出入阛阓^⑤，为人修敝冠，号"王帽子"，幕则卧于州天庆宫。一夕解尸而去，道士为葬之。月余，自果山贻书致谢之。］

韦昉［蜀人。夜渡涪陵江，忽遇龙女遣骑迎入宫。后昉登第，十年知简州，龙女复遗书相迎，敕命昉为北海水仙。］

元

宝崖［涪人，幼寡言，不嬉戏。弃家为僧，以布裹五指烧之，曰："信佛如此，可也。"人以为疯疾，问何不治。答曰："身在空耳。四体五肢，复何有耶？"投火灭身而心不坏。］

明

林端［号虚泉，涪人，名家子，生而颖异。就外傅，常时^⑥见黄冠相随。父母问其人，俱不答。每笞之，仅受三棒，多则避之，其鞭策皆生肉矣。恒负行李入人家，或主人不接，则虚挂中堂。与食则食，不与则囊中诸馔悉备，异香满室，反请主人共酌，极尽欢乃去。适州守过访，顷刻珍羞^⑦罗列，海物生果无不列备，而筵上偶多蝇蚋。守问虚泉曰："是可驱否？"曰："可。"唤侍役取泥一握，捏作虾蟆数只，跳跃筵上，诸蝇蚋尽去。是夜，守宿其家，深恶池塘蛙声聒耳，又问虚泉曰："是又可驱否？"曰："可。"即取架上白纸数张，碎作寸许，投之水中，其声遂止。次早视之，则诸虾蟆项上各带

---

① 引《通志》句：民国《涪州志》卷十七《人物志七·方伎（附仙释）》云："《通志》作兰冲虚。"

② 别号元子：尔朱通微道号"归元子"，原志脱"归"字。

③ 钱笼：疑误，民国《涪州志》卷十七作"竹笼"。

④ 二俱仙去：《明一统志》《四川通志》等作"二人俱仙去"。

⑤ 阛阓：集市。

⑥ 常时：时常、常常。

⑦ 珍羞：即"珍馐"，珍美的肴馔。

一纸枷喉①，欲作声不能矣。然告守皆正大语，绝不为幻诞之言，且嘱以省刑、薄敛、忠君、爱民之事，谓："某虽多戏术，不过款客小技耳。"故一时缙绅与之交，初不以为妄。后滇中沐上公遣使迎去，游诸名山，不知所之。此万历间事也。]

乌豆禅师［成化间，住涪之白云观，数十年不火食，惟日荷锄掘生乌豆以适口。虽严寒雪冻，赤足单衣以栖岩畔。时山多虎，乡人患之。师即寝其穴，虎不敢近而去。日有白云覆其上，虽晴空皎日，一岭如锦，云亦不散。鹤鬓方瞳，而不言寿以欺人；海藏满腹，而不言幻以惑世。时刘忠谏公喜其人，与之友。后坐化，其体不毁。至今，人以石塔龛之，碑记尚存云。]

碧峰和尚［栖州南之龙洞寺，得道前知时。文御史微时读书寺中，每试其事，无不验。一日，与文对坐，偶大喝，曰："公仆有持饷自家来者，涂次②遇虎，我为公逐之。"公初不信，少焉家有人至，匜器俱碎，云："值虎于途，得暴雷击之而散。"又，文有弟同馆，其攻苦如一，而僧曰："文伯子当贵显，惜不寿；文仲子虽止明经，却以耋耆终。"后果验。卒之日，以火葬，而一乡于烟焰中见其依然如生焉。]

寺观

［昔汉明帝时，摄摩腾、竺法兰始自西域以白马驮经来。初止鸿胪寺，遂以寺为名，创白马寺，此寺之所由昉也。梁，天竺国有伽蓝名招提，其处大富。有恶国王利其财，将毁之，见白马绕塔悲鸣，乃止。遂改"招提"为"白马"。《释名》：观，楼也，于上观望也。此又观之始乎？嗣是，仙宇梵宫，创遍天下。第一邑一乡，多寡各殊，兴废不一，志此可以觇地舆之广狭，与夫服教畏神之意焉。]

本城

崇兴寺［西关外。]

关帝庙［西关外。]

城隍庙［城内。]

梓橦宫［城内。]

---

① 各带一纸枷喉："带"字或应作"戴"。
② 涂次：谓途中停留。

元天宫［今废。大东门。］

龙王庙［西关外。］

天庆宫［东关外。］

华光庙［西关外。］

川主庙［南关外。］

四王庙［东关外。］

元坛庙［西关外。］

三辅庙［南关外。］

青龙阁［小东门内。］

白衣庵［东关外。］

歜圣庙［北关外，即桓侯庙。］

火神庙［小东门内。］

长里

聚云寺［一名“赛酆都”，州西十五里，州牧国栋留有题咏，详《艺文》。］

文昌阁［州南四十里，在麻堆坝。］

琴山寺［州西四十里，州人黄基有题咏。］

杨家寺［州西南四十里。］

高峰寺［州南五十里，在白杨坪。］

观音阁［州南三十里，俱石修，神像皆石成，在黄家山。］

地藏寺［州南三十里，州人李锺灵舍田宅为常住，邑孝廉陈于藩撰有碑记。］

崇寿寺［州南五十里。宋时建修，俗名“泡桐寺”。］

水溪子寺［州南五十里。］

鹰舞寺［州南六十里。每岁三月多鹰，故名。事载《山川》。］

铜鼓山寺［州南六十里。］

洪福寺［州西南八十里。］

梓橦宫［州南九十里。宋元丰五年建，石壁刻羊一只。］

凤凰寺［州南一百里，有龙泉活水田数亩。乾隆戊戌年，添建文昌宫。］

太平寺［州东南一百里，在陈家嘴。］

云台寺［州西南一百一十里。］

凤翔寺［州南一百一十里，左侧石岩刻"凤翔"二字。］

回龙寺［州东一百二十里，明万历年建。］

江西寺［州南一百三十里。］

智兴寺［州南一百三十里，在牛心山。］

高峰庵［州南一百三十里，在冷水关。］

林家观［州南一百三十里，明成化年建，即林端仙得道处。］

白云观［州南一百三十里，观外刘司谏创有白云书院。］

铁瓦寺［州南一百五十里，抵巴县界。］

高庙子［州南一百五十里。］

广兴寺［州西南一百五十里，在明家场。］

佛令寺［州西南一百五十里，即天王寺。］

法华寺［明嘉靖中建。乾隆九年，州人孙尚金捐银一百四十两买置田业为常住，十一年又募修大殿、两廊房屋。］

中峰寺［在四甲，明经何岑建。］

开天寺［州南一百一十里。］

舞雩庙［州南四十里。］

孝和寺［川西六十里。］

观音寺［州南七十里。］

方广寺［州西八十里。］

至道观［州西八十里。］

杆子寺［州南七十里。］

琉璃寺［州南一百里。］

圆觉寺［城西南五里，州人徐尚质捐银一百六十两置买常住田地，又捐银一百八十两修寺上殿并佛像。尚质年五十六岁甫生一子，里人以为乐施之报。］

大庵寺［州西七十里。］

紫云庵［州西南四十里。］

续粮寺［州西一百一十里。］

铁佛寺［州西一百一十里。］

文昌宫［在蔺市坪。］

东岳庙［州南八十里，万历年文可遏建。］

三圣殿［州西八十里。］

华严寺［州西七十里。］

雷音寺［州西九十里。］

石神祠［州西七十里。］

三圣宫［州西八十里。］

琴头寺［州东八十里，山如琴头，故名。寺前有大树高千寻，百里外望之如盖。］

龙洞寺［州东九十里。寺前有洞，直通寺后数百丈。明季寺圮，犹有大钟覆地，人有欲移之者，辄自鸣，故至今仍其故。］

琴台寺［州西四十里，明何以让庐墓处。］

游蓝寺［州东八十里。以蓝冲虚真人曾游于此，故名。］

凤翔庵［州东七十里。地甚幽僻，不闻钟鼓不知其有寺也。］

报恩寺［州西南六十里，州人李仕誉建并舍田为常住。］

双龙庵［州东六十里。其释迦与观音铜像，乃来自宝珠寺者。］

水口寺［州南六十里，明崇正间龚姓建。］

八阁庙［城南九十里。］

梓橦观［州西南六十里，明万历叙州府教授刘道修建，施田百亩为常住。］

凤阳寺［州东南八十里。］

川主庙［在马武垭，田宗广等施田数十亩为常住。］

钵盂寺　永兴寺　王灵庙　天台寺　普陀寺　寺院坪　敬天寺　福回寺　福兴寺　龙翔寺　白云寺　石保寺　惠民阁　福会寺　兴福寺　中台寺　朝阳寺　东海寺　五凤山寺　黑石寺　辣子寺　紫竹庵　定峰寺　环璧寺　大乘寺　叶家庵　道果寺　古竺寺　永兴寺

白里

玉皇观［州西三十里，明万历年间建，有通名胜景坊。］

文昌宫［州西三十里，明万历年间建。］

祖师观 [州西三十里。唐时建，其中三官楼传有仙迹。]

水府宫 [州西三十里。相传萧公得道之所，万历年间建。]

观音寺 [州西三十里，明洪武间建。]

关圣殿 [州西三十里，明崇正间建。]

积德庵 [州西三十里，明万历间建。]

十方堂 [州西三十里，明崇正间建。]

镇江寺 [州西三十里，乾隆四十六年建。]

惠庆寺 [州西五十里，明崇正间建。]

妙音庵 [州西三十里。]

三教堂 [州西一百里。]

桂林寺 [州西北三十五里。]

华严寺 [州西一百里。]

猊峰寺 [州西四十五里。]

石龙寺 [州北二十里。]

包家庙 [州北一百二十里。]

江家寺　护国寺　福圣寺　宝藏寺　顺水寺　绍隆寺　三会庵　普明寺　寨子寺　官房寺　无为寺　东林寺　净度寺　燃灯寺　静峰庵　雷祖殿　回龙寺　凤翔寺　安坝寺　古佛寺　永安寺　金钱寺　李家寺　静室寺　杨家寺　玉皇观　水口寺

观音阁 [在州西三十五里小溪上矼，像镌石壁，颇著灵应。]

云里

白云寺 [宋时建。]

中峰寺 [汉明帝时建。]

法微寺 [明万历间建。]

七曲庙 [雍正年间建。]

圣水寺 [明正统间建。]

吉安寺 [明正德间建。]

岩洞寺 [明魏姓施出。]

周清庙［明正德间建。］

峰顶寺［明万历间建。］

吉祥庵［明万历间建。］

龙洞庵［州东十里，汉时建，历代俱有修葺。］

南崇寺［州东十里，国朝顺治元年建。］

天台寺［州东十里，明正统三年建，州人况初重修。］

德兴寺［州东，明成化二年建。］

大家庙［州东一百四十里。］

沙坪庙［州东一百四十里。］

叶家庙［州东一百三十里。］

三山庙［州东一百二十里。］

太平寺［州北五十里，明万历间建。］

大兴寺［州东一百二十里，明时建。］

鹿鸣庵［州北五十里，明时建。］

三清堂［州东三十里。］

傅家寺［州东北一百二十里。］

文昌宫　平水寺　余崇观　马滩寺　黄金寺　三清观　三教寺　古楼寺　鸳潭寺　张爷庙　云凤庵　莲花寺　何家寺　回龙寺　宝珠寺　金鹅寺　慈氏寺　老官寺　居禅寺　凤翔庵　望月寺　双龙庵

东西里

启教寺［州东武隆司西一百里，明嘉靖中建。］

观音寺［州东武隆司西六十里，明嘉靖中建。］

灵山寺［州东武隆司西四十里，明万历八年熊鸢施创。］

玉皇观［州东武隆司东四十二里，系古刹。国朝刘尊三施田为常住。］

宝峰寺［州东武隆司东七十里，国朝建。］

万寿寺［州东武隆司东七十里，国朝建。］

木瓜寺［州东武隆司西六十里，国朝建。］

石佛洞寺［州东二百二十里，国朝倪姓建。］

铁佛寺［州东武隆司西三十二里，古迹。］

东岳庙［州东武隆司东三里，国朝建。］

福寿寺［在武隆司署之右，明正德中建，冉奎施田作常住。后巡司王永绪捐俸并众姓捐赀，置田生息，以为寺中万年灯费。］

文昌宫［州东武隆司西一里，明万历间建，有碑记。］

回龙寺　智兴寺　龙兴寺　福兴寺

后　记

　　地方志分门别类详细记载某一地方的地理、沿革、名胜、古迹、物产、风俗、人物、教育、诗文、著作等方方面面情况，是按一定体例、全面系统地记述一定行政区域的自然和社会政治、经济、文化等历史与现状的资料性文献。作为中华民族独特的一种传统文化载体和文化传承方式，绵远流长的地方志书既是一地山水人文的古老见证和历史智慧结晶，是地方的"百科全书"和地情资料库，也是国家实行主权管辖与行政管理的永久标志，是维系中华民族血脉亲情的重要力量，在中国文化中有着非同寻常的独特地位和深远持久的文化影响。据国家方志馆统计数据：中国现有历代方志8300多种（其中清代5700多种，占历代修志总数的70%）共计10余万卷，约占现存古籍的十分之一。这些卷帙浩繁的地方史志与国史、家谱一起，共同传承着中华民族丰富而宝贵的历史文化财富与优秀文化传统。伴随着科学技术的日新月异，地方志的利用价值和利用空间日益得到提升拓展，不仅在中国历史与社会发展进程中一直发挥着的资治、教化、存史三大功能愈加彰显，在经济发展与社会生活的各个领域也发挥出越来越多、越来越重要的作用，甚至显示出超越时间、空间的宝贵价值。因此，涪陵区地方志办公室于2017年6月启动了历代《涪州志》的具体整理工作，以充分发挥旧方志作用，满足社会各界的政治、经济、文化需求。

　　此次我所承担整理的清代乾隆《涪州志》和民国《涪州志》，前者为方志发展隆盛巅峰时期产物，后者则是在近代科学方法指导下传统方志向现代方志转型时期出现了许多新变的代表性作品。虽然，充满挑战性的工作进一步激发了我的责任感和使命感，让我产生了更加充沛的工作热情，而工作的基础也似乎并不薄弱——先后撰著有《贾元三题》《西南民族大学学报》2005年第9期）、《涪陵历代方志举要》(《涪陵师范学院学报》2006年第4期）、《涪陵历史文化研究》(中央文献出版社2006年)《涪陵历代诗文选校注》(中国戏剧出版社2014年)、《白鹤梁题刻研究断想——谈谈我对白鹤梁题刻的几点基本认识》（重庆三峡博物馆《2016年白鹤梁题刻文化与保护管理学术研讨会论文集》）等作品，无奈时间紧、任务重、责任大，又视力衰弱加上伤病在身，虽驽马十驾，使出"洪荒之力"，亦终是尽心尽力而已，错误疏漏、不能尽如人意之处在所难免，恳请大家批评指正，不吝赐教。所幸，我的研究工作得到过包括中国社会科学院文学研究所陶文鹏、刘跃进、竺青、戴燕诸位先生，国家图书馆已故老馆长任继愈先生，李致忠、王菡、张廷银诸位先生，北京大学中国古文献研究中心副主任、全国高校古籍整理研究工作委员会秘书长、业师杨忠先生，《北京大学学报》副主编郑园先生，已故南开大学著名方志学家、教育部地方文献研究室主任来新夏先生，四川大学胡昭曦、粟品孝先生，四川师范大学业师李大明先生，西华师范大学杨世明先生，以及西南大学熊宪光、刘明华、胥洪泉、杨理论教授，重庆师范大学陈忻、张中宇教授，重庆工商大学段庸生教授，《重庆社会科学》编审敖忠教授，重庆旅游与文化研究院李永明院长等等良师益友的提携、帮助，从而使我平添许多坚持的勇气和力量。

本书的整理出版，承蒙涪陵区委宣传部副部长聂心灿的推荐。同时得到涪陵区委宣传部副部长汪屏峰、李斌，区政协文史委员会主任陆国创、办公室主任倪德生，白鹤梁水下博物馆副馆长黄德建，涪陵区博物馆馆长黄海，涪陵区社科联原主席冉光海，涪陵区文联原主席李世权，涪陵区地方志办公室原主任蒲国树，长江师范学院党委书记彭寿清教授及杨爱平、韦济木、彭福荣、余继平、王希辉、谭清宣、梁平、周航、胡俊飞、范云峰等教授、博士长期的鼓励支持；期间，家人、朋友以及同事黎燕敏、白瑞芬、魏旭、张大友、蒋灵毅、王麒翔、李承宸、张子贤、冉乔予等也给了我生活和精神上的关心照顾；涪陵区委党史研究室（涪陵区涪陵地方志办公室）主任周烽、副主任余成红与方志科科长冉瑞，国家图书馆出版社责任编辑于春媚老师更是为此付出了大量辛劳，使任务得以顺利完成。在此，谨向他们一并致以由衷的敬意和谢忱！

李　胜

2018年于长江师范学院钧深楼附楼311室